金融危機の
ミクロ経済分析

Microeconomic Analysis of Financial Crises

細野 薫 ［著］
Hosono Kaoru

東京大学出版会

MICROECONOMIC ANALYSIS OF FINANCIAL CRISES
Kaoru HOSONO
University of Tokyo Press, 2010
ISBN 978-4-13-046101-6

はしがき

　2008年9月，リーマンブラザースの経営破綻を機に，世界の金融資本市場が動揺し，実体経済が急速に悪化した．これを受けて，マスコミや一部のエコノミストの間では，「百年に一度の大不況」，「市場原理主義の終焉」等の極論が喧伝されるようになり，日本を含め世界中の国で，「百年の一度の大不況」を乗り切るための財政政策が講じられた．

　しかし，こうした極論に対して，多くの経済学者は，程度の差こそあれ，胡散臭さや違和感（あるいは反感）を感じていたものと思われる．筆者も，金融市場の機能麻痺を目の当たりにするにつれ，悲観的に振れながらも，やはり，「百年に一度」のキャッチフレーズが，冷静な分析や議論を圧殺する危険さを感じていた．

　今回の危機が世界的規模であり，またその影響がいかに深刻なものだとしても，金融危機自体は，決して「百年に一度」のものではなく，世界を見渡せば，実に多くの金融危機が発生している．過去20年程に限っても，1980年代末から1990年第初頭のノルウェー・スウェーデンの銀行危機，アメリカの貯蓄貸付組合（S&L）危機，1997～98年のアジア危機，1998～99年のロシア・LTCM（ロング・ターム・キャピタル・マネジメント）危機があった．そして言うまでもなく，日本は1990年代末に，深刻な銀行危機を経験している．金融危機は，「市場原理主義」のアメリカだけでなく，「銀行中心主義」の日本でも生じたのである．

　筆者は，過去10年近くにわたり，日本の銀行危機にかかわる研究を進めてきた．はじめからそう意図したわけではなかったが，1990年代以降の日本経済を対象に分析を進めていくと，否応なしに，銀行危機の要因や影響について考慮せざるを得なかったのである．そして，ようやく日本経済が銀行危機の悪夢から抜けだし，景気拡大が持続していた矢先に，アメリカ発の金融危機が日本経済を襲った．それはちょうど，筆者の銀行危機に関する研究に，一応の区切りがついたかと思われた時であった．「百年に一度」に抵抗感があったのは，いくつかの点で，この世界的金融危機が，日本の銀行危機

と共通点があると感じたからでもあった．

　もちろん，危機は一つ一つ特殊であり，強引な一般化や極端な抽象化は，かえって本質を見誤る危険がある．これからの教訓を得るためには，さまざまな金融危機の共通点と相違点を明確にする必要があるだろう．そのためにも，あらためて，日本の銀行危機について，これまでの研究成果をまとめれば，今後の望ましい金融システムを議論する上での一助になるのではないか．こうした思いで取りまとめたのが，本書である．

　実際，あらためて一冊の書物にまとめてみると，筆者自身，これまで一つ一つの研究では気付かなかったことが，実は多くの点で，現在の問題に繋がっていることに気付き始めた．たとえば，銀行預金が貸出機会に比べて過大であるとことが不良債権問題が長期化した一因であるという分析結果は，不動産バブルと金融危機との関わりについての示唆を与えてくれていた．また，金融政策の波及経路に関する分析は，中央銀行がリスクプレミアムをコントロールすべきかという，現在中央銀行が直面している政策課題に深く関わっていた．したがって，今回のアメリカの金融危機について直接取り扱っているのは第8章のみだが，本書には多少なりとも現在的意義があるのではないかと考えている．もちろん，それが成功しているかどうかは，読者の判断に委ねるしかない．また，今回の金融危機も踏まえ，望ましい金融政策のあり方など，さらに研究を深めなければならない課題も山積している．

　さまざまな限界もあるが，本書が，金融危機に対する理解を深め，安定的で機能的な金融システム構築の一助になることを，祈念している．

　　2010年2月

細 野　薫

目　次

はしがき　i

序　章　本書の問題意識と要約 …………………………………………………… 1

第 I 部　金融危機の要因と銀行行動

第 1 章　不良債権問題はなぜ長期化したのか ……………………………… 13
　　　　　——自己資本比率規制下の会計操作と不良貸出——

1　はじめに …………………………………………………………………… 13
2　1990 年代の日本の銀行システムの概観 ……………………………… 15
　2.1　監督当局による自己資本比率規制の裁量的な運用と銀行による会計操作　15
　2.2　1990 年代における銀行のポートフォリオの歪み　19
3　モデル ……………………………………………………………………… 22
4　理論分析 …………………………………………………………………… 25
　4.1　自己資本比率規制　25
　4.2　劣後債による自己資本比率規制の緩和　28
　4.3　実証分析上のインプリケーション　31
5　実証分析 …………………………………………………………………… 33
　5.1　データ　33
　5.2　推計方法　33
　5.3　変　数　35
　5.4　記述統計量　38
　5.5　推計結果　40
6　結　論 ……………………………………………………………………… 44
　補　論　仮説 1 と仮説 2 の導出　47

第 2 章　不良債権問題はどのように解消されたのか ………… 49

1　はじめに ……………………………………………………… 49
2　1990 年代における不良債権増加の要因と 1990 年代末以降の変化 ……… 51
3　実証分析 ……………………………………………………… 65
　3.1　不良債権に関する仮説と推計方法　65
　3.2　データ　68
　3.3　不良債権比率のベースライン推計結果　69
　3.4　公定資金注入の内生性を考慮した不良債権比率の推計結果　74
　3.5　貸出金償却の推計結果　76
4　結　論 ………………………………………………………… 77

第 3 章　銀行の合併は効率性と健全性を改善させたか ………… 81
　　　　　――銀行合併の動機と効果――

1　はじめに ……………………………………………………… 81
2　先行研究のレビュー ………………………………………… 83
3　銀行合併の動機に関する仮説 ……………………………… 84
4　日本の銀行合併の波 ………………………………………… 86
　4.1　概　観　86
　4.2　実証分析　88
5　銀行データ …………………………………………………… 92
6　事前の特性と合併の意思決定 ……………………………… 93
7　合併後のパフォーマンス …………………………………… 105
　7.1　予想される合併の影響　105
　7.2　手　法　106
　7.3　結　果　107
8　結　論 ………………………………………………………… 112
補　論　データ　115

目　次　v

第 II 部　金融危機と実体経済

第 4 章　銀行の健全性は中小企業の設備投資に影響するか　119
──情報独占，銀行監督と信用収縮──

1　はじめに　119
2　既存研究のサーベイ　124
　2.1　理　論　124
　2.2　実　証　125
3　実証分析の手法　127
　3.1　定式化　127
　3.2　サンプルの選定　129
　3.3　メインバンクの識別　130
　3.4　データ　132
4　推計結果　132
　4.1　企業の純資産は投資に影響するか　132
　4.2　メインバンクの健全性は投資に影響するか？　134
5　結　論　139
　補論 1　理論分析　141
　補論 2　再取得価格で評価した資本ストックデータの作成　146

第 5 章　金融危機はマクロ経済の生産性を低下させるか　149
──企業ダイナミクスと資本の配分──

1　はじめに　149
2　モデル　154
3　カリブレーション　162
4　ベンチマーク経済　165
5　資金制約下の経済　170
　5.1　外部資金調達コストのパラメータの設定　170
　5.2　資金制約下の経済とベンチマーク経済の比較　172
6　資金調達コストが参入企業と既存企業で異なるケース　175
7　結　論　177
　補論 1　データ　179
　補論 2　資金制約企業の割合の推計　180

補論 3　数値的解法　185

第 III 部　金融危機と経済政策

第 6 章　銀行のバランスシートは金融政策の有効性に影響するか　189
 1　はじめに　189
 2　日本の銀行の資金調達に関する規制　192
 3　仮　説　196
 4　データと手法　198
  4.1　データ　198
  4.2　定式化　203
 5　ベースライン推計結果　205
 6　サブ・サンプルの推計結果　209
  6.1　銀行の業態別推計　209
  6.2　金融政策のスタンス別の推計　211
  6.3　借入企業の産業別推計　211
 7　結　論　215
 補　論　ベースライン推計結果の頑健性チェック　217

第 7 章　金融政策は企業の流動性制約に影響するか　221
 1　はじめに　221
 2　推計方法　223
  2.1　金融政策のバランスシート経路　223
  2.2　2 段階アプローチ　225
 3　データ　226
  3.1　サンプル選択　226
  3.2　主要変数　227
 4　ベースライン推計　230
  4.1　第 1 段階の推計　230
  4.2　第 2 段階の推計　232
 5　頑健性のチェック　235
  5.1　推計バイアス　235

5.2　規模別推計　239
　　5.3　産業別推計　241
6　結　論 …………………………………………………………… 246
補論1　企業サンプルの選択　248
補論2　資本ストック・設備投資データの作成方法　249

第8章　日米の金融危機から得られる教訓は何か …………… 257
1　はじめに ………………………………………………………… 257
2　日米の金融危機の要因と進展 ………………………………… 258
　　2.1　危機の要因──不動産信用の膨張と不動産バブル　258
　　2.2　危機の発生──流動性の枯渇　260
　　2.3　危機の進展と実体経済への影響　263
　　　　──信用のミス・アロケーションと信用収縮
　　2.4　危機の収束──流動性危機の収束と不良資産問題の継続　266
3　金融規制・監督上の教訓 ……………………………………… 267
　　3.1　誰を，なぜ，どのように規制すべきか　268
　　3.2　プロシクリカリティー（景気増幅効果）とシステミックリスクをどう抑制するか　270
　　3.3　金融機関の資産や自己資本をどう測定すべきか　271
　　3.4　金融監督をどう強化すべきか　273
4　金融政策への教訓 ……………………………………………… 275
5　日本の政策対応 ………………………………………………… 277
　　5.1　銀行による株式保有の制限　277
　　5.2　政府系金融機関の縮小　278
　　5.3　国債発行の抑制　281
　　5.4　資本市場の再生　282
補論1　アメリカの金融危機の概観　287
補論2　バンクランの理論　288
補論3　銀行規制の改革案　292

初出一覧　295
参考文献　297
謝　辞　321
索　引　325

序 章

本書の問題意識と要約

　日本では，1990年代初頭の株価，地価の急落を契機として，不良債権問題が発生した．1997年から98年にかけて主要行が相次いで破綻すると，金融危機は頂点に達し，日本経済は深刻な打撃を受けた．これに対して，政府，日銀は，公的資金による資本増強，金融規制・監督の強化，金融緩和による潤沢な資金供給などの措置を講じたが，不良債権問題はその後も継続し，発生後10年以上を経た2002年度以降，実体経済の回復とあいまって，ようやく解消に向かった．ところが，2007年夏から2009年春にかけて，アメリカのサブプライム・ローン問題をきっかけに世界的な金融危機が生じ，日本経済は再び金融危機の影響を受けた．

　本書は，日本の1990年代の金融危機の要因，その実体経済に及ぼした影響，および，金融危機下における金融政策の波及効果を明らかにすることを目的とする．また，2007年以降のアメリカの金融危機も踏まえ，金融システム安定化のための金融規制・監督と望ましい金融政策に関する示唆を得ることも目的としている．

　本章の内容は，3部構成となっている．第Ⅰ部は，銀行行動に焦点を当てた金融危機の分析であり，日本の1990年代の金融危機が長期化した要因と，金融危機からの脱却を可能にした要因を分析する．また，金融危機下で急増した銀行合併の効果についても分析する．第Ⅱ部は，金融危機と企業行動，実体経済との関わりに関する分析であり，銀行の健全性の悪化が企業の設備投資に及ぼした影響や，金融危機が企業ダイナミクスを通じてマクロ経済の生産性に及ぼす影響を分析する．第Ⅲ部では，金融危機と経済政策に関する分析を行う．まず，金融危機と金融政策の波及経路との関わりに関し，銀行，企業それぞれのバランスシートに着目した分析を行う．最後に，1990年代の日本の銀行危機と2007年以降のアメリカの金融危機から得られる，金融

規制・監督，金融政策上の教訓を議論し，日本の望ましい政策対応を提言する．

　分析に当たっては，ほとんどの章において，まず，理論に基づく仮説を提示し，次に，銀行あるいは企業のミクロデータを用いてこれを検証している．ミクロデータを用いた分析には，いくつかの利点がある．まず，現行の規制や制度に対して，銀行や企業などの経済主体がどのようなインセンティブを持ち，どのように行動するかを明らかにすることができる．これは，望ましい規制や制度を考える上で，重要な示唆をもたらしてくれる．また，マクロの時系列データに比べて情報量が豊富であり，うまく利用すれば，計量経済学的に信頼性の高い結果を得ることが可能となる．例えば，経済分析では常に需要と供給の識別が問題となるが，ミクロデータを用いて，定式化を工夫することでこの問題を軽減できることがある．さらに，動学的一般均衡モデルを用いた分析では，いかにパラメータを設定（カリブレーション）するかが分析結果を左右する鍵となるが，ミクロデータを用いることにより，信頼性の高いカリブレーションが可能となる．特に，異質な経済主体を扱うモデルでは，ミクロデータに基づくカリブレーションが欠かせない．他方，ミクロデータによる分析では，経済主体に共通のショック（aggregate shock）の識別が困難であるという欠点も伴う．このため，本書では，経済全体の変動や制度の変化などに留意しながら分析するよう心がけた．本書が，金融危機に関連したマクロ経済分析や時系列分析に関する既存の研究成果[1]と相互補完的な役割を担うことを期待している．

　以下，各章の問題意識と主要な結果を要約する．

第Ⅰ部　金融危機の要因と銀行行動

　第1章「不良債権問題はなぜ長期化したのか」では，1990年代初めに始まった日本の銀行危機が，10年以上という世界的にも類を見ないほど長期にわたって継続した理由を探る．その直接的な理由は，1990年代初頭の株価と地価の下落によって自己資本の毀損した銀行が，不良債権を過小に計上するために，ほとんど返済不可能な企業に対して追加的に信用を供与し，そ

---

[1]　金融危機に関するマクロ経済分析として，櫻川（2002）がある．また，日本の金融危機時を含む金融政策の時系列分析としては，細野・杉原・三平（2001），宮尾（2006）がある．

の資金で利払いをさせたことにある．ここで問題となるのは，なぜ，1990年代初めに導入された自己資本比率規制が有効に機能しなかったかである．本章の目的は，銀行が自己資本比率規制のもとで，ほとんど返済不可能な企業向けの貸出（不良貸出）を行うメカニズムを理論的，実証的に明らかにすることである．特に，監督当局による猶予政策のもとで行われた，銀行による裁量的な会計行動と不良貸出との関係に着目する．

まず，非対称情報に基づく理論モデルを用いて，どのような状況において，銀行が不良貸出を行うインセンティブがあるかを分析する．次に，理論分析から得られるインプリケーションに基づいて，1991年3月期から1999年3月期の主要行と地域銀行（地方銀行および第二地方銀行）のパネルデータを用いた実証分析を行う．実証分析の結果，規制上の自己資本比率と市場価値で測った自己資本比率の差，および，劣後債のリスク・アセットに対する比率が，不良貸出と強く結び付いており，裁量的な会計慣行と不良貸出との関係が明らかになった．

現在の金融危機を受けて，規制上の自己資本を厳格に定義する方向で世界的に見直しが進められているが，本章の分析結果を踏まえれば，これは銀行による会計上の裁量の余地を狭め，健全な金融システムへの再構築に寄与する適切な一歩だと評価できる．

1990年初頭から10年以上にわたり銀行の重荷であり続けた不良債権は，2002年度をピークに急速に減少した．**第2章「不良債権問題はどのように解消されたのか」**では，不良債権が解消した理由を明らかにする．不良債権問題の要因の分析と解消の分析は，いわばコインの表裏であり，第1章と第2章は相互補完的な役割を担っている．

1990年代に日本の銀行の不良債権が増加，継続した要因としては，①実体経済と地価の低迷，②裁量的な会計基準に基づく自己資本比率規制の運用，③銀行の自己資本不足，④預金の全額保護による市場規律の欠如，⑤過大な銀行部門（オーバー・バンキング）などが指摘されてきたが，こうした要因のいくつかは，1990年代末から2000年代初頭にかけて行われた金融規制・監督体制の改革や実体経済の回復などによって大きく変容した．本章では，これらの要因がどのように変化し，それが不良債権の減少にどの程度寄与したかを，1999年3月期から2005年3月期までの全国銀行（主要行および地域銀行）のパネルデータを用いて分析する．分析の結果は，地価の上昇と会計基

準の厳格化（大手行に対する繰延税金資産の圧縮）が不良債権の減少に寄与したこと，他方，公的資金による資本増強や預金の部分保護への移行については，その後不良債権を減少させる効果を持たなかったこと，貸出に比べて過大な預金（オーバー・バンキング）は不良債権を増やすことなどが明らかとなった．本章の分析結果から，日本の銀行部門が健全性を維持していくためには，資産査定や会計基準の厳格化，銀行部門の縮小，公的資本増強に伴う政治的介入の排除，市場規律を阻害しない預金保険制度，および，景気回復や規制緩和による地価の下げ止まりが重要であることが示唆される．

　銀行危機の進展とともに，メガバンクから信用金庫等に至るまで，金融機関の再編が大きく進んだ．**第 3 章「銀行の合併は効率性と健全性を改善させたか」**では，銀行が合併を行う動機と，合併による効率性や健全性の変化について分析を行う．一般に，銀行が合併を行う動機としては，①効率性の改善，②市場支配力の強化，③規制当局による「大きすぎてつぶせない」（TBTF：too-big-to-fail）政策，あるいは「（地域）金融システム安定化政策」の利用，④経営者による私的便益・帝国建設の 4 つの仮説がある．1990 年度から 2004 年度まで（信用金庫は 2002 年度まで）に行われた主要行，地銀・第二地銀，信用金庫の合併を対象にした分析結果によれば，4 つの仮説のうち，規制当局による TBTF 政策あるいは金融システム安定化政策が，銀行による合併の意思決定に重要な影響を及ぼしていた．しかしながら，結果的に合併後のパフォーマンスを見ると，もともと健全性の劣る銀行が合併しやすかったこともあり，これまでのところ，合併によって銀行の健全性は十分には回復していない．効率性の改善も，金融危機後においては，主要行や地域銀行の合併を促す要因の 1 つとなっていたが，合併後の収益性の改善には，数年の時間がかかっている．さらに，地域銀行や信用金庫の場合，合併による市場支配力の強化も，合併動機の 1 つとなっており，実際，合併後に，貸出金利は引き上げられる傾向にあった．他方，経営者による帝国建設仮説を支持する結果は得られなかった．本章の分析結果は，効率性，健全性が劣る銀行を政府の誘導によって合併させても，健全性の回復は困難であり，金融システムの安定にはつながらないことを示唆している．

第Ⅱ部　金融危機と実体経済

　日本の企業，特に中小企業の多くは，外部資金調達を銀行借り入れに依存しており，金融危機の影響を受けやすい．金融危機によって，企業行動がどう変化し，その結果，マクロ経済はどのような影響を受けたのだろうか．

　第4章「銀行の健全性は中小企業の設備投資に影響するか」では，金融危機が企業活動に及ぼす影響の1つとして，銀行の健全性が中小企業（製造業）の設備投資に及ぼす影響を分析する．2001年から2003年にわたる，企業とそのメインバンクをマッチングさせたデータを用いて分析した結果，主要行をメインバンクとする企業と，信用金庫・信用組合をメインバンクとする企業において，メインバンクの健全性の悪化が（主要行の場合，規制上の自己資本比率が最低要求水準に近づくほど，信用金庫・信用組合の場合，不良債権比率が上昇するほど）設備投資を抑制することが明らかになった．他方，地方銀行・第二地方銀行をメインバンクとする企業の場合，そうした有意な関係はみられなかった．

　こうしたメインバンクの業態による違いは，銀行監督や情報独占の程度の違いによるものと解釈できる．すなわち，主要行の顧客企業については，主要行に対する監督当局による厳格な不良債権処理の要求が信用収縮につながり，他方，信用金庫・信用組合の顧客企業については，私的情報がメインバンクに占有されていたことが，メインバンクの影響を強く受ける要因になったものと考えられる．

　厳格な不良債権処理が信用収縮を招くという本章の分析結果が，不良債権処理を進めるべきではないという政策インプリケーションにつながるわけではない．第1章で明らかにしたように，厳格な不良債権処理を求めなければ，かえって金融危機を長期化，深刻化させ，最終的にはより大規模な信用収縮が生じるであろう．むしろ，できるだけ個別銀行の影響を受けることのないよう，情報開示を進め，事前に複数金融機関あるいは外部投資家を含めた幅広い情報共有を促進することで，信用収縮が企業活動に及ぼす影響を軽減することができる．

　1990年代から2000年代初頭における日本経済の特徴として，企業の新規参入率の低下や全要素生産性（TFP）の減速など，供給面における停滞があ

げられる.こうした供給面の停滞は,金融危機とどのように関係しているのであろうか? これまで,金融危機が実体経済に及ぼす影響は,設備投資や住宅投資など,需要面に着目されることが多かった.しかし,この時期の投資(対GDP比)は,トレンドとしては減少していない.そこで,**第5章「金融危機はマクロ経済の生産性を低下させるか」**では,金融危機が経済の供給面に及ぼす影響に着目した分析を行う.

銀行における多額の不良債権によって金融仲介コストが上昇すると,新規参入企業や生産性の高い企業が深刻な影響を受ける.こうした企業は,外部資金を調達して投資をする意欲が高いからである.この結果,企業の参入・退出率が低下し,資本のミス・アロケーション(非効率な配分)が起こるため,マクロ経済の生産性が低下する.こうした効果を定量化するために,本章では資金調達コストを組み込んだ企業ダイナミクスの一般均衡モデルを用い,銀行危機時の日本経済にカリブレートする.

具体的には,中小企業に対するアンケート調査を用いて資金制約を受けている企業の割合を推計し,この結果をもとに金融仲介コストのパラメータを設定すると,銀行の健全性の悪化はマクロ経済のTFPを0.4%ポイント低下させることが明らかになった.また,銀行の不良債権処理損失の割合をもとに金融仲介コストのパラメータを設定すると,TFPは0.6%ポイント低下した.これらは,銀行危機時(1996〜2002年)のトレンド除去後のTFP下落幅の,約20%から30%に相当する.また,資金制約下にある企業の割合が顕著に増えても,マクロでみた投資のシェアは下落しないことも明らかになった.

本章の分析は,金融危機が実体経済に及ぼす影響は企業によって異なっており,新規参入の抑制や投資の歪みが,マクロ経済にも無視できない影響を及ぼしていることを示している.

第Ⅲ部 金融危機と経済政策

第6章,第7章では,金融政策の波及経路に関する分析を行う.**第6章「銀行のバランスシートは金融政策の有効性に影響するか」**では,金融政策は銀行の貸出供給を変化させることにより実体経済に波及するという「貸出経路」(lending channel)の理論に基づき,金融政策の変更に対する銀行貸出

の増減が，各銀行のバランスシートの状況によってどう異なるかを分析する．1975年から1999年における全国銀行（主要行および地域銀行）のパネルデータを用いて推計した結果，以下の事実を見出した．第1に，銀行の規模が小さく，流動性資産が乏しく，自己資本が豊富なほど，金融政策が貸出に及ぼす影響が大きい．第2に，金融引き締め期には銀行の流動性資産が，金融緩和期には銀行の自己資本が，貸出の変動に重要な影響を及ぼしている．ただし，1990年代末の金融危機時における金融緩和策は，流動性資産の乏しい銀行の貸出を促進したが，自己資本の毀損している銀行の貸出を増やす効果はなかった．第3に，借り手企業の産業別に貸出の伸び率を推計すると，金融政策に対する反応として，銀行の自己資本は製造業向けの貸出に影響するが，不動産業や建設業向けの貸出には影響しない．本章の結果から，金融政策の波及経路として「貸出経路」は重要であり，特に金融危機時に銀行の自己資本の充実を図ることは，金融緩和の有効性を高める上で重要であることが示唆される．

第7章「金融政策は企業の流動性制約に影響するか」は，金融政策が資産価格の変動を通して企業の正味資産を変化させ，さらには資金調達コストと投資行動に影響を及ぼすという「バランスシート・チャネル」の理論に基づき，企業の設備投資が正味資産の多寡に影響を受ける程度が，金融政策によってどう異なるかを分析する．

分析は，1971年から1999年までの上場企業を対象に行った．本章のファインディングは，次の2点である．第1に，企業の正味資産と投資率の間にはクロスセクションで正の相関があり，この正の相関は金融引締め期に強まる傾向がある．これは，金融政策が設備投資に及ぼす影響は，企業の正味資産が少ないほど強まることを示唆している．この傾向は，企業規模でいえば中堅・中小企業，業種でいえば製造業で特に顕著である．金融引締め期には正味資産が減少し流動性制約に直面する企業の割合が多くなるため，正味資産と投資率の相関が強まると解釈できる．第2に，1990年代に正味資産と投資率の相関が高まったとの証左は見出せない．この時期の投資低迷の理由として正味資産の低さが投資の足を引っ張っているという見方があるが，そうした見方は支持されない．むしろ，1991年以降の長期にわたる金融緩和策によって，正味資産が投資を縛る度合が弱められたという，バランスシート・チャネル理論に沿った見方が支持される．ただし，業種別にみると，建

設・不動産など一部の業種では，正味資産の低下により投資が抑制された可能性がある．この結果は，金融危機時における金融緩和策は企業の流動性制約を緩和する効果を有するものの，この効果はすべての産業に対して一律ではないことを示唆している．

第8章「日米の金融危機から得られる教訓は何か」では，以上の分析結果を踏まえ，日米の金融危機から得られる教訓，特に金融規制と金融政策に関する政策的インプリケーションを中心に，議論する．日米の危機は，不動産信用の膨張と不動産バブルが共通の要因であり，いずれの危機においても金融市場の流動性が枯渇する現象がみられたが，特にアメリカの流動性危機は深刻で，バンクランが発生した．実体経済に対しては，日本では長期にわたる不振企業向け貸出の継続やその後の信用収縮が信用のミス・アロケーションをもたらしたが，アメリカでは急激な信用収縮が生じた．日米の中央銀行は潤沢な流動性供給によって流動性危機を克服したが，その後も，金融機関の不良資産は長期的な問題として継続した．

金融規制の見直しに当たっては，まず，金融規制の根拠を明確にする必要がある．金融業に対する規制を正当化する1つの理論に，政府が小口多数の預金者の代表として，銀行を監督し，銀行の自己資本に応じて経営介入を行うべきであるという，「代表仮説」（Dewatripont and Tirole 1994）の考え方がある．しかし，代表仮説はシステミックリスクの防止という観点は希薄である．バンクランを防ぐ観点，あるいは，「投げ売りの外部性」（fire-sale externality）など金融取引に伴う外部性を根拠として，主にシステミックリスクを引き起こす懸念のある金融機関を対象に，自己資本，レバレッジと流動性に着目した規制体系の再構築を目指すべきである．

第2に，自己資本比率規制やリスク管理手法がもたらすプロシクリカリティー（景気増幅効果）とシステミックリスクをどう抑制するかという問題を解決する必要がある．金融機関のレバレッジのプロシクリカリティーを抑制するための提言がなされているが，いずれも，これまでの金融機関のレバレッジ行動とは逆の行動を強制することになるため，慎重な制度設計と強力な監督が必要である．

このほか，金融機関の資産や自己資本の測定の問題や，金融監督強化の方法についても，慎重な検討が求められている．

金融政策に関しては，伝統的な目標であるインフレやGDPギャップの安

定に加えて，リスクプレミアムの安定を図る観点を加えるべきかが，重要な論点である．金融政策が資産価格を通じてリスクプレミアムに影響を及ぼしうることは第7章の分析結果からも明らかだが，インフレ・GDPギャップ・リスクプレミアムという3つの目標の間にトレードオフがある場合，どのような金融政策ルールが望ましいのかは，今後さらに検討すべき課題として残されている．

　こうした世界的な課題に加え，日本の金融システム固有の課題もある．銀行による株式保有の制限，政府系金融機関の縮小，国債発行の抑制は，金融システムの安定に役立つ．さらに，新規株式公開（IPO）や合併・買収（M&A）市場を含めた資本市場の再生は，日本経済の生産性を高めるだろう．これらの施策の実現には，家計資産の預貯金から株式市場へのシフトが不可欠である．

第 I 部

金融危機の要因と銀行行動

第1章

不良債権問題はなぜ長期化したのか
──自己資本比率規制下の会計操作と不良貸出──

1 はじめに

　1990年代初めに始まった日本の銀行危機は，2005年度末に大手行の不良債権が半減し終息するまでの間，10年以上にわたって継続した．これは，世界の平均である3.9年[1]に比べ，はるかに長い．1990年代初めにフィンランドやスウェーデンでは，日本よりも深刻な資産価格の崩壊を経験したが，銀行危機は4年で終息したし，韓国では，1998年にアジア通貨危機の打撃を受けたが，やはり4年で不良債権問題を解決している．

　このように日本の不良債権問題が長期化した理由は，銀行が不良債権を減らす努力をするどころか，ほとんど返済不可能な企業に対して追加的に信用を供与し，その資金で利払いをさせたことにある．これは銀行経営者の私的な動機に基づく行動であり，一時的に見掛け上の不良債権を減らしたものの，実態上は不良債権問題を長引かせ，銀行ひいては銀行システム全体を危機に陥れる結果となった．

　ここで問題となるのは，なぜ，1990年代初めに導入された自己資本比率規制が有効に機能しなかったかである．日本の銀行は1990年代初めに株価と地価の急激な下落によって莫大な損失を被った．自己資本比率規制の原則からすれば，この時点で資本の増強を図るか，資産リスクを減らすべきであったが，実際には，どちらも行われなかった．これは，金融システムの崩壊とその実体経済への悪影響を恐れた監督当局が，バーゼル合意で認められた規制上のさまざまな裁量権を行使し，銀行が自己資本比率規制を容易に順守

---

1) Hutchison and McDill（1999）による．

できるよう，手助けしたからである．こうした政府の猶予政策に対応して，増資が困難であった銀行は，さまざまな会計上の操作を行うことによって，自己資本比率規制をクリアした．

本章の目的は，銀行が自己資本比率規制のもとで，ほとんど返済不可能な企業向けの貸出（不良貸出）を行うメカニズムを理論的，実証的に明らかにすることである．特に，監督当局による猶予政策のもとで行われた，銀行による裁量的な会計行動と不良貸出との関係に着目する．

まず，非対称情報に基づくモデルを用いて，どのような状況において，銀行が不良貸出を行うインセンティブがあるかを分析する．この結果，自己資本比率規制は，裁量的な会計慣行と結びつくと，不良貸出を促進することが明らかにされる．また，理論分析によって，規制上の自己資本（自己資本比率規制に用いられる自己資本）と，市場価値によって測定される自己資本との差が大きいほど，不良貸出の額（あるいは，その総貸出に占める比率）も大きくなるという関係が導かれる．これは，銀行経営者が，貸倒損失を過小に評価して規制上の自己資本を過大に計上するとともに，不振企業向け貸出を継続して，市場価値を低下させるからである．また，自己資本が乏しい銀行にとっては，系列保険会社との劣後債の持ち合いによる自己資本比率の水増しも，不良貸出を行うインセンティブを強めることが明らかにされる．

次に，理論分析から得られるインプリケーションに基づいて，実証分析を行う．実証分析の結果，規制上の自己資本比率と市場価値で測った自己資本比率の差，および，劣後債のリスクアセットに対する比率が，不良貸出と強く結び付いていることが明らかとなり，裁量的な会計慣行と不良貸出との関係も明らかになった．

多くの先行研究が，本章の分析と関連している．Horiuchi and Shimizu (1998)，Ito and Sasaki (2002)，深尾 (2002)，Shrieves and Dahl (2003) は，劣後債の持ち合いや貸倒引当金の過小計上など，日本の銀行による自己資本の水増し行動を明らかにしている[2]．他方，Kobayashi, Saita and Sekine

---

[2] Horiuchi and Shimizu (1998) は，日本の銀行が，規制水準を超える自己資本比率を維持するために劣後債を発行していたことを見出している．Fukao (2002) は日本の銀行が系列生命保険会社との持ち合いの目的で劣後債を発行し，Tier2（補完的）自己資本を水増ししていたことを報告している．Ito and Sasaki (2002) は，保有株式の含み益の減少分を相殺するために劣後債を発行していたことを明らかにしているが，株式含み益も劣後債も，Tier2（補完的）自己資本の構成項目である．Shrieves and Dahl (2003) は，貸倒引当金の増加によって Tier1（中

(2002), Hori and Osano (2002), Caballero, Hoshi and Kashyap (2008), Peek and Rosengren (2005) は, 日本の銀行による不振企業向け貸出の実態を明らかにしている[3]. このうち, Peek and Rosengren (2005) は, 自己資本の水増しと不良貸出との関係を取り扱っており, 本章の分析と密接に関連している. 彼らは, 銀行の規制上の自己資本比率が規制上の最低要求水準に近づくほど, 不良貸出が増えるとの分析結果を得ているが, 本章の実証分析では, 彼らの指標はあまり有益ではなく, むしろ, 規制上の自己資本比率と市場価値で測った自己資本比率の差などの指標が不良貸出と密接に結び付いていることを明らかにしている.

以下, 第2節では1990年代の日本の銀行の問題を概観し, 第3節では, 理論モデルを組み立てる. 第4節では, 理論分析を行い, 第5節で実証分析を行う. 第6節は結論である.

2 1990年代の日本の銀行システムの概観

2.1 監督当局による自己資本比率規制の裁量的な運用と銀行による会計操作

本節では, 日本の規制当局が, 銀行に対し, バーゼル合意 (Basel 1988) に基づく自己資本基準を満たすよう要求しつつ, いかにして銀行の会計操作を手助けしたかを簡潔に述べる.

リスク調整済自己資本比率 (risk-based capital ratio: RBC. 以下「規制上の自己資本比率」あるいは単に「自己資本比率」と呼ぶ) は, 一定の基準に基づいて

核的) 自己資本が減少すると, 保有株式を売却してキャピタルゲインを実現していたことを見出し, 日本の銀行にとってはTier1 (中核的) 自己資本が規制上の制約であったと主張している.
3) Kobayashi, Saita and Sekine (2002) は, 1993年以降, 高い負債／資産比率の企業向けほど貸出供給が増えたこと, また, この傾向は特に不動産・建設業で顕著であることを見出している. Hori and Osano (2002) は, 1998年の銀行と企業データを用い, 銀行は, メインバンク関係にある企業については, トービンのQが低い企業向けに, より多くの (短期資金) 貸出を行っていたことを見出している. Caballero et al. (2008) は, 上場企業に対する「補助金付き融資」(プライムレートよりも低い金利での貸出) を定量化し, 補助金付き融資は1990年代に急増したこと, 製造業よりも非製造業向けにおいてはるかに広汎に行われていたこと, を見出している. Peek and Roengren (2005) は, 1993年から1999年の銀行と企業のデータを用い, 日本における信用のミス・アロケーション (非効率的配分) を体系的に分析した. 彼らは, 銀行が, 収益性が低く, 高い負債／資産比率の企業により多くの貸出を提供していたことを見出している.

計算される自己資本（regulatory capital：以下，規制資本）とリスク調整済資産の比率で定義される．規制資本は，Tier1 と呼ばれる中核的自己資本と，Tier2 と呼ばれる補完的自己資本から成る．Tier1 は主に株式発行，株主払込剰余金，内部留保などから成り，Tier2 は保有証券の未実現のキャピタル・ゲイン，一般貸倒引当金，残存期間5年超の劣後債などから成る．規制資本の計算上，Tier2 は Tier1 を上回ることはできない．国際的に活動する銀行は最低要求水準8％の自己資本比率を満たさなければならず，これを下回ると，国際業務から撤退しなければならない．Tier1 は各国共通の基準で定義されているが，Tier2 の定義は各国の裁量に任されている部分があり，銀行は Tier1 よりも Tier2 のほうが操作しやすくなっている[4]．

日本の自己資本比率規制は 1988 年度（1989 年 3 月期）からの移行過程を経て，1992 年度（1993 年 3 月期）から本格的に適用された．監督当局は，1990年に，銀行が保有する証券の含み益の 45％ を Tier2 に算入できることとしたが[5]，このとき多くの銀行は株式の含み益を抱えていた．また，銀行が系列保険会社と持ち合う劣後債についても，Tier2 への算入を認めた．本来，持合いは銀行のキャッシュフローも経済的な資本も増やさないので，自己資本に算入すべきでないことは明らかである（Dewatripont and Tirole 1994）．劣後債の持ち合いは，1996 年に生命保険会社に対する自己資本比率規制（いわゆるソルベンシー・マージン規制）が導入されて以降，さらに増加した[6]．

1997 年に金融危機の影響で株価が大幅に下落すると，銀行は保有株式の含み損を抱えるようになった．そこで監督当局は会計ルールを変更し，銀行の保有株式を取得価格と時価の高い方で評価することを可能にした．1998 年には，土地の評価益を自己資本に加えることを認めた．多くの銀行は 1980 年代後半の地価バブルよりも以前に土地を取得していたので，この会計ルールの変更によって自己資本を高めることが可能となった．また，1998 年には，繰延税金資産を Tier1 に算入することを認めたが，どれだけ

---

[4] 1998 年に繰延税金資産が Tier1 に算入できるようになってからは，Tier1 も銀行の裁量の余地が増えた．

[5] これは日本特有のルールであり，イギリスやアメリカでは，保有証券の含み益は Tier2 には算入されない．

[6] Fukao (2002) は，2002 年 3 月時点で，生命保険会社が保有する銀行の劣後債は 6 兆 6896 億円，銀行が保有する生命保険会社（14 社分）の劣後債は 1 兆 3602 億円であったことを報告している．

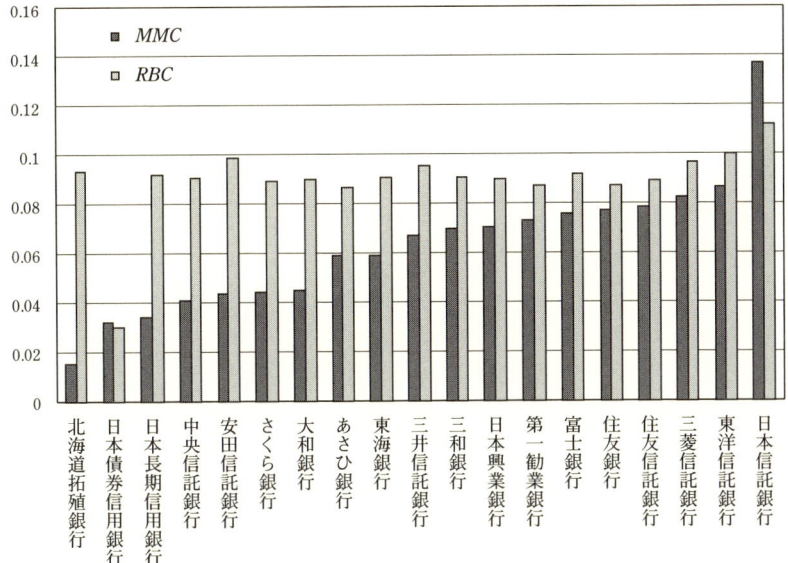

図1-1 BIS規制上の自己資本比率（RBC）と市場価値評価の自己資本比率（MMC）
（主要行，1997年3月期）

注) 市場価値評価の自己資本比率（MMC）は，以下の式による．
MMC＝株価×発行済株式数／（株価×発行済株式数＋負債）
出所) 各銀行財務諸表，「株価CD-ROM 2002」および「株価総覧」（いずれも東洋経済新報社）より作成．

を繰延税金資産として計上するかは，銀行経営者の裁量に委ねられた[7]．

図1-1は主要行の1997年3月末時点での自己資本比率である．ほとんどの銀行は最低要求水準の8％を超えている．驚くべきことに，2年以内に破綻する北海道拓殖銀行および日本長期信用銀行も8％超の自己資本比率を開示していた[8]．1998年に破綻した日本債券信用銀行のみ，8％未満の自己資

---

[7] 繰延税金資産は，2000年以降，銀行が規制上の自己資本を水増しするのに役立った（Skinner 2005）．
[8] 日本長期信用銀行の経営者は，系列ノンバンクに対する貸倒引当金の過小積立という粉飾決算の疑いで起訴された．法廷での争点は，1998年3月期の決算書が，大蔵省が1997年3月5日付で発出し，銀行に適切な資産査定を求めた通達に沿ったものかどうかという点であった．少なくとも，この通達の発出以前は，適切な資産査定は監督当局によって求められておらず，したがって，争点にはならなかった．最高裁は，2008年7月18日に判決を下し，決算書は不良債権の実態と著しく乖離していることを認めたものの，大蔵省通達に従って改定された決算基準は個別事例に適用できるほど明確なものではないとの理由で，経営者は有罪ではないと判断した（毎日新聞，2008年7月19日付）．

本比率であった．

監督当局による裁量的な自己資本比率規制の運用によって，市場価値によって測定した自己資本比率と規制上の自己資本比率は相当程度乖離することとなった．ここで，市場価値による自己資本は，年度末の株価に発行済み株式数を乗じて算出したものである．1990年代を通じて，銀行の開示は不十分だったので，株価も資本の経済的価値を反映していないと考えられるかもしれない．しかし，多くの既存研究は，株価が銀行の破綻リスクを反映していたことを明らかにしている．Yamori（1999），Peek and Rosengren（2001），Bremer and Pettway（2002），および Brewer et al.（2003a）はイヴェント・スタディーの手法を用いて，1990年代の日本の株式市場が銀行のリスクの価格付けをしていたことを示している．図1-1は市場価値自己資本比率の低い順に左から右に並べたものだが，その後破綻した3行の市場価値自己資本比率が最も低い．

図1-2は，1997年3月末における主要行の自己資本の構成を詳しく見たものであり，Tier1 と Tier2 の主要項目を，リスク調整済み資産に対する比率で示している．ほとんどの主要行は，4%超の Tier1 を開示している．Tier2 のなかでは，劣後債の割合が最も高く，自己資本の約4分の1を占めている．劣後債の割合は，特に北海道拓殖銀行と日本長期信用銀行において高い割合を示している．

劣後債は，銀行が債務不履行に陥った場合，株式よりは優先し，社債や預金などの他の負債よりは劣後する負債である．バーゼル合意では，特別ルールとして，Tier2 への算入が認められている．ここで，銀行が過度なリスクをとるとき，その銀行の発行する劣後債の価格は低下するので，銀行は自己資本比率規制を満たすために，理論的には貸出を減らさなければならない．つまり，劣後債は銀行に対する規律付けの役割を担うことが期待されているといえる．実際，アメリカやヨーロッパの債券市場においては，劣後債の利回り（スプレッド）と銀行のリスクとの間に，統計的に有意な関係を見出す研究が多い（Flannery and Sorescu 1996, Jagtiani et al. 1999, De Young et al. 2001, Sironi 2003）．

しかし，日本の状況は，こうした見方とは相容れない．1990年代に，日本の銀行は，資産価格の低下と不良債権の増加によって毀損した自己資本を回復させるために，劣後債を発行した（Horiuchi and Shimizu 1998, Ito and

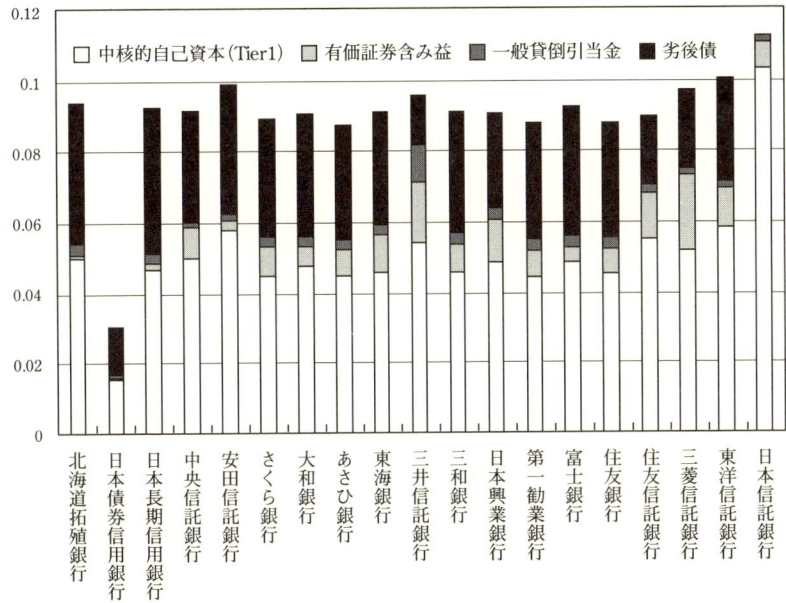

図 1-2 BIS 規制上の自己資本比率（RBC）の主要構成項目

（主要行，1997 年 3 月期）

注）各構成項目は，リスク資産に対する比率.
出所）各銀行の財務諸表より作成.

Sasaki 2002）．しかし，劣後債は系列生命保険会社（および，1998 年以降は政府）によって保有されており，彼らは市場で売却することはなかったので，劣後債の価格が発行銀行のデフォルト・リスクを反映することはなかった．さらに政府は，しばしば債務不履行に陥った銀行に代わって，劣後債保有者に対して債務の弁済を行った[9]．日本では，劣後債は規律付けの役割を果しておらず，むしろ自己資本規制を緩和する道具として使われていた．

2.2　1990 年代における銀行のポートフォリオの歪み

日本の銀行は 1990 年代初頭のバブル崩壊によって多額の不良債権を抱えたが，貸出残高は 1998 年まで増加し続けた．

図 1-3 は産業別にみた法人向け貸出残高の推移を示している．これによ

---

[9]　1995 年における兵庫銀行の破綻が，劣後債保有者が損失を被った最後のケースである．それ以降，破綻銀行の劣後債保有者はすべて保護されている．

ると，1990年代を通じて製造業向け貸出が低下傾向にあったのに対し，不動産業と建設業向け貸出は増加傾向にあった[10]．

他方，図1-4は，主要な3都府県（東京，大阪，愛知）における商業地の地価指数の変化率を示している．これによると，日本の主要地域において，1992年以降10年以上にわたり地価は低下し続けている．地価の低下は，不動産業や建設業に最も深刻な影響をもたらしたはずである．これら2つの図は，日本の銀行が，この時期比較的安全で，貸出の収益が高いであろう製造業向け貸出を減らし，危険で貸出の収益が低い不動産業や建設業向け貸出を増やしていたことを示唆している．

企業の財務の健全性は，有利子負債総額（短期借入，長期借入および社債）の営業利益に対する比率で測ることができる．これは，借り手企業が債務を返済するのに何年かかるかを示すものである．そこで，法人企業統計季報を用いて，産業別に，この指標を計算した．この結果，1980年代と1990年代の平均を比較すると，不動産業では15年から36年に，建設業では8年から14年にそれぞれ急上昇したのに対し，製造業では6年から9年と，比較的穏健な上昇にとどまっていることがわかった．

こうした信用のミス・アロケーション（非効率な配分）は，銀行の期待利潤最大化行動とは整合的ではなく，日本の銀行が，収益性が低く，債権回収が困難な企業・産業に貸出を継続していたことを示唆している[11]．この傾向は，その後破綻した主要行，すなわち，北海道拓殖銀行，日本長期信用銀行，および日本債券信用銀行において，顕著であった．

図1-5は，不動産，建設および金融業向け貸出の総額（以下，「不動産関連融資」あるいは単に「不良貸出」と呼ぶ）の総貸出に占める比率の推移を示したものである．日本長期信用銀行と日本債券信用銀行はともに，他の生き残った銀行と比べて，高い不動産関連融資比率を示しており，特に破綻直前に同比率を上昇させている．

---

10) 星（2000a）は，不動産市況の崩壊後も，1997年まで不動産業向け貸出のシェアが増加したことを最初に指摘した．

11) Smith（2003）は，日本の銀行が，シンジケートローンにおいて，外国銀行よりも低い金利をつけること，また，外国銀行よりも価格付けの幅が小さいことを見出し，日本の銀行の歪んだ金利設定行動を示唆している．細野（2008）は，中小企業向け融資においては，金利スプレッド（貸出金利の安全利子率からの乖離）が推定デフォルト確率と正の相関があるものの1対1ではないことなどを見出している．

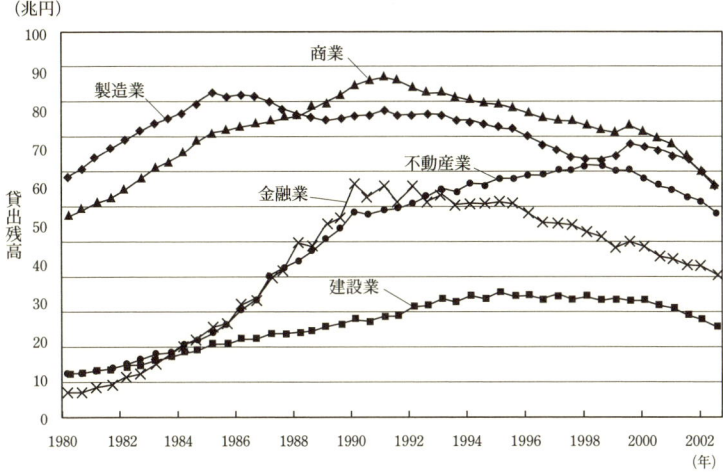

図1-3 国内銀行の業種別貸出残高の推移

注) 四半期データ・1993年3月期以前は，元データに当座貸越が含まれないので，一貫した時系列データとなるよう調整済．
出所) 日本銀行ウェブサイトより作成．

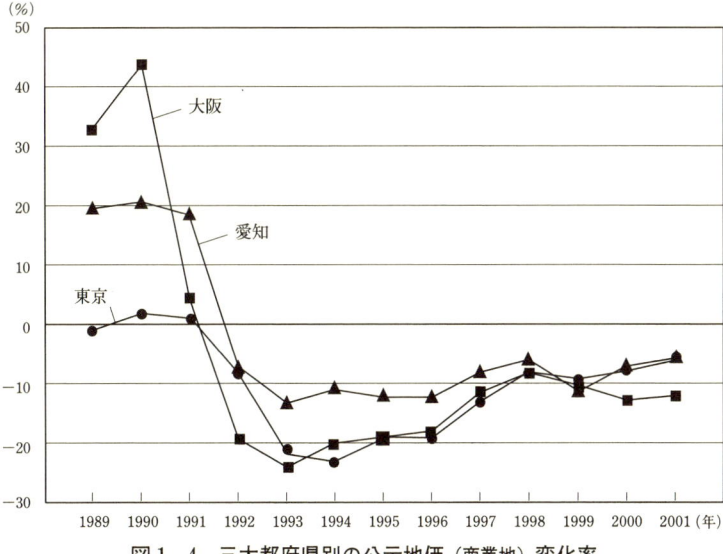

図1-4 三大都府県別の公示地価（商業地）変化率

注) 各年3月期データ．
出所) 国土交通省ウェブサイトより作成．

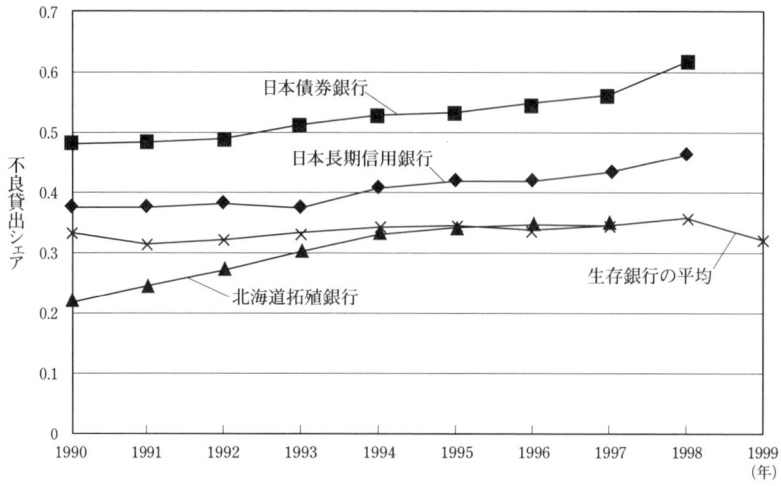

図1-5 不良貸出シェアの推移（破綻した主要行と生存主要行の平均値）

注) 不良貸出は，不動産，建設，金融業向け貸出残高の合計．
出所) 各銀行の財務諸表より作成．

3 モデル

本節では，非対称情報に基づくモデルを構築する[12]．期間は第0期と第1期の2期間で，主体は1人の借り手と1つの銀行が存在する．第0期の初期に，銀行は，資本Aを保有しており，金利ゼロで，預金保険でカバーされた預金で資金を調達できる[13]．預金は第1期に払い戻しされる．銀行は，1人の経営者によって経営されており，以下では，「銀行」と「経営者」を同義に使うこととする．

銀行は，2つのタイプの貸出を行うことができる（図1-6）．ひとつは，安全な貸出で，第0期にI単位の資金が必要で，第1期に確実に$X(>I)$単位のリターンが得られる．もう1つは，危険な貸出で，すでに（第0期より以前に）I単位の資金を投じている．この危険な貸出を継続するには，第0期

---

[12] Rajan (1994), Berglof and Roland (1995), Aghion et al. (1999), Mitchel (2001) などが，不良債権を説明するために非対称情報に基づくモデルを展開している．

[13] 厳密にいえば，預金保険料はリスクに依存せず，フラット・レートであることを仮定し，それを0%に基準化する．

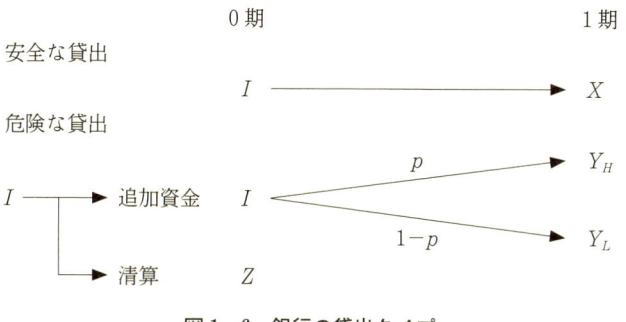

図 1-6 銀行の貸出タイプ

に I 単位の追加的な資金が必要であり，第 1 期に，確率 p で収益 Y_H を，確率 $1-p$ で収益 $Y_L (< Y_H)$ を生む．銀行が追加的融資を行わなければ，この投資プロジェクトは中止され，銀行は借り手の資産を清算することで，Z だけ受け取る．この場合，銀行は I 単位の資金を国債に投資する．国債の金利は，0％に基準化されている．銀行が既存の融資先に追加的な貸し出しを行うかどうかは，公的情報に含まれる．投資プロジェクトの清算にはコストがかかり，$Z < I$ である．銀行は，第 0 期に $2 \times I - A$ の預金を集め，第 1 期に $3 \times I - A$ の預金を返済する．

銀行は，第 0 期に，危険な貸出に関するシグナルを受け取る．単純化のために，銀行経営者が受け取るシグナルは，投資の収益と完全に相関するものと仮定する[14]．シグナルが「良い」であれば必ず収益は Y_H となり，シグナルが「悪い」であれば，必ず収益は Y_L となる．銀行経営者は，このシグナルを用いて，危険な貸出を継続するか中止するかを決定する．規制当局者を含め，外部者は，このシグナルを観察できるが，立証可能ではない．したがって，たとえ株式市場が銀行の不良貸出（Y_L の収益をもたらす危険な貸出）を認識しても，規制当局者は，株式市場の情報だけで，不良貸出に対する制裁を加えることはできない．裁判所も，不良貸出と株価の低下との関係について，立証することはできない．

こうした情報構造は，銀行が採用している会計ルールや銀行のコーポレート・ガバナンスと密接に関係している．第 1 に，銀行の収益を悪化させる貸

---

14) シグナルが完全に正確であるという仮定は，議論の単純化のためであり，シグナルが不完全だとしても，正確性の程度がある程度高ければ，以下の議論は本質的には変わらない．

出ポートフォリオを選んだことが市場で観察されても，銀行経営者が職を失うことはない．第2に，銀行経営者は，進行中の貸出からの潜在的な利益や損失を開示する必要はない．換言すれば，銀行は，時価会計（mark-to-market）の会計基準に基づいて真の収益を開示する必要はなく，取得価格（historic cost）会計が許されている．

ここで，興味深い設定のもとで分析を進めるために，パラメータに関して，3つの制約を置く．まず，$Y_L-I<Z<Y_H-I$ を仮定する．左側の不等号は，シグナルが「悪い」ときに，危険な融資を中止したほうが継続するよりも，収益が高いことを示しており，右側の不等号は，シグナルが「良い」ときは，継続したほうが中止するより収益が高いことを示している．次に，$(X-I)+(Y_L-2I)+A>0$ を仮定する．これは，シグナルが「悪い」ときに，危険な貸出を継続しても，銀行の最終的な自己資本は正であることを示している．この仮定は，銀行が支払い可能な状況で生じるモラル・ハザードに焦点を絞るためのものである．最後に，$Y_H>2I$ を仮定する．これは，シグナルが「良い」ときに，危険な融資を継続することは，効率的であることを示している．

銀行経営者は，銀行の株式の保有と，銀行経営から得られる私的便益の両方から便益を得る[15]．銀行経営者は，第0期にシグナルを得たのち，次の期待効用を最大化する．

$$(1) \quad U=\alpha \times \max(E,-A)+(1-\alpha)\times \widetilde{B}, \quad \text{with } 0<\alpha \leq 1$$

ここで，E は最終的な収益を表し，$\widetilde{B}$ は銀行経営者が地位を保持することから得られる私的便益を表す．後者は，銀行経営者が，外部株主の利益に沿って行動するよう規律付けされていない状況をとらえるためのものである．ウェイト α は，経営者による銀行株の保有割合の他，系列企業との株式持ち合いの程度，規制当局による猶予政策などに依存するであろう．私的便益は，金銭的な報酬だけでなく，銀行を支配することから得られる特権や満足感を含む．銀行経営者は，職を保持している間は $\widetilde{B}=B(>0)$ の私的便益を得て，職を失うと $\widetilde{B}=0$ を得るものと仮定する．

銀行経営者は，第0期において開示される自己資本比率（RBC比率）がタ

---

[15] 利潤最大化とは異なる目的関数は，Rajan（1994），Aghion et al.（1999），Mitchell（2001）などで用いられている．

ーゲット水準となる $k\times100\%$ を下回ると，職を失う．ターゲット水準は，規制によって要求される最低自己資本比率（国際業務を行う銀行は 8%）に等しいか，あるいはそれ以上の水準である[16]．ターゲットとなる自己資本比率が規制の最低水準よりも大きくなる可能性を考慮するのには，いくつかの理由がある．監督当局は，パニックを恐れて，銀行に最低水準以上の資本を持つよう要求するかもしれない[17]．銀行は，将来の悪いショックに備えて，緩衝在庫的に資本を持とうとするかもしれない．実際，9% 超の自己資本比率であった北海道拓殖銀行と日本長期信用銀行が破綻した事実は，これらの銀行が 9% 超の自己資本比率をターゲットにしていた可能性を示唆している．銀行経営者を解雇する決定は，形式的には取締役会ひいては株主総会によって行われるが，監督当局は，銀行に対する圧力によって間接的に影響力を行使するであろう[18]．

4 理論分析

4.1 自己資本比率規制

本節では，第 3 節で構築したモデルに沿って，理論分析を行う．

比較のため，まず，自己資本比率規制がない状況を考えてみよう．このとき，銀行経営者は職を失う心配はないので，銀行の最終的な収益のみに関心を持つ．したがって，シグナルが「良い」であれば危険な貸出を継続し，「悪い」であれば中止する．

次に，自己資本比率規制が存在する状況での銀行のポートフォリオ選択を分析する．「悪い」シグナルを受け取った場合，危険な貸出に関する「中止

---

[16] 厳密には，経営者の私的便益が，8% と $k\times100\%$ という 2 段階の閾（しきい）値によって異なると仮定するのが，より現実的かもしれない．しかし，こうした仮定は，分析をより複雑にするため，ここでは単純に $k\times100\%$ という一つの閾値を用いた分析を行う．
[17] 預金の全額保護という政府によるセーフティーネットがあれば，銀行パニックは起きないと考えられるかもしれない．しかし，日本で預金が全額保護されたのは 1995 年以降である．また，全額保護の時期も，預金者は銀行のリスクに応じた選別を行っていた（Murata and Hori 2006, Hosono 2006）．
[18] Rajan（1994）は，銀行経営者には，労働市場での自己の評価を高めるために，開示される収益を操作するインセンティブがあると仮定している．しかし，いくつかの日本の実証分析では，株式市場は銀行のパフォーマンスをある程度見通していたとされており，Rajan のアイディアは日本の証拠には適合しない．

戦略」を採用すれば，借り手の資産を清算し，$I-Z$ の損失を被り，残りの I 単位の資金は国債に投資する．このとき，リスク資産は安全な融資の I のみで，自己資本は $A+Z-I$ だから，第 0 期末の自己資本比率（RBC）は，$(A+Z-I)/I$ となる．

次に，「悪い」シグナルを受け取り，危険な貸出に対する「継続」戦略を採用した場合の自己資本比率を求める．「悪い」シグナルを受け取った時点で，銀行は $m\times(2I-Y_L)$ だけの貸倒引当金を計上しなければならない．ここで，$m(0\leq m\leq 1)$ は銀行による主観的なデフォルト確率である．このとき，リスク資産は安全な融資の I と危険な融資の $2I$ の合計 $3I$，自己資本は $A-m\times(2I-Y_L)$ となるから，自己資本比率は $\{A-m(2I-Y_L)\}/(3I)$ となる．時価評価（mark-to-market）会計であれば，$m=1$ をとるが，実際の銀行会計の慣行では，$m<1$ である．例えば，銀行経営者は，正直な報告によって職を失うことを恐れ，よいシグナルを受け取ったかのようにふるまうかもしれない．その場合，貸倒引当金は全く計上されず（$m=0$），自己資本比率は $A/3I$ となる．

ここで，「中止」戦略と「継続」戦略（$m=0$ のケース）の自己資本比率を比較すると，$3(I-Z)>2A$ が成り立っている場合，「継続」戦略の $A/(3I)$ が「中止」戦略の $(A+Z-I)/I$ を上回っていることがわかる．この条件は，銀行の初期の自己資本 A か借り手の資産の清算価値 Z が低いほど，成り立ちやすい．この条件が成り立つ場合，銀行経営者は不良貸出（「悪い」シグナルを受け取ったときの危険な貸出）を行うことで自己資本比率を過大評価する選択肢を持つことになる．

ここで，銀行を初期の自己資本の水準に応じて，3つのタイプに分類する．

「豊富な自己資本」を持つ銀行

第 1 のタイプは，「豊富な自己資本」を持つ銀行である．このタイプの銀行は，「悪い」シグナルを受け取ったときに，危険な貸出を中止しても継続しても，ターゲットの自己資本比率を満たす銀行である．すなわち，min $[\{A+(Z-I)\}/I, A/(3I)]\geq k$ を満たす．この条件は，銀行の初期の自己資本 A あるいは借り手の資産の清算価値 Z が高いほど，成り立ちやすい．自己資本比率規制は「豊富な自己資本を持つ」銀行のポートフォリオを歪めないので，銀行経営者は，危険な融資を継続するかどうかを，銀行の最終的

な収益のみに関心を持って決定する．つまり，シグナルが「良い」であれば危険な融資を継続するし，シグナルが「悪い」であれば，危険な融資を中止する．

命題1：「豊富な自己資本」を持つ銀行は，「悪い」シグナルを受け取ると，危険な融資を中止する．

「中程度の自己資本」を持つ銀行

第2のタイプは，「中程度の自己資本」を持つ銀行である．このタイプの銀行は，「悪い」シグナルを受け取ったとき，危険な貸出を継続することによってのみ，ターゲットの自己資本比率を満たすことができる銀行である．すなわち，$(A+Z-I)/I<k\leq A/(3I)$ を満たす．この不等式は，銀行の初期の自己資本 A あるいは借り手の資産の清算価値 Z が比較的低いときに成り立つ．このタイプの銀行の経営者は，銀行の最終的な収益と自己の私的便益との間のトレードオフに直面する．「悪い」シグナルを受け取った場合，銀行経営者は「中止」戦略によって $\alpha(X+Z-2I)$ を受け取り，「継続」戦略によって $\alpha(X+Y_L-3I)+(1-\alpha)B$ を受け取る．

命題2：次の条件が成り立つとき，「中程度の自己資本」を持つ銀行は，「悪い」シグナルを受け取ると，危険な融資を継続する．

$$(2) \qquad (1-\alpha)B > \alpha(Z+I-Y_L)$$

上式左辺は，経営者が職にとどまることの私的便益であり，右辺は，不良融資を継続することのコストを効用で測ったものである．右辺は仮定により正なので，利潤最大化行動を取らない経営者，すなわち，$\alpha<1$ の経営者のみが危険な融資を継続する可能性がある．

銀行が危険な融資を継続することで自己資本比率を操作できるのは，2つの理由による．第1の理由は，監督当局が，銀行貸出の質を立証することができない，つまり，不良貸出を行ったことをもって経営者を罰することができないことにある．第2の理由は，監督当局が，銀行による会計操作を許していることにある．これは，監督当局による一種の猶予政策である．監督当局による猶予政策は，銀行の資本制約を緩和し，借り手の予算制約をソフト

「乏しい自己資本」を持つ銀行

第3のタイプの銀行は,「乏しい自己資本」を持つ銀行である. このタイプの銀行は,「悪い」シグナルを受け取ったときに, 危険な貸出を中止しても継続しても, ターゲットの自己資本比率を満たすことができない銀行である. すなわち, $\max[\{A+(Z-I)\}/I, A/(3I)] < k$ を満たす. この不等式は, 銀行の初期の自己資本 A あるいは借り手の資産の清算価値 Z が極めて低いときに成り立つ. このタイプの銀行の経営者は,「悪い」シグナルを受け取ると,「中止」戦略によって $\alpha(X+Z-2I)$ を受け取り,「継続」戦略によって $\alpha(X+Y_L-3I)$ を受け取る. いずれにしても, ターゲットの自己資本比率を満たせないので, 銀行経営者は, 不良貸出を継続するインセンティブはない.

> **命題3**:「乏しい自己資本」を持つ銀行は,「悪い」シグナルを受け取ると, 危険な融資を中止する.

命題1から3は, 銀行の資本水準とポートフォリオ選択の間に非線形の関係があることを示している. 自己資本が高い場合と低い場合では, 銀行の収益が経営者の私的便益よりも重要となる. しかし, 自己資本が中程度の場合, 銀行経営者は, 私的便益を重視したポートフォリオ選択を行う可能性がある. 表1-1の①は(次項で述べる劣後債がない場合の)数値例を示している. すべての銀行は, 不良貸出を継続することで自己資本比率を高めることができるが, そのことによってターゲットの自己資本比率を満たすようになるのは, 中程度の ($A=0.5$) の自己資本を持つ場合のみである.

4.2 劣後債による自己資本比率規制の緩和

本項では, 劣後債の自己資本への算入の効果を分析する. 第2節で述べたように, 日本では, 劣後債の Tier2 への算入が認められたため, 自己資本の水増しの道具として使われるようになった. この効果を分析するため, 銀行は, 第0期にシグナルを受け取った後に, ある一定額 D の劣後債を発行するかどうかを決定すると仮定する. また, 劣後債発行によって調達した資金

表1-1 銀行の自己資本に関する数値例

パラメータ				
投資	I	投資単位		1
安全貸出	X	粗収益		2
危険貸出	Y_H	確率 p で得る粗収益		2.5
	Y_L	確率 $1-p$ で得る粗収益		0.9
	Z	清算価値		0.5
	p	Y_H の確率		0.5
自己資本比率規制	k	ターゲット水準		0.08
経営者の効用	α	経営者の株式保有割合等		0.01
	B	私的便益		1
劣後債	D	劣後債の額		0.1

		銀行のタイプ	乏しい自己資本	中程度の自己資本	豊富な自己資本
初期自己資本	A	自己資本	0.2	0.5	0.6
①劣後債がない場合の自己資本比率(%)	$(A+Z-I)/I$	中止戦略	−30.0	0.0	10.0
	$A/(3I)$	継続戦略	6.7	16.7	20.0
②劣後債がある場合の自己資本比率(%)	$(A+Z-I+D)/I$	中止戦略	−20.0	10.0	20.0
	$(A+D)/(3I)$	継続戦略	10.0	20.0	23.3

は，国債の購入に充てられ，リスク資産を増やすことはないものとする．不良貸出を行っても第1期末の自己資本はプラスであると仮定しているので[19]，劣後債がデフォルトを起こすことはなく，劣後債の価格は1である（発行額は返済額と等しい）．したがって，銀行は追加的なコストを被ることなく，劣後債を発行することで，自己資本比率を引き上げることが可能となる．つまり，劣後債の発行は，実質的には，ターゲットとなる自己資本比率 k の引き下げと同じ効果をもたらす．この結果，劣後債の効果は，銀行の自己資本の水準によって異なるものとなる．

「豊富な自己資本」を持つ銀行

「豊富な自己資本」を持つ銀行は，劣後債を発行するインセンティブを持たない．劣後債を発行しなくても，ターゲットとなる自己資本比率 k を満

---

[19] 第3節で，$(X-I)+(Y_L-2I)+A>0$ を仮定している．

たすことが可能だからである[20].

「中程度の自己資本」を持つ銀行

「中程度の自己資本」を持つ銀行は，不良貸出を行わなくても，劣後債を発行することで，ターゲット自己資本比率 k を満たす可能性が生まれる．不良貸出は銀行の利益を損なうが，劣後債にはそうした効果はないので，劣後債発行によってターゲット自己資本比率を満たせるのであれば，銀行経営者はそちらを選ぶであろう．「悪い」シグナルを受け取ったときに「中止」戦略をとったときの自己資本比率は $\{A+(Z-I)+D\}/I$ であるから，次の命題が成り立つ．

> **命題 4**：$\{A+(Z-I)+D\}/I>k$ が成り立つとき，「中程度の自己資本」を持つ銀行は，「悪い」シグナルを受け取ると，劣後債を発行し，危険な融資を中止する．

命題 2 と 4 を比較すると，劣後債の自己資本への算入による自己資本比率規制の緩和は，中程度の自己資本を持つ銀行に対しては，銀行経営者の歪んだインセンティブを矯正する役割があることがわかる．このタイプの銀行においては，ターゲットとなる自己資本比率をクリアする上で，劣後債と不良貸出が代替的な役割を担っている．

「乏しい自己資本」を持つ銀行

「乏しい自己資本」を持つ銀行の場合，劣後債を発行するだけでは，ターゲットとなる自己資本比率を満たすことができないかもしれない．しかし，劣後債を発行し，かつ，不良貸出を行うことで，ターゲット自己資本比率を満たす可能性が生まれうる．「悪い」シグナルを受け取ったときに，劣後債を発行し，かつ，「継続」戦略をとった場合の自己資本比率は $(A+D)/(3I)$ である．したがって，次の命題が成り立つ．

> **命題 5**：$\{A+(Z-I)+D\}/I<k\leq(A+D)/(3I)$，及び，次の条件が成

---

20) 劣後債の発行にごくわずかのコストがかかると仮定すれば，「豊富な自己資本」を持つ銀行は，厳密に，劣後債を発行しないことを選択する．

り立つとき，「乏しい自己資本」を持つ銀行は，「悪い」シグナルを受け取ると，劣後債を発行し，危険な融資を継続する．

(2) $\qquad (1-\alpha)B > \alpha(Z+I-Y_L)$

命題5の最初の条件は，劣後債のみではターゲットに届かず，劣後債と不良貸出をともに行うことで，ターゲットを満たすという条件である．命題5の条件(2)式は，命題2の条件と同じで，経営者が職にとどまることの私的便益が，不良貸出を行うことのコストを上回る条件である．命題3と命題5を比較すると，劣後債の自己資本への算入による自己資本比率規制の緩和は，乏しい自己資本を持つ銀行に対しては，銀行経営者のインセンティブを歪めることがわかる．このタイプの銀行においては，ターゲットとなる自己資本比率をクリアする上で，劣後債と不良貸出が補完的な役割を担っている．これは，「中程度の自己資本」を持つ銀行のケースと対照的である．

表1-1②は劣後債がある場合の数値例である．「中程度の自己資本」を持つ銀行は，劣後債発行によってターゲットを満たすので，危険な貸出を継続するインセンティブを持たない．他方，「乏しい自己資本」を持つ銀行は，劣後債発行と危険な貸出の継続によって，ターゲットを満たそうとする．このように，劣後債の自己資本への算入は，貸倒引当金の操作が可能な状況では，不良貸出を継続するインセンティブを強める可能性がある．詳細な分析は省くが，この結論は，劣後債にデフォルト・リスクがある場合にも拡張可能である．

4.3　実証分析上のインプリケーション

上記の理論分析はさまざまな状況に適用可能だが，本項では，日本の1990年代の銀行を取り巻く状況に焦点を絞って，実証的インプリケーションを導く．1990年代に，地価が下落を続け，土地担保の価値が減少したので，貸出の質は悪化し続けた．また，第2節で述べたように，日本の銀行は株価と地価の下落によって自己資本が相当程度毀損しており，劣後債によって自己資本比率規制を満たしていた．そこで，銀行が得たローンの質に関するシグナルは「悪い」，銀行は「乏しい自己資本」を持っていた場合に限って，検証可能な仮説を導く．

まず，シグナルが「悪い」ときに，銀行の最終的な収益は危険な貸出を

「中止」したほうが「継続」するよりも高い．したがって，株式市場が銀行のポートフォリオ選択を観察できれば，資本の市場価値は，「中止」のほうが「継続」よりも高い．以下，株式市場は銀行のポートフォリオを観察できるものとする．なお，仮説 1 と仮説 2 のフォーマルな導出は，補論を参照されたい．

> **仮説 1：銀行の不良貸出の割合が大きいほど，市場価値自己資本比率は低くなる．**

他方，規制上の自己資本は，「継続」のほうが「中止」よりも高い．したがって，銀行が不良貸出を行っている場合，資本の市場価値と規制上の自己資本との乖離は大きくなる[21]．

> **仮説 2：銀行の不良貸出の割合が大きいほど，市場価値自己資本比率と規制上の自己資本比率との差が大きくなる．**

次に，命題 5 より，次の仮説が導かれる．

> **仮説 3：劣後債と不良貸出の割合は正の相関を持つ．**

命題 5 が成立するのは，借り手資産の清算価値 Z が低い場合であるが，Z は地価が下落するほど低くなる．したがって，

> **仮説 4：地価が低いほど，不良貸出の割合は高くなる．**

最後に，命題 5 の条件から示唆されるように，規制上の自己資本比率と不良貸出の割合については，必ずしも単調ではない．特に，ターゲットとなる自己資本比率水準が規制上の最低水準（8％）よりも高い場合，自己資本比

---

[21] 厳密には，会計操作がなくても，資本の市場価値と規制上の自己資本とは乖離する．両者が一致するのは，1) 銀行資産のリスクウェイトが，各資産の市場価格と一致する．2) すべての資産と負債が市場価格で評価される，という条件が満たされる場合のみである．しかし，両者の乖離は，会計操作が行われるときのほうが，行われていないときよりも大きいので，仮説 2 の一般的な妥当性は失われない．

率がターゲット水準以下の銀行は，8%超でも不良貸出によってターゲット水準を満たそうとし，すでにターゲット水準を超えている銀行は不良貸出を行うインセンティブはない[22]．

5 実証分析

5.1 データ

実証分析で用いる主なデータソースは，日経財務データ（2000年版 CD-ROM）である．このデータセットは，都市銀行，長期信用銀行，信託銀行，地方銀行および第二地方銀行を含んでいる[23]．このうち，本章の分析で用いるのは，BIS 自己資本比率規制（国際基準）に服している銀行である．サンプルとなる銀行は，主要行（都市銀行，長期信用銀行および信託銀行）と地域銀行（地方銀行および第二地方銀行）に分類する．これは，政府は主として主要行に対して猶予政策を行っていたと考えられるからである[24]．

サンプル期間は1991年3月期から1999年3月期である．これは，地価バブル崩壊後の期間に対応する．各銀行のデータは年次データである．複数の銀行が合併にかかわった場合，合併年とその翌年をサンプルから除く．合併翌年も除くのは，推計式に1期のラグがあるからである．

自己資本比率とその構成項目のデータは，各銀行の財務諸表による．株価データは，「株価 CD-ROM 2002」および「株価総覧」（ともに，東洋経済新報社）を用いる．地価データは，各銀行の本店が所在する都道府県の商業用地の公示地価指数（国土交通省）を用いる．

5.2 推計方法

4.3項で得られた実証分析上のインプリケーションをテストするため，銀

---

[22] 例えば，Watanabe (2007) は，1992年度から94年度の期間に実現していた自己資本比率の平均値をターゲット水準だとみなしている．この期間は，まだ銀行が自己資本比率規制を満たすことが容易だったというのが，その根拠である．
[23] 長期信用銀行と信託銀行をサンプルに含めるのは，1980年代の金融自由化によって，1990年代には，これらの銀行と都市銀行との銀別があいまいになっていたことによる．
[24] 主要行に対する猶予政策として，例えば，1998年3月の公的資金注入の対象は，主要行（信託銀行，長期信用銀行を含む）はすべてであったのに対し，地方銀行は3行だけであったことを指摘できる．

行の特性，不良貸出の回収率，その他のマクロショックをコントロールした上で，理論的に不良貸出の割合と相関があると考えられる変数と，不良貸出の割合との関係を推計する．

理論分析では，会計上の変数は操作されており，自己資本比率など会計上の変数と貸出ポートフォリオは，同時に決定されている（Shrieves and Dahl 2003 も参照）[25]．しかし，理論モデルは静学的なものであり，実際には，劣後債などによる資金調達と不良貸出との間には，時間のずれがある可能性がある．また，株価が銀行行動を予想して先行する可能性もある．そこで，推計方法としては，不良貸出の割合を被説明変数とし，以下の2つの方法を用いる．

1つは，説明変数に1期ラグを用いて，OLS（最小二乗法）によって次式を推計する方法である．

$$(3)\quad Bad\ Loan_{i,t} = \beta_1 Determinants_{i,t-1} + \beta_2 Controls_{i,t-1} + f_i + Year_t + \varepsilon_{i,t}$$

ここで被説明変数 $Bad\ Loan$ は不良貸出の全貸出に占める割合である．説明変数である $Determinants$ は，理論分析に基づいて不良貸出と相関があると考えられる変数であり，$Controls$ は銀行および地域の特性を示す変数であるが，いずれも，1期ラグを用いている．f_i は銀行固有の効果をとらえる固定効果ダミー，$Year_t$ はマクロショックをコントロールするための年次ダミーである．

2番目の方法は，ダイナミック・パネル GMM（一般化積率法）によって次式を推計する方法である．

$$(4)\quad Bad\ Loan_{i,t} = \beta_0 Bad\ Loan_{i,t-1} + \beta_1 Determinants_{i,t} + \beta_2 Controls_{i,t-1} + f_i + Year_t + \varepsilon_{i,t}$$

ここで，説明変数のうち $Determinants$ は当期の値を用いている．操作変数には，各説明変数の1期以上のラグを用いている．具体的には，$Bad\ Loan$ は2期以上（Arellano and Bond 1991），$Determinants$ は1期以上，$Controls$ は2期以上のラグである．

---

[25] Watanabe（2007）は，自己資本比率規制が貸出増加率に及ぼす効果を推計する際に，貸出増加率と会計変数との同時性を避けるために，適当な操作変数を用いることを提唱している．

5.3 変　数

以下では，推計に用いる具体的な変数を説明する．

Bad Loan

被説明変数 *Bad Loan* には，不動産関連融資（不動産，建設，および金融業向け貸出）の総貸出に占める割合を用いる．この指標が不良貸出の変数として妥当な理由は，いくつかあげられる．第1に，不動産価格は各都道府県内さらに全国レベルにおいて，同じ方向に動く傾向があるので，不動産関連融資はリスク分散が困難なリスクの高い融資である．第2に，1990年代初期の資産バブルの崩壊以降1990年代を通じて，不動産関連融資の収益性は低下した．第3に，2000年代初めになって開示された不良債権の業種別内訳によると，不動産関連3業種が不良債権のほぼ半数を占めている[26]．第4に，Caballero et al. (2008) が指摘するように，1990年代において，金利がプライムレートより低い，いわば補助金付きの貸出は，不動産業と建設業に対して顕著に増加した．最後に，金融部門を含めるのは，日本の銀行がしばしばダミー会社としての金融子会社を通じて，不動産会社に貸出を行っていたからである．

不良貸出の総貸出に占めるシェアではなく，不良貸出の増加率を用いるべきだという考えもあるが，以下の2つの理由により，本章ではシェアを用いる．まず，本来であれば，各ローンの収益率を計算することが，不良貸出を見抜く理想的な方法であるが，バランスシートが粉飾されている限り，それは不可能である．そこで，我々は「信用のミス・アロケーション（非効率的配分）」の観点から，不良貸出を識別することとした．地価が継続的に下落している状況下で，利潤最大化を図る銀行経営者は，不動産関連融資から他の融資に貸出のシェアを移すはずである．不良貸出のシェアを用いることの欠点は，不良貸出が増加しているが，他の融資がそれ以上に増加している場合には，不良貸出のシェアは下がってしまうので，不良貸出の存在を見抜くことができなくなることである．他方，不良貸出の増加率を用いることの欠点は，不良貸出が減っているが，他の貸出はそれほど減っていない場合に，

---

[26] 日本経済新聞（2001年6月13日付）によると，不良債権に占める割合は，不動産が32.8%，建設が9.6%，金融が7.1%である．

不良貸出の存在を見出すことができないことである．この場合，シェアを用いていれば，不良貸出の存在を見過ごすことはない．第2の理由は，不良貸出の増加率を用いる場合，銀行側の貸出供給と借り手側の借入需要に関する識別の問題が深刻になることである．不良貸出の増加は，不動産関連業種による借入需要によって影響を受けるが，他方，不良貸出のシェアは，主に銀行自身によってコントロールされるポートフォリオ選択の影響を受ける．したがって，不動産関連融資シェアと不動産関連業種向け貸出の相対的収益率に負の相関があれば，銀行は不良貸出を行おうという歪んだインセンティブがあったと言っても差支えないだろう．

Determinants

　Determinants は，理論分析に基づいて不良貸出と相関があると考えられる変数群である．具体的には，第1に，市場価値自己資本比率（mark-to-market capital ratio: *MMC*）である．仮説1によれば，株式市場が銀行のパフォーマンスを評価できていれば，*MMC* の係数は負であると期待される．第2の変数は，市場価値自己資本比率と規制上の自己資本比率との差（*DISCRET*）である．これは会計操作の程度を示す指標であり，仮説2によれば，*DISCRET* の係数は正であると期待される．第3の変数は，劣後債（subordinated debt）のリスク資産に対する比率（*SD*）である．劣後債は規制上の自己資本を水増しする道具として使われており，仮説3によれば，*SD* の係数は正である．

　以上3種類の銀行変数が理論分析から直接導かれるものだが，それらに加えて，規制上の自己資本比率（*RBC*）と，その内訳についても，*Determinants* 変数として *Bad Loan* の説明変数に加える．

　自己資本の構成項目としては，上述の劣後債（*SD*）に加えて，Tier1（*TIER1*）と，Tier2の主要項目である一般貸倒引当金（*LOANLOSS*）および有価証券含み益（*GAIN*）を用いる．ただし，すべてリスク資産に対する比率である．このうち，まず *TIER 1* について考察する．不良貸出の償却は *TIER 1* 自己資本を減少させるので，銀行が *TIER 1* に制約されている場合，*TIER 1* の小さな銀行ほど不良貸出を継続するインセンティブを持つ．したがって，*TIER 1* の係数は負となるはずである．次に，*LOANLOSS* と *Bad Loan* の関係について考察する．一般貸倒引当金は Tier1 を減らし

Tier2 を増やす効果がある．したがって，銀行が Tier1 に制約されていて，Tier1 を増やしたい場合には，一般貸倒引当金は低く抑えると同時に，不良貸出を増やすインセンティブがあるので，$LOANLOSS$ の係数は負となる．最後に，$GAIN$ について考察する．保有有価証券の売却によるキャピタル・ゲインの実現は，収益を通じて Tier1 を増加させるが，他方，含み益が減るので，Tier2 を減少させる．これは，含み益の 45% までを Tier2 自己資本に算入できるという日本特有のルールによる．銀行が Tier1 に制約されており，Tier1 を増やしたければ，含み益のある銀行はできるだけ売却して実現益を得るとともに，不良貸出を増やすので，$GAIN$ の係数は負となる．

RBC は，自己資本比率規制が銀行行動に及ぼす影響を分析した既存分析でしばしば使われているものである（Hall 1993, Peek and Rosengren 1995, Montgomery 2005, Watanabe 2007）．もし，本章の理論分析とは異なり，自己資本比率規制が銀行経営者の規律付けの役割を果たしていて，会計操作が行われていなければ，自己資本比率が高い銀行ほど安全な貸出ポートフォリオを選択するはずであり，RBC の係数は負となるはずである．他方，本章の理論分析が妥当する場合は，ターゲットとなる自己資本比率の水準によって，不良貸出との相関は異なってくる．ターゲット未満の自己資本比率の銀行はターゲット水準まで引き上げるために不良貸出を行うだろうし，ターゲット超の自己資本比率の銀行は，不良貸出を行うインセンティブはないだろう．実際の自己資本比率をみると，例えば主要行では，自己資本比率 8% 以上 9% 未満が 30.2%，9% 以上 10% 未満が 38.4%，10% 超が 30.8% であり，ターゲット水準は，国際業務を行う銀行に対する最低要求水準である 8% を超えている可能性が高い．そこで，RBC の水準自体を説明変数に用いる分析だけではなく，RBC の 8% からの乖離幅を 4 区分したダミー変数も用いた分析を行う．具体的には，RBC の水準に応じて，$REQ0=$8% 未満ダミー，$REQ1=$8% 以上 9% 未満ダミー，$REQ2=$9% 以上 10% 未満ダミーの 3 つのダミーを説明変数に用い，10% 以上をベンチマークに設定する．3 つの各ダミー変数の係数は，RBC が 10% 以上の銀行と比べて平均的にどの程度不良貸出の割合が異なっているかを示す．したがって，各ダミー変数の係数を見ることで，銀行のターゲットとなっている自己資本比率に関する情報を得ることができる．例えば，3 つのダミー変数がすべてマイナスであれば，自己資本比率が 10% を超えるまで不良貸出を増やし続けることを示しており，

ターゲット水準は 10% 超であると推測できる.

Controls

Controls は銀行および地域の特性を示す変数群であり,具体的には,都道府県別地価上昇率 (PLAND),銀行の業務純益の対総資産比率 (ROA),および,銀行の総資産の対数値 (ASSET) が含まれる.まず,仮説 4 によれば,地価の下落率が大きいほど,借り手の担保価値が低くなっているため,銀行が不良貸出を行うインセンティブが高まる.したがって,PLAND の期待される係数は負である.理論分析と異なり,銀行が利潤最大化行動をとっているのであれば,地価の下落は不動産関連融資の相対的な収益率の低下を意味するので,PLAND の係数は正となるだろう.次に,ROA が低いほど,銀行の自己資本比率は低くなりがちだが,自己資本比率が低いと,不良貸出を行う条件が満たされやすいので (命題5),ROA の期待される符号は負である.最後に,銀行の規模を示す ASSET と Bad Loan の関係については,いくつかの可能性が考えられる.銀行の規模が大きいほどリスク分散が可能で,不動産関連産業など特定産業への貸出の集中を避けることができるのであれば,ASSET の係数はマイナスである.他方,銀行の規模が大きいほど,政府による「大きすぎてつぶせない政策 (too-big-to-fail policy)」を期待して,不良貸出を行うインセンティブが強まると,ASSET の係数はプラスである.いずれの効果が大きいかで,ASSET の符号は異なってくる.

なお,他の観察できない銀行の特性は,銀行の固定効果によってコントロールされており[27],銀行の貸出ポートフォリオに影響を及ぼす全国規模のマクロショックは,年次ダミーでコントロールされている.

5.4 記述統計量

表 1-2 と表 1-3 はそれぞれ,主要行,地域銀行別に,各変数の平均値と変数間の相関係数を示している.

主要行

まず,主要行の平均値 (表 1-2 の A) を見る.Bad Loan は 34.5% と,

---

[27] 銀行ダミーがすべてゼロであるとの結合仮説を帰無仮説として検証したところ,ほとんどの場合において,この帰無仮説を棄却した.

第1章 不良債権問題はなぜ長期化したのか 39

表1-2 記述統計量（1991～1999）：変数の平均値

	A. 主要行		B. 地域銀行	
	平均	標準偏差	平均	標準偏差
不良貸出シェア（Bad loan）	0.3450	0.0904	0.2294	0.0453
自己資本比率（RBC）	0.0961	0.0130	0.0932	0.0090
市場価値自己資本比率（MMC）	0.0817	0.0304	0.0638	0.0186
RBC－MMC（DISCRET）	0.0143	0.0343	0.0294	0.0176
Tier1	0.0548	0.0119	0.0629	0.0114
Tier2	0.0413	0.0095	0.0304	0.0079
有価証券含み益（GAIN）	0.0140	0.0107	0.0151	0.0083
一般貸倒引当金（LOANLOSS）	0.0036	0.0017	0.0034	0.0010
劣後債（SD）	0.0233	0.0139	0.0116	0.0082
業務純益／総資産（ROA）	0.0058	0.0039	0.0058	0.0020
総資産（対数値）（ASSET）	16.8584	0.9127	14.8390	0.5587
サンプル数	172		500	

出所）日経財務データ（2000年版 CD-ROM）、各銀行財務諸表、「株価 CD-ROM 2002」および「株価総覧」（ともに東洋経済新報社）より作成。

表1-3 記述統計量（1991～1999）：変数間の相関係数

A. 主要行

	MMC	RBC	DISCRET	TIER1	TIER2	GAIN	LOANLOSS	SD
MMC	1.000							
RBC	−0.105	1.000						
DISCRET	−0.926	0.473	1.000					
TIER1	0.072	0.709	0.205	1.000				
TIER2	−0.234	0.481	0.390	−0.277	1.000			
GAIN	0.579	−0.094	−0.549	−0.039	−0.080	1.000		
LOANLOSS	−0.071	0.270	0.165	0.040	0.317	−0.178	1.000	
SD	−0.574	0.349	0.641	−0.167	0.684	−0.767	0.206	1.000

B. 地域銀行

	MMC	RBC	DISCRET	TIER1	TIER2	GAIN	LOANLOSS	SD
MMC	1.000							
RBC	0.350	1.000						
DISCRET	−0.877	0.142	1.000					
TIER1	0.329	0.722	0.022	1.000				
TIER2	−0.073	0.104	0.131	−0.613	1.000			
GAIN	0.356	0.424	−0.160	0.023	0.451	1.000		
LOANLOSS	−0.101	0.220	0.219	0.175	−0.003	−0.135	1.000	
SD	−0.395	−0.383	0.221	−0.648	0.495	−0.527	−0.039	1.000

出所）日経財務データ（2000年版 CD-ROM）、各銀行財務諸表、「株価 CD-ROM 2002」および「株価総覧」（ともに東洋経済新報社）より作成。

総貸出の約1/3が不良貸出である．規制上の自己資本比率 RBC は9.61%で規制水準の8%を上回っているのに対し，市場評価の自己資本比率 MMC は8.17%で RBC を下回っている．両者の差である $DISCRET$ は1.44%あり，規制上の自己資本は過大評価されている可能性がある．RBC の内訳を見ると，$TIER2$ は RBC の約4割を占めている．$TIER2$ のなかでは，劣後債 SD と含み益 $GAIN$ が重要な割合を占めているが（SD が24%, $GAIN$ が14%），一般貸倒引当金 $LOANLOSS$ の割合は小さい（4%）．

主要行の相関係数（表1-3のA）を見ると，MMC は RBC と負の相関を持っており，規制上の自己資本比率は，市場評価を反映していないことが示唆される．MMC は，$DISCRET$ および SD とそれぞれ強い負の相関を示しており，資本の市場価値が低い銀行ほど，規制上の自己資本の水増し行動があったことが示唆される．$DISCRET$ と SD は強い正の相関を示しており，劣後債が会計操作の主要な手段となっていたことが示唆される．

地域銀行

次に，地域銀行の平均値（表1-2のB）を見る．$Bad\ Loan$ は22.9%と，主要行よりは小さい．RBC は主要行とほぼ同水準である．他方，MMC が主要行よりも低いため，$DISCRET$ は2.94%と大きくなっている．RBC の内訳では，$TIER2$ が RBC の約3割と主要行より小さく，特に SD が12%と主要行の約半分となっている．これは，劣後債の持ち合いが可能な系列保険会社を持っていない地域銀行が多いことによると考えられる．

地域銀行の変数間の相関係数（表1-3のB）を見ると，主要行と異なり，MMC と RBC は正の相関である．MMC は，$DISCRET$ および SD とそれぞれ負の相関を示しており，主要行同様，資本の市場価値が低下している銀行ほど会計操作が行われていたことをうかがわせる．しかし，$DISCRET$ と SD の相関係数は比較的低い．地域銀行の場合，劣後債は主要な会計操作の手段とはなっていなかったようである．

5.5 推計結果

表1-4は主要行，地域銀行別に推計結果を示している．OLS推計では，Whiteの不均一分散に一致性を持つ標準誤差がカッコ内に示されている．GMM推計では，統計ソフトウェアOXのDPDパッケージ（Doornik et al.

2002) を用い，有限サンプル修正済み標準誤差がカッコ内に示されている．

主要行

表1-4のAが主要行の推計結果を示しており，第1列から第4列まではOLS推計結果，第5列から第8列まではGMM推計結果である．GMM推計結果において，Sarganの過剰識別制約テストと2次の自己相関テストを見ると，操作変数が適切であることを示唆している．

*Determinants*の各変数から見ていこう．*MMC*の係数はOLS，GMMともにマイナスで，OLSでは10%水準で有意である．これは，仮説1と整合的である．*DISCRET*の係数はOLS，GMMともにプラスで，5%の有意水準で有意である．これは，仮説2と整合的である．SDの係数は，OLS，GMMともにプラスで，それぞれ5%，10%水準で有意である．これは，仮説3と整合的である．これらの結果は，会計操作と不良貸出の関係に関する理論分析の妥当性を示唆している．

*RBC*の係数はOLS，GMMともにプラスで，OLSでは10%水準で有意である．仮に自己資本比率規制が会計操作を伴わず，銀行経営者に対する規律付けとして機能しているならば，この係数はマイナスのはずであり，実際にはそうした見方が誤りであることを示唆している．SD以外の*RBC*の内訳をみると，*LOANLOSS*の係数がOLS推計でマイナスに有意であり，主要行がTier1自己資本を水増しするために貸倒引当金の過少引当と不良貸出を行っていたことを示唆しているが[28]，この負の関係はGMM推計では見られない．また，*GAIN*の係数はGMM推計でプラスに有意となっており，Tier2自己資本を水増しするために，有価証券含み益を温存しつつ不良貸出を行っていたことを示唆しているが，この関係はOLS推計では見られない．

*RBC*の8%水準からの乖離を示すダミー変数の係数を見ると，OLS推計，GMM推計ともに，いずれの係数もマイナスで，特に*REQ1*と*REQ2*はGMM推計において5%水準で有意である．これは，主要行は自己資本比率のターゲットを10%超に設定し，ターゲットの水準に達するまで，不良貸出を増やしていたことを示唆している．

次に，*Controls*の各変数を見る．*PLAND*の係数はOLS推計，GMM推

---

[28] Shrieves and Dahl (2003) は，日本の銀行はTier1自己資本を増やすために会計操作を行っていたとしている．

表1-4 不良貸出の決定要因

A. 主要行

推計方法	OLS				GMM			
推計式番号	1	2	3	4	1	2	3	4
MMC	−0.186* (0.109)				−0.316 (0.258)			
RBC	0.523* (0.278)				0.570 (0.359)			
DISCRET		0.218** (0.110)				0.394** (0.188)		
TIER1			−0.084 (0.451)				−0.798 (0.998)	
GAIN			−0.250 (0.457)				1.235** (0.550)	
LOANLOSS			−3.495** (1.451)				2.803 (3.550)	
SD			0.949** (0.390)				0.755* (0.440)	
REQ0				−0.004 (0.009)				−0.037 (0.031)
REQ1				−0.008 (0.006)				−0.016** (0.007)
REQ2				−0.003 (0.004)				−0.008** (0.003)
ROA	−1.380* (0.702)	−1.322* (0.689)	−1.778** (0.669)	−1.258* (0.705)	0.806 (0.780)	0.940 (0.761)	−0.144 (0.520)	−0.569 (0.712)
PLAND	−0.064** (0.026)	−0.068** (0.027)	−0.070** (0.025)	−0.064** (0.028)	−0.036** (0.011)	−0.038** (0.012)	−0.040** (0.016)	−0.043** (0.017)
ASSET	0.047 (0.030)	0.043 (0.028)	0.057* (0.030)	0.049 (0.030)	0.027 (0.022)	0.031 (0.021)	−0.012 (0.026)	0.013 (0.025)
Bad Loan$(t-1)$					0.397* (0.239)	0.434** (0.177)	0.175 (0.284)	−0.137 (0.433)
観測値数	172	172	172	172	163	163	163	163
銀行数	23	23	23	23	22	22	22	22
自由度修正済 R^2	0.963	0.963	0.964	0.961				
AR (2) test					−0.280	−0.727	0.170	1.581
Sargan test					2.74	3.58	2.81	4.795

注：（ ）内は標準誤差．ただし，OLS では White の不均一分散一致推定量．GMM では，有限サンプル修正推定量．
　　**,* はそれぞれ 5%，10% で有意であることを示す．
　　GMM で用いる操作変数は，Bad Loan は 2 期以上ラグ，それ以外の説明変数は 1 期以上のラグ．

計ともにすべてマイナスで，5% 水準で有意である．この結果は，仮説 4 と整合的であり，また，信用のミス・アロケーションを強く示唆している．ROA の係数は OLS 推計ではマイナスで 10% もしくは 5% 水準で有意であり，収益が低く，したがって自己資本が低いほど不良貸出を行いやすいという仮説と整合的である．ただし，GMM 推計ではいずれも有意ではない．

(表1-4)
B. 地域銀行

推計方法	OLS				GMM			
推計式番号	1	2	3	4	1	2	3	4
MMC	−0.161**				−0.208			
	(0.051)				(0.136)			
RBC	0.031				−0.078			
	(0.128)				(0.374)			
$DISCRET$		0.150**				0.166		
		(0.049)				(0.148)		
$TIER1$			−0.196				−0.060	
			(0.153)				(0.362)	
$GAIN$			−0.297				0.597	
			(0.215)				(0.533)	
$LOANLOSS$			2.923				−1.397	
			(1.878)				(1.103)	
SD			0.403**				−1.371**	
			(0.181)				(0.664)	
$REQ0$				−0.003				0.005
				(0.004)				(0.009)
$REQ1$				0.003				−0.003
				(0.003)				(0.006)
$REQ2$				0.001				−0.005
				(0.002)				(0.003)
ROA	0.232	0.163	0.022	0.008	1.057*	1.107*	0.816	0.845
	(0.551)	(0.543)	(0.546)	(0.559)	(0.608)	(0.613)	(0.789)	(0.629)
$PLAND$	−0.010	−0.011	−0.006	−0.010	0.004	0.007	−0.005	0.006
	(0.008)	(0.008)	(0.009)	(0.008)	(0.012)	(0.012)	(0.015)	(0.012)
$ASSET$	−0.016	−0.015	−0.007	−0.017	−0.020	−0.026	−0.052**	−0.027
	(0.017)	(0.017)	(0.018)	(0.018)	(0.025)	(0.023)	(0.026)	(0.024)
$Bad\ Loan(t-1)$					0.495**	0.487**	0.444**	0.497**
					(0.086)	(0.088)	(0.102)	(0.083)
観測値数	504	504	504	504	486	486	486	486
銀行数	70	70	70	70	70	70	70	70
自由度修正済 R^2	0.943	0.943	0.943	0.942				
AR (2) test					−0.246	−0.181	0.718	0.362
Sargan test					49.42	49.58	47.17	51.34

$ASSET$ の係数はほとんどの場合プラスだが,有意なものは少ない.

地域銀行

　表1-4のBが地域銀行の推計結果を示している.GMM推計の定式化のテスト結果は,操作変数の適切性を示唆している.

Determinants の各変数のうち，まず，*MMC* の係数は OLS，GMM ともにマイナスで，OLS では 5% 水準で有意である．これは，仮説 1 と整合的である．*DISCRET* の係数は OLS，GMM ともにプラスで，OLS 推計では 5% の水準で有意である．これは，仮説 2 と整合的である．*SD* の係数は，OLS はプラスかつ 5% 水準で有意だが，GMM では逆にマイナスかつ 5% 水準で有意である．OLS の結果は仮説 3 と整合的だが，頑健ではない．

RBC の係数は OLS，GMM ともに有意ではない．*SD* 以外の *RBC* の内訳をみると，*TIER1*，*LOANLOSS*，GAIN いずれも有意ではない．*RBC* の 8% 水準からの乖離を示すダミー変数は，いずれの係数も有意ではない．

次に，*Controls* の各変数を見ると，*PLAND* の符号はプラス，マイナス存在するが，いずれも係数は有意ではなく，仮説 4 を支持する結果は得られない．*ROA* の係数はプラスで，GMM 推計の一部では 10% 水準で有意である．これは，収益が低く，したがって真の自己資本が低いほど不良貸出を行いやすいという仮説と整合的でない．*ASSET* の係数は有意ではない．

主要行と異なり，地域銀行では，理論分析を強く支持する結果は得られなかった．主要行と地域銀行の結果の違いは，政府の猶予政策が主要行に対してより強く働いていたことを示唆している．

6 結 論

本章では，理論分析と実証分析によって，監督当局による自己資本比率規制の裁量的運用と，銀行による会計操作が組み合わされて，ほとんど返済不能な企業に対する貸出供給が促進され，日本の不良債権問題が長引いてしまったことを明らかにした．これは，特に主要行において顕著であった．

分析結果の解釈には，いくつかの留意が必要である．理論分析では，銀行が支払い不能（insolvent）に陥る可能性がなくてもモラル・ハザードが生じうることを明らかにするために，支払い可能（solvent）な場合に焦点をあてているが，銀行が支払い不可能に陥るケースも含めて分析すれば，たとえ猶予政策を伴うものであっても，自己資本比率規制の導入によって乏しい自己資本を持つ銀行のモラル・ハザードを軽減できるケースがあるかもしれない．実証分析では，不良貸出自体を正確に測定，把握することは困難であるため，1990 年代の不動産・建設業における負債比率の高さや地価の下落

傾向を根拠として，不動産関連融資を不良貸出の代理変数として用いている点にも留意が必要である[29]．

　しかし，不良債権問題を終了させるために採用された金融改革の結果は，会計操作の果たした役割を重視する本章の分析結果と整合的である．2002年末に始まった「金融再生プログラム」（いわゆる竹中プラン）は，不良債権処理を加速させることを目的に，自己資本比率規制をクリアするための会計操作を中止させ，銀行財務の透明性を高めようとした．これは地価の回復傾向とあいまって，主要行の不良債権の減少に寄与した（第2章）[30]．

　本章の発見とその後の金融改革の成功は，会計操作が銀行のガバナンスを弱め，不良債権問題に深刻な影響を及ぼすことを示唆している．規制上の自己資本と市場価値で評価された自己資本との乖離を狭めるような，厳格な会計基準を強いることで，監督当局による猶予政策と銀行による自己資本の水増しを防ぐことができ，健全な銀行システムを構築する重要な規律付けの道具として機能するだろう．

　こうした方向性は，サブプライムローン問題に端を発した世界的な金融危機におけるアメリカの対策にも表れている．2009年，連邦政府と連邦準備理事会（FRB）は米大手金融機関19社を対象に，資産査定（ストレステスト）を実施したが，米当局は，普通株や優先株などの中核的自己資本が保有資産の6%となるよう要求し，さらに普通株だけで4%以上となるよう要求した．資本不足の恐れを指摘された金融機関は，普通株の新規発行，優先株から普通株への転換，リスク資産の売却など，中核的自己資本重視のリストラ策を講じている．また，スイスやイギリスの金融監督当局は，劣後債による安易な資金調達がリスクの高い取引に傾斜する遠因になったとして，将来，劣後債を自己資本の対象から外す方針だと伝えられている[31]．こうした中核的自己資本重視の方向性は，会計操作と劣後債などTier2に頼った日本の銀行

---

29) 第2章では，1999年3月期から2005年3月期の銀行データを用い，被説明変数に不良債権（リスク管理債権）比率を用いた分析を行っているが，説明変数の1つである劣後債比率は，有意ではない．これは，第1章の分析期間と異なり，1990年代末以降，政府による猶予政策が変化し，劣後債と不良貸出を組み合わせて自己資本比率を水増しする行動がとれなくなったことを示唆しているものと考えられる．

30) 例えば，Sakuragawa and Watanabe（2009）は，イベント・スタディーの手法を用い，株式市場による金融改革の評価を検証している．彼らの結果は，市場参加者は，金融監督政策と銀行のガバナンスが徐々に改善すると認識していたことを示唆している．

31) 『日本経済新聞』2009年5月26日付朝刊．

の対応と異なり,健全な金融システムへの再構築に向けた適切な一歩だと評価できよう.

補　論　仮説 1 と仮説 2 の導出

規制上の自己資本比率（RBC）は，以下の通り定義できる．

$$(5) \qquad RBC \equiv \frac{A+(1-d)(Z-I)+D}{(1+2d)I}$$

ここで，d は危険な貸出が中止されればゼロ，継続されれば 1 をとるダミー変数である．RBC は初期の自己資本 A，危険な貸出の中止／継続の意思決定 d，および劣後債 D に依存する．他方，不良貸出の割合は，以下の通り定義できる．

$$(6) \qquad Bad\ Loan \equiv \frac{2d}{1+2d}$$

すなわち，危険な貸出が中止されれば不良貸出の割合はゼロであり，継続されれば，2/3 である．

仮説 1 について

第 0 期における，1 単位の自己資本あたりの株価を Q で表すと，市場価値で評価した自己資本比率（MMC）は以下の通り定義される．

$$(7) \qquad MMC \equiv \frac{AQ}{AQ+(3I-A)+D}$$

ここで，分母は自己資本 AQ，預金 $3I-A$，および劣後債 D の合計である．株式市場は銀行による危険な貸出の中止／継続の意思決定を観測できるとする．銀行の株価は

$$Q = \frac{d(Y_L-3I)+(1-d)(Z-2I)+X+A}{A}$$

となるから，これを (7) 式に代入して，

$$(8) \qquad MMC = \frac{dY_L+(1-d)Z-(2+d)I+X+A}{dY_L+(1-d)Z+(1-d)I+X+D}$$

仮定 $Y_L < Z+I$ により，「継続」（$d=1$）の場合が，「中止」（$d=0$）の場合よりも，MMC が高いことを示すことができる．

仮説 2 について

(5), (8) 式より，次式が満たされていれば，RBC と MMC の差は，危険な貸出を継続するほうが，中止する場合より大きいことを示すことができる．

(9) $$2(A+D) < 3(I-Z)$$

条件 (9) 式は，A, D, Z が十分小さい場合に成り立つ．

第2章

不良債権問題はどのように解消されたのか

1 はじめに

　日本の預金取扱金融機関の公表不良債権（リスク管理債権）は，2002年3月期に51兆5千億円とピークに達した後，3年後の2005年3月期には25兆7千億円とほぼ半減し，不良債権問題は終息した（図2-1，図2-2）．1990年代初頭から10年以上にわたり銀行の重荷であり続けた不良債権が，どのようにして急速に減少したのか，その理由を明らかにすることが，本章の目的である．

　1990年以降，少なくとも1998年までの間，銀行の不良債権は増加傾向にあった．これは，不動産業等向け貸出のシェアを見れば明らかである．この原因に関しては，すでにさまざまな要因が指摘され，また定量的な分析がなされてきた．例えば，①実体経済の低迷，②自己資本比率規制下の会計操作，③自己資本の毀損，④市場規律の欠如，⑤過大な銀行部門（オーバー・バンキング）などである．しかし，既存の分析は，主に1990年代を対象としており，これらの要因で2002年度以降の不良債権の減少が整合的に説明できるかどうかは明らかではない．そこで本章では，すでに指摘されてきた1990年代の不良債権増加の要因が2000年代に入りどう変化し，それが不良債権の減少に寄与したのかどうかを検証することとする．

　日本の銀行危機に対する監督当局の対応と，その評価については，最近，いくつかの研究が公表されている．星・カシャップ（2005）は，日本の金融システムの4つの問題（過小資本，いわゆる追い貸し，オーバー・バンキング，時代遅れのビジネスモデル）を指摘し，これらの問題を解消するためには，従来以上に積極的な政策が必要で，銀行にバランスシートの整理と問題企業への追い貸しの停止を強制する方法が必要であると論じている．堀内（2006）は，

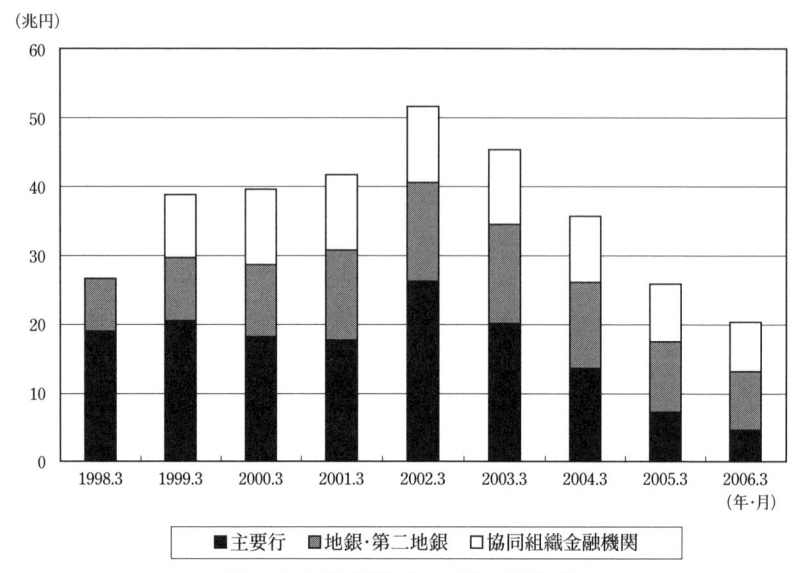

50　第Ⅰ部　金融危機の要因と銀行行動

(兆円)

■主要行　■地銀・第二地銀　□協同組織金融機関

図2-1　不良債権（リスク管理債権）額

出所）　金融庁ウェブサイトより作成.

(%)

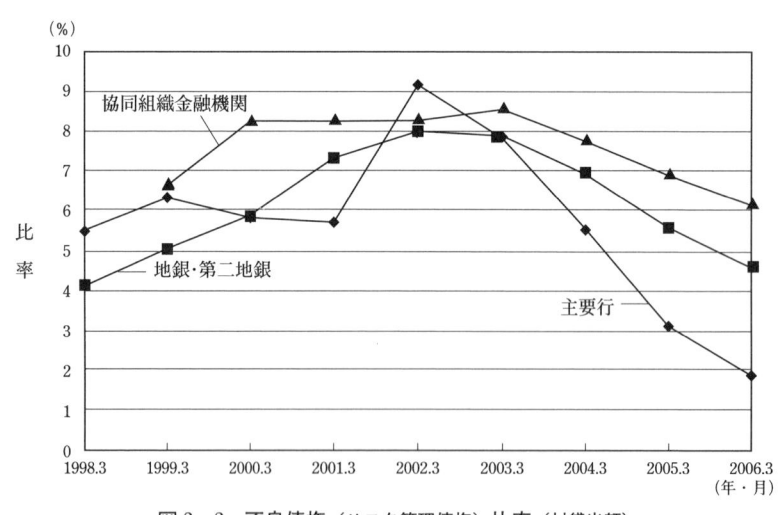

比率

図2-2　不良債権（リスク管理債権）比率（対貸出額）

出所）　金融庁ウェブサイトより作成.

1990年代末に，政府が銀行の経営内容を透明化させる政策に切り替えた結果，日本の金融システムは融資取引関係重視のシステムから市場取引重視の金融システムへと変化しつつあること，また，厳しい資産査定を組み込んだBIS自己資本比率規制と，それを柱とする健全経営規制は，実体経済との関係において景気循環を増幅する性質（プロシクリカリティー）を強く持っていることを指摘している．櫻川（2006）は，1992年から2005年までの金融監督政策の変遷を記述し，「金融再生プログラム」が公表された2002年以降に，ようやく自己資本比率規制を中核にすえた金融監督行政が機能し始め，このプログラム導入以降，順次不良債権処理が進んだことなどを指摘している．本章では，こうした金融監督行政の変遷も踏まえつつ，個別銀行のデータを用いて，不良債権の増減に関する実証分析を行うものである．

以下，第2節では，1990年代の不良債権増加の要因として指摘されてきた事柄を整理し，それらが1990年代末以降どう変化したかを概観する．第3節では，1999年3月期から2005年3月期までの銀行の財務データを用い，不良債権減少の要因分析を行う．第4節は，結論である．

2 1990年代における不良債権増加の要因と1990年代末以降の変化

本節では，1990年代の不良債権増加の要因として指摘されてきた事柄を整理し，それらが1990年代末以降どう変化したかを概観し，関連研究についても言及する．

1. 実体経済と地価の動向

1990年代の不良債権問題の一因に，長引く実体経済の低迷と地価の下落傾向があったことは，ほぼ疑いがない．実質成長率の低下と物価の下落は借り手の信用度（債務不履行確率）を悪化させ，地価の下落は担保価値の下落を通じて，債務不履行時の回収率を低下させる．

実体経済の動向を名目GDP成長率および実質GDP成長率の推移で見ると，2002年第1四半期に景気が底を打って以降，回復傾向にあったことがわかる（図2-3）．他方，商業地の地価動向を見ると，全国的には2006年ま

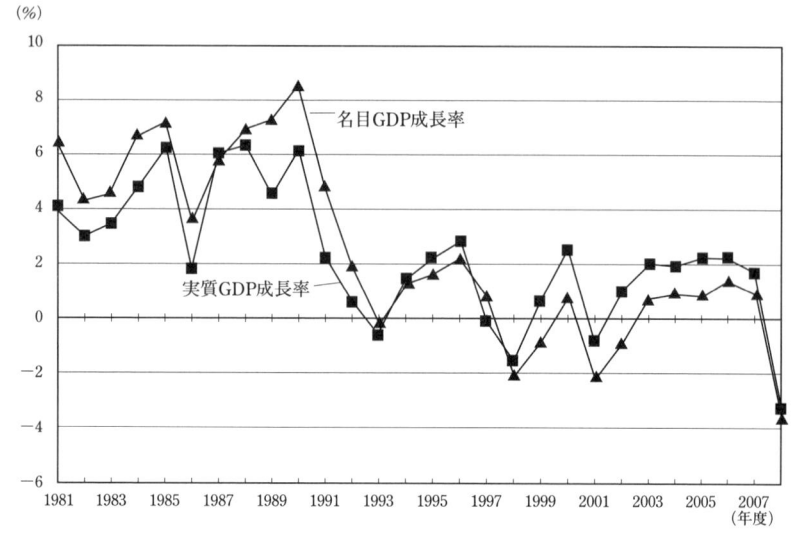

52　第I部　金融危機の要因と銀行行動

図 2-3　名目 GDP 成長率・実質 GDP 成長率

出所）　内閣府経済社会総合研究所「国民経済計算」より作成.

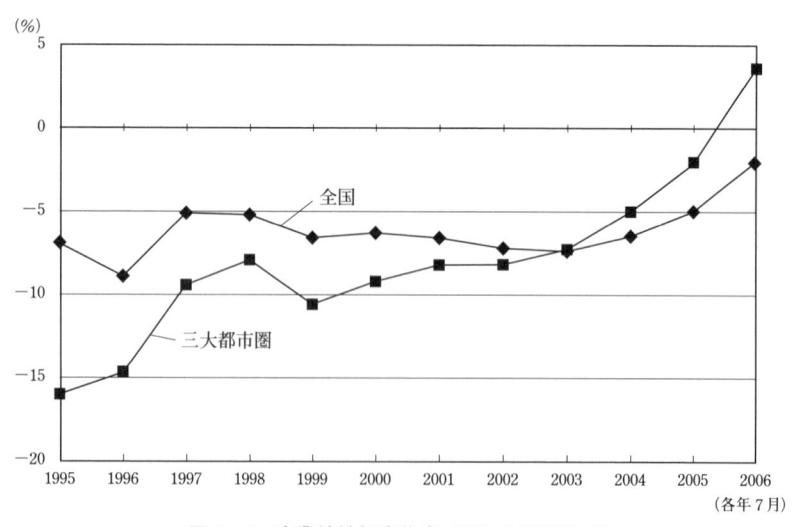

図 2-4　商業地地価変化率（都道府県地価調査）

出所）　国土交通省「土地情報総合ライブラリー」より作成.

で下落が続いているものの，2004年以降は下落率が縮小しており，また，三大都市圏に限れば，1999年をボトムに下落率が縮小し，2006年には上昇に転じている（図2-4）．

こうした2000年以降の実体経済の回復は，銀行部門の健全性の回復によってもたらされている面もあるが，逆に，実体経済の回復が不良債権の減少に寄与している可能性も高い．

例えば，大谷・白塚・山田（2007）は，産業間での要素価格の乖離度合いで計測された実物面での資源配分の歪みと，平均・分散アプローチを用いて計測された銀行の貸出ポートフォリオの歪みの関係を調べ，1990年代後半にかけては両者に負の相互作用が生じていたが，1990年代末以降は，銀行の貸出ポートフォリオの歪みが改善に転じ，それが実物面の歪みを改善させるという正の相互作用が生み出されたことを見出している．貸出ポートフォリオの歪みの測定値は不良債権比率と密接な相関を持っており，不良債権と実体経済との間で相互作用が働いていたことを示唆している．

2. 会計基準と金融監督規制

日本では，1993年3月期からバーゼル合意に基づく自己資本比率規制が本格的に導入されたが，バブル崩壊によって銀行の自己資本が毀損された状態からスタートしたこともあり，導入当初から，監督当局は，自己資本を水増しするためのさまざまな措置を認めてきた．銀行が保有する株式含み益（上限45％）の自己資本への算入，劣後債（系列生命保険会社との持ち合い分を含む）の自己資本への算入等である．また，当初は，不良債権が過小に評価されていたために，この面でも，自己資本が過大に評価されていた．さらに，1997年には，銀行が保有する株式含み損の自己資本への不算入，土地の含み益の自己資本への算入も認められた．こうした会計基準の裁量的な運用は，Horiuchi and Shimizu（1998），Ito and Sasaki（2002），Shrieves and Dahl（2003）でも指摘されている．

第1章では，自己資本比率規制における会計的裁量が銀行による不良貸出の継続につながることを明らかにした[1]．具体的には，1991年から1999年の銀行のパネル・データを用い，規制上の自己資本比率と市場価値評価の自

---

1) この点を最初に指摘したのは，Hosono and Sakuragawa（2003）である．

己資本比率との乖離が大きいほど，また，自己資本に占める劣後債の割合が高いほど，不動産業等向け融資比率が高まることなどを見出した．

　1990年代末以降，会計基準の裁量的運用に徐々に変化が見られるようになった．まず，1998年に早期是正措置が導入され，銀行が資産内容を自己査定し，これを外部監査と監督当局の検査・モニタリングによって検証する仕組みが整った．他方で，1998年に導入された繰延税金資産の自己資本への算入は，再び主要行の自己資本を水増しさせる道具として使われるようになった（Skinner 2005）．

　会計基準の厳格化が本格的に行われるようになったのは，1999年7月に金融庁が「金融検査マニュアル」を公表して，銀行による貸出資産の自己査定を厳格化する方向性を示し，2000年3月期以降，主要銀行に対する厳しい検査に着手してからである（堀内　2006）．こうした方向性は，2002年10月に「金融再生プログラム」（いわゆる「竹中プラン」）が公表され，資産査定の厳格化，自己資本の充実等が政策課題として言明されて以降，確実なものとなった（櫻川　2006）．資産査定の厳格化については，主要行における要管理先の大口債務者に対し，ディスカウント・キャッシュ・フロー（DCF）法に基づく引当が義務付けられるようになった．また，繰延税金資産についても，その自己資本への算入を適正化する方針が明確にされた．

　Sakuragawa and Watanabe（2009）は，金融再生プログラムによる金融監督行政の強化を評価するため，2003年の2つの銀行破綻（りそな銀行，足利銀行）に対する株式市場の反応をイベント・スタディーによって検証している．彼らは，不健全な銀行（不良債権比率が高い，繰延税金資産あるいは貸倒引当金のBIS自己資本に占める比率が高い，不動産業等不良業種向け貸出比率が高い，自己資本比率が低い）ほど，株価上昇率が低いことを見出しているが，これは，金融監督行政の強化によって，より健全な銀行の将来性が高まっていることを市場が評価したことを示唆している．

　劣後債や繰延税金資産がどの程度自己資本のかさ上げに用いられてきたのか，その推移を見てみよう．まず，銀行が発行した劣後債残高（対リスク・アセット比率）の推移を見ると（図2-5．第3節の実証分析で用いるサンプルの単純平均値），主要行については，1990年代を通じて上昇し，1999年には4%程度に達したが，その後2000年以降も際立った下落傾向は見られない．地域銀行（地方銀行と第二地方銀行．以下，同様）については，もともと1%前後

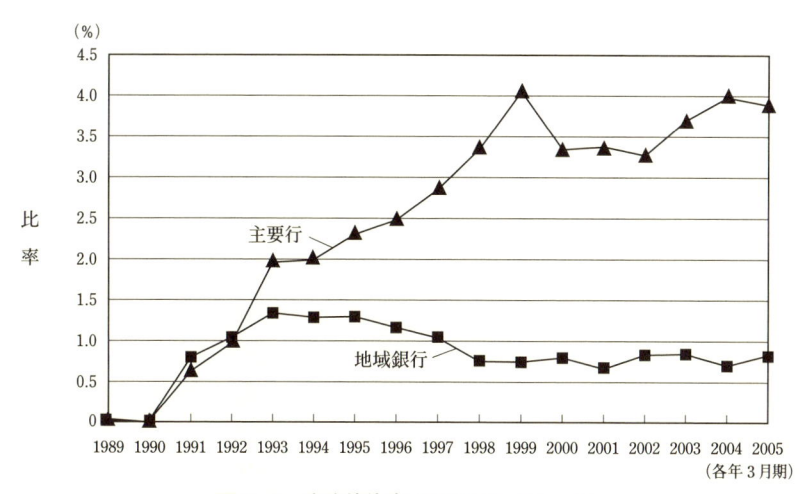

第2章　不良債権問題はどのように解消されたのか　55

図2-5　劣後債比率（対リスク・アセット）

出所）各銀行財務諸表より作成.

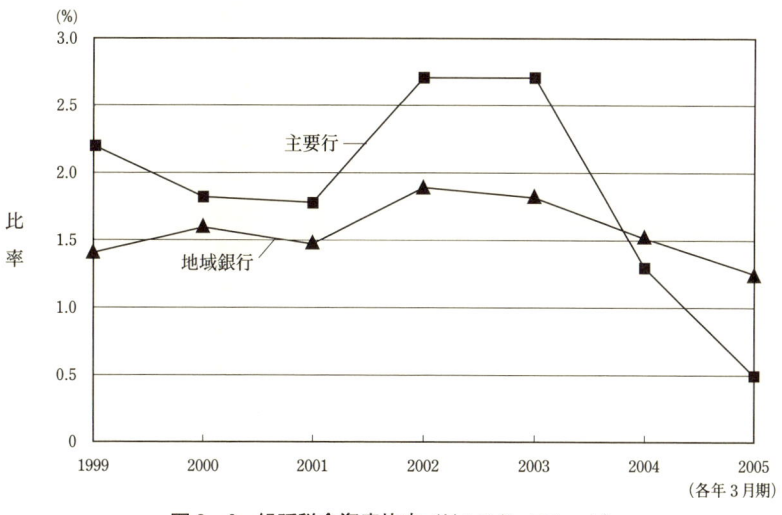

図2-6　繰延税金資産比率（対リスク・アセット）

出所）各銀行財務諸表より作成.

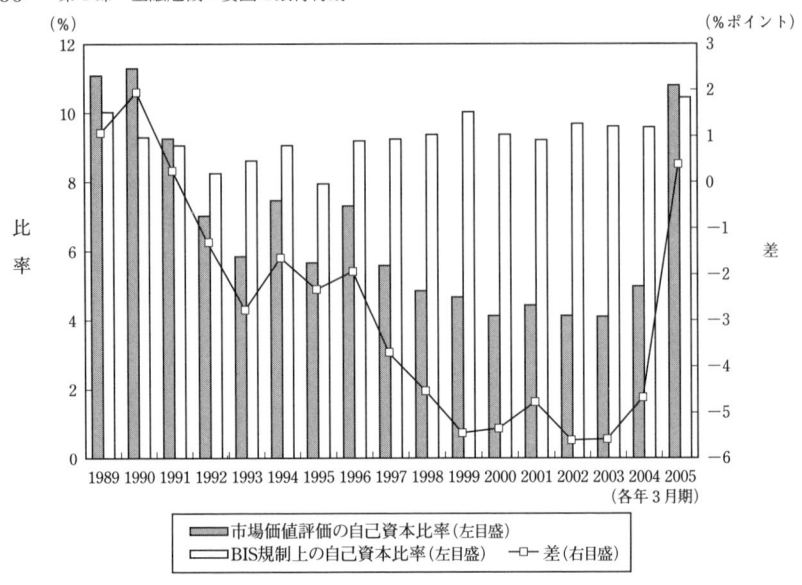

56　第Ⅰ部　金融危機の要因と銀行行動

図2-7　市場価値評価の自己資本比率とBIS規制上の自己資本比率（主要行）

出所）各銀行財務諸表,「株価CD-ROM 2002」および「株価総覧」（ともに東洋経済新報社）より作成.

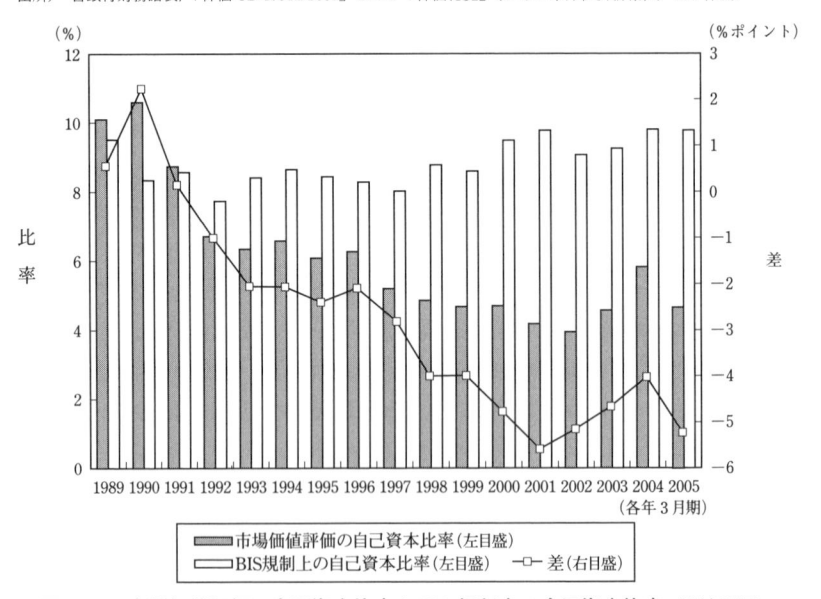

図2-8　市場価値評価の自己資本比率とBIS規制上の自己資本比率（地域銀行）

出所）各銀行財務諸表,「株価CD-ROM 2002」および「株価総覧」（ともに東洋経済新報社）より作成.

と低い水準で推移している．次に，繰延税金資産（対リスク・アセット比率）の推移を見ると（図2-6．サンプルの単純平均値），主要行では，2002年，2003年に2.7%とピークをつけたあと，2004年以降は急速に減少している．地域銀行についても，2002年に2.0%とピークをつけた後，緩やかながらも減少傾向にある．

また，会計操作の指標として，第1章に沿って，市場価値で評価した自己資本比率（「市場価値で評価した自己資本」は，株価×発行済普通株式．「市場価値で評価した自己資本比率」は，市場価値自己資本を分子とし，市場価値自己資本と負債の合計を分母とする比率）とBIS規制上の自己資本比率との差を見ることとする．まず，主要行（図2-7）を見ると，BIS自己資本比率が1990年代後半以降，概ね9%台で安定しているのに対し，市場価値自己資本比率が1990年代後半に下落傾向を辿ったため，両者の差は拡大傾向にあった．しかし，2004年以降，両者の乖離は急速に縮小し，2005年には，ほぼ両者が一致している．他方，地域銀行（図2-8）については，BIS自己資本比率は，1990年代後半の8%台から2000年以降9%台へと緩やかな上昇傾向を示しているが，市場価値自己資本比率は1990年代後半以降低下し，両者の差は1990年代後半を通じて拡大した．2002年以降，両者の差はやや縮小しているものの，2005年末時点で依然5%ポイント程度の乖離が見られる．市場価値自己資本比率は，株価全体の動向にも左右されるため，時系列で見る場合には注意が必要だが，地域銀行ではそれほど急速な改善が見られないのに対し，2004年以降の主要行で改善傾向が見られるのには，主要行における資産査定の厳格化や繰延税金資産の圧縮が寄与しているものと思われる．

3. 銀行の自己資本

不良債権の発生は銀行の自己資本を毀損させるが，逆に，自己資本が毀損した銀行は，リスク選好が強まる結果，不良債権を増やす可能性もある．第1章では，会計上の操作が認められる場合，自己資本が著しく毀損した銀行において，不良貸出の継続が行われやすいことを理論的，実証的に示した．

銀行の自己資本の経済的価値を正確に計測することは，会計的操作が行われている下では，極めて困難であるが，図2-5から図2-8で見たように，主要行について，「金融再生プログラム」が公表された2002年度以降，実質的な自己資本の改善が図られていると見受けられる．他方，地域銀行につい

表 2-1 公的資本増強

年 (前年4月 から当年 3月まで)	全国銀行		うち主要行		うち地域銀行		備　考
	件数	金額(億円)	件数	金額(億円)	件数	金額(億円)	
1998	21	18156	18	17456	3	700	金融機能安定化法
1999	15	74593	14	72593	1	2000	早期健全化法
2000	7	5750	1	2400	6	3350	同上
2001	5	3870	1	2600	4	1270	同上
2002	5	1840	0	0	5	1840	同上
2003	0	0	0	0	0	0	同上
2004	2	19660	1	19600	1	60	預金保険法（危機対応）・組織再編成促進特措法
2005	0	0	0	0	0	0	
2006	0	0	0	0	0	0	
2007	2	405	0	0	2	405	金融機能強化法
合計	57	124274	35	114649	22	9625	

出所）預金保険機構ウェブサイトより作成．

ては，その改善テンポは緩やかなものにとどまっている．

　自己資本については，公的資金による増強策が順次講じられてきた（表2-1）．1998年3月には，金融機能安定化緊急措置法に基づき，主要行18行および地方銀行3行[2]に対し，総額1兆8156億円の公的資金注入が初めて実施されたが，銀行間でほぼ横並びの金額となり，護送船団方式であると非難された．続いて，1998年10月に施行された金融機能早期健全化法では，公的資金の注入と同時に健全化計画を提出させ，それを履行させる枠組みが作られた．この制度のもとで，1999年3月から2002年3月までの3年間で，32行（うち主要行16行，地域銀行16行）に対して，総額8兆6053億円の公的資金注入が実施された．その後，2003年6月には，預金保険法（危機対応勘定）に基づき，りそな銀行に対して1兆9600億円の資本注入が実施され，さらに2003年9月には組織再編成促進特措法に基づく公的資金注入が1件（関東つくば銀行），2006年には金融機能強化法に基づく資本注入が2件（紀陽HDと豊和銀行）実施されている．この結果，1998年以降2007年3月までの公的資本増強は，延べ57件（うち主要行35件，地域銀行22件），12兆4274

---

[2]　横浜銀行，北陸銀行，および足利銀行の3行．

億円（うち主要行11兆4649億円，地域銀行9625億円）となっている．

こうした公的資金による資本増強は，資本注入時点において不良債権の償却を可能にした効果はあったものの，これによって，銀行の経営行動がより慎重になったかどうかは疑わしい．清水（2006）は，健全化計画において，自己資本比率の引き上げと貸出の増加という矛盾した目的が含まれていたために，結果的にいずれの目的も失敗したと指摘している．

4. 市場規律

株主，債権者，預金者などによる市場規律が有効に働くためには，適切なディスクロージャーと節度あるセーフティーネットの構築が重要である．しかし，1990年代には，両者ともに適切な措置が講じられていなかった．ディスクロージャーに関しては，不良債権の過小公表の問題が指摘され続けていた．この問題が解消に向かうのは，1998年3月期からリスク管理債権の公表が開始され，さらに1999年3月期から大手行が金融再生法開示債権の開示を義務付けられるようになってからである．セーフティーネットについては，1995年以降，2002年4月に定期性預金の部分保護が導入されるまで，預金を含む銀行債務の全額保護措置が講じられた．その後，2005年4月から当座預金および普通預金についても，部分保護に移行したが，新たに導入された無利子の「決済性預金」については全額保護が続いている．

しかし，こうした状況でも，株主や預金者は銀行のリスクに応じて行動していたようである．株式市場については，Bremer and Pettway（2002）が，1986年から1998年の日本の銀行データを用い，格付けの悪化に先行して株価が低下していることを見出している．Brewer III, Genay, Hunter and Kaufman（2003a）も，1995年から1998年の銀行データを用い，株式収益率が銀行の財務状況の悪化を反映していることを見出している．預金者については，細野（2003）が，1992年から1999年の銀行データを用い，銀行のリスクが高まるほど預金増加率は減少し，預金金利は高まること，この傾向は特に地域銀行で顕著であることを見出している．Murata and Hori（2006）は，信用金庫，信用組合をサンプルに用い，やはり預金者の選別行動を見出している．また，定期預金が部分保護に移行した2002年4月の直前には，銀行のリスクに応じて定期預金がシフトした事実も見出されている（Murata and Hori 2006, Hosono 2004, Imai 2006）．図2-9は，定期性預金比

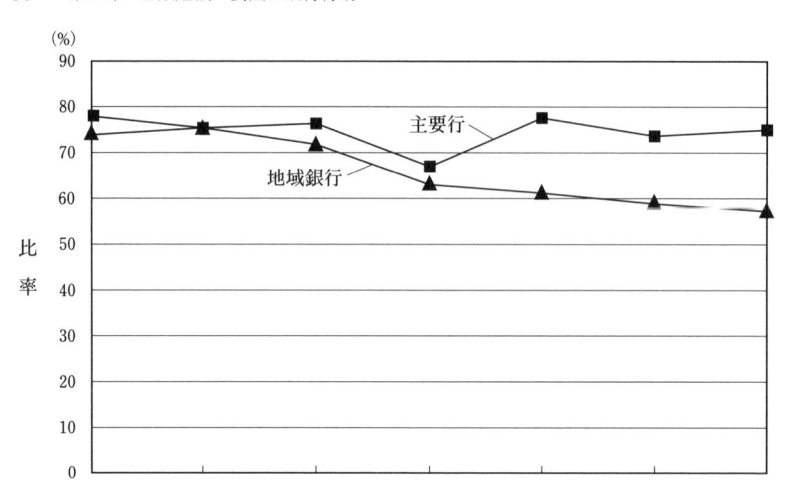

図 2-9　定期預金比率（対総預金）

出所）　NIKKEI FINANCIAL QUEST に収録されている全国銀行の財務諸表より作成．

率（対総預金）の推移を描いたものだが，部分保護への移行直前の 2002 年 3 月期にいったん落ち込んだ後，主要行についてはほぼ以前の水準に回復したが，地域銀行についてはその後も下落傾向が続いていることを示している．

　1990 年代に株式市場や預金者が銀行のリスクを織り込んで行動していたとしても，それが実際の銀行行動に影響を及ぼすほど強力な規律付けとして機能していたことを示した実証研究はない．では，ディスクロージャーが改善され，ペイオフが解禁された後はどうであろうか？ Hosono (2009) は，2002 年における定期預金の部分保護への移行（ペイオフ解禁）が，その後の銀行行動に及ぼした影響を検証している．その結果，部分保護への移行直前の預金者行動は，銀行の収益に対しては有意に正の効果をもたらしたが，銀行の支払い不能リスク（自己資本，不良債権および株価変動率）に対する影響は，ほとんど有意ではなかったことを明らかにしている．

5. オーバー・バンキング

　いわゆるオーバー・バンキング論には，貸出量に比べて預金量が多すぎるために，過剰な資金が衰退産業の救済に使われやすい構造となり，不良債権問題を長期化させるという議論（櫻川 2003）と，銀行部門が過大であるため

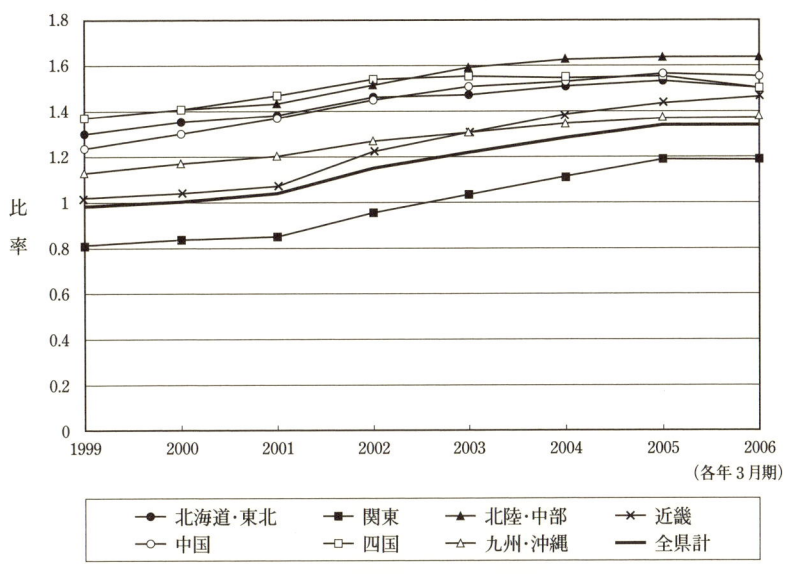

第2章 不良債権問題はどのように解消されたのか 61

図2-10 預金／貸出比率（地域別）

出所）日本銀行ウェブサイトより作成.

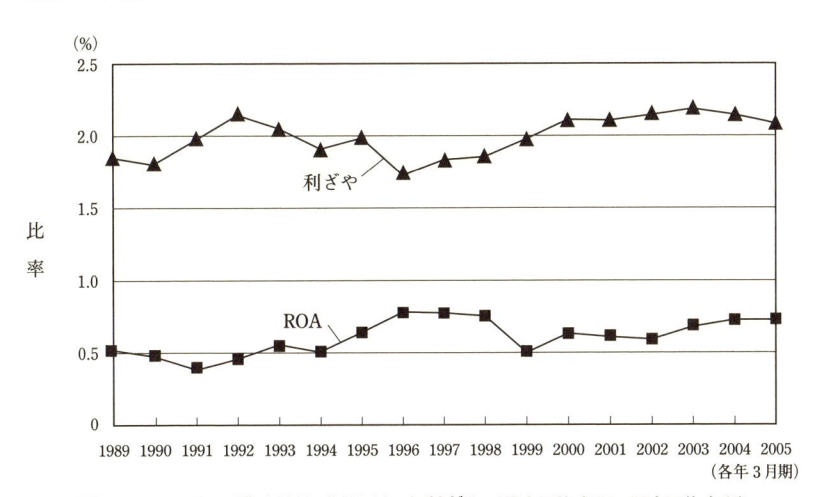

図2-11 ROA（業務純益／総資産）と利ざや（貸出平均金利－預金平均金利）

出所）NIKKEI FINANCIAL QUEST に収録されている全国銀行の財務諸表より作成.

第I部 金融危機の要因と銀行行動

表2-2 資金援助実績

年度	件数	金額(億円)	件数内訳(業態別) 主要行	地銀I	地銀II	信金・信組	金額内訳(業態別, 億円) 主要行	地銀I	地銀II	信金・信組
1992	2	280			1	1			80	200
1993	2	459				2				459
1994	2	425				2				425
1995	3	6,008			1	2			4,730	1,278
1996	6	14,060			1	5			1,170	12,890
1997	7	3,955			1	6			2,937	1,018
1998	30	53,556	1		5	24	34,113		9,647	9,796
1999	20	59,418	3		(1)	17	43,365		7,901	8,152
2000	20	60,075	1		3	16	32,321		17,258	10,496
2001	37	20,482			2	35			13,706	6,776
2002	51	31,136			2	49			4,293	26,843
2003	0	0								
2004	0	0								
2005	0	0								
合計	180	249,854	5	0	16	159	109,799	0	61,722	78,333

年度	資金援助を受けた銀行名(信金・信組を除く)
1992	東邦相互銀行
1993	
1994	
1995	兵庫銀行
1996	太平洋銀行
1997	阪和銀行
1998	福徳銀行, なにわ銀行, 京都共栄銀行, 北海道拓殖銀行, 徳陽シティ銀行, みどり銀行
1999	日本長期信用銀行(第1回, 第2回), 日本債券信用銀行, (みどり銀行(第2回))
2000	国民銀行, 日本債券信用銀行(第2回), なみはや銀行, 幸福銀行
2001	新潟中央銀行, 東京相和銀行
2002	中部銀行, 石川銀行
2003	
2004	
2005	

参考)　同一銀行が複数回資金援助を受けることがあるため,資金援助件数と破綻行数は一致しない.1999年度のみどり銀行は,1998年度に資金援助実行のため,金銭贈与額のみ計上.なお,破綻銀行の破綻直前の公表不良債権総額(信金・信組除く)は5兆2402億円.
出所)　預金保険機構ウェブサイトより作成.

に，あるいは，銀行数が多すぎるために，競争が激化して十分な利ざやが取れず，収益率が低い水準に留まっている（星・カシャップ 2005，杉山 2006）（さらには，低収益のために不良債権処理が進まない）という議論がある．

図2-10は都道府県別データがとれる1999年以降の預金／貸出比率を地域別に描いたものだが，これによると，貸出に比べて預金が多いという傾向は，1999年以降，ほとんどの地域で強まっている．つまり，この意味でのオーバー・バンキングは，解消されていないどころか，むしろ悪化している．

また，1992年度から2002年度までの11年間で，主要行3行，地域銀行16行，信金・信組159行が破綻し，これに伴って預金保険機構から24兆9854億円の資金援助がなされたが（表2-2），依然，銀行の利ざや・収益率は低い水準に留まっている．図2-11は利ざや（貸出平均金利—預金平均金利）と ROA（業務純益／総資産）の推移を示したものだが，利ざやについては，1990年代後半に落ち込んだ後2000年代に入り，多少回復しているものの，水準としては2%程度であり，1990年代前半と比べてほとんど改善していない．ROAについても，1990年代後半と2000年以降で，ほとんど大差はない．

6. メインバンク関係

日本の銀行は，企業との長期的で広範囲にわたる取引関係（融資，その他金融サービスに加えて，株式保有，取締役派遣などを含む）を築くことにより，企業の私的情報を占有していたとされる．Peek and Rosengren (2005) は，こうしたメインバンク制のもとでは，外部投資家による企業経営者への規律付けが働きにくく，企業が財務的困難に陥った場合にも，必要なリストラが遅れてしまい，銀行からの追加融資が継続され，結果的に不良債権が増加したと主張する．彼らは，1994年から1999年の銀行と企業の財務データをマッチングさせて，財務状況の悪い企業への追加融資は，銀行のBIS自己資本比率が規制水準に近いほどなされやすく，かつ，銀行が企業のメインバンクである場合や企業が同一系列である場合にその傾向が強まることを示している．

こうしたメインバンク関係については，1990年代後半の金融危機を経て，大きく変容したといわれる．翁（2006）は，企業が財務危機に陥った場合のリストラクチャリングについては，従来メインバンクが一手に担ってきたが，

金融危機が深刻となり，メインバンクが十分に担いきれなくなったことが，産業再生機構の設立につながったとしている．さらに，産業再生機構の活動によって，企業再生ファンド，合併・買収（M＆A）などの事業再生市場が活発化した結果，銀行による債権売却や債権放棄が活発に行われ，不良債権処理が大きく進捗したと主張している．

このように，メインバンク関係が1990年代の不良債権問題の長期化の一因となり，さらに，その崩壊が事業再生市場を活発化させ，不良債権処理を進捗させた可能性が高い．

7. 倒産処理法制

瀬下・山崎（2004）は，銀行融資に対する抵当権の侵害や優先権の侵害が起こる状況では，企業の収益が悪化し倒産の危機に瀕すると，銀行は優先権の侵害を恐れて非効率なプロジェクトに対して追加融資を行う（「追い貸し」）が，このことを事前に予想する銀行は，効率的なプロジェクトに対して資金量を抑制する（「貸し渋り」）ことを理論的に示した．日本では，短期賃貸借権を濫用した占有者による抵当権侵害など，優先権の侵害が少なくないと指摘されている（山崎・瀬下 2000）．

2000年4月の民事再生法施行および2003年の会社更生法の改正により法的手続きによる企業再建のインフラ整備が図られ，さらに2004年には破産法が改正された（2005年1月施行）．また，私的整理の分野では，2001年9月に「私的整理ガイドライン」が作成され，透明性のあるルール作りが図られた．広瀬（2006）は，倒産企業のメインバンクの株価についてのイベント・スタディーを行い，法的手続きの申請は，民事再生法施行以前では株価に対して有意にマイナスの影響を及ぼしていたが，民事再生法施行以降には，こうしたマイナスの効果はなくなり，さらに，金融庁による銀行検査厳格化が図られるようになった2001年度後半以降では，大口貸出先に限れば法的手続きの申請が有意にプラスの影響を及ぼしたことを見出している．これは，民事再生法の導入によって早期の倒産処理手続きが可能になったことが，企業の効率性を改善させるとともに，厳格な金融検査とあいまって，貸し手のメインバンクに対しても，収益改善効果があったことを示唆している．

このように，倒産処理法制の改革は，企業の再建と清算を促すことで，不良債権処理に寄与した可能性が高い．

3 実証分析
3.1 不良債権に関する仮説と推計方法

本節では，第2節で紹介した不良債権の増減に関するさまざまな仮説を，銀行のパネル・データを用いて検証する．ただしメインバンク関係については銀行と企業との関係に関する事象であり，また，倒産処理法制の改革についてはマクロ的な事象であるため，いずれも，銀行データのみを用いて検証することは困難である．そのため，ここでは，これら以外の上記1から5の仮説について検証を行うこととする．

具体的には，左辺に不良債権比率 NPL （リスク管理債権／貸出），右辺に銀行の財務指標 $Bank\ Fundamentals$ と，都道府県レベルのマクロ指標 $Regional\ Economy$ を用いた，固定効果モデルを推計する．

(1)　$NPL_{i,t} = \beta Bank\ Fundamentals_{i,t-1} + \gamma Regional\ Economy_{j,t-1} + f_i + \varepsilon_{i,t}$

添え字 i は銀行のインデックス，j は当該銀行の本店所在地がある都道府県のインデックス，t は年（各3月期）のインデックスである．銀行の財務指標 $Bank\ Fundamentals$，都道府県のマクロ指標 $Regional\ Economy$ いずれも，内生性の可能性があるため，1期ラグを用いる．f_i は銀行の固定効果，$\varepsilon_{i,t}$ は誤差項である．

銀行の財務指標 $Bank\ Fundamentals$ としては，以下の変数を用いる．

①劣後債比率（対リスク・アセット）SD，および，繰延税金資産比率（対リスク・アセット）$DTAX$

劣後債や繰延税金資産によってBIS自己資本比率をかさ上げしている銀行ほど，不採算融資を継続し，不良債権を増やす可能性がある（第1章）．この仮説によれば，SD, $DTAX$ の係数はプラスとなる．

②市場価値自己資本比率 MMC

自己資本が毀損した銀行ほど不採算融資を増やすインセンティブがある

(第1章). 正確な自己資本の計測は困難だが，市場価値自己資本で近似することとする．この仮説によれば，MMC の係数はマイナスとなる．

③公的資金注入ダミー $GCAPDUM$ あるいは公的資金注入額比率（対リスク・アセット）$GCAP$

公的資金による資本増強は，銀行の自己資本を高めることにより，また，政府介入が厳しくなることにより，健全経営を促す可能性がある．この仮説によれば，$GCAPDUM$ あるいは $GCAP$ の係数はマイナスである．他方，早期健全化法に基づいて策定された経営健全化計画の実現のために，貸出を無理に増やそうとして，不良債権をかえって増やした可能性もある．その場合には，$GCAPDUM$ あるいは $GCAP$ の係数はプラスとなる．

なお，不良債権が多く，自己資本が少ない銀行ほど公的資金注入を受ける可能性があり，説明変数の1期ラグをとっていても，なお内生性によるバイアスが生じる可能性がある．この点については，3.4項で，公的資金注入の内生性を考慮した推計を頑健性チェックとして行う．

④利益率（業務純益／総資産）ROA あるいは利ざや（貸出平均金利－預金平均金利）$Margin$

オーバー・バンキング論によれば，銀行部門が過大なために，あるいは銀行数が多いために，利益率や利ざやが低い水準にとどまり，不良債権処理が進まない可能性がある．この仮説が正しければ，ROA あるいは $Margin$ の係数はマイナスである．また，費用効率性が低い銀行ほど低収益となり，不良債権処理が進まない可能性もある．この場合も ROA の係数はマイナスである．

⑤定期預金比率（定期性預金／預金総額）$TDEPO$，および，2002年以降ダミー×定期預金比率 $D2002 * TDEPO$

保護対象外の預金の割合が高いほど，預金者による規律付けが働きやすい．2002年4月の預金保険制度改革で，元本1000万円とその利子を超える定期

性預金は保護対象外となった．定期性預金のうち，1000万円未満と1000万円以上に区分けされたデータがないため，ここでは，総預金に占める定期性預金の割合 $TDEPO$ を，保護対象外預金の比率の代理変数として用いる．また，2002年3月期以降，預金者による規律付けが効果を持った可能性があるので，2002年3月期以降を1，それより前を0とするダミー変数 $D2002$ と $TDEPO$ を乗じた交差項を，説明変数に加える．市場規律仮説によれば $D2002*TDEPO$ の係数はマイナスである[3]．

⑥総資産（対数値）$LASSET$

規模が大きいほど貸出ポートフォリオの分散化が図られ，不良債権比率が減る可能性がある．その場合には，$LASSET$ の係数はマイナスとなる．他方，規模が大きいほど，too-big-to-fail を期待して，不良債権を増やすかもしれない．その場合，$LASSET$ の係数はプラスとなる．

次に，都道府県のマクロ変数 $Regional\ Economy$ としては，以下の変数を用いる．

①預金/貸出比率 $DEPO\_LOAN$

預金規模に比較して，貸出機会が少ない地域では，不採算融資がなされやすい．このオーバー・バンキング仮説によれば，$DEPO\_LOAN$ の係数はプラスである．

②名目GDP成長率 $NGDP$

実質成長率の低下やデフレの進行は，貸出先の経営状況を悪化させ，不良債権増加の一因となりうる．したがって，$NGDP$ の予想される符号はマイナスである．

---

[3] 2005年4月から当座預金および普通預金についても，部分保護に移行したが，我々のデータセットは2005年3月期までであり，説明変数は1期ラグ値を用いることから，この制度変化は考慮しない．

③商業地地価上昇率 $PLAND$

地価の下落は担保価値の減少や不動産関連業種の業績悪化を招き,不良債権増加の一因となりうる.したがって,$PLAND$ の予想される符号はマイナスである.

最後に,地域別の経済ショックだけではなく,日本経済全体のマクロショックをコントロールするために,年次ダミーを加えた推計も行うこととする.

3.2 データ

主に用いるデータは,Nikkei Financial Quest に収録されている全国銀行(都銀,長信銀・信託,地銀,第二地銀)の 1999 年 3 月期から 2005 年 3 月期までの財務データである.信用金庫,信用組合,農協,銀行の信託勘定,および外国銀行の日本支店がサンプルから除外されているため,民間預金取扱金融機関の貸出に占める我々のサンプルの割合は,およそ 7 割である.ただし,銀行(信用組合,信用金庫を除く)どうしの合併や破綻した銀行(同)の営業を譲り受けた場合,その期とその翌年のサンプルは推計の際に除外した[4].データはアンバランスト・パネルであり,サンプル銀行数は,2000 年 3 月期の 103 から 2005 年 3 月期の 77 まで変動する.推計期間は,金融監督行政に大きな変化があった 2000 年 3 月期以降に限った.

株価データは,東洋経済新報社「株価 CD-ROM」を用いたが,欠けている場合には,東洋経済新報社「株価総覧」で補充した.BIS 自己資本比率とその内訳は,個別銀行の有価証券報告書によって補った.

公的資金の額,都道府県別名目 GDP,都道府県別商業地地価指数,都道府県別預金・貸出金はそれぞれ,預金保険機構,内閣府経済社会総合研究所,国土交通省,および日本銀行のウェブサイトによる.

表 2-3 は,全銀行(パネル A)と地域銀行(地銀・第二地銀,パネル B)の記述統計量を示している.

---

[4] 合併の有無は,公正取引委員会年次報告(合併後の資産が 300 億円以上となる合併)による.営業譲渡は,公正取引委員会年次報告および預金保険機構年報による.

3.3 不良債権比率のベースライン推計結果

表 2-4 は,全銀行をサンプルにした場合と,そのうちの地域銀行(第一地銀,第二地銀)のみを取り出した場合の推計結果である.主要行のサンプル数は少ない(総サンプル数 402 のうち,主要行のサンプル数は 29)ため,主要行のみを取り出した推計は行わない.全行の推計結果は,地域銀行の影響を強く受ける可能性があることには留意する必要がある.また,生存している銀行のみをサンプルにせざるを得ないので,不良債権を処理できずに破綻してしまった銀行(それらの銀行の不良債権は,結局のところ預金保険機構による資金援助で処理されることになる)がサンプルから抜け落ちることによって,各銀行変数が不良債権の減少に寄与する効果を過大推計してしまう可能性は排除できない.しかし,我々の主要な関心は,各時点で生存していた銀行の不良債権の減少要因を分析することなので,この潜在的なサバイバル・バイアスの除去は行わない.

まず,全銀行の推計結果(表 2-4 第 1 列.年次ダミー無し)を見る.会計的裁量を示す変数のうち,劣後債比率 SD は有意ではないが,繰延税金資産比率 $DTAX$ はプラスで有意であり,会計的裁量が不良債権を増やすという仮説と整合的である.自己資本を示す変数は,市場価値自己資本比率 MMC,公的資金注入ダミー $GCAPDUM$,いずれも有意ではない.利益率 ROA はマイナスで有意であり,オーバー・バンキングもしくは非効率な経営による低収益が不良債権処理を遅らせるという仮説と整合的である.市場規律の強さを示す定期預金比率 $TDEPO$ および $D2002*TDEPO$ は,ともにプラスで有意となっており,市場規律仮説と整合的ではない.規模を示す総資産 $LASSET$ はマイナスで有意であり,貸出リスク分散化の仮説と整合的である.都道府県別変数を見ると,預金/貸出比率 $DEPO\_LOAN$ がプラスで有意であり,オーバー・バンキング仮説と整合的である.また,マクロ変数のうち,名目 GDP 成長率 $NGDP$ は有意ではないが,地価上昇率 $PLAND$ は予想どおりマイナスで有意である.

第 1 列の推計結果を用い,各説明変数の係数に,2002 年 3 月期から 2005 年 3 月期までの期間における各説明変数の変化幅を乗じ,この期間の不良債権比率減少幅で除すことにより,それぞれの変数の寄与率を計算すると,繰延税金資産比率の減少が 16.6%,地価下落率の縮小が 8.2%,ROA の上昇

表 2-3 記述統計量

パネル A. 全行

年 (3月期)	1999		2000		2001		2002		2003		2004		2005	
変数	サンプル数	平均（標準偏差）	サンプル数	平均（標準偏差）	サンプル数	平均（標準偏差）	サンプル数	平均（標準偏差）	サンプル数	平均（標準偏差）	サンプル数	平均（標準偏差）	サンプル数	平均（標準偏差）
NPL	104	0.057 (0.037)	101	0.064 (0.031)	96	0.075 (0.033)	93	0.084 (0.030)	82	0.070 (0.027)	78	0.069 (0.024)	77	0.065 (0.022)
SD	81	0.012 (0.015)	84	0.013 (0.014)	62	0.008 (0.009)	85	0.010 (0.011)	78	0.009 (0.010)	72	0.008 (0.010)	73	0.009 (0.010)
DTAX	103	0.015 (0.009)	103	0.016 (0.008)	85	0.015 (0.009)	88	0.020 (0.010)	80	0.018 (0.009)	70	0.015 (0.008)	63	0.012 (0.007)
RBC	106	0.086 (0.030)	103	0.096 (0.022)	97	0.096 (0.017)	93	0.091 (0.016)	82	0.092 (0.017)	80	0.099 (0.022)	77	0.101 (0.016)
MMC	104	0.046 (0.020)	98	0.046 (0.020)	97	0.042 (0.018)	84	0.040 (0.012)	78	0.046 (0.019)	80	0.046 (0.017)	77	0.046 (0.020)
ROA	106	0.005 (0.002)	103	0.006 (0.002)	97	0.006 (0.002)	92	0.006 (0.003)	82	0.007 (0.003)	80	0.007 (0.002)	77	0.007 (0.002)
GCAPDUM	106	0.132 (0.340)	103	0.058 (0.235)	97	0.021 (0.143)	93	0.032 (0.178)	82	0.000 (0.000)	80	0.000 (0.000)	77	0.000 (0.000)
TDEPO	106	0.748 (0.067)	103	0.750 (0.061)	97	0.725 (0.069)	93	0.632 (0.076)	82	0.614 (0.074)	80	0.596 (0.079)	77	0.575 (0.081)
LASSET	106	14.929 (1.110)	103	14.928 (1.119)	97	14.843 (1.022)	93	14.763 (0.903)	82	14.665 (0.733)	80	14.689 (0.728)	77	14.687 (0.740)
DEPO_LOAN	106	1.222 (0.316)	103	1.269 (0.332)	97	1.340 (0.315)	93	1.443 (0.297)	82	1.525 (0.262)	80	1.552 (0.253)	77	1.590 (0.231)
NGDP	106	0.002 (0.015)	103	-0.009 (0.015)	97	0.013 (0.017)	93	-0.025 (0.018)	82	-0.006 (0.014)	80	0.002 (0.013)	77	0.006 (0.014)
PLAND	106	-0.076 (0.027)	103	-0.078 (0.030)	97	-0.075 (0.027)	93	-0.082 (0.025)	82	-0.086 (0.022)	80	-0.082 (0.021)	77	-0.069 (0.022)
WRITEOFF	104	0.032 (0.088)	104	0.032 (0.088)	97	0.033 (0.055)	93	0.031 (0.054)	82	0.038 (0.077)	80	0.027 (0.038)	77	0.022 (0.038)

(表2-3)
パネルB. 地域銀行（第一地銀，第二地銀）

年（3月期）	1999			2000			2001			2002			2003			2004			2005		
変数	サンプル数	平均	（標準偏差）	サンプル数	平均	（標準偏差）	サンプル数	平均	（標準偏差）	サンプル数	平均	（標準偏差）	サンプル数	平均	（標準偏差）	サンプル数	平均	（標準偏差）	サンプル数	平均	（標準偏差）
NPL	88	0.051	(0.027)	86	0.061	(0.026)	85	0.075	(0.029)	86	0.082	(0.029)	80	0.071	(0.026)	76	0.070	(0.024)	75	0.067	(0.021)
SD	69	0.007	(0.009)	68	0.008	(0.010)	60	0.007	(0.008)	78	0.008	(0.009)	76	0.008	(0.009)	69	0.007	(0.008)	71	0.008	(0.008)
DTAX	87	0.014	(0.009)	87	0.016	(0.008)	74	0.015	(0.009)	81	0.019	(0.010)	78	0.018	(0.009)	67	0.015	(0.008)	61	0.012	(0.007)
RBC	90	0.080	(0.028)	87	0.092	(0.021)	86	0.094	(0.017)	86	0.091	(0.017)	80	0.092	(0.017)	77	0.097	(0.017)	75	0.101	(0.016)
MMC	88	0.044	(0.018)	86	0.042	(0.015)	86	0.041	(0.013)	82	0.040	(0.012)	76	0.045	(0.013)	77	0.044	(0.014)	75	0.044	(0.015)
ROA	90	0.005	(0.002)	87	0.006	(0.002)	86	0.006	(0.002)	85	0.006	(0.003)	80	0.007	(0.003)	77	0.007	(0.002)	75	0.007	(0.002)
GCAPDUM	90	0.011	(0.105)	87	0.069	(0.255)	86	0.023	(0.152)	86	0.035	(0.185)	80	0.000	(0.000)	77	0.000	(0.000)	75	0.000	(0.000)
TDEPO	90	0.743	(0.061)	87	0.749	(0.053)	86	0.719	(0.058)	86	0.629	(0.062)	80	0.610	(0.070)	77	0.590	(0.075)	75	0.570	(0.076)
LASSET	90	14.581	(0.681)	87	14.575	(0.688)	86	14.607	(0.710)	86	14.609	(0.718)	80	14.629	(0.701)	77	14.641	(0.694)	75	14.648	(0.707)
DEPO_LOAN	90	1.312	(0.241)	87	1.368	(0.248)	86	1.412	(0.246)	86	1.493	(0.246)	80	1.539	(0.248)	77	1.573	(0.232)	75	1.602	(0.219)
NGDP	90	0.001	(0.015)	87	-0.011	(0.015)	86	0.014	(0.017)	86	-0.026	(0.018)	80	-0.006	(0.014)	77	0.002	(0.013)	75	0.006	(0.014)
PLAND	90	-0.073	(0.028)	87	-0.076	(0.031)	86	-0.074	(0.026)	86	-0.083	(0.025)	80	-0.086	(0.021)	77	-0.083	(0.019)	75	-0.070	(0.021)
WRITEOFF	88	0.017	(0.075)	88	0.017	(0.075)	86	0.022	(0.041)	86	0.026	(0.052)	80	0.029	(0.042)	77	0.026	(0.037)	75	0.022	(0.039)

出所）NIKKEI FINANCIAL QUEST に収録されている銀行の財務諸表，「株価CD-ROM」および「株価総覧」（ともに東洋経済新報社），各銀行の財務諸表，預金保険機構，内閣府経済社会総合研究所，国土交通省および日本銀行のウェブサイトより作成。

表 2-4 不良債権比率の推計結果 1（固定効果モデル）

被説明変数：NPL

説明変数	全行		地域銀行	
	(1)	(2)	(3)	(4)
SD	0.246	0.423	0.051	0.124
	(0.316)	(0.311)	(0.318)	(0.309)
$DTAX$	0.412*	0.408*	0.140	−0.052
	(0.213)	(0.227)	(0.208)	(0.224)
MMC	0.155	0.175*	0.116	0.154
	(0.099)	(0.098)	(0.098)	(0.096)
ROA	−1.056**	−1.401**	−1.351**	−1.781**
	(0.440)	(0.436)	(0.423)	(0.417)
$GCAPDUM$	0.011	0.013**	0.012	0.008
	(0.006)	(0.006)	(0.008)	(0.008)
$TDEPO$	0.096**	0.055	0.097**	0.004
	(0.026)	(0.060)	(0.025)	(0.061)
$D2002*TDEPO$	0.020**	−0.012	0.024**	0.065**
	(0.004)	(0.030)	(0.004)	(0.032)
$LASSET$	−0.062**	−0.047*	−0.077**	−0.053*
	(0.026)	(0.028)	(0.026)	(0.028)
$DEPO\_LOAN$	0.029*	−0.004	0.034**	−0.012
	(0.017)	(0.019)	(0.016)	(0.018)
$NGDP$	0.007	0.004	−0.015	0.006
	(0.048)	(0.058)	(0.046)	(0.054)
$PLAND$	−0.113*	−0.100	−0.101*	−0.084
	(0.062)	(0.063)	(0.061)	(0.062)
$Constant$	0.861**	0.710*	1.075**	0.837**
	(0.390)	(0.404)	(0.382)	(0.390)
年次ダミー	無	有	無	有
サンプル数	402	402	373	373
銀行数	96	96	81	81
R^2	0.160	0.246	0.161	0.290

注) **，* はそれぞれ，5%，10% 水準で有意．説明変数は，すべて1期ラグ．( ) 内は標準誤差．

が7.2% それぞれ不良債権比率の減少に寄与し，逆に預金/貸出比率は23.5% 不良債権比率の上昇に寄与したことがわかる．残りは，他の説明変数と，推計誤差によるものである．

　以上から，繰延税金資産の圧縮，銀行収益率の改善，および地価の下げ止まりが不良債権の減少に寄与し，預金過多の状況は不良債権の増加方向に作用したことがわかる．なお，公的資金注入を受けた年度に，公的資金を償却

表 2-5 不良債権比率の推計結果 2（固定効果モデル）

被説明変数：NPL

説明変数	全行		地域銀行	
	(1)	(2)	(3)	(4)
SD	0.203	0.289	0.029	−0.028
	(0.329)	(0.325)	(0.333)	(0.328)
DTAX	0.518**	0.587**	0.265	0.195
	(0.211)	(0.227)	(0.208)	(0.226)
MMC	0.156	0.161	0.131	0.147
	(0.101)	(0.100)	(0.101)	(0.100)
MARGIN	0.265	−1.587	1.092	−1.037
	(1.139)	(1.216)	(1.139)	(1.205)
GCAP	0.383*	0.449**	0.485*	0.408
	(0.221)	(0.218)	(0.260)	(0.257)
TDEPO	0.101**	0.034	0.104**	−0.006
	(0.026)	(0.063)	(0.025)	(0.065)
$D2002*TDEPO$	0.021**	0.002	0.023**	0.071**
	(0.004)	(0.031)	(0.004)	(0.034)
LASSET	−0.046	−0.050	−0.046	−0.044
	(0.031)	(0.032)	(0.031)	(0.031)
DEPO_LOAN	0.025	−0.006	0.028*	−0.011
	(0.017)	(0.019)	(0.016)	(0.018)
NGDP	0.010	0.005	−0.007	0.010
	(0.049)	(0.059)	(0.046)	(0.056)
PLAND	−0.116*	−0.094	−0.113*	−0.090
	(0.064)	(0.065)	(0.062)	(0.064)
Constant	0.613	0.791*	0.585	0.732
	(0.480)	(0.474)	(0.463)	(0.460)
年次ダミー	無	有	無	有
サンプル数	402	402	373	373
銀行数	96	96	81	81
R^2	0.177	0.223	0.161	0.248

注）＊＊，＊はそれぞれ，5％，10％水準で有意．説明変数は，すべて 1 期ラグ．（ ）内は標準誤差．

原資に使って不良債権を減らした可能性はあるが，公的資金注入ダミーも他の変数と同様 1 期ラグをとっているため，ここでは，こうした直接的効果は把握していない．また，名目 GDP が有意でないのは，これが借り手企業の収益性を十分に反映していないことによるのかもしれない．

　全銀行を対象として，説明変数に年次ダミーを加えた推計結果（表 2-4，第 2 列）を，年次ダミーを含めない推計結果（第 1 列）と比較すると，市場価

値自己資本比率 MMC と公的資本強ダミー $GCAPDUM$ が予想に反してプラスで有意となる一方，定期預金比率 $TDEPO$，2002年以降ダミー×定期預金比率 $D2002*TDEPO$，および，預金／貸出比率 $DEPO\_LOAN$ の係数が有意でなくなる．このうち，$DEPO\_LOAN$ については，都道府県別データを用いているものの，都道府県間の差異は小さく，全国的な変動要因が強いために，年次ダミーを加えることで有意性が落ちた可能性がある．他方，繰延税金資産 $DTAX$，利益率 ROA，総資産 $LASSET$ の符号，有意性は年次ダミーを含めない場合と比べて，ほとんど変わらない．

次に，地域銀行だけを取り出した推計結果（表2-4，第3列，年次ダミー無し）を見ると，繰延税金資産比率 $DTAX$ が有意ではなくなるが，他の係数の符号，有意性は全銀行の推計結果と同じである．繰延税金資産については，地域銀行は大手行ほど顕著な減少は見られず，不良債権減少には寄与していない．また，年次ダミーを加えると（表2-4第4列），預金／貸出比率 $DEPO\_LOAN$ の係数が有意でなくなる点は，全銀行を対象とした場合と同様である．

表2-5は，表2-4の頑健性をチェックするため，利益率 ROA の代わりに利ざや $MARGIN$ を，公的資本増強ダミー $GCAPDUM$ の代わりに公的資金注入額比率 $GCAP$ を用いた推計結果である．全銀行，地域銀行いずれの場合も，利ざや $MARGIN$ は有意ではなく，公的資本比率 $GCAP$ は，予想に反しプラスでほぼ有意である（地域銀行を対象として，年次ダミーを加えた場合はプラスだが有意ではない）．その他の変数については，表2-4とほぼ同じ符号，有意性である．

3.4 公的資金注入の内生性を考慮した不良債権比率の推計結果

公的資金注入については，不良債権が多く，自己資本が少ない銀行に注入されていた可能性があるので，$GCAPDUM$ あるいは $GCAP$ の1期ラグをとっていても，固定効果モデルのOLS推計では，内生性のバイアスが残っている可能性がある．この点を考慮するため，次のTreatment Effectsモデルを最尤法により推計する．

$$(2) \quad W^*_{i,t-1} = a_1 RBC_{i,t-1} + a_2 MMC_{i,t-1} + a_3 MAJORDUM_i + u_{i,t-1}$$

表 2-6 不良債権比率の推計結果 3(Treatment Effects Model)

NPL		GCAPDUM	
SD	−0.322**	MAJORDUM	2.727**
	(0.147)		(0.482)
DTAX	1.145**	RBC	−15.997*
	(0.147)		(9.685)
MMC	0.077	MMC	−28.317**
	(0.078)		(10.897)
ROA	−0.592	Constant	0.363
	(0.477)		(0.821)
TDEPO	0.025*	rho	0.150
	(0.015)		(0.234)
D2002 * TDEPO	0.015**	sigma	0.023**
	(0.004)		(0.001)
LASSET	−0.009**	全サンプル数	406
	(0.002)	Log likelihood	956.253
DEPO_LOAN	−0.021**		
	(0.005)		
NGDP	0.039		
	(0.062)		
PLAND	−0.096**		
	(0.046)		
GCAPDUM	0.009		
	(0.011)		
Constant	0.185**		
	(0.034)		

注) **, * はそれぞれ,5%,10% 水準で有意.NPL の説明変数は,すべて 1 期ラグ.( ) 内は標準誤差.

(3) $GCAPDUM_{i,t-1} = \begin{cases} 1 & \text{if } W^*_{i,t-1} \geq 0 \\ 0 & \text{otherwise} \end{cases}$

(4) $NPL_{i,t} = \beta\,Bank\,Fundamentals_{i,t-1} + \gamma Regional\,Economy_{j,t-1} + \delta\,GCAPDUM_{i,t-1} + \varepsilon_{i,t}$

(5) $\varepsilon_{i,t} \sim N(0,\sigma),\ u_{i,t-1} \sim N(0,1),\ corr(\varepsilon_{i,t}, u_{i,t-1}) = \rho$

(2) 式において,W^* は潜在変数 (latent variable),RBC は BIS 自己資本比率,MMC は市場価値評価自己資本比率,MAJORDUM は主要行 1,地

域銀行0を取るダミー変数である．なお，この推計においては，銀行の固定効果は含まれていない点は注意を要する．

推計結果（表2-6）を見ると，まず，(2)式と(4)式の誤差項の相関係数であるρが有意ではない．これは，内生性のバイアスが深刻ではなく，OLSを用いたベースライン推計の結果が妥当であることを示唆している．NPLの推計式において，公的資金注入ダミー$GCAPDUM$の係数はやはり有意ではない．その他の変数を見ると，劣後債比率の計数SDと都道府県別預金／貸出比率$DEPO\_LOAN$の係数が予想に反してマイナスで有意となっているが，それ以外の変数については，符号，有意性とも表2-4の全銀行の結果と同様である．また，公的資金注入ダミー$GCAPDUM$の推計結果を見ると，市場価値自己資本比率MMC，BIS自己資本比率RBCがいずれもマイナスで有意であり，実質的に自己資本が少ない銀行や，BIS自己資本の少ない銀行に公的資本が注入されたことがわかる．

3.5 貸出金償却の推計結果

不良債権を減少させられるかどうかは，借り手企業の業況が改善して返済が約定どおり再開されるかどうかという要因に加えて，既存の不良債権をどれだけ償却し，新規の不良債権をどれだけ発生させないかに依存する．また，新規の不良債権発生を抑制させるためには，銀行がどれだけ安全なポートフォリオを保有するかに依存する．そこで，本項では，貸出金償却比率（貸出金償却／不良債権）$WRITEOFF$を被説明変数とする推計を行う[5]．さらに，貸出のポートフォリオの安全性を見るべきであるが，適切な指標が見当たらないため，この点については将来の課題としたい．推計式は固定効果モデルであり，説明変数は不良債権比率NPLの推計に用いたものと同じである．

表2-7は，貸出金償却比率$WRITEOFF$の推計結果である．全銀行の推計結果を見ると，市場価値自己資本比率MMCがマイナスで有意，2002年以降ダミー×定期預金比率$D2002*TDEPO$がプラスで有意である．前者については，株価が将来の償却による損失を予想していたとも解釈できるし，また，株価下落によって経営者が不良債権処理を迫られたとも解釈できる．後者については，預金者からの市場規律が強まるほど不良債権処理を迫られ

---

[5] 貸出金償却には，バルクセールによる売却額，整理回収機構および共同債権買取機構への売却損等は含まれない．

表 2-7 貸出金償却比率の推計結果（固定効果モデル）

被説明変数：WRITEOFF

説明変数	全行 (1)	地域銀行 (2)	説明変数	全行 (1)	地域銀行 (2)
SD	−0.908 (0.776)	−0.726 (0.639)	LASSET	−0.005 (0.065)	0.092* (0.052)
DTAX	−0.527 (0.523)	0.358 (0.417)	DEPO_LOAN	−0.056 (0.041)	−0.018 (0.032)
MMC	−0.637** (0.209)	−0.031 (0.197)	NGDP	−0.080 (0.118)	0.023 (0.092)
ROA	−0.154 (1.075)	0.669 (0.846)	PLAND	0.096 (0.151)	0.055 (0.122)
GCAPDUM	0.002 (0.016)	0.014 (0.017)	Constant	0.268 (0.959)	−1.326* (0.765)
TDEPO	−0.052 (0.064)	0.030 (0.050)	サンプル数 銀行数	405 97	374 81
D2002*TDEPO	0.027** (0.010)	0.022** (0.008)	R^2	0.080	0.049

注）**，* はそれぞれ，5%，10% 水準で有意．説明変数は，すべて1期ラグ．（ ）内は標準誤差．

ると解釈できる．地域銀行の推計結果では，MMC は有意ではないが，D2002*TDEPO はプラスで有意であり，やはり市場規律仮説と整合的である．

4 結　論

本章では，銀行の 1999 年 3 月期から 2005 年 3 月期における財務データを用いて，不良債権減少の要因を分析した．分析の結果は以下のとおりである．第 1 に，大手行に対する繰延税金資産の圧縮による会計基準の厳格化が不良債権の減少に寄与した．第 2 に，預金／貸出比率で測ったオーバー・バンキングの状況は，不良債権を増やす方向に作用したと推測される．ただし，預金／貸出比率の有意性はやや頑健性が劣る．また，ROA の改善は不良債権を減らす効果があるものの，この期間において，平均的な ROA は顕著には改善しなかった．第 3 に，公的資金による資本増強については，その後不良債権を減少させる効果を持たなかった．第 4 に，ペイオフ解禁による預金者規律は，不良債権の償却を促す効果はあったものの，不良債権を減らすまで

には至らなかった．最後に，地価の動向が不良債権の増減に強く影響した．

　本章の分析には，いくつかの限界があることには留意が必要である．第1に，公表不良債権を用いているが，公表額が過小評価されている可能性や，過小評価分が資産査定の厳格化に伴い変化している可能性について，十分考慮されていない．分析期間を2000年3月期以降に限っているため，金融庁検査が厳しくなった大手行については，比較的問題は軽微かもしれないが，地域銀行については，依然問題が残っている可能性がある．第2に，銀行財務データのパネル分析という手法を用いたため，金融監督機関の独立・再編（金融監督庁，金融庁の設立），破産処理法制の整備，産業再生機構の設立などの制度整備が不良債権処理に果たした役割や公的金融機関が民間銀行の収益に及ぼした影響などについては，分析の対象外となっている．第3に，同時性バイアスを避けるため，すべての変数に1期ラグを用いているため，公的資金による資本増強や公的資金援助が，その年の不良債権の償却に使われて不良債権を減らした効果についても，把握できていない．第4に，預金保険制度の改革とディスクロージャーの改善など，さまざまな制度改革はパッケージとして相互に補完的に機能する可能性があるが，こうした補完性についても考慮されていない．

　これらの限界にもかかわらず，本章の分析結果は，日本の銀行部門が健全性を維持していくために，いくつかの重要な政策的インプリケーションを持つ．第1に，資産査定や会計基準の厳格化は有効であり，地域銀行や協同組織金融機関に対しても不良債権を減らす梃子として活用する余地が残されている．第2に，銀行部門の再編あるいは家計の資産構成の変化を通じて銀行部門がさらに縮小することが，存続する銀行の健全性の維持に寄与する可能性がある．第3に，公的資金による資本増強に際して，貸出増加を目標に設定するなど，政治的なバイアスのかかった介入を行うことは，かえって金融システムを不安定化させかねない．第4に，危機時に導入した預金の全額保護については，普通預金や当座預金は全額保護のまま定期性預金のみを先行して部分保護に移行したが，こうした寛大な預金者保護では，市場規律が十分に機能しない．第5に，銀行の ROA を圧迫するような政策，例えば，政府系金融機関による借り手のリスクを十分に反映しない金利をつけた貸出は，民間銀行の不良債権を増やしてしまう危険がある．最後に，景気回復や規制緩和による地価の下げ止まりが，銀行の健全性を維持する上で重要である．

これらの政策対応が，すべて現在の世界的な金融危機に妥当するわけではない．しかし，例えば，資産査定の厳格化などは現在でも有効な政策である．また，公的資金注入にあたって，貸出増加の目標を設定すると危機を長期化させかねない点や，危機時に導入した預金の全額保護を解除する場合，寛大な預金保護を残しておくと市場規律が有効に機能しない点などについても，教訓となりうるだろう．

第3章

銀行の合併は効率性と健全性を改善させたか
――銀行合併の動機と効果――

1 はじめに

　金融機関の合併・買収（M＆A）は，世界中で，過去20年の間に加速してきた．こうした金融M＆Aの波は，金融機関の効率性を高め，金融システムの安定に寄与するのか，それとも，金融機関の市場支配力を高めるだけなのか，といった重要な問題を投げかけている．これまで多くの研究が，合併後の金融機関の収益性，コスト効率性，および市場でのパフォーマンスを分析し，こうした問題に答えようとしてきた．しかし，既存研究の多くはアメリカやヨーロッパの金融合併を分析しており，これらの地域以外での金融合併の要因や効果については，ほとんど知られていない．

　本章では，日本の銀行の合併の要因と効果を分析する．日本では，不良債権問題が深刻化した1990年代以降，さまざまな銀行が合併を経験してきた．都市銀行数は，1980年代は13行のままであったが，2005年には7行とほぼ半減した．地方銀行数は，過去20年間ほとんど変化しなかったが（1980年63行，2004年64行），第二地方銀行数は1980年の71行から2005年には48行に，信用金庫数は1980年の462行から2005年には301行に，それぞれ減少した．

　こうした銀行数の減少の一因は破綻だが，主な要因は合併である．特に1990年度から2004年度の間で見ると，破綻銀行の合併や営業譲渡を除いても，主要行（都市銀行，長期信用銀行および信託銀行）の合併が10件，地域銀行（地方銀行，第二地方銀行）の合併が9件，信用金庫の合併，営業譲渡がそれぞれ97件，2件あった[1]．

　本章の目的は，日本の銀行合併に関する豊富なデータセットを用い，銀行

合併の要因と効果に関する包括的な分析を行うことにある．まず分析対象とする業態は，主要行，地域銀行，信用金庫であり，これら3業態を合わせると，日本の預金取扱金融機関の預金量の約80％を占める[2]．サンプル期間は，特に合併が活発になった1990年度からとし，主要行と地域銀行については2004年度まで，信用金庫については2002年度までのデータを用いる．

　分析の内容としては，まず，銀行の事前（合併前）の特徴を用いて，どのようなタイプの銀行が被合併行（target）あるいは合併行（acquirer）になる傾向があるのかを分析する．次に，統合された銀行の事後（合併後）のパフォーマンスを見て，銀行合併がコスト効率性，収益性，および健全性に及ぼす影響を調べる．欧米の銀行合併に関する先行研究の多くは，収益性やコスト効率性への影響を調べているが，合併が健全性を改善したかどうかを調べることも重要である．特に，規制当局が銀行システムを安定化させようとして銀行合併を促進する場合には，その目的が達せられたかどうかを検証することは意義が大きい．本章では，合併の効果を，株式市場のリターンではなく，財務データを用いて長期的なパフォーマンスの変化によって測定する．市場のリターンを用いる分析は，財務データと較べて測定誤差が少ないという利点があるが，上場している銀行の合併しか分析できない．日本では多くの地銀・第二地銀やすべての信用金庫が上場していないため，株式市場の分析を行う場合には，サンプル数が大幅に減ってしまうという問題がある[3]．また，会計情報はパフォーマンス変化の要因（例えば，コスト効率性の改善か市場支配力の強化か）を分解することが可能である．

　本章の構成は，以下の通りである．第2節は，銀行合併に関する既存研究を簡潔にレビューする．第3節は，銀行合併の動機に関する仮説を提示する．第4節は，日本の銀行合併の波の要因を，都道府県レベルの集計データを用いて分析する．第5節は，銀行レベルのデータについて記述する．第6節は，

---

1) サンプル期間において，業態を超えた合併はなかった．ただし，業態を超えた，破綻銀行の営業譲渡は1件あった（1997年に破綻した都市銀行（北海道拓殖銀行）の営業譲渡先は，地方銀行（北洋銀行）と信託銀行（中央信託銀行）であった）．
2) 例えば2001年3月時点における各業態の預金シェアは，都市銀行29.2％，地方銀行25.5％，第二地方銀行8.2％，信用金庫15.1％である（データ出所：日本銀行ウェブサイト）．
3) 近年では上場企業の合併の場合でも，合併と同時に金融持ち株会社を設立し，証券会社，クレジットカード会社なども傘下に収めることが多い．この場合，合併の効果を長期的な株価の推移などで判断することは困難である．また，合併が比較的新しい事象の場合，合併の公表に対する短期的な株価の反応を見る研究には注意が必要である（Delong and Deyoung 2007）．

銀行合併の動機を，銀行の事前の特徴を用いて分析する．第7節は，収益性，市場支配力，コスト効率性，健全性，およびポートフォリオに関する合併後のパフォーマンスの変化を分析する．第8節は，結論である．

2 先行研究のレビュー

アメリカでは，1980年代以降，特に1994年州際銀行法 (the Riegle-Neal Interstate Banking and Branching Efficiency Act of 1994) によって州内や州を超えた銀行業務の制限が撤廃されて以降，多数の商業銀行や貯蓄金融機関が合併を経験した．さらに，1999年グラム・リーチ・ブライリー法 (the Gramm-Leach-Bliley Financial Service Modernization Act) によって銀行による証券業務や保険業務の制限が撤廃されてからは，一連のM&Aを通じて金融コングロマリットが出現している．ヨーロッパでは，1999年の欧州連合の実現が，金融合併に拍車をかけた．他方，銀行・通貨危機に見舞われたアジア諸国では，外国資本の銀行業への参入と政府による資本注入が銀行合併を促進した．さらに，現在の世界金融危機において，金融業の再編が進んでいる．こうした合併の波は，銀行業のM&A，特に欧米の銀行業のM&Aについて，膨大な研究を生みだしてきた．

Berger et al. (1999) は金融サービス業の合併に関する既存研究をレビューしている．彼らは，実証研究の成果によると，1) 市場支配力の強化 (特に同一市場内の合併の場合)，2) 利益効率性の改善，および，3) リスク分散の効果があるが，平均的には費用効率性の改善の効果はほとんどなく，システミックリスクの増加あるいは金融セーフティーネットの拡大による金融システムへの潜在的なコストがあることを指摘している．

日本の銀行合併に関する実証分析は少ない．岡田 (2005) は1989年から2000年の間の都市銀行の10件の合併を分析し，X非効率性の改善は見られないが，累積超過株式収益率は上昇し，市場から観測されるデフォルト確率は減少していることを見出している．彼女の結果は，大銀行の合併の動機は効率性の改善ではなく，政府による「大きすぎてつぶせない」(too-big-to-fail) 政策の利用にあることを示唆している．Yamori, Harimaya and Kondo (2003) は地方銀行の金融持ち株会社を分析し，地域における市場シェアが増加する場合には，利益効率性が高まる傾向にあることを見出してい

る[4].

　本章は，主要行，地域銀行，信用金庫をサンプルとして，合併の動機と効果を分析するものであり，先行研究と比べると，日本の銀行合併の包括的な研究となっている．

3　銀行合併の動機に関する仮説

　本節では，銀行合併の動機に関する4つの主要な仮説を提示する．

A. 効率性の改善

　Berger et al. (1999) が指摘するように，合併の主要な動機は既存株主の株式価値の最大化にあり，そのためには，コスト効率性の改善が有効である．コスト効率性は，効率的な銀行が，非効率な銀行を合併し，その卓越した経営ノウハウや技能を被合併銀行に広めることで改善することができる．また，銀行の収益性はすぐれたリスク管理によっても高めることができる．

　効率性の改善仮説は，効率的な銀行ほど，非効率な銀行を合併する（あるいは非効率な銀行の事業を購入する）傾向があることを示唆している．

B. 市場支配力の強化

　同じ市場で営業する複数の銀行が合併し，市場がより集中的になると，市場支配力が強まる可能性がある．アメリカの銀行 M&A の分析では，同一市場内で営業している銀行同士の合併が，価格（金利）設定時における市場支配力の強化につながることが示されている．

　市場支配力の強化が銀行合併の主要な動機であれば，同じ地域の銀行ほど合併しやすい．実際には，ほとんどの地域銀行の合併は同一都道府県内で行われてきた．信用金庫間の合併もすべて同一都道府県内で行われているが，これは単に信用金庫に対する規制上の制約[5]を反映している可能性もあり，必ずしも市場支配力の強化が目的だとは言えない．

---

4) 信用金庫の合併については，家森・播磨谷（2004）も参照．
5) 信用金庫の営業は，通常都道府県内で定義される営業地域内でのみ許可されている．

C. TBTF 政策または金融システム安定化政策への反応

　政府の政策は直接，間接に銀行の M&A の意思決定に影響を及ぼす．特に，規制当局が「大きすぎてつぶせない」（TBTF）政策をとると期待されている場合，弱い銀行同士が合併するインセンティブが強くなるだろう．なぜなら，合併によって規模が大きくなれば，政府の救済策によって，経営者は地位の保全が図れるし，銀行株主も，合併によって生き残れれば，預金保険の価値から利益を得ることができるからである．

　政府はいくつかの方法で，弱い銀行同士の合併を促進するかもしれない．政府は合併をアレンジし，比較的健全な銀行に，健全性の劣る銀行を合併するよう説得（時には強制）することがある．また，政府は合併銀行に資本注入する仕組みを整えることで，弱い銀行に合併のインセンティブを与えることもある．

　日本においては，金融市場が厳しく規制されていた 1980 年代以前，あるいは，1990 年代前半においてさえ，「護送船団方式」として知られる，政府による合併のアレンジメントが行われていた．しかし，銀行危機の高まりに対応して公的資金注入を行った 1998 年以降は，公的資本注入による市場ベースの合併に移行している．1998 年の公的資本注入は主要行と最大手地銀 3 行に対して行われたため，規模の大きな銀行が救済されるという期待を生んだ可能性がある．全国的に営業する大銀行のみならず，都道府県内で比較的規模の大きな地域銀行や信用金庫も救済の期待を持ったかもしれない．なぜなら，日本の規制当局は，しばしば地域における金融システムの安定性に対する懸念を表明していたからである．地域的なシステミックリスクへの概念は，2001 年の預金保険法改正（第 102 条）において明文化された[6]．

　政府の TBTF 政策と地域金融市場の安定化政策への期待が M&A の意思決定の主要因であれば，健全性の劣る銀行同士，合併する傾向が強いだろう．また，政府による金融システム安定化のための合併誘導策に銀行が反応する場合には，政府による資本注入が行われる銀行が合併する傾向が見られるだろう．

---

[6]　預金保険法第 102 条は，りそな銀行への資本注入（2003 年 5 月，第 1 号処置），足利銀行の一時国有化（2003 年 9 月，第 3 号処置）に適用された．

D. 経営者による私的便益・帝国建設

コーポレートガバナンスが弱いとき，銀行経営者は帝国建設の目的で他の銀行を合併し合併後の銀行から，私的な金銭的・非金銭的利益を得ようとするかもしれない．また，経営者の自信過剰も，銀行合併の一因になるかもしれない (Bliss and Rosen 2001).

経営者の私的な便益は，広告宣伝費や接待交際費の支出から得られることが多い (Yafeh and Yosha 2003). したがって，広告宣伝費や接待交際費の多い銀行ほど，コーポレートガバナンスが弱く，他の銀行を合併しやすいと考えられる．帝国建設の目的であれば，合併後の銀行は効率性の改善を実現できず，ダウンサイジングやリストラクチャリングは行わないだろう．また，合併後の銀行では，経営者が私的便益を求めて広告宣伝費などを増やすと考えられる．

4 日本の銀行合併の波

4.1 概　観

日本では，戦後，1980 年代まで銀行合併はごく僅かであった．この間，都市銀行の合併は皆無で，都市銀行数は 1990 年まで 13 行を維持していた[7]．地方銀行，第二地方銀行の合併も，1990 年代まではまれであり，相互銀行（現在の第二地方銀行）が合併されたのが 1970 年代に 1 件，1980 年代に 2 件あったのみである[8]．信用金庫の合併もまれであった．

1980 年代まで銀行合併が少なかったのは，いわゆる「護送船団方式」[9]によるものである．この政策のもと，規制当局は銀行間の競争を制限し，経営難に陥った銀行を救済することで，銀行システムの安定を維持しようとした．政府は競争をコントロールするため，銀行による支店の開設を制限し，銀行による証券業務を禁じていた．弱い銀行が財務危機に陥ると，政府は，健全な銀行に対し，資本を注入し役員を派遣することで当該銀行を救済するよう

---

[7] 1990 年に三井銀行が太陽神戸銀行を合併した．
[8] 1976 年に清和銀行が弘前相互銀行を，1984 年に西日本相互銀行が高千穂相互銀行を，1986 年に住友銀行が平和相互銀行を，それぞれ合併した．
[9] 護送船団方式の詳細は，Hoshi and Kashyap (2001) 参照．典型的な例として，大蔵省が住友銀行に，経営難に陥っていた平和相互銀行を合併するよう要請し，住友銀行は平和相互銀行の支店網を獲得するために，その要請を受け入れた．

表 3-1 銀行数と M&A 件数

	主要行			地域銀行			信用金庫		
	行数	合併	営業譲渡	行数	合併	営業譲渡	行数	合併	営業譲渡
1990	22	1	0	132	0	0	451	3	0
1991	21	1	0	132	1	0	440	3	0
1992	21	0	0	130	1	1 (1)	435	4	0
1993	21	0	0	129	1	0	428	5	0
1994	21	0	0	129	0	0	421	8	0
1995	21	0	0	129	0	1 (1)	416	4	0
1996	20	1	0	128	0	0	410	5	1
1997	19	0	1 (1)	126	0	1 (1)	401	8	0
1998	19	0	0	124	0	3 (3)	396	3	0
1999	19	0	0	123	0	1 (1)	386	5 (1)	1 (1)
2000	18	1	0	119	1	1 (1)	371	7 (2)	9 (8)
2001	15	3	0	117	0	0	349	11 (2)	5 (5)
2002	13	3	0	116	0	0	326	15	6 (6)
2003	13	0	0	110	2	0	306	14	0
2004	13	0	0	107	3	0	298	7	0
総数	276	10	1 (1)	1,851	9	8 (8)	5,834	102 (5)	22 (20)

注) 1. 主要行は，都市銀行，長期信用銀行，および信託銀行．地域銀行は，地方銀行と第二地方銀行．
2. ( ) 内は，破綻銀行の合併あるいは営業譲渡の件数．
3. サンプル期間において，業態を超えた合併はない．業態を超えた営業譲渡は，1件（破綻した北海道拓殖銀行のケース）．

出所) 公正取引委員会年次報告，預金保険機構年報，「全国信用金庫財務諸表」（金融図書コンサルタント社），全国銀行協会ウェブサイト等より作成．

要請した．健全な銀行は，経営難に陥った銀行の支店網を獲得できるので，政府の要請に応じた．1980年代まで，銀行のM&Aは，政府によるこうした要請があった場合にのみ生じていた．

1980年代に金融自由化が進展すると，「護送船団方式」の維持は徐々に困難になっていった．健全な銀行は，経営難の銀行を救済するインセンティブも余力もほとんどなくなっていた．1990年代初期に，株価，地価が急落し，銀行の資産は急速に劣化した．こうしたなか，1992年度にBIS自己資本比率規制が本格的に適用されたことが，弱い銀行の合併に拍車をかけることになった．1990年代前半には都市銀行の合併が2件，第二地方銀行の合併が3件生じている（表3-1）．信用金庫同士の合併も1990年代に増加した．バーゼル合意に基づくBIS自己資本比率規制の導入はルールに基づいた規制を想定したものだったが，実際には，住専問題の解決策に見られるように，1997年に銀行危機が生じるまで，大蔵省による規制・監督は政治的な圧力

の影響を受けていた (Hoshi and Kashyap 2001).

　1997年に北海道拓殖銀行を含む3つの大規模金融機関が破綻し，1998年には日本長期信用銀行と日本債券信用銀行が破綻した．深刻な銀行危機に直面し，規制当局は，早期是正措置の導入 (1998年)，BIS自己資本比率規制に関する厳格な会計基準の適用，業務再編を促すための資本注入策などを実施した．また，1998年には大蔵省の監督権限が，新設された金融監督庁 (2000年に金融庁に改組) に移された．金融庁は合併のアレンジメントを控え，銀行合併には介入しないようになった．

　主要行は合併を通じて生き残りを図ったため，2000年代初頭に合併の波が起こった．2002年10月の「金融再生プログラム」(竹中プラン) では，主要行に対する厳格な会計基準と不良債権の半減目標が課されたため，弱い銀行の合併に拍車がかかった．

　2000年度から2002年度までの間に，主要行同士の合併が7件生じ，メガバンクは3大グループに集約された (みずほ，三井住友，三菱UFJ)．また，合併行に対する資本注入を可能にする立法化[10]も行われ，地銀，第二地銀や信用金庫の合併も促進された．2000年度から2004年度の間に，第二地方銀行の合併は6件あり，この間，信用金庫間の合併も加速した (表3-1)．

4.2　実証分析

　本項では，2000年代前半に生じた合併の波の要因について調べるため，1990年度から2004年度までの都道府県・年度別データを用い，M&A頻度 (M&A件数／前年度末銀行数) を被説明変数に用いた回帰分析を行う．説明変数は，第3節に提示した仮説に沿って，次の通り選択する．

　第1に，M&Aの動機が効率性の改善の場合 (仮説A)，合併の波は，産業の経済的，技術的，あるいは規制上のショックが産業の再編を促す結果として生じる (Mitchell and Mulherin 1996)．Harford (2005) は，1980年代，90年代のアメリカの産業の合併の波を分析し，合併の波が生じる直前に，ROA，売上伸び率などで測った営業パフォーマンスが向上すること，市場

---

[10]　2002年10月に金融機関組織再編促進特別措置法が施行され，2003年9月には，本法に基づき，関東つくば銀行に対する資本増強が行われた．2004年8月には健全な銀行，信用金庫等に対して予防的な資本注入を可能にする金融機能強化法が施行され，紀陽ホールディングス (2006年11月)，豊和銀行 (2006年12月)，福邦銀行 (2009年3月)，南日本銀行 (2009年3月) に対する資本増強が行われた．

での評価が高いと資金制約が緩和され,効率性向上を目指したM&Aが実現されやすくなること,などを見出している[11].そこで,Hartford (2005)に従って,業態別平均ROAと銀行業の平均株価指数をM&A頻度の説明変数として用いることとする.ROAは銀行業の経営環境に対する経済的ショックを,株価指数は資金制約緩和の程度を捉えるものであり,効率性改善仮説に従えば,それぞれの値が高いほどM&Aが起こりやすい.

第2に,M&Aの動機が市場支配力の強化にある場合(仮説B),市場構造が集中的ではなく,より競争的な市場において,合併が起こりやすい.銀行はしばしば地域内での競争を行っているので,各都道府県における地銀,第二地銀および信金の預金のハーフィンダール指数を説明変数に用いる.この指標が低いほど,集中度が低いことを意味するので,合併が起こりやすいはずである.

第3に,M&Aの動機がTBTF政策(あるいは地域の金融市場安定化政策)の利用の場合(仮説C),銀行の波は,全般的な銀行の健全性が悪化しているときに起こりやすい.銀行の健全性を捉えるため,業態別平均の資本/資産比率を説明変数に用いる.なお,効率性改善動機ではなく,TBTF政策利用動機の場合,ROAが低いほど,また株価指数が低いほど,銀行の健全性が悪化しており,M&Aは起こりやすくなる.

最後に,M&Aの動機が経営者の私的便益追求の場合(仮説D),平均的な広告宣伝費や接待交際費が高い地域,年ほど,M&Aは起こりやすい.しかし,これらの支出は,地域の特徴というよりは,個別銀行のガバナンスにかかわる問題である.また,データの制約上の問題もある(信用金庫は,営業費用の内訳が公表されていない).したがって,本項での分析では,私的便益追求仮説は検証しない.

以上の説明変数の他に,銀行の経営環境,資金制約,健全性などに影響すると考えられる,都道府県別実質GDP成長率を説明変数に加える.また,規制の変化を捉えるため,1998年度以降を1とするダミー変数も加える.

---

11) Shleifer and Vishny (2003) は,株式市場で過大評価されている企業が,比較的過小評価されている企業を合併しやすいと主張している.この「行動主義的」仮説もまた,高い株価が合併の波の要因となることを示唆している.しかし,日本の銀行合併の場合,株式で支払う公開買い付けで行われた例はないので,本章では,この仮説についてこれ以上議論しない.日本の非金融業の合併に関する,「新古典派的」仮説と「行動主義的」仮説の実証分析は,Arikawa and Miyajima (2007) 参照.

推計式は，以下の通りである．

(1) $M\&A\ Ratio_{i,j,t} = \beta_1 Average\ Performance_{i,j,t-1}$
$+ \beta_3 Herfindahl\ Index_{i,t-1} + \beta_4 GDPGrowth_{i,t-1}$
$+ \beta_5 PostCrisisDummy_t$
$+ \beta_6 PostCrisisDummy_t * Average\ Performance_{i,j,t-1}$
$+ \varepsilon_{i,j,t}$

ここで，添え字 i, j, t はそれぞれ都道府県，銀行の業態，および年度を示す．被説明変数は，M&A 頻度（M&A 件数／前年度末銀行数）である．*Average Performance* は都道府県別平均 ROA，都道府県別平均資本比率（対総資産），もしくは銀行業の株価指数の変化率である．これらの 3 変数は相関が強いので，1 つずつ説明変数に含めた推計を行う．*Herfindahl Index* は各都道府県別に，地銀，第二地銀，信金の預金シェアで測ったハーフィンダール指数である．*GDP Growth* は，本店所在都道府県の実質 GDP 成長率である．GDP 成長率と銀行業株価指数も相関が高いので，別々に説明変数に加える．*Post Crisis Dummy* は 1998 年度以降 1 をとるダミー変数である．*Post Crisis Dummy* と *Average Performance* の交差項は，1998 年度以降の規制の変化によって，地域別銀行パフォーマンスが合併の頻度に及ぼす影響が変わった可能性を考慮するためのものである．

表 3-2 は，プールド OLS（最小 2 乗法）による推計結果を示す．固定効果モデルやランダム効果モデルも推計したが，特定化の検定に基づき，プールド OLS の結果を報告する．

まず，*Average Performance* 変数として平均 ROA を用いた結果（第 1 列）を見ると，ROA の係数，ROA と危機後ダミーの交差項が，いずれも有意ではないが，マイナスである．これは，効率性向上動機仮説とは相容れない．次に，平均資本比率（対総資産）を用いた結果（第 2 列）を見ると，資本比率の係数と，資本比率と危機後ダミーの交差項がいずれもマイナスで，特に交差項は有意である．また，銀行業株価指数を用いた場合（第 3 列）も，銀行業株価指数の係数はマイナスで有意である．ただし，銀行業株価指数と危機後ダミーとの交差項の係数は有意ではない．これらの結果は，全般的な銀行の健全性が悪化したときに M&A が起こりやすいことを示しており，TBTF 政策（あるいは地域金融システム安定政策）利用動機仮説と整合的である．

表3-2 都道府県レベルの合併比率の推計結果

	1985～2004		
	(1)	(2)	(3)
ROA	−0.352		
	(0.628)		
危機後ダミー×ROA	−0.586		
	(0.648)		
資本比率（対総資産）		−0.022	
		(0.070)	
危機後ダミー×資本比率（対総資産）		−0.450***	
		(0.122)	
銀行業株価指数変化率			−0.008**
			(0.004)
危機後ダミー×銀行業株価指数変化率			0.008
			(0.015)
ハーフィンダール指数	−1.625**	−1.509**	−2.077***
	(0.736)	(0.740)	(0.735)
GDP成長率	−0.099**	−0.109***	
	(0.040)	(0.040)	
危機後ダミー	0.840***	3.214***	1.377***
	(0.324)	(0.641)	(0.365)
定数項	1.665***	1.668***	1.421***
	(0.362)	(0.453)	(0.313)
観測値数	1,963	1,963	1,963
自由度修正済 R^2	0.039	0.034	0.022

注）1. 被説明変数は M&A 件数／総銀行数．
2. 都道府県・年別データを用いたプールド OLS 推計結果．
3. （　）内は標準誤差．
4. ***, ** はそれぞれ，有意水準 1％，5％ で有意．

次に，ハーフィンダール指数の係数は，いずれの列でも，マイナスで有意であり，市場の集中度が低いときに M&A が起こりやすいことを示している．これは，市場支配力強化仮説と整合的である．

最後に，危機後ダミーはプラスで有意であり，規制の変化が合併を促進したことを示唆している．

次節以降では，より詳細に銀行合併の動機を調べるため，銀行レベルのデータを用いた分析を行う．

5 銀行データ

主要行，地銀，第二地銀の財務諸表データは日経 Financial Quest，信用金庫の財務諸表データは「全国信用金庫財務諸表」（金融図書コンサルタント社）による．合併銀行（acquirer）は法律上の存続銀行，被合併銀行（target）は法律上の消滅銀行として識別する．破綻銀行の営業譲渡[12]は，生存銀行の合併とは異なる動機による可能性があるため，合併のサンプルから除く．サンプル期間は，主要行，地銀，第二地銀は1990年度（1991年3月期）から2004年度（2005年3月期）まで，信用金庫は1990年度（1991年3月期）から2002年度（2003年3月期）までである．用いる変数の詳細は，補論を参照のこと．

1998年の独占禁止法の改正によって，金融持ち株会社の設立が解禁された．これを受け，2000年以降，主要行や規模の大きな地銀などが，生命保険会社やノンバンクを含む持ち株会社を設立しているが，持ち株会社の場合，傘下の銀行の財務諸表を用いることにする．これによって，合併が銀行に及ぼす効果に焦点を当てることができる．例えば，同じ持ち株会社下の証券会社と銀行との間で相乗効果が表れるような場合，銀行の財務諸表に反映されるはずである．持ち株会社の株価は，銀行以外の子会社の業績も反映するので，用いない．

以下，銀行の業態を主要行（都市銀行，長期信用銀行，信託銀行），地域銀行（地方銀行，第二地方銀行），および信用金庫に分けて分析する．この理由としては，まず，信用金庫が中小企業金融に特化した共同組織金融機関であり，他業態とはM&Aの動機，効果が異なりうることが挙げられる．また，主要行が全国的に営業しているのに対し，地域銀行，信用金庫は主に都道府県内で営業しており，後者のM&Aのほとんどは同一市場内M&Aであるという違いがある[13]．最後に，1990年代末から2000年代初にかけて，不良債権問題に関する規制当局の態度は主要行とその他の業態とで異なっていたこ

---

[12] 破綻銀行の営業譲渡は，譲渡先に対する預金保険機構による資金援助（資本増強とは異なる）によって識別する．

[13] サンプル期間中の地域銀行と信用金庫のM&Aのうち，都道府県を超えたM&Aは，それぞれ2件ずつしかなかった．

とが挙げられる．当局は，主要行に対しては不良債権の速やかな削減を求めたが，地域銀行，信用金庫に対しては，不良債権処理が中小企業金融に及ぼす悪影響を恐れ，不良債権の削減をそれほど強く求めなかった．主要行と地域銀行の合併件数は少ない（それぞれ10件，9件）ので，両者を分けることは，統計的に弱い結果を生むことになるかもしれないが，以上の理由より，3業態に分けた推計を行うこととする．

6 事前の特性と合併の意思決定

表3-3は，分析で用いる変数の記述統計量を示しており，各業態別に，合併行，被合併行，および全銀行の平均値を掲載している．合併行と被合併行の変数は，合併年の前年の値である．表3-3は，各年のマクロ経済ショックをコントロールしていないが，以下のような，合併行，被合併行の事前の（合併前の）特徴が読み取れる．

1) 合併行も被合併行も，全銀行の平均より自己資本が少ない．特に地域銀行，信用金庫では，BIS自己資本比率の差は統計的に有意である．
2) 合併行は平均より規模が大きく，被合併行は（主要行を除き）平均より規模が小さい傾向がある．特に，信用金庫の合併行，被合併行の規模格差は，統計的に有意である．
3) 信用金庫の被合併行の収益率（ROA）は，平均よりも有意に低い．

以下では，より厳密に，第3節で提示した合併動機に関する仮説の妥当性を検証するため，次式のマルチノミナル・ロジットモデルを推計する．

$$(2) \quad P_{t,j} = \frac{\exp(\beta' X_{t-1,j})}{\sum_{j=1}^{3} \exp(\beta' X_{t-1,j})} \quad for\ j=1,2,3$$

ここで，$P_{t,j}$ は銀行が t 年に選択肢 j を選ぶ確率であり，$j=1,2,3$ はそれぞれ「合併行」，「被合併行」，「合併行でも被合併行でもない」を示す．説明変数ベクトル $X_{t-1,j}$ は，第3節で述べた，銀行合併に関する4つの仮説を検証するための変数群である．具体的には，銀行の収益性（ROA），コスト効率

表 3-3　記述統計量

	主要行			地域銀行			信用金庫		
	合併行 平均(標準偏差)	被合併 平均(標準偏差)	全行 平均(標準偏差)	合併行-全行 平均(標準偏差)	被合併-全行 平均(標準偏差)	合併行 平均(標準偏差)	被合併 平均(標準偏差)	全行 平均(標準偏差)	合併行-全行 平均(標準偏差)	被合併-全行 平均(標準偏差)
ROA (%)	-0.32 (1.08)	-0.36 (0.79)	-0.27 (1.13)	-0.19 (0.85)	0.00 (0.63)	0.13 (0.37)	-0.06 (0.49)	-0.17 (2.16)	0.23 (0.31)	0.06 (0.17)	0.11 (0.47)	-0.27 (0.96)	0.19 (1.03)	-0.01 (0.44)	-0.37*** (0.89)
経費率(対総資産) (%)	0.85 (0.35)	0.95 (0.66)	0.86 (0.41)	0.01 (0.32)	0.12 (0.64)	1.43 (0.25)	1.48 (0.17)	1.45 (0.26)	0.03 (0.15)	0.07 (0.16)	1.61 (0.20)	1.69 (0.36)	1.64 (0.24)	-0.01 (0.20)	0.07 (0.36)
手数料率(対総資産) (%)	0.26 (0.13)	0.29 (0.26)	0.26 (0.16)	-0.01 (0.13)	0.01 (0.26)	0.25 (0.10)	0.25 (0.10)	0.19 (0.06)	0.03 (0.03)	-0.02 (0.16)	0.16 (0.04)	0.15 (0.04)	0.15 (0.04)	-0.01 (0.04)	0.00 (0.36)
貸出比率(対総資産) (%)	56.40 (6.50)	57.83 (6.62)	56.12 (8.81)	-0.19 (7.53)	2.29 (8.57)	70.85 (5.28)	71.82 (4.43)	69.33 (7.03)	2.44 (5.15)	3.36 (4.93)	61.29 (6.95)	57.77 (10.26)	58.84 (8.53)	3.17** (6.55)	0.00 (0.49)
中小企業向け貸出比率 (%) (対総資産)	28.53 (7.68)	24.22 (6.12)	27.84 (7.75)	2.07 (6.84)	-1.89 (7.49)	47.98 (8.11)	52.13 (6.43)	47.96 (9.52)	2.73 (7.24)	6.34 (7.75)					-1.34*** (4.86)
貸出伸び率 (%)	5.99 (10.33)	0.08 (9.31)	2.32 (18.58)	0.11 (12.39)	-5.34 (8.97)	9.48 (23.32)	-0.41 (5.33)	2.81 (8.01)	7.57 (23.15)	-2.36 (3.91)	2.12 (5.72)	-2.35 (5.78)	4.09 (8.72)	-0.38 (3.93)	-4.46*** (4.86)
預金金利 (%)	2.29 (2.08)	1.87 (2.01)	3.04 (2.26)	-0.23 (2.08)	-0.13 (0.92)	1.49 (0.23)	1.79 (2.28)	1.75 (1.67)	-0.06 (0.11)	0.07 (0.23)	1.39 (1.47)	1.25 (1.47)	1.91 (1.57)	0.93 (0.18)	0.02 (0.13)
貸出金利 (%)	3.47 (2.19)	3.14 (1.87)	3.96 (2.06)	-0.06 (0.27)	0.03 (0.42)	3.85 (2.22)	4.51 (2.28)	4.05 (1.76)	-0.04 (0.38)	0.43 (0.24)	4.24 (1.57)	4.08 (1.60)	4.78 (1.64)	0.01 (0.34)	0.02 (0.49)
資本比率(対総資産) (%)	3.75 (1.37)	4.02 (1.57)	3.95 (1.47)	-0.46 (1.02)	-0.19 (1.19)	3.27 (1.58)	3.11 (1.36)	3.67 (0.96)	-0.73 (0.96)	-0.81 (1.09)	4.92 (1.44)	4.11 (1.99)	5.34 (2.16)	-0.51*** (1.45)	-1.34*** (2.03)
BIS自己資本比率 (%)	10.31 (1.70)	10.55 (1.55)	11.50 (2.58)	-1.36 (1.37)	-0.89 (1.54)	7.30 (1.31)	6.15 (1.70)	8.77 (3.80)	-1.72 (1.27)	-2.86 (1.76)	8.86 (3.15)	7.18 (3.44)	9.65 (4.11)	-1.12** (2.87)	-2.98*** (3.45)
不良債権比率(銀行法) (%)	8.72 (4.46)	8.99 (6.72)	10.32 (7.87)	-1.46 (3.66)	-1.74 (7.13)	9.40 (3.03)	9.59 (2.62)	7.15 (5.15)	1.56 (2.63)	1.74 (2.06)	9.69 (6.42)	14.15 (6.69)	7.81 (5.75)	0.50 (4.98)	4.67*** (6.05)
不良債権比率(金融再生法) (%)	8.92 (4.53)	9.17 (6.80)	9.77 (6.79)	-1.40 (7.25)	-1.75 (7.25)	9.48 (3.56)	10.33 (2.98)	8.01 (4.93)	1.71 (2.98)	2.40 (2.95)					
広告宣伝費率(対総経費) (%)	1.76 (0.93)	1.47 (1.07)	1.91 (1.07)	0.00 (1.02)	-0.19 (0.76)	1.68 (0.90)	1.99 (0.94)	1.60 (0.65)	0.21 (0.90)	0.50 (1.00)					
株価変化率 (%)	-17.58 (16.15)	-22.60 (10.61)	-10.77 (28.79)	-4.28 (15.49)	6.83 (10.61)										
総資産(対数値)	17.03 (0.84)	16.87 (1.15)	16.85 (0.96)	0.18 (0.82)	0.00 (1.13)	14.27 (0.56)	13.67 (0.74)	14.19 (0.89)	0.04 (0.54)	-0.54 (0.71)	19.38 (0.86)	18.20 (0.93)	18.82 (0.97)	0.49*** (0.84)	-0.70*** (0.89)
総資産伸び率 (%)	9.57 (10.63)	-0.60 (10.63)	1.35 (17.57)	3.02 (6.86)	-5.32 (9.80)	9.17 (21.63)	1.99 (4.55)	2.30 (8.82)	7.71 (21.21)	0.64 (4.84)	2.63 (4.37)	-0.68 (8.88)	4.06 (8.17)	-0.62 (3.32)	-3.84*** (8.35)
観測値数	8	11	286			9	8	1,876			64	80	5,928		

注：1. ***, **, * はそれぞれ，差の平均ゼロの帰無仮説に対し，有意水準1%，5%で有意。
2. 「全行」はサンプル期間を通じるのに対し，「合併行-全行」，「被合併行-全行」は，合併のあった年のみを対象とする．このため，「合併行」と「全行」の差は，「合併行-全行」に一致しない．
出所）日経Financial Quest,『全国信用金庫財務諸表』（金融図書コンサルタント社）等より作成．

性（経費率），健全性（資本／資産比率，不良債権比率，株価変化率），政府による資本注入（ダミー変数），経営者の私的便益（広告宣伝費／総費用），規模（総資産（対数値），総資産伸び率），市場集中度（ハーフィンダール指数）を示す変数，および，マクロ変数その他のコントロール変数（M&A 経験ダミー，銀行業株価指数変化率，実質 GDP 成長率）からなる．なお，仮説 A（効率性の改善），仮説 B（市場支配力の強化），仮説 C（TBTF 政策または金融システム安定化政策への反応）は，主に銀行の株主利益を目的とした合併であり，仮説 D（経営者による私的便益・帝国建設）は，銀行経営者の私的利得を目的とした合併であるが，ここでは，銀行経営者が株主利益と私的利得の加重和を最大化するような意思決定を想定している．

データの制約により，不良債権比率は 1998 年以降のみ利用可能である．株価変化率は，金融持ち株会社が 2002 年以降設立されているので，2001 年までのみ利用可能である．政府による資本注入ダミーは，資本注入を受けた年以降 1 をとるダミー変数である．ハーフィンダール指数は，地銀，第二地銀，信金の預金残高に基づいて都道府県別に作成されている．主要行については，全国的な事業展開を行っていることから，ハーフィンダール指数は説明変数に含めない．コントロール変数のうち，M&A 経験ダミーは，M&A を以前に経験したことのある銀行は 1，未経験の銀行は 0 をとるダミー変数である．M&A を一度経験すると，情報システムや社内の業務の統合に時間がかかるため，さらに M&A を行う意欲は弱まるかもしれないし，逆に，統合のノウハウがあるので，さらに M&A を行う意欲が強まるかもしれない．実質 GDP 成長率は，地域銀行，信用金庫の場合は都道府県別，主要行の場合は全国レベルの値を適用する．説明変数はすべて，1 期ラグ値である．

推計に先立ち，説明変数間の相関をチェックしたところ，地域銀行，信用金庫において，ROA と資本比率の間の相関が強いことがわかった（相関係数は，主要行 0.045，地域銀行 0.853，信用金庫 0.615）．そこで，ROA と資本比率を別々に説明変数に入れる推計も行った．また，合併の意思決定を行ってから実際に合併するまでに 1 年以上かかる可能性を考慮し，説明変数に 2 期ラグ値を使う推計も行った[14]．

---

14) 説明変数の 1 期ラグ値が，合併の意思決定の影響を受ける場合，説明変数に 2 期ラグ値を用いることが適切である．例えば，2 年後に合併されることが決まった銀行が，ハイリスク・ハイリターンの投資を行い，失敗して合併 1 年前にバランスシートを悪化させる場合である．

(2) 式の推計は，第5節で述べたように，主要行，地域銀行，信用金庫別に行う．また，全サンプル期間の推計に加え，規制当局の合併への介入の有無を考慮し，サンプル期間を金融危機前（1990～1997年度）と金融危機中・危機後（主要行，地域銀行の場合は1998～2004年度，信用金庫の場合は1998～2002年度．以下，単に「金融危機後」と呼ぶ）に分けた推計も行う．

主要行

表3-4Aは主要行の推計結果を示す．第1列は，全サンプル期間の推計結果における係数，第2列はその限界効果[15]を示す．合併行になる確率の推計式を見ると，政府による資本増強ダミーの係数がプラスで有意であり，資本増強を受けた主要行ほど，他銀行を合併しやすいことを示している．この結果は，政府による金融システム安定化のための合併誘導策に銀行が反応しているという仮説と整合的である．ただし，1998年にすべての主要行が資本注入を受けているので，このダミー変数は，1998年以降の構造変化を捉えている可能性もある．他の銀行変数やマクロ経済変数は有意ではない．被合併行になる確率の推計式を見ると，銀行業株価指数変化率の係数がマイナスで有意であり，銀行の資本価値が悪化しているときに，合併される確率が高まることを示している．この結果も，TBTF政策あるいは金融安定化政策仮説と整合的である．

ROAと資本／資産比率を1つずつ説明変数に含めた推計結果（第3列から第6列）も，同様の結果である．ただし，被合併行になる確率の推計式において，ROAを説明変数に加えた場合，政府による資本増強ダミーがプラスで有意となる．各銀行の株価変化率を銀行の健全性の指標に用いた推計（第7, 8列）では，この変数の係数は，合併行，被合併行いずれの推計においても有意とはならない．主要行の場合，個別銀行の健全性よりはむしろ，全般的な銀行の健全性の悪化とシステミックリスクに対する政府の反応が，合併の原動力となったようである．

説明変数の2期ラグを用いた推計結果（第9, 10列）では，被合併行になる確率の推計式において，資本／資産比率の係数がプラスで有意となっているが，それ以外はいずれの説明変数も有意ではない．この結果は，TBTF

---

[15] 平均的な限界効果が示されている（Wooldridge 2001, p. 467）．

政策の仮説と整合的でないが,特に危機後の時期においては,すべての主要行が,合併相手を早急に選んでいたというのが実態であり,主要行の場合2期ラグを用いた推計は適切ではないのかもしれない.

期間を分けた推計結果は,第11列から第14列に示されている.危機前の期間においては,有意な説明変数はないが,危機後の期間においては,被合併行になる確率の推計式において,経費率の係数がプラスで有意である.危機後において,コスト効率性に劣る主要行ほど他銀行に合併されやすいという結果は,効率性改善仮説と整合的である.

地域銀行(地銀,第二地銀)

表3-4Bは地域銀行の推計結果を示す.全サンプル期間の推計結果(第1列,第2列)では,合併行,被合併行いずれの推計式においても,政府による資本増強ダミーがプラスで有意であり,TBTF政策あるいは金融安定化政策の仮説を支持している.被合併行の推計式では,総資産(対数値)の係数がマイナスで有意であり,小さい銀行ほど被合併行になりやすいことを示している.この結果は,ROAと資本比率を1つずつ説明変数に入れても,2期ラグの説明変数を用いても成り立つ(第3列から第8列).

推計期間を分けた結果(第9列から第12列)を見ると,危機以前には有意な説明変数はないが,危機後には,合併行の推計式において,ROAの係数がプラス,資本比率の係数がマイナスで,それぞれ有意である.危機後の合併行のROAの係数は効率性改善仮説と,資本比率の係数はTBTF政策(あるいは金融安定化政策)仮説と,それぞれ整合的である.

信用金庫

表3-4Cは信用金庫の推計結果を示す.データの制約のため,説明変数から広告宣伝費率は除かれている.全サンプル期間の推計結果(第1列,第2列)を見ると,合併行の推計式では,総資産(対数値)と合併経験ダミーがプラスで有意である.被合併行の推計式では,ROAがプラスで有意,経費率,資本/資産比率,ハーフィンダール指数,総資産(対数値),および,総資産伸び率がマイナスで有意である.ROAと経費率の係数は,収益性とコスト効率性が高い信用金庫ほど被合併行になりやすいことを示しており,効率性向上仮説の予測とは異なった結果となっている(効率性向上仮説では,収

表 3-4A M&Aの選択に関するマルチノミナルロジットモデルの推計結果（主要行）

	1990～2004						1990～2001				1990～2004		1990～1997		1998～2004	
	係数 (1)	限界効果 (2)	係数 (3)	限界効果 (4)	係数 (5)	限界効果 (6)	係数 (7)	限界効果 (8)	係数 (9)	限界効果 (10)	係数 (11)	限界効果 (12)	係数 (13)	限界効果 (14)
合併行														
ROA	−0.200 (0.470)	−0.000 (0.012)	−0.267 (0.342)	−0.000 (0.009)					0.284 (0.843)	0.000 (0.022)	17.817 (19.158)	0.000 (0.304)	0.079 (0.900)	0.000 (0.035)
経費率（対総資産）	3.157 (2.207)	0.003 (0.059)	2.451 (2.073)	0.000 (0.055)	3.138 (2.201)	0.000 (0.058)	0.433 (2.475)	−0.005 (0.071)	1.734 (2.065)	0.002 (0.054)	1.907 (4.665)	0.000 (0.074)	5.054 (2.820)	0.015 (0.105)
資本比率（対総資産）	−0.421 (0.426)	−0.000 (0.011)			−0.478 (0.416)	−0.000 (0.011)			0.313 (0.369)	0.000 (0.010)	−4.355 (3.079)	−0.073 (0.057)	−0.954 (0.716)	−0.032 (0.030)
広告宣伝費率（対総経費）	0.218 (0.497)	0.000 (0.013)	0.129 (0.500)	0.000 (0.013)	0.195 (0.499)	0.000 (0.013)	0.092 (0.524)	0.005 (0.016)	−0.275 (0.539)	0.000 (0.014)	−0.505 (0.880)	−0.000 (0.014)	2.062 (1.179)	0.003 (0.047)
総資産（対数値）	1.255 (0.936)	0.044 (0.027)	1.284 (0.918)	0.044 (0.028)	1.178 (0.916)	0.007 (0.026)	0.766 (1.025)	0.004 (0.031)	0.937 (0.909)	0.003 (0.023)	−0.200 (1.561)	0.002 (0.024)	2.015 (1.607)	0.064 (0.063)
総資産伸び率	0.017 (0.018)	0.000 (0.000)	0.018 (0.017)	0.000 (0.000)	0.017 (0.018)	−0.000 (0.000)	0.024 (0.017)	0.000 (0.000)	0.019 (0.017)	0.000 (0.000)	−0.001 (0.044)	−0.000 (0.001)	0.011 (0.021)	0.000 (0.001)
銀行業株価指数変化率	−0.031 (0.033)	−0.000 (0.001)	−0.038 (0.033)	−0.000 (0.001)	−0.028 (0.032)	−0.000 (0.001)			0.019 (0.031)	0.000 (0.001)	0.747 (0.595)	0.000 (0.009)	−0.150 (0.096)	−0.002 (0.004)
GDP成長率	0.527 (0.279)	0.000 (0.007)	0.455 (0.266)	0.000 (0.007)	0.508 (0.274)	0.000 (0.007)			0.578 (0.324)	0.000 (0.008)	5.310 (4.326)	−0.001 (0.068)	0.189 (0.793)	0.000 (0.036)
M&A経験ダミー	−2.783 (1.600)	−0.051*** (0.017)	−2.402 (1.479)	−0.044*** (0.014)	−2.729 (1.589)	−0.050*** (0.017)	−1.768 (1.537)	−0.031** (0.014)	−1.941 (1.390)	−0.034*** (0.012)			−3.447 (1.977)	−0.116*** (0.033)
公的資金注入ダミー	2.987** (1.338)	0.121 (0.104)	2.247** (1.024)	0.075 (0.062)	3.076** (1.349)	0.127 (0.106)	1.685 (0.894)	0.065 (0.057)	2.617 (1.353)	0.105 (0.105)				
株価変化率							−0.005 (0.016)	−0.000 (0.000)						
不良債権比率													−0.019 (0.269)	0.002 (0.011)
定数項	−28.848 (18.148)		−29.828 (17.845)		−27.195 (17.645)		−17.567 (19.683)		−23.765 (17.740)		−5.595 (30.763)		−42.340 (31.100)	

(表3-4A)

	1990~2004						1990~2001			1990~2004		1990~1997		1998~2004	
	係数 (1)	限界効果 (2)	係数 (3)	限界効果 (4)	係数 (5)	限界効果 (6)	係数 (7)	限界効果 (8)	係数 (9)	限界効果 (10)	係数 (11)	限界効果 (12)	係数 (13)	限界効果 (14)
被合併行														
ROA	−0.082 (0.401)	−0.000 (0.014)	−0.092 (0.366)	−0.000 (0.013)					0.001 (0.284)	0.000 (0.010)	7.495 (9.127)	0.000 (0.149)	0.323 (0.915)	0.000 (0.043)
経費率 (対総資産)	2.134 (1.637)	0.001 (0.057)	2.110 (1.626)	0.000 (0.057)	2.119 (1.629)	0.000 (0.057)	6.011 (4.998)	0.057 (0.051)	1.821 (1.640)	0.004 (0.057)	−1.494 (3.793)	−0.000 (0.061)	7.484** (3.292)	0.315 (0.156)
資本比率 (対総資産)	−0.051 (0.355)	−0.000 (0.012)			−0.075 (0.334)	−0.000 (0.012)			0.613** (0.305)	0.009 (0.012)	−2.184 (1.778)	−0.027 (0.033)	0.209 (0.702)	0.015 (0.033)
広告宣伝費率 (対総経費)	−0.286 (0.519)	−0.000 (0.018)	−0.294 (0.516)	−0.000 (0.018)	−0.297 (0.515)	−0.000 (0.018)	−11.020 (6.692)	−0.069 (0.060)	−0.645 (0.527)	0.000 (0.018)	−0.545 (0.641)	−0.000 (0.010)	0.344 (0.970)	−0.002 (0.047)
総資産 (対数値)	0.868 (0.792)	0.008 (0.028)	0.895 (0.762)	0.010 (0.027)	0.832 (0.769)	0.012 (0.028)	3.524 (3.155)	0.028 (0.026)	1.195 (0.789)	0.060 (0.031)	−1.689 (1.586)	−0.029 (0.030)	1.513 (1.718)	0.052 (0.081)
総資産伸び率	−0.028 (0.032)	−0.000 (0.001)	−0.028 (0.031)	−0.000 (0.001)	−0.029 (0.032)	−0.000 (0.001)	0.094 (0.071)	0.000 (0.001)	0.001 (0.022)	0.000 (0.001)	0.018 (0.054)	0.000 (0.001)	−0.055 (0.064)	−0.000 (0.003)
銀行業株価指数変化率	−0.083** (0.042)	−0.000 (0.001)	−0.084** (0.042)	−0.000 (0.001)	−0.083 (0.042)	−0.000 (0.001)			−0.021 (0.027)	−0.000 (0.001)	0.458 (0.383)	0.000 (0.006)	−0.427 (0.315)	−0.020 (0.015)
GDP成長率	0.499 (0.282)	0.000 (0.010)	0.493 (0.277)	0.000 (0.010)	0.495 (0.284)	0.000 (0.010)			0.351 (0.242)	0.000 (0.008)	3.305 (2.837)	0.006 (0.049)	1.204 (1.870)	0.004 (0.091)
M&A経験ダミー	−1.164 (0.972)	−0.029 (0.017)	−1.146 (0.965)	−0.029 (0.017)	−1.142 (0.967)	−0.029 (0.018)	−2.962 (3.029)	−0.027 (0.015)	−1.283 (0.978)	−0.034** (0.016)			−1.744 (1.359)	−0.049 (0.042)
公的資金注入ダミー	1.792 (1.010)	0.058 (0.061)	1.721** (0.844)	0.061 (0.051)	1.838 (0.986)	0.059 (0.060)	2.525 (3.004)	0.018 (0.034)	1.011 (0.930)	0.028 (0.043)				
株価変化率							−0.035 (0.055)	−0.000 (0.000)						
不良債権比率													−0.399 (0.281)	−0.009 (0.014)
定数項	−21.920 (15.593)		−22.526 (14.882)		−21.181 (15.110)		−60.254 (54.140)		−27.602 (15.501)		23.337 (29.490)		−42.943 (34.366)	
観測値数	279		280		279		225		279		170		90	
疑似R^2	0.168		0.162		0.167		0.272		0.166		0.277		0.446	
対数尤度	−68.457		−69.027		−68.547		−34.234		−68.641		−21.780		−25.370	

注:
1. 最尤法を用い、合併行、被合併行のいずれにもならない確率と比較して、合併行になる確率、被合併行になる確率を推計している。
2. ( )内は標準誤差。
3. ***、**、* はそれぞれ、有意水準1％、5％で有意。
4. 説明変数は、(1)列から(8)列と(11)列から(14)列は1期ラグ値、(9)、(10)列は2期ラグ値。

表3-4B M&Aの選択に関するマルチノミナルロジットモデルの推計結果（地域銀行）

	1990~2004								1990~1997				1998~2004			
	係数 (1)	限界効果 (2)	係数 (3)	限界効果 (4)	係数 (5)	限界効果 (6)	係数 (7)	限界効果 (8)	係数 (9)	限界効果 (10)	係数 (11)	限界効果 (12)
合併行												
ROA	0.321 (0.171)	0.000 (0.001)	0.258 (0.227)	0.000 (0.001)					1.231 (4.907)	0.000 (0.014)	5.329*** (1.724)	0.000 (0.015)
経費率（対総資産）	-0.643 (2.184)	-0.000 (0.010)	-0.308 (2.218)	-0.000 (0.010)	-0.567 (2.116)	-0.000 (0.010)	-0.086 (0.394)	-0.000 (0.002)	0.258 (4.026)	0.000 (0.012)	3.284 (3.314)	0.006 (0.028)
資本比率（対総資産）	-0.173 (0.103)	-0.000 (0.000)			-0.043 (0.077)	-0.000 (0.000)	0.276 (2.346)	0.000 (0.011)	-0.663 (1.065)	-0.000 (0.003)	-1.622*** (0.575)	-0.000 (0.005)
広告宣伝費率（対総経費）	0.219 (0.459)	0.000 (0.002)	0.212 (0.441)	0.000 (0.002)	0.224 (0.446)	0.000 (0.002)	0.063 (0.300)	0.000 (0.001)	0.042 (1.091)	0.000 (0.003)	-0.028 (0.421)	-0.000 (0.004)
総資産（対数値）	-0.145 (0.631)	-0.000 (0.003)	-0.110 (0.639)	-0.000 (0.003)	-0.143 (0.615)	-0.000 (0.003)	-0.018 (0.577)	-0.000 (0.003)	0.161 (1.259)	0.000 (0.004)	1.190 (1.083)	0.004 (0.009)
総資産伸び率	0.017 (0.012)	0.000 (0.000)	0.018 (0.012)	0.000 (0.000)	0.018 (0.012)	0.000 (0.000)	-0.045 (0.680)	-0.000 (0.003)	0.033 (0.050)	0.000 (0.000)	0.001 (0.016)	0.000 (0.000)
ハーフィンダール指数	0.480 (2.195)	0.000 (0.010)	0.170 (2.175)	0.000 (0.010)	0.216 (2.161)	0.000 (0.010)	-0.048 (0.072)	-0.000 (0.000)	5.948 (4.042)	0.000 (0.012)	-1.046 (3.063)	-0.000 (0.026)
GDP成長率	0.016 (0.096)	0.000 (0.000)	0.022 (0.097)	0.000 (0.000)	0.022 (0.097)	0.000 (0.000)	-0.066 (2.165)	-0.000 (0.010)	-0.007 (0.157)	-0.000 (0.000)	-0.052 (0.235)	-0.000 (0.002)
公的資金注入ダミー	2.125** (0.894)	0.026 (0.023)	2.106** (0.891)	0.026 (0.024)	1.983** (0.878)	0.023 (0.021)	0.085 (0.115)	0.000 (0.001)			1.080 (1.082)	0.011 (0.017)
不良債権比率							1.965** (0.874)	0.022 (0.021)			0.201 (0.180)	0.000 (0.002)
定数項	-2.570 (11.904)		-4.073 (11.983)		-3.089 (11.524)		-5.609 (13.038)		-9.029 (23.551)		-21.882 (18.934)	

(表3-4B)

	1990〜2004								1990〜1997				1998〜2004			
	係数 (1)	限界効果 (2)	係数 (3)	限界効果 (4)	係数 (5)	限界効果 (6)	係数 (7)	限界効果 (8)	係数 (9)	限界効果 (10)	係数 (11)	限界効果 (12)
被合併行												
ROA	0.279 (0.226)	0.000 (0.001)	0.095 (0.385)	0.000 (0.002)			−0.145 (0.376)	−0.000 (0.002)	1.892 (2.142)	0.000 (0.006)	2.221 (1.491)	0.000 (0.008)
経費率	−3.315 (2.242)	−0.000 (0.009)	−3.083 (2.256)	−0.000 (0.009)	−3.227 (2.167)	−0.000 (0.009)	−1.951 (2.006)	−0.000 (0.008)	−2.785 (3.671)	−0.000 (0.010)	−4.467 (4.473)	−0.005 (0.025)
資本比率 (対総資産)	−0.177 (0.117)	−0.000 (0.000)			−0.057 (0.084)	−0.000 (0.000)	0.123 (0.300)	0.000 (0.001)	−1.708 (0.969)	−0.002 (0.004)	−0.543 (0.517)	−0.000 (0.003)
広告宣伝費率 (対総経費)	0.441 (0.396)	0.000 (0.002)	0.457 (0.379)	0.000 (0.002)	0.459 (0.388)	0.000 (0.002)	0.454 (0.439)	0.000 (0.002)	−0.440 (1.241)	−0.000 (0.004)	0.674 (0.480)	0.000 (0.003)
総資産 (対数値)	−1.497** (0.625)	−0.003 (0.003)	−1.482** (0.621)	−0.003 (0.003)	−1.484** (0.613)	−0.003 (0.003)	−1.317** (0.622)	−0.003 (0.003)	−1.732 (1.347)	−0.002 (0.005)	−1.435 (0.991)	−0.007 (0.006)
総資産伸び率	−0.017 (0.060)	0.000 (0.000)	−0.022 (0.072)	−0.000 (0.000)	−0.014 (0.061)	−0.000 (0.000)	−0.093 (0.060)	−0.000 (0.000)	0.013 (0.099)	−0.000 (0.000)	−0.073 (0.125)	−0.000 (0.001)
ハーフィンダール指数	−1.399 (2.227)	−0.000 (0.009)	−1.725 (2.195)	−0.000 (0.009)	−1.547 (2.203)	−0.000 (0.009)	−1.725 (2.288)	−0.000 (0.010)	−0.435 (3.479)	−0.000 (0.010)	1.334 (4.129)	0.000 (0.023)
GDP成長率	0.006 (0.115)	0.000 (0.000)	0.019 (0.119)	0.000 (0.000)	0.014 (0.115)	0.000 (0.000)	0.114 (0.109)	0.000 (0.000)	−0.051 (0.167)	−0.000 (0.000)	0.083 (0.306)	0.000 (0.002)
公的資金注入ダミー	2.511*** (0.929)	0.032 (0.028)	2.418*** (0.920)	0.030 (0.026)	2.405*** (0.906)	0.030 (0.025)	2.442*** (0.914)	0.030 (0.025)			1.643 (1.311)	0.013 (0.019)
不良債権比率											0.245 (0.209)	0.000 (0.001)
定数項	20.334 (11.402)		19.234 (11.261)		19.589 (11.057)		14.645 (11.030)		28.199 (23.502)		19.328 (18.866)	
観測値数	1,869		1,869		1,869		1,866		1,039		628	
疑似R^2	0.100		0.089		0.088		0.092		0.130		0.308	
対数尤度	−97.683		−98.878		−99.034		−98.603		−35.724		−40.175	

注 1. 最尤法を用い、合併行、被合併行のいずれにもならない確率と比較して、合併行になる確率、被合併行になる確率を推計している。
2. ( ) 内は標準誤差。
3. ***、**、* はそれぞれ、有意水準1%、5%で有意。
4. 説明変数は、(1) 列と (6) から (9) 列と (12) 列は1期ラグ値、(7)、(8) 列は2期ラグ値。

102

表3-4C M&Aの選択に関するマルチノミナルロジットモデルの推計結果（信用金庫）

	1990~2002								1990~1997		1998~2002	
	係数 (1)	限界効果 (2)	係数 (3)	限界効果 (4)	係数 (5)	限界効果 (6)	係数 (7)	限界効果 (8)	係数 (9)	限界効果 (10)	係数 (11)	限界効果 (12)
合併行												
ROA	0.113 (0.151)	0.000 (0.002)	0.050 (0.115)	0.000 (0.001)			0.089 (0.159)	0.000 (0.002)	-0.447 (1.528)	-0.000 (0.014)	0.072 (0.238)	0.000 (0.003)
経費率（対総資産）	0.397 (0.655)	0.000 (0.007)	0.504 (0.631)	0.000 (0.007)	0.443 (0.648)	0.000 (0.007)	0.571 (0.640)	0.000 (0.007)	0.859 (0.856)	0.000 (0.008)	0.036 (1.076)	0.000 (0.015)
資本比率（対総資産）	-0.055 (0.083)	-0.000 (0.001)			-0.014 (0.055)	-0.000 (0.001)	-0.039 (0.085)	-0.000 (0.001)	-0.143 (0.168)	-0.000 (0.002)	0.051 (0.110)	0.000 (0.002)
総資産（対数値）	0.521*** (0.168)	0.000 (0.002)	0.546*** (0.165)	0.000 (0.002)	0.534*** (0.167)	0.000 (0.002)	0.573** (0.166)	0.000 (0.002)	0.541** (0.215)	0.000 (0.002)	0.536** (0.274)	0.007 (0.004)
総資産伸び率	-0.029 (0.022)	-0.000 (0.000)	-0.029 (0.022)	-0.000 (0.000)	-0.025 (0.020)	-0.000 (0.000)	-0.016 (0.019)	-0.000 (0.000)	-0.021 (0.034)	-0.000 (0.000)	-0.033 (0.028)	-0.000 (0.000)
ハーフィンダール指数	0.495 (0.789)	0.000 (0.009)	0.441 (0.785)	0.000 (0.009)	0.439 (0.786)	0.000 (0.009)	0.451 (0.784)	0.000 (0.009)	0.746 (1.082)	0.000 (0.010)	-0.138 (1.209)	-0.000 (0.017)
GDP成長率	-0.021 (0.039)	-0.000 (0.000)	-0.018 (0.039)	-0.000 (0.000)	-0.019 (0.039)	-0.000 (0.000)	0.007 (0.031)	0.000 (0.000)	0.006 (0.038)	0.000 (0.000)	-0.149 (0.093)	-0.000 (0.001)
M&A経験ダミー	0.989*** (0.334)	0.016** (0.008)	1.030*** (0.328)	0.017** (0.008)	0.998*** (0.334)	0.016** (0.008)	1.009*** (0.332)	0.016** (0.008)			1.280*** (0.422)	0.027 (0.014)
不良債権比率											0.061 (0.035)	0.000 (0.000)
定数項	-14.915*** (4.074)		-15.837*** (3.858)		-15.422*** (4.000)		-16.361*** (4.045)		-15.626*** (5.276)		-15.662** (6.735)	

(表3-4C)

	1990〜2002								1990〜1997				1998〜2002			
	係数 (1)	限界効果 (2)	係数 (3)	限界効果 (4)	係数 (5)	限界効果 (6)	係数 (7)	限界効果 (8)	係数 (9)	限界効果 (10)			係数 (11)	限界効果 (12)		
被合併行																
ROA	0.445*** (0.110)	0.000 (0.001)	0.079 (0.055)	0.000 (0.001)			0.505*** (0.122)	0.000 (0.002)	-3.783*** (1.336)	-0.000 (0.012)			0.549*** (0.132)	0.000 (0.002)		
経費率（対総資産）	-1.167*** (0.416)	-0.000 (0.005)	-1.265*** (0.437)	-0.000 (0.005)	-1.356*** (0.437)	-0.000 (0.006)	-1.111*** (0.403)	-0.000 (0.005)	-1.398** (0.590)	-0.000 (0.005)			-0.943 (0.694)	-0.001 (0.012)		
資本比率（対総資産）	-0.284*** (0.072)	-0.000 (0.001)			-0.043 (0.437)	-0.000 (0.006)	-0.304*** (0.073)	-0.000 (0.001)	-0.087 (0.136)	-0.000 (0.001)			-0.236** (0.093)	-0.000 (0.002)		
総資産（対数値）	-0.955*** (0.141)	-0.001 (0.002)	-0.876*** (0.137)	-0.001 (0.002)	-0.944*** (0.138)	-0.001 (0.002)	-0.868*** (0.136)	-0.001 (0.002)	-1.157*** (0.216)	-0.001 (0.002)			-0.911*** (0.212)	-0.017 (0.004)		
総資産伸び率	-0.129*** (0.026)	-0.000 (0.000)	-0.141*** (0.027)	-0.000 (0.000)	-0.098*** (0.025)	-0.000 (0.000)	-0.121*** (0.025)	-0.000 (0.000)	-0.037 (0.031)	-0.000 (0.000)			-0.158*** (0.046)	-0.000 (0.001)		
ハーフィンダール指数	-2.588*** (0.753)	-0.000 (0.010)	-2.701*** (0.756)	-0.000 (0.010)	-2.890*** (0.753)	-0.000 (0.010)	-2.450*** (0.736)	-0.000 (0.010)	-2.426** (1.180)	-0.000 (0.010)			-3.663*** (1.105)	-0.000 (0.020)		
GDP成長率	-0.066 (0.040)	-0.000 (0.001)	-0.048 (0.041)	-0.000 (0.001)	-0.065 (0.039)	-0.000 (0.001)	-0.004 (0.036)	-0.000 (0.000)	-0.054 (0.057)	-0.000 (0.000)			-0.052 (0.088)	-0.000 (0.002)		
M&A経験ダミー	-0.369 (0.663)	-0.004 (0.006)	-0.166 (0.641)	-0.002 (0.007)	-0.398 (0.721)	-0.004 (0.006)	-0.369 (0.622)	-0.004 (0.006)					-0.282 (0.666)	-0.005 (0.009)		
不良債権比率													0.112*** (0.028)	0.000 (0.001)		
定数項	17.821*** (2.971)		15.151*** (2.926)		16.835*** (2.972)		16.125*** (2.865)		21.240*** (4.288)				15.637*** (4.763)			
観測値数	5,626		5,626		5,626		5,758		3,432				2,167			
疑似 R^2	0.098		0.087		0.086		0.085		0.098				0.158			
対数尤度	-681.7		-690.6		-691.1		-706.9		-327.2				-320.8			

注）1．最尤法を用い，合併行，被合併行のいずれにもならない確率と比較して，合併行になる確率，被合併行になる確率を推計している．
2．（ ）内は標準誤差．
3．＊＊＊，＊＊，＊はそれぞれ，有意水準1％，5％で有意．
4．説明変数は，(1) 列から (6) 列と (9) 列と (12) 列は1期ラグ値，(7)，(8) 列は2期ラグ値．

益性，効率性が高い金融機関は合併行になりやすい．資本／資産比率の係数は，TBTF 政策（あるいは安定化政策）仮説と整合的である．ハーフィンダール指数の係数は，集中度が低い地域の信用金庫ほど被合併行になりやすいことを示しており，市場支配力強化仮説と整合的である．

これらの結果のほとんどは，ROA と資本比率を1つずつ説明変数に入れても，2期ラグの説明変数を用いても成り立つ（第3列から第8列）．ただし，被合併行の推計式で，ROA と資本比率を1つずつ説明変数に入れた場合，いずれの説明変数も有意ではなくなる．

推計期間を分けた結果（第9列から第12列）を見ると，危機前，危機後いずれの期間においても，ほぼ同様の結果が得られるが，被合併行の推計式において，資本比率の係数が危機後の期間においてのみ有意であることが注目される．これは，TBTF 政策（あるいは金融安定化策）仮説が，危機後においてのみ妥当していることを示唆している．危機後の被合併行の推計式においては，不良債権比率もプラスで有意である．他方，被合併行の推計式における ROA と経費率の係数に関しては，結果が混在している．すなわち，ROA の係数は危機前のマイナスから危機後はプラスに転じており，経費率の係数は危機前においてのみマイナスで有意である．以下は要約である．

1) 主要行においては銀行業の株価指数が低下したとき，地域銀行（地方銀行，第二地銀）や信用金庫においては，金融危機後（1998年度以降）に個別銀行の資本比率（対総資産）が低下したときに，合併が起こりやすい．これらの結果は，TBTF 政策（あるいは金融システム安定化政策）仮説と整合的である．
2) 主要行と地域銀行では，公的資金注入を受けた銀行ほど，合併を行いやすい．これも，政策誘導の効果を示している．
3) 金融危機後，主要行と地域銀行では，弱いながらも，効率的な銀行が非効率な銀行を合併する傾向がみられる．これは，効率性向上仮説と整合的である．
4) 地域銀行および信用金庫では，規模の大きな銀行が規模の小さな銀行を合併する傾向がみられる．
5) 信用金庫の合併では，市場集中度が低い地域ほど被合併行になりやすい．これは，市場支配力強化仮説と整合的である．

6) 主要行と地域銀行では，広告宣伝費の比率は合併の意思決定に有意な影響を及ぼしておらず，経営者の私的便益・帝国建設仮説を支持する結果は得られなかった．信用金庫については，データの制約のため，この仮説の検証はできていない．

7 合併後のパフォーマンス

7.1 予想される合併の影響

本節では，合併によって，銀行のパフォーマンスがどう変化したかを検証する．合併の効果については，合併の動機と密接に関係しているが，必ずしも意図した結果通りの成果を生まない場合や，いわば合併の副作用が生じる場合もある．したがって，合併の動機のみならず，合併後の実際のパフォーマンスを検証することも重要である．

潜在的には，第3節で提示した合併動機が実現することによって得られるパフォーマンスの変化（例えば，効率性の改善，市場支配力の強化など）に加えて，合併によって以下のような変化が加わる可能性がある．

第1に，貸出ポートフォリオ，とりわけ中小企業向け貸出への影響がありうる．例えば，合併が効率性の改善をもたらせば，中小企業を含むより多くの顧客に金融サービスを提供できる可能性がある．しかし，一般には，規模が大きく内部組織が複雑な銀行ほど，借り手との長期的関係に基づいた情報の処理にコストがかかるため，情報が不透明な中小企業向け貸出を減らす可能性がある (Berger et al. 1999)．逆に，政府主導による合併や，公的資金注入を伴う合併の場合，中小企業向け貸出を増やすよう，政治的圧力を受けやすくなるかもしれない．

第2に，リスク分散への影響がありうる．一方では，合併により借り手の地域や産業が分散されるので，リスク分散へのプラスの効果が期待できる．しかし，合併によって，ある特定の大規模な借り手に対して，際立って大きな貸出エクスポージャーを持ってしまうこともありうる[16]．こうした場合，

---

[16] 報道によれば，経営不振に陥ったダイエーに対し，東海，三和，富士，および住友の各銀行は，それぞれほぼ等しい額の貸出債権（5000億円超）を維持していたが，東海と三和の合併によってできたUFJ銀行は，合併後もしばらくの間，ダイエー向け貸出債権が他銀行に比べて突出して大きかった（1兆円超）．

大規模な借り手が経営不振に陥ると，その不良債権の処理は合併行の経営を直撃することとなるため，長期にわたり不良債権を抱えることになるかもしれない．

7.2 手法[17]

合併前の財務指標と合併後の財務指標を比較することによって，合併の効果を調べる．合併行の既存株主（信用金庫の場合，会員）の立場からすれば，合併前の合併行と合併後の統合された銀行を比較するのが自然である．しかし，銀行システムの安定性に関心を持つ規制当局の立場からすれば，合併前の「仮想的に統合された銀行」（すなわち，合併行と被合併行の加重平均値）と，合併後の実際に統合された銀行を比較することが有益である．

そこで，本節では，両方の比較を行うこととする．具体的な手順は，以下の通りである．

> 手順1：合併行と被合併行の合併前5年間の財務諸表から各行の経営指標を算出し，両者の経営指標を，総資産をウェイトに加重平均する．これは，「仮想的に統合された銀行」の経営指標である[18]．
>
> 手順2：実際の合併後の銀行の財務諸表から，合併後5年間の経営指標を算出する．
>
> 手順3：合併行，被合併行，「仮想的に統合された銀行」および合併後の銀行の経営指標から，同一年・同一業態の平均値を引くことによって，正規化する．

---

17) 本節で用いる手法は，Delong and Deyoung（2007）と同様のものである．本来，第6節でみたように，合併の意思決定はランダムではないので，合併の効果を見る際にも，この点を考慮する必要がある．具体的には，業態平均との比較ではなく，合併した銀行と合併確率が近いものを比較対照サンプルとして選ぶことが望ましい．このための手法が，Propensity Score Matching（Rosenbaum and Rubin, 1983）である．しかし，特に，主要行，地域銀行においては，合併サンプル数が少ないので，この手法を適用することは困難である．また，坂井・鶴・細野（2009）は，信用金庫の合併について，合併行，被合併行になる確率は高いものの実際には合併に関わらなかった信用金庫を比較対象サンプルに選んで合併の効果を見ているが，比較対象に業態平均を用いた場合とほとんど同じ結果を得ている．非金融業の合併に関するPropensity Score Matching の適用例は，Hosono, Takizawa and Tsuru（2009）および滝澤・鶴・細野（2009a）など参照．

18) 3行以上の銀行合併の場合，被合併行の系列は，2行以上の被合併行の加重平均値である．

手順4：合併前の合併行,「仮想的に統合された銀行」それぞれの財務指標（正規化済み値）について，合併前5年間にわたる平均値を算出する．合併前に利用できるデータが5年未満の場合は，データが利用できる最長期間にわたる平均値を算出する．

手順5：合併後の銀行の財務指標（正規化済み値）から，合併行もしくは「仮想的に統合された銀行」の合併前の財務指標（正規化済み，最長5年間にわたる平均値）を控除する．合併後の財務指標（正規化済み値）は，1年後から5年後までを見るが，表3-5では，紙面の節約のため，合併後3年後と5年後の結果のみを掲載する[19]．また，合併後最長5年間にわたる財務指標（正規化済み値）平均値をとり，その値から合併前財務指標（正規化済み，最長5年間にわたる平均値）を控除した値も見る．

手順6：合併後の財務指標（正規化済み値）と合併前財務指標（正規化済み，最長5年間にわたる平均値）の差について，平均ゼロであるという帰無仮説に対するt検定と，ミディアンがゼロであるという帰無仮説に対するWilcoxon signed-rank（z統計量）検定を行う．ただし，両者の結果はほとんどの場合一致していたので，以下では，主にt検定の結果を報告する．

本節で用いるサンプルは，合併年，合併前少なくとも1年，および，合併後少なくとも1年のデータが存在する銀行である．

7.3 結　果

表3-5は合併後の財務指標の変化を示している．A，B，Cはそれぞれ，主要行，地域銀行（地銀，第二地銀），信用金庫の結果を示す．また，各表において，第1列から第3列は合併前の「仮想的に統合された銀行」からの変化を示しており，サンプル期間は第1列が全期間，第2列と第3列はそれぞれ金融危機前（1990～1997年度）と危機後（主要行，地域銀行は1998～2004年度．信用金庫は1998～2002年度）である．最後の第4列は，合併前の合併行（acquirer）からの変化を全期間平均で示している．サンプル期間が2004年度ま

---

19) Focarelli and Panetta (2003), Focarelli and Pozzolo (2005), および Rhoades (1998) は，合併の効果があるかどうかを見るには，合併後2, 3年は必要であると指摘している．

108　第Ⅰ部　金融危機の要因と銀行行動

表3-5A　合併後のパフォーマンス（主要行）

〜からの変化	合併前の仮想的統合銀行			合併前の合併行
期間	1990〜2004	1990〜1997	1998〜2004	1990〜2004
ROA				
ΔROA（合併の3年後）	-0.200			-0.212
ΔROA（合併の5年後）	0.149			0.125
ΔROA（合併後の平均）	-0.219	0.150	-0.377	-0.230
経費率				
Δ経費率（合併の3年後）	-0.015			-0.054
Δ経費率（合併の5年後）	-0.058			-0.124
Δ経費率（合併後の平均）	-0.018	0.015	-0.033	-0.058
手数料率				
Δ手数料率（合併の3年後）	0.079			-0.032
Δ手数料率（合併の5年後）	0.110			0.048
Δ手数料率（合併後の平均）	0.006	0.065	-0.024	-0.029
貸出比率				
Δ貸出比率（合併の3年後）	-0.235			-0.398
Δ貸出比率（合併の5年後）	2.498			1.817
Δ貸出比率（合併後の平均）	-1.037	0.580	-1.730	-1.200
中小企業向け貸出比率				
Δ中小企業向け貸出比率（合併の3年後）	1.700^b			-1.850
Δ中小企業向け貸出比率（合併の5年後）	-0.384			-4.909
Δ中小企業向け貸出比率（合併後の平均）	1.727^{b**}	1.064^b	2.390	-2.047
貸出伸び率				
Δ貸出伸び率（合併の3年後）	-2.760			-3.784
Δ貸出伸び率（合併の5年後）	-4.478			-6.387
Δ貸出伸び率（合併後の平均）	-3.058^{b**}	0.014	-4.375***	-4.082^{b**}
預金金利				
Δ預金金利（合併の3年後）	0.008			0.114
Δ預金金利（合併の5年後）	-0.354			-0.249
Δ預金金利（合併後の平均）	-0.058	0.023	-0.093	0.048
貸出金利				
Δ貸出金利（合併の3年後）	0.062			0.075
Δ貸出金利（合併の5年後）	-0.057			-0.010
Δ貸出金利（合併後の平均）	-0.001	0.167	-0.073	0.012
資本比率				
Δ資本比率（合併の3年後）	-1.319***			-1.342***
Δ資本比率（合併の5年後）	-0.509			-0.498
Δ資本比率（合併後の平均）	-1.158****	-0.432	-1.470***	-1.181****
BIS自己資本比率				
ΔBIS自己資本比率（合併の3年後）	-2.108^b			-1.788^b
ΔBIS自己資本比率（合併の5年後）				
ΔBIS自己資本比率（合併後の平均）	-1.376		-1.376	-1.104
不良債権比率（銀行法基準）				
Δ不良債権比率（銀行法基準）（合併の3年後）	4.118^b			4.301***
Δ不良債権比率（銀行法基準）（合併の5年後）				
Δ不良債権比率（銀行法基準）（合併後の平均）	3.697^b		3.697^b	3.880^{b**}
不良債権比率（再生法基準）				
Δ不良債権比率（再生法基準）（合併の3年後）	3.589^b			3.835^{b**}
Δ不良債権比率（再生法基準）（合併の5年後）				
Δ不良債権比率（再生法基準）（合併後の平均）	3.202		3.202	3.448^{b**}
広告宣伝費率				
Δ広告宣伝費率（合併の3年後）	-0.268			-0.339
Δ広告宣伝費率（合併の5年後）	0.243			0.038
Δ広告宣伝費率（合併後の平均）	-0.164	0.240	-0.337	-0.234
資産伸び率				
Δ資産伸び率（合併の3年後）	-3.450			-4.497
Δ資産伸び率（合併の5年後）	-3.891			-5.557
Δ資産伸び率（合併後の平均）	-2.617	1.973	-4.585***	-3.665

注）　1.　表の値は，変化の平均値を示す．
　　 2.　「合併前の仮想的統合銀行」は，合併行と被合併行の加重平均値．
　　 3.　合併後の平均は，合併後5年間（ただし，データがない場合は，5年未満）の平均値．
　　 4.　a, bはそれぞれ，「変化の平均値がゼロである」との帰無仮説に対し，有意水準1%，5%水準で棄却．
　　 5.　***，**はそれぞれ，「変化のミディアンがゼロである」との帰無仮説に対し，Wilcoxon signed-rank testを行い，有意水準1%，5%水準で棄却．

表 3-5B 合併後のパフォーマンス（地域銀行）

	～からの変化	合併前の仮想的統合銀行			合併前の合併行
	期間	1990～2004	1990～1997	1998～2004	1990～2004
ROA					
	ΔROA（合併の3年後）	-1.869			-1.934
	ΔROA（合併の5年後）	0.504[b]			0.481[b]
	ΔROA（合併後の平均）	-0.471	0.067	-0.793	-0.530
経費率					
	Δ経費率（合併の3年後）	-0.003			0.021
	Δ経費率（合併の5年後）	-0.084			-0.045
	Δ経費率（合併後の平均）	0.009	-0.064	0.053	0.021
手数料率					
	Δ手数料率（合併の3年後）	0.013			-0.001
	Δ手数料率（合併の5年後）	-0.003			-0.010
	Δ手数料率（合併後の平均）	0.034	-0.005	0.057**	0.014
貸出比率					
	Δ貸出比率（合併の3年後）	-2.131			-0.623
	Δ貸出比率（合併の5年後）	-3.387			-2.100
	Δ貸出比率（合併後の平均）	-2.163	-2.299	-2.082	-1.303
中小企業向け貸出比率					
	Δ中小企業向け貸出比率（合併の3年後）	-1.556			-1.079
	Δ中小企業向け貸出比率（合併の5年後）	-1.320			-0.721
	Δ中小企業向け貸出比率（合併後の平均）	-0.335	-1.310	0.249	0.415
貸出伸び率					
	Δ貸出伸び率（合併の3年後）	-3.471			-3.587
	Δ貸出伸び率（合併の5年後）	-1.928			-2.549
	Δ貸出伸び率（合併後の平均）	-0.846	-0.974	-0.768	-0.818
預金金利					
	Δ預金金利（合併の3年後）	-0.010			0.015
	Δ預金金利（合併の5年後）	0.125			0.143
	Δ預金金利（合併後の平均）	-0.006	0.025	-0.024	0.023
貸出金利					
	Δ貸出金利（合併の3年後）	0.187[b]			0.269
	Δ貸出金利（合併の5年後）	0.177[b]			0.221
	Δ貸出金利（合併後の平均）	0.069	0.174	0.007	0.178[b]**
資本比率					
	Δ資本比率（合併の3年後）	-0.371			-0.416
	Δ資本比率（合併の5年後）	-0.202			-0.283
	Δ資本比率（合併後の平均）	-0.892[b]**	-0.135	-1.347[a]**	-0.995[b]**
BIS自己資本比率					
	ΔBIS自己資本比率（合併の3年後）				
	ΔBIS自己資本比率（合併の5年後）				
	ΔBIS自己資本比率（合併後の平均）	-0.543		-0.543	-0.718
不良債権比率（銀行法基準）					
	Δ不良債権比率（銀行法基準）（合併の3年後）				
	Δ不良債権比率（銀行法基準）（合併の5年後）				
	Δ不良債権比率（銀行法基準）（合併後の平均）	0.813		0.813	0.870
不良債権比率（再生法基準）					
	Δ不良債権比率（再生法基準）（合併の3年後）				
	Δ不良債権比率（再生法基準）（合併の5年後）				
	Δ不良債権比率（再生法基準）（合併後の平均）	1.478		1.478	0.560
広告宣伝費率					
	Δ広告宣伝費率（合併の3年後）	-0.353[a]			-0.30
	Δ広告宣伝費率（合併の5年後）	-0.251[b]			-0.154
	Δ広告宣伝費率（合併後の平均）	-0.052	-0.203	0.038	0.064
資産伸び率					
	Δ資産伸び率（合併の3年後）	-2.223			-2.018
	Δ資産伸び率（合併の5年後）	-1.652			-2.126
	Δ資産伸び率（合併後の平均）	0.242	-0.158	0.482	0.298

注) 1. 表の値は，変化の平均値を示す．
2. 「合併前の仮想的統合銀行」は，合併行と被合併行の加重平均値．
3. 合併後の平均は，合併後5年間（ただし，データがない場合は，5年未満）の平均値．
4. a, b はそれぞれ，「変化の平均値がゼロである」との帰無仮説に対し，有意水準1％，5％水準で棄却．
5. ***, ** はそれぞれ，「変化のメディアンがゼロである」との帰無仮説に対し，Wilcoxon signed-rank test を行い，有意水準1％，5％水準で棄却．

第Ⅰ部　金融危機の要因と銀行行動

表3-5C　合併後のパフォーマンス（信用金庫）

	～の変化	合併前の仮想的統合銀行			合併前の合併行
	期間	1990～2002	1990～1997	1998～2002	1990～2002
ROA					
ΔROA（合併の3年後）		−0.032			−0.047
ΔROA（合併の5年後）		0.107			0.093
ΔROA（合併後の平均）		0.003	0.064	−0.098	−0.019
経費率					
Δ経費率（合併の3年後）		−0.002			−0.011
Δ経費率（合併の5年後）		0.011			−0.014
Δ経費率（合併後の平均）		0.000	0.018	−0.029	0.000
手数料率					
Δ手数料率（合併の3年後）		0.004			0.003
Δ手数料率（合併の5年後）		0.007			0.005
Δ手数料率（合併後の平均）		0.003	0.003	0.003	0.003
貸出比率					
Δ貸出比率（合併の3年後）		0.718			−0.120
Δ貸出比率（合併の5年後）		1.127			0.186
Δ貸出比率（合併後の平均）		0.765	0.328	1.492	0.178
貸出伸び率					
Δ貸出伸び率（合併の3年後）		−0.916			−1.833^{a***}
Δ貸出伸び率（合併の5年後）		−0.971			−2.029^{b**}
Δ貸出伸び率（合併後の平均）		−0.823	−0.744	−0.956	−1.940^{a***}
預金金利					
Δ預金金利（合併の3年後）		0.037			0.052
Δ預金金利（合併の5年後）		0.039			0.064
Δ預金金利（合併後の平均）		0.022	0.049	−0.021	0.029
貸出金利					
Δ貸出金利（合併の3年後）		0.084			0.052
Δ貸出金利（合併の5年後）		0.088			0.045
Δ貸出金利（合併後の平均）		0.062	0.079	0.033	0.040
資本比率					
Δ資本比率（合併の3年後）		−0.547^{b**}			−0.659^{a***}
Δ資本比率（合併の5年後）		−0.476			−0.551
Δ資本比率（合併後の平均）		−0.510^{a***}	−0.487^{b**}	−0.548^{a***}	−0.625^{a***}
BIS自己資本比率					
ΔBIS自己資本比率（合併の3年後）		−1.508			−1.801^{b**}
ΔBIS自己資本比率（合併の5年後）		−3.331^{b}			−3.354^{b}
ΔBIS自己資本比率（合併後の平均）		−0.969^{a***}	−1.820	−0.733^{a***}	−1.311^{a***}
不良債権比率（銀行法基準）					
Δ不良債権比率（銀行法基準）（合併の3年後）		0.697			1.565
Δ不良債権比率（銀行法基準）（合併の5年後）		0.842			1.338
Δ不良債権比率（銀行法基準）（合併後の平均）		0.625	0.094	0.782	1.426^{b**}
資産伸び率					
Δ資産伸び率（合併の3年後）		−1.070			−1.358^{b**}
Δ資産伸び率（合併の5年後）		−1.844^{b**}			−2.011^{a***}
Δ資産伸び率（合併後の平均）		−1.904^{a***}	−1.462^{b**}	−2.640^{a***}	−2.543^{a***}

注）1. 表の値は，変化の平均値を示す．
2. 「合併前の仮想的統合銀行」は，合併行と被合併行の加重平均値．
3. 合併後の平均は，合併後5年間（ただし，データがない場合は，5年未満）の平均値．
4. a, bはそれぞれ，「変化の平均値がゼロである」との帰無仮説に対し，有意水準1%，5%水準で棄却．
5. ***，**はそれぞれ，「変化のミディアンがゼロである」との帰無仮説に対し，Wilcoxon signed-rank testを行い，有意水準1%，5%水準で棄却．

でなので，2000年代初頭の合併の効果は，まだ十分には捉えられていない点には注意が必要だが，表3-5からは，以下の傾向を読み取ることができる．

第1に，統合後の銀行は，しばらくROAが低下し，合併の5年後には増加に転じる傾向にある．ただし，ROAの回復が有意なのは，地域銀行のみである．合併に伴って情報システムその他の経営手法を統合することには相当の時間とコストがかかる一方，統合に伴う経費の節約や規模の経済，範囲の経済による収益を実現するのに時間がかかることが示唆される．

第2に，地域銀行あるいは信用金庫の合併の場合，統合後の銀行は貸出金利を引き上げる傾向にある．ただし，この傾向が有意なのは，地域銀行のみである．貸出金利の上昇は，貸出先のリスクが高まったことを反映している可能性もあるが，貸出金利はハーフィンダール指数との相関が強いこと（相関係数は地域銀行で0.571，信用金庫で0.356），地域銀行は合併後比較的リスクが高いと思われる中小企業向け貸出を増やしておらず，信用金庫も貸出を減らしていることなどから，市場支配力の強化が，貸出金利の引き上げにつながっていると考えられる[20]．この結果は，アメリカの銀行合併に関する，同一市場内での合併は市場支配力を強化するという実証結果とも整合的である．主要行の場合は全国的に営業を行っているので，合併によって市場支配力が高まらないのは，自然である．

第3に，中小企業向け貸出比率の変化は，業態によって異なる．主要行は，合併後中小企業向け貸出を増やす傾向にあるのに対し，地域銀行は，有意ではないものの若干減少している．主要行では，政府が資本増強をした際に，中小企業向け貸出を増やすよう要請し，合併後の銀行がこれに応じたことによると考えられる．主要行の結果は，アメリカの銀行，特に大銀行の実証結果とは異なっている（Berger et al. 1999）．

第4に，統合後の銀行は，健全性を回復していない．すべての業態において，資本／資産比率は統合後増加しておらず，むしろ減少する傾向にある．統合後のROAの改善幅は遅くかつ小さいので，合併時点で平均よりも低かった合併行と被合併行の自己資本比率を平均まで引き上げられていない．また，不良債権比率も，統合後減少していない．この理由の1つとして，合併

---

20) 地域銀行で貸出金利と中小企業向け貸出比率の相関係数を見ると0.243であり，貸出金利とハーフィンダール指数との相関よりも低い．

後の銀行は，より厳しい基準を適用して不良債権を計上している可能性がある．実際，日本の銀行は，2002年の「金融再生計画」(竹中プラン)以前は，不良債権額を操作し過小評価していたことはよく知られている．また，上述のように，合併によって，経営不振に陥っている特定の大規模な借り手に対するエクスポージャーが高まってしまい，その破綻を恐れて，貸出を継続させた可能性もある（第1章参照）．

最後に，統合後の銀行は，貸出あるいは総資産の伸び率を抑制する傾向にある（ただし，この傾向が有意なのは，主要行と信用金庫のみで，地域銀行では有意ではない）．これは，合併によって資産を再構築し，ダウンサイジングを図っていることを示唆している．主要行の場合，特に危機後においてダウンサイジングが顕著である．また，統合後の銀行は，広告宣伝費を増やしてはいない．これらの結果は，経営者による帝国建設仮説とは相容れない（ただし，信用金庫は広告宣伝費のデータがないので検証できていない）．

8 結 論

過去20年の間に世界的に金融M＆Aが活発化し，日本でも，特に金融危機が深刻化した1990年代後半以降，銀行合併が急増した．本章では，日本の1990年度から2004年度にわたる銀行合併の動機と効果について，包括的な分析を行い，銀行合併が効率性を高め，銀行システムの安定性に寄与するかどうかを調べた．

銀行合併の動機については，1）効率性の向上，2）市場支配力の強化，3）「大きすぎてつぶせない」(TBTF)政策あるいは金融システム安定化政策への反応，および，4）経営者による帝国建設，の4つの仮説に沿って，分析した．

まず，都道府県レベルの集計データを用いて，銀行M&Aの頻度の要因分析を行ったところ，M&Aが起こりやすいのは，以下の場合であることが明らかになった．

1) 当該地域の平均的な銀行の自己資本比率が低下した場合．
2) 市場集中度が低い場合．

次に，銀行のミクロレベルのデータを用いて，事前の銀行の特性と，M&Aの意思決定との関係について分析を行ったところ，以下の結果が得られた．

1) 主要行においては銀行業全体の健全性が悪化したとき，地域銀行（地方銀行，第二地銀）や信用金庫においては，金融危機後（1998年度以降）に個別銀行の資本比率（対総資産）が低下したときに，合併が起こりやすい．
2) 金融危機後，主要行と地域銀行では，弱いながらも，効率的な銀行が非効率な銀行を合併する傾向がある．
3) 信用金庫では，市場集中度が低い地域ほど合併が起こりやすい．
4) 主要行，地域銀行の広告宣伝費は，合併の意思決定に影響を及ぼしていない．

最後に，実際の合併後のパフォーマンスの変化を調べたところ，以下の傾向が見出された．

1) 統合後の銀行は，しばらくの間ROAが低下し，合併の5年後には弱いながらも増加に転じる．
2) 地域銀行，信用金庫の合併は貸出金利を引き上げる．
3) 主要行は，合併後，中小企業向け貸出の割合を増やす．
4) 合併後，自己資本比率は悪化し，不良債権は減らない．
5) 合併後，広告宣伝費は増えない．他方，貸出あるいは総資産の伸び率は低下する．

これらの結果から言えることは，まず，規制当局によるTBTF政策あるいは金融システム安定化政策が，銀行による合併の意思決定に重要な影響を及ぼしていたということである．しかしながら，結果的に合併後のパフォーマンスを見ると，これまでのところ，もともと健全性の劣る銀行が合併しやすかったこともあり，合併によって銀行の健全性は十分には回復していない．効率性の改善も，金融危機後においては，主要行や地域銀行の合併を促す動機の1つとなっていた．ただし，合併による収益性の改善には，かなりの時

間がかかっている．さらに，地域銀行や信用金庫の場合，合併による市場支配力の強化も，合併要因の1つとして指摘できる．実際，合併後に，貸出金利は引き上げられる傾向にあった．他方，経営者による帝国建設仮説を支持する結果は，合併の要因をみても，合併後のパフォーマンスをみても，得られなかった．

現在，世界的金融危機において，世界的に金融業の再編が進みつつある．しかし，本章の結果は，政府の誘導による金融再編は，必ずしも，金融システムの安定にはつながらないことを示唆している．一時的な国有化や公的資本増強によって政府介入の強まった金融機関を今後民営化する際に，いかにして民間主導で再編を進めていくかが，金融システム安定化のために重要な課題となるだろう．

補　論　データ

ROA＝経常利益／総資産×100
経費率＝(人件費＋物件費＋租税公課)／総資産×100
手数料率＝手数料収入／総資産×100
貸出／資産比率＝貸出残高／総資産×100
中小企業向け貸出比率＝中小企業向け貸出残高／総資産×100
貸出残高伸び率＝貸出残高伸び率×100
預金金利＝預金金利（支払総額）／預金残高×100
貸出金利＝貸出金利（受取総額）／貸出残高×100
資本／資産比率＝資本計／総資産×100
BIS自己資本比率＝BIS基準自己資本／リスク・アセット
不良債権比率（銀行法基準）＝リスク管理債権（銀行法基準）／総資産×100
（本文中，単に不良債権比率と記述している場合は，銀行法基準である）
不良債権比率（再生法基準）＝金融再生法開示債権（正常債権を除く）／総資産×100
総資産（対数値）＝ln(総資産)
総資産伸び率＝総資産伸び率×100
ハーフィンダール指数＝地銀，第二地銀，信金の預金残高を基に算出した，都道府県別ハーフィンダール指数
GDP成長率＝実質GDP成長率×100
株価変化率（個別行）＝株価変化率（個別行）×100
銀行業株価指数変化率＝銀行業株価指数変化率×100
広告宣伝費率＝広告宣伝費／総経費×100

第 II 部

金融危機と実体経済

第4章

銀行の健全性は中小企業の設備投資に影響するか
――情報独占,銀行監督と信用収縮――

1 はじめに

　金融危機は企業活動にどのような影響を及ぼすだろうか？　日本の銀行危機時には,多くの中小企業が流動性の不足と資金調達の問題に直面した.図4-1は,銀行危機が最も深刻であった1997年から2003年にかけて,大企業向け貸出がほとんど変化していないのに対し,中小企業向け貸出は急激に減少したことを示している.図4-2は,中小企業の資金繰りが1997年,1998年と悪化し,その後も比較的厳しい水準で推移したことを示している.最後に,図4-3は,製造業の設備投資比率の推移を企業規模別に見たものだが,1997年から99年にかけて,特に小規模企業において落ち込みが大きかったことを示している.これらの図から推測されることは,銀行の健全性と中小企業の設備投資との間には,関連性があるのではないか,ということである.中小企業が外部資金調達の多くを銀行に依存していることからも,こうした推測が成り立つ.

　銀行の健全性と企業の設備投資との関係については,いくつかの先行研究が存在するが,その多くは上場企業を対象としており,非上場の中小企業を対象とする研究は少ない.本章の目的は,この空白を埋めることにある.すなわち,2001年から2003年における,約6000社の日本の中小企業とそのメインバンクをマッチングさせたデータを用い,銀行の健全性と中小企業の設備投資との関係を調べることである.

　銀行の健全性と企業の設備投資との関係については,以下のように,自己資本比率規制と銀行の情報独占に関する仮説を結びつけて説明されることが多い.自己資本比率規制が課せられると,自己資本の乏しい銀行は,貸出条

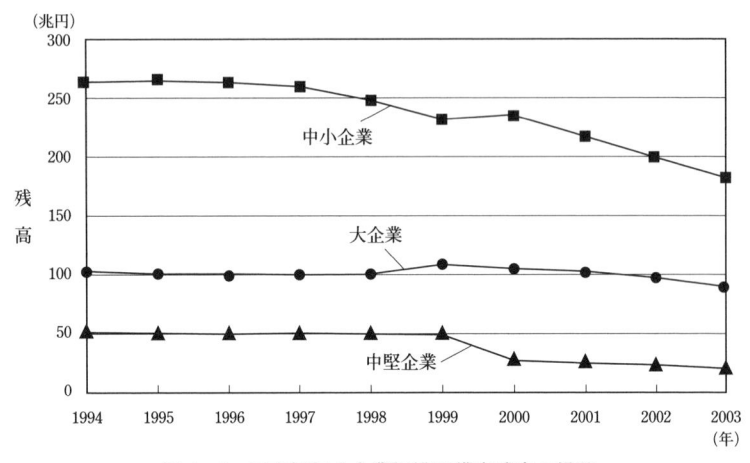

図4-1 国内銀行の企業規模別貸出残高の推移

出所) 日本銀行『金融経済統計月報』より作成.

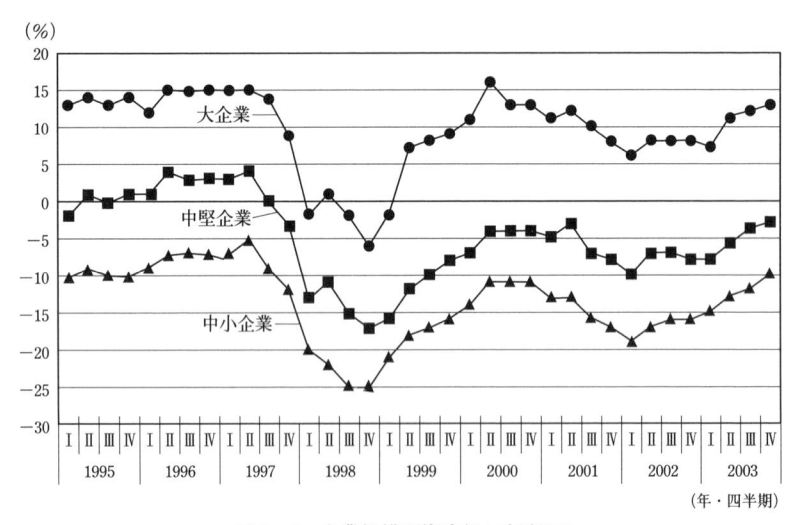

図4-2 企業規模別資金繰り判断 DI

注) 資金繰り判断 DI は,「楽である」と答えた企業の割合から「厳しい」と答えた企業の割合を引いた値.
出所) 日本銀行『全国企業短期経済観測調査』より作成.

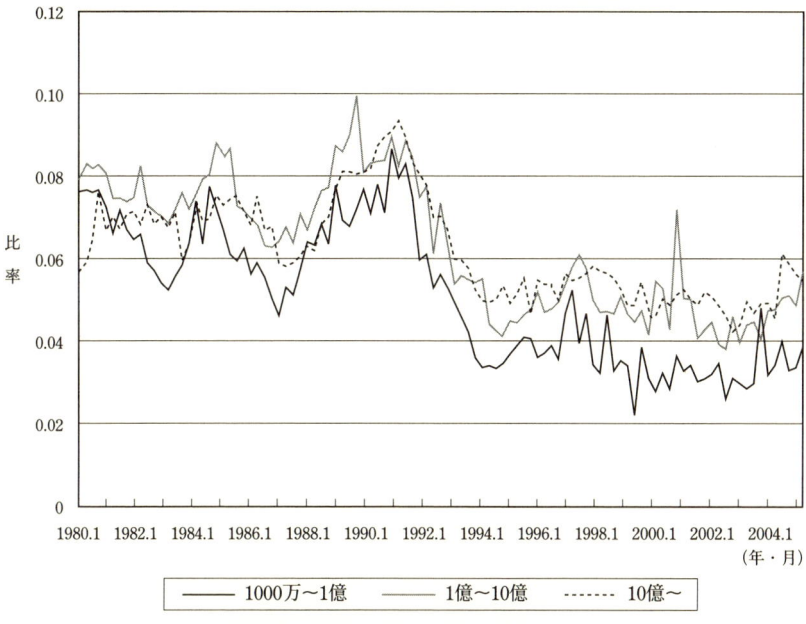

図4-3 製造業の資本金規模別投資／資本ストック比率

凡例: ―― 1000万〜1億　―― 1億〜10億　‥‥‥ 10億〜

注) 固定資産増加額／前期固定資産．ただし，土地を除く．
出所) 財務省『法人企業統計季報』より作成．

件を厳しくするか，貸出量を減らすことによって，自己資本規制をクリアし，政府介入その他の規制コストを避けようとする．銀行が顧客企業との長期的な関係を通じて企業の私的情報を獲得しているとき，外部の潜在的資金供給者（他の金融機関や投資家）は当該企業に関する十分な情報を持っていないので，企業は代替的な資金の調達が困難になる．仮に代替的資金が見つかる場合でも，より高いコストを支払わなければならないかもしれない．したがって，銀行がバランスシートを悪化させると，顧客企業は投資を削減せざるを得ない．

この仮説が成り立つかどうかは，2つの重要な要素に依存する．第1の要素は，自己資本の毀損した銀行が，どの程度貸出の条件や供給量（資金のアヴェイラビリティー）を厳しくするかであり，それは，規制当局がどの程度自己資本比率規制を厳格に運用するかに依存する．日本では，1992年度から本格的にバーゼル合意に基づく自己資本比率規制が導入され，国際業務を行

う銀行はBIS自己資本比率（リスク調整済資産に対する自己資本の割合）を8%以上に維持することが義務付けられた．しかし，日本の規制当局は，当初，銀行の自己資本比率が8%を下回らないよう，自己資本を水増しするための会計操作を手助けした．特に規制当局は，銀行がほとんど返済不可能な企業に対して，貸出債権を償却せずに，むしろ貸出を継続することを許容した（第1章）．こうした猶予政策のもとでは，自己資本が乏しい銀行は必ずしも貸出供給を減らさず，むしろ返済不可能な企業に対して貸出を増やすかもしれない．しかし，1998年に北海道拓殖銀行と山一証券が破綻して以降，規制当局の姿勢は徐々に変化し，特に主要行に対して監督を厳しくするようになった．これに伴い，1998年以降，返済不可能な企業に対する貸出は徐々に減り始めた（第1章図1-3）．規制当局は，国内のみで営業する銀行に対しては，1998年3月以降，リスク資産に対する自己資本の比率を4%以上に維持するよう要求したが，地方銀行，第二地方銀行，信用金庫，信用組合に対する運用は，主要行に比べて緩やかなものであった．この傾向は，2002年10月に金融庁が公表した「金融再生プログラム」（「竹中プラン」）に明確に表れている．この計画では，主要行の不良債権比率を2004年度末までに半減する目標が宣言され，これに沿って，金融庁は主要行の貸倒引当金に厳しい基準を適用するよう要求した．図4-4は，銀行業態別の中小企業向け貸出残高の推移を示しているが，主要行の中小企業向け貸出は，1993年第4四半期から2003年第3四半期までの間に約1/4減少したのに対し，地方銀行と信用金庫は，同時期に約10%しか減少していないことがわかる．第二地方銀行も，主要行と同様，同時期に約1/4減少しているが，第二地方銀行の数自体が，他行との合併によって減っていることに留意する必要がある．こうした規制・監督上の業態間の差異は，銀行の業態によって，銀行の健全性と企業投資との関係に違いが生じうることを示唆している．

　銀行の健全性と企業の設備投資との関係に関する仮説が成り立つ第2の要素は，企業が代替的な資金調達を行うことがどの程度困難か，もしくはどの程度高いコストがかかるかという点である．このスイッチング・コストは，既存の銀行が他の外部の銀行や外部投資家と比較して，どの程度企業の情報を占有しているかに依存する．中小企業は，上場企業に比べて，財務状況に関する開示情報がほとんどないので，資金調達のスイッチング・コストは大きくなる傾向にある．したがって，中小企業は大企業よりも銀行の健全性の

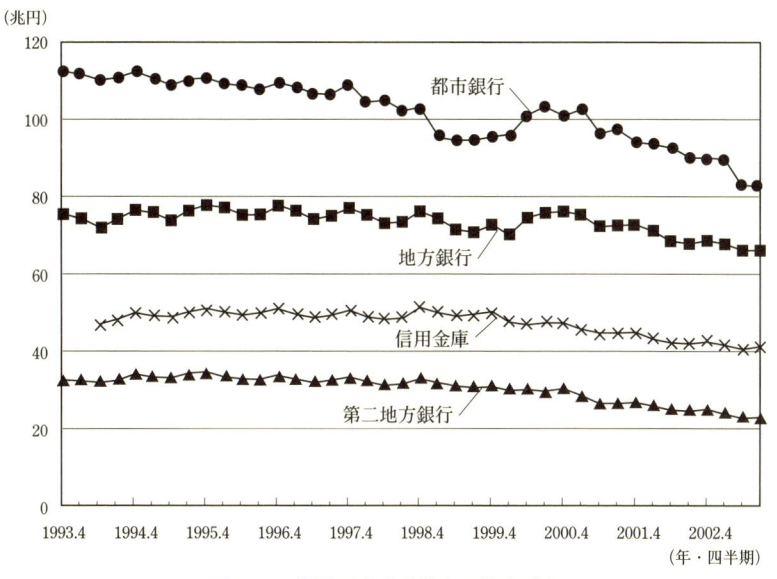

図 4-4 業態別中小企業向け貸出残高

注） 四半期データ．信用金庫については，製造業および非製造業向け貸出残高の合計．
出所） 日本銀行『金融経済統計月報』より作成．

影響を受けやすいであろう．しかし，中小企業のなかでも，比較的規模が大きく，多くの銀行と取引のある中堅企業は，銀行間での情報共有が進んでおり，1銀行が企業の私的情報を占有している可能性は低い．逆に，1銀行あるいはごく少数の銀行としか取引関係のない零細企業は，取引銀行の影響を受けやすいと考えられる．

本章では，こうした規制・監督上の差異や情報占有の程度の差異を考慮するため，銀行の業態（主要行，地域銀行，共同組織金融機関）別に，銀行の健全性と顧客企業の投資との関係を分析する．これによって，信用収縮のメカニズムについて，詳細な含意が得られる．銀行の業態別推計は，共同組織金融機関をメインバンクとするような比較的規模の小さい企業をサンプルに含む点とあわせて，先行研究には見られない，本章の分析の特徴である．

以下，第2節では，関連文献のサーベイを行う．第3節では，実証分析に用いるデータと分析方法を述べる．第4節は，実証分析の結果を報告する．第5節は，結論である．実証分析の基礎となる理論分析については補論1を，実証分析で用いる資本ストックデータ作成の詳細については，補論2を参照

されたい.

2 既存研究のサーベイ

2.1 理 論

資本市場が完全であれば，企業の資金調達は企業の活動と無関係である（モジリアーニ・ミラーの定理）．企業は多くの調達源から資金を調達できるので，1つの調達源が途絶えても，それによって資金調達難に陥ることはない．他方，資本市場に借り手と貸し手の間の情報の非対称性が存在するとき，企業の私的情報を持っている貸し手から，企業の私的情報を持っていない貸し手に資金調達源をスイッチするのは，私的情報が容易に移転しない限り，困難である.

いくつかの既存研究が，銀行の自己資本の毀損は貸出供給を減少させるという信用収縮（credit crunch）のメカニズムを理論的に明らかにしている．銀行と投資家の間に情報の非対称性が存在すると，自己資本の毀損した銀行が新規株式の発行を行うことは難しい（Myers and Majluf 1984, Stein 1998, Diamond and Rajan 2000）．このため，自己資本の乏しい銀行は，インセンティブの問題あるは自己資本比率規制のために，貸出を減らさざるを得なくなる．Holmstrom and Tirole (1997) は，金融仲介業のモニタリングのインセンティブを組み込んだモデルに基づき，銀行の自己資本が減ると，自己資本の少ない企業が最初に貸出を受けられなくなることを示している．Thakor (1996) は，信用リスクのみにリンクした自己資本比率規制のもとでは，均衡信用割り当てが強まることを示している.

銀行は，情報の非対称性を克服する役割を果たしているが（Diamond 1984），実際には，時間を通じて借り手の情報を蓄積し，この情報を貸出の諾否（資金のアヴェイラビリティー），貸出条件の設定などの判断に活用している．こうしたリレーションシップ・バンキングは，中小企業の情報問題に起因する資金制約を軽減するうえで，有効な手段だと主張されている（Petersen and Rajan 1994, Boot 2000, Berger and Udell 2002）.

リレーションシップ・バンキングが借り手の情報を獲得する上で効率的な方法だとしても，銀行が独占的に情報を獲得する場合（Rajan 1992, Sharpe 1990），リレーションシップ・バンキングには不利な点も存在する．情報を

持った銀行が財務危機に陥り，企業に対する貸出を取りやめると，顧客企業は代替的資金調達源を見つけられず，収益性のある投資機会をあきらめざるを得なくなるからである．Detragiache, Garellia and Guiso (2000) は，リレーションシップ・バンキングのコストと便益に基づいて，企業が取引する銀行数の決定要因を分析している．

2.2 実　証

多くの研究が，銀行の健全性が信用収縮を通じて実体経済に及ぼす影響を分析している．アメリカでは，いくつかの研究が，主に1990〜91年のニューイングランド地方を分析して，銀行貸出と実体経済との相関を見出し，信用収縮仮説を支持する結果を得ている (Bernanke and Lown 1991, Peek and Rosengren 1995, Hancock and Wilcox 1998)．しかし，多くの先行研究は，国あるいは地域（州）レベルの集計データを用いているため，解釈が困難であるという問題があった．マクロ経済レベルで，銀行の健全性と実体経済（生産，投資，雇用など）との間に正の相関があったとしても，銀行が実体経済に影響を及ぼしているのか，その逆なのかを判断するのは困難だからである．

これに対して，銀行のミクロデータを用いて，自己資本と貸出の関係を分析している研究も存在する（アメリカの銀行については，Berger and Udell (1994)，日本の1990年代の銀行については，Ito and Sasaki (2002), Woo (2003), Montgomery (2005) を参照）．さらに，日本の1990年代を対象とした最近の研究では，企業とメインバンクをマッチングしたデータを利用している (Gibson 1995, Gibson 1997, 永幡・関根 2002, 福田・粕谷・中島 2005, 小川 2005)[1]．ミクロレベルでマッチングされたデータの分析は，マクロレベルの分析と比べると，因果性がより明確になるという利点がある．なぜなら，銀行にとって，各企業への貸出は比較的小さいので，企業から銀行へという逆の影響が小さいからである．Gibson (1995, 1997) および永幡・関根 (2002) は，日本の上場企業を対象とし，銀行依存度の高い企業群で，銀行の健全性が企業の設備投資に影響を及ぼすことを示している[2]．

---

[1] 日本では，アメリカなど多くの他国と異なり，銀行と企業との関係がディスクローズされていることが，こうした分析を可能としている．

[2] Gibson (1995) は，1991年から1992年のデータを用い，上場企業全体でも，メインバンクの格付けが企業の設備投資に影響を及ぼすとしている．

他方，福田・粕谷・中島 (2005) は，日本の資本金 1 億円以上の非上場企業をサンプルに選び，メインバンクの自己資本比率（規制水準からの乖離幅）と不良債権比率が，企業の設備投資に有意に影響を及ぼしていることを見出している．小川 (2005) も，日本の中小企業を対象として，銀行の不良債権比率が企業の設備投資と雇用に影響することを見出している．本章では，中小企業をサンプルとして，銀行の健全性が企業の設備投資に及ぼす影響を分析する．特に，メインバンクの業態別に分析することによって，情報独占の程度や銀行監督が，信用収縮にどう影響するかについての含意を得る点に特徴がある．

　本章は，リレーションシップ・バンキングに関する一連の研究とも関連している．多くの先行研究は，企業と銀行との長期的・広範な取引関係の構築が企業の資金のアヴェイラビリティーや金利に好ましい影響を及ぼしていることを明らかにしている (Petersen and Rajan 1994, Berger and Udell 1995, Cole 1998, Harhoff and Körting 1998, Boot 2000, Boot and Thakor 2000, Berger and Udell 2002)．他方，リレーションシップ・バンキングのコストに着目した研究も存在する．例えば，Angelini, Di Salvo and Ferri (1998) は，共同組織金融機関以外の銀行では，リレーションシップが長いほど，貸出金利は上昇することを示している．また，Hubbard, Kuttner and Palia (2002) は，アメリカの貸出契約データを用いて，自己資本の乏しい銀行は貸出金利が高いことを見出している．細野・澤田・渡辺 (2004) は，日本の中小企業のアンケート調査（中小企業庁『金融環境実態調査』）を用いて，企業が取引している銀行数が少ない場合，メインバンクの健全性が企業の資金アヴェイラビリティーに影響を及ぼすことを明らかにしている[3]．本章では，銀行の健全性が著しく損なわれた時期を対象とすることで，リレーションシップ・バンキングの負の側面を分析する．

　銀行の破綻が，顧客企業に及ぼす影響に関する分析も，本章に関連する研究である．この分野の研究の多くは，銀行破綻が顧客の上場企業の株価あるいは営業パフォーマンスに負の影響があることを見出しており，資金調達のスイッチング・コストが高いことを示唆しているが (Slovin et al. 1993, Bae et

---

[3] 細野・澤田・渡辺 (2004) は，メインバンクに借り入れ申し込みを断られた企業の約 1/4 が，代替的な資金調達源を見つけることができたことも明らかにしており，メインバンクの融資が，2 番手以降の銀行あるいはその他の金融機関に，ある程度代替可能なことを示唆している．

al. 2002, Yamori and Murakami 1999, 福田・鯉渕 2004), そうした影響は小さい, もしくは無いとの結果を得ている実証分析も存在する (Brewer et al. 2003b, Ongena et al. 2003, 堀・高橋 2003, Hori 2005)[4]．

なお, 第1章では, 1990年代の日本の銀行行動として, 不動産業などに属する企業に対する不良貸出の事実を明らかにしたが, 不良貸出と, 自己資本が毀損した銀行が一部の企業に対して貸出供給を減少させること (信用収縮) は, 必ずしも矛盾しない. 企業の財務状況, 規模 (貸出のエクスポージャー), 業種, 銀行と企業との関係, 監督行政の厳格さの程度などによって, 銀行が不良貸出と信用収縮を使い分けていても不思議ではない. Hosono (2005) は, 製造業・非製造業別, 企業規模別に時系列データを用いた設備投資関数を推計し, 製造業に属する中小規模の企業では, 負債／資産比率が投資に負の影響を及ぼすものの, こうした影響は他の業種, 企業規模では見られず, 中規模の非製造業では, 負債比率が設備投資に正の影響を及ぼしていたことを見出している. この章では, 2001年から2003年をサンプル期間とし, 製造業に属する中小企業を分析の対象とするため, 信用収縮の影響が強く現れる可能性がある.

3 実証分析の手法

3.1 定式化

銀行の健全度が企業の設備投資に及ぼす影響を検証するため, 投資の加速度モデルをベースに, 銀行の健全度の指標を説明変数に加えた投資関数を推計する. トービンの Q タイプの投資関数を用いないのは, Q の推計には株価データが必要だが, 中小企業のほとんどは上場しておらず, 株価データがないからである. 具体的には, 以下の式を推計する[5]．

$$(1) \quad \left(\frac{I_{i,t}}{K_{i,t-1}}\right) = \sum_{h=0}^{1} \beta_h \Delta y_{i,t-h-1} + \theta \left(\frac{CF_{i,t}}{p^k_{i,t-1} K_{i,t-1}}\right) + \phi BS^f_{i,t-1} + \psi BS^b_{i,t-1} + d_t + \eta_i + \nu_{i,t}$$

---

[4] 例えば, Hori (2005) は, 北海道拓殖銀行の破綻が中小企業を含む企業の収益に及ぼした影響を分析し, 全体的には有意な影響を及ぼしていなかったこと, ただし, 格付けが低く北洋銀行に譲渡されなかった企業では収益の悪化があったことを見出している.
[5] (1) 式は, 永幡・関根 (2002) と同様の定式化である.

ここで，i, t はそれぞれ企業，年のインデックス，$I_{i,t}$ は実質粗設備投資，$K_{i,t-1}$ は再取得価格で評価した実質資本ストック，$\Delta y_{i,t-h-1}$ は実質売上高増加率，$CF_{i,t}$ はキャッシュフロー，$p^k_{i,t-1}$ は資本ストックの価格，$BS^f_{i,t-1}$ は企業のバランスシート変数，$BS^b_{i,t-1}$ は銀行（企業 i のメインバンク）のバランスシート変数，d_t は年ダミー（時間固定効果），η_i は企業ダミー（企業固定効果），$\nu_{i,t}$ は攪乱項である．なお，$I_{i,t}$ には，土地への投資は除かれる．

被説明変数は投資比率である．売上高増加率は，投資の加速度効果を把握するものである．キャッシュフローを説明変数に含めるのは，1つは，企業が直面する流動性制約を考慮するためであり（Fazzari, Hubbard and Petersen 1988），もう1つは，キャッシュフローが企業の収益性と正の相関を持つ傾向にあるので，収益性をコントロールするためである．企業のバランスシート変数としては，負債／総資産比率を用いる．ここで，分母となる総資産は，時価で評価している．したがって，例えば企業が保有する地価の下落は，負債／総資産の上昇となって現れる．

説明変数のなかで，最も関心があるのは，銀行のバランスシート変数である．銀行の自己資本を正確に測定するのは困難であることを考慮し，銀行の健全性を示す3つの指標を用いることとする．すなわち，自己資本比率マージン（規制上の自己資本比率の最低要求水準（国際行は BIS 国際基準で8％，国内行は国内基準で4％）からの差），不良債権比率（リスク管理債権の総貸出に占める比率），および，預金増加率である．自己資本の毀損が信用収縮をもたらすならば，自己資本比率マージンの係数はプラス，不良債権比率の係数はマイナスになると予想される．預金者が銀行を健全度に応じて選別していれば，健全な銀行ほど預金増加率が高くなるので[6]，預金増加率の予想される係数はプラスである．また，預金増加率が高いほど，銀行は流動性を潤沢に保有しており，貸出に回す資金が増える効果も考えられる[7]．

年ダミーは，安全資産金利，GDP 成長率，全国的な地価動向などのマク

---

[6] 例えば，Hosono（2004）は，2002年3月以前の預金の全額保護期においても，銀行の健全度に応じて預金者が銀行選別行動をとっていたことを示唆している．

[7] 預金増加率を用いることの潜在的な問題は，自己資本の毀損した銀行ほど，リスクの高い投資を行うために，金利を引き上げて預金を増やそうとする行動に出る可能性があることである（Hellman et al. 2000, Gan 2004）．しかし，この時期の日本では，自己資本比率規制が強化されつつあったこと，中小企業向け貸出が全体的に減少していたこと，預金金利はほぼゼロ％に近い水準であったことから，こうした仮説が妥当していた蓋然性は極めて低い．

ロショックを捉えるためのものである．企業ダミーは，売上高増加率，キャッシュフロー比率，および負債／資産比率で把握できない，企業固有の効果をコントロールするためのものである．

推計式 (1) には，資本コストの変数が含まれていない．これは，安全資産の利子率が年ダミーで捉えられていること，および，企業固有の資本コストの変動は，企業のバランスシート変数と銀行のバランスシート変数によって捉えられていることによる．

(1) 式の推計にあたっては，潜在的にはいくつかの計量経済学的問題が生じうる．第1に，第2節で述べたように，企業のバランスシートや投資行動が銀行の健全性に影響を及ぼすという，逆の因果関係の問題がありうる．しかし，本章では，ミクロレベルのデータを用いているため，マクロデータを用いる場合に比べればこの問題は軽減されている[8]．第2に，企業がメインバンクを内生的に選んでいるという問題が考えられる．もし成長機会の豊富な企業が健全な銀行をメインバンクとして選ぶ傾向があるなら，銀行の健全性が企業の設備投資に影響を及ぼすことがなくても，両者の間に正の相関が生まれてしまう．しかし，2002年に中小企業庁が実施したアンケート調査(『中小企業金融環境実態調査』)によれば，日本の中小企業が同じメインバンクと取引する平均期間は 26.4 年であり (小川 2005)，内生的なメインバンクの選択という問題は，深刻ではないと考えられる[9]．ただし，企業の業歴や規模によって，メインバンクの業態が異なっている可能性があるので，すべての業態をプールした推計では，内生性によるバイアスが生じる可能性がある．このバイアスを避けるためにも，メインバンクの業態別に推計を行う．

3.2 サンプルの選定

企業の財務諸表のデータソースは，JADE というデータベースである．これは，Bureau van Dijk 社が帝国データバンクのデータをデータベース化したものであり，1999年から2003年にわたり，約110万社の企業が含まれ

---

[8] 内生性の問題をより軽減するためには，ローン・レベルのデータを用いることが有益であるが (Gan 2007, Khwaja and Mian 2008)，日本の銀行貸出については，比較的規模の大きなシンジケート・ローン以外，データは入手可能ではない．

[9] 企業とメインバンクとの関係が極めて長期間にわたり安定しているという事実は，ここでの推計上は都合のいい特性だが，経済環境の変化に対応して柔軟に銀行・企業間のネットワークが張り替えが行われずに非効率なものになってしまう可能性も示唆している．

ている.このなかから,まず,製造業に属する企業のみを取り出す.これは,非製造業に比べて,技術が比較的同質であることによる.加速度モデルの投資関数の推計にあたっては,サンプル企業の間で長期的な資本／生産比率が同じであるという仮定が必要であり,そのためには,同質的な技術のサンプルを選ぶことが重要である.次に,中小企業に焦点を絞るため,中小企業基本法に沿って,資本金3億円以下または従業員数が300人以下の企業を選定する.製造業に属する中小企業は20129社あったが,さらに,2年連続した財務データがない企業と,メインバンクのデータがない企業を除く(この段階の総観測値数は17203).最後に,異常値を除くため,投資／資本ストック比率($I_{i,t}/K_{i,t-1}$)が2以上のものを除く.この基準による異常値は,全体の約0.5%(81社)である.その結果,総観測値数は約14895,企業数は6183社となった.説明変数に2年のラグ値を用いるため,推計期間は,2001年から2003年までの3年間である.サンプルは,アンバランスト・パネルである.

　メインバンクのバランスシート変数を用いる推計を行う場合,サンプル企業数は5200ほどに減る.これは,次に述べる方法で,メインバンクが正確に特定化できない企業があったからである.

3.3　メインバンクの識別

　JADEに記載されている,企業との取引量が最大の銀行をメインバンクだと識別する.ここで問題は,企業が取引している最近年の銀行しか記載されていないことである.このため,企業はサンプル期間内でメインバンクを変更していないと仮定せざるを得ないが,上述のとおり,ほとんどの中小企業にとって,この仮定は妥当である.ただし,銀行がサンプル期間内に合併した場合,合併前にどの銀行がメインバンクであったか,識別できない.このため,サンプル期間中に合併したメインバンクを持つ企業は,サンプルから除くこととする.

　銀行の財務データは,すべて年次データを用いる.主要行と第一・第二地銀はNikkei NEEDS Financial Quest,信用金庫は『全国信用金庫財務諸表』(金融図書コンサルタント社),信用組合は『全国信用組合財務諸表』(同社)による.

表 4-1 記述統計量

A. 全サンプル

変数	期間	観測値数	平均	標準偏差	最小値	最大値
投資比率	2001~2003	17172	0.023	0.139	−0.803	1.989
売上高伸び率	1999~2002	26965	0.011	0.519	−0.969	61.862
資本ストック(対数値)―売上高(対数値)(2期ラグ)	1999~2001	24521	1.740	2.423	−4.196	7.033
負債比率(対総資産, 1期ラグ)	2000~2002	19644	0.595	0.211	0.014	4.521
キャッシュフロー比率(対名目資本ストック)(1期ラグ)	2001~2003	16941	0.043	0.347	−14.495	17.876
自己資本比率マージン	2000~2002	11953	4.415	2.605	−1.730	36.890
不良債権比率	2000~2002	14184	0.083	0.030	0.007	0.315
預金比率	2000~2002	10952	0.010	0.056	−0.699	1.767

B. 主要行の顧客企業

変数	期間	観測値数	平均	標準偏差	最小値	最大値
投資比率	2001~2003	6311	0.026	0.156	−0.803	1.989
売上高伸び率	1999~2002	9527	0.016	0.395	−0.918	15.820
資本ストック(対数値)―売上高(対数値)(2期ラグ)	1999~2001	7324	2.555	2.264	−3.928	7.033
負債比率(対総資産, 1期ラグ)	2000~2002	7158	0.558	0.217	0.030	4.238
キャッシュフロー比率(対名目資本ストック)(1期ラグ)	2001~2003	6311	0.047	0.480	−14.495	17.876
自己資本比率マージン	2000~2002	4109	2.455	1.554	−1.730	6.790
不良債権比率	2000~2002	4135	0.089	0.023	0.044	0.166
預金比率	2000~2002	1028	−0.010	0.035	−0.040	0.195

C. 地銀・第二地銀の顧客企業

変数	期間	観測値数	平均	標準偏差	最小値	最大値
投資比率	2001~2003	6862	0.021	0.128	−0.759	1.740
売上高伸び率	1999~2002	10438	0.007	0.306	−0.916	13.167
資本ストック(対数値)―売上高(対数値)(2期ラグ)	1999~2001	8016	1.235	2.378	−4.169	6.329
負債比率(対総資産, 1期ラグ)	2000~2002	7911	0.604	0.206	0.019	4.521
キャッシュフロー比率(対名目資本ストック)(1期ラグ)	2001~2003	6861	0.041	0.228	−14.146	4.905
自己資本比率マージン	2000~2002	5707	4.916	1.523	0.000	9.180
不良債権比率	2000~2002	7911	0.075	0.026	0.031	0.189
預金比率	2000~2002	7859	0.009	0.033	−0.209	0.277

D. 信用金庫・信用組合の顧客企業

変数	期間	観測値数	平均	標準偏差	最小値	最大値
投資比率	2001~2003	2803	0.019	0.123	−0.694	1.458
売上高伸び率	1999~2002	4351	0.005	0.385	−0.969	14.087
資本ストック(対数値)―売上高(対数値)(2期ラグ)	1999~2001	3349	1.259	2.358	−3.584	6.831
負債比率(対総資産, 1期ラグ)	2000~2002	3289	0.643	0.202	0.015	2.658
キャッシュフロー比率(対名目資本ストック)(1期ラグ)	2001~2003	2803	0.036	0.142	−3.563	2.108
自己資本比率マージン	2000~2002	2137	6.847	3.625	0.420	36.890
不良債権比率	2000~2002	2138	0.098	0.044	0.007	0.315
預金比率	2000~2002	2065	0.026	0.108	−0.699	1.767

出所）Bureau van Dijk 社データベース『JADE』, Nikkei Financial Quest,『全国信用金庫財務諸表』および『全国信用組合財務諸表』(いずれも金融図書コンサルタント社) 等より作成。

3.4 データ

本項では,使用するデータの作成方法について説明する.

再取得価格で評価した資本ストック $K_{i,t}$ は,有形固定資産に恒久棚卸法を適用して作成する.詳細は,補論2を参照されたい.

実質売上高伸び率 Δy_{it} は,売上高を,「製造業投入産出価格指数」(日本銀行)で除した実質売上高の伸び率である.

キャッシュフロー $CF_{i,t}$ は,税引き後純利益と有形固定資産の減価償却費の合計である.

企業の負債資産比率 BS^f は,簿価の負債額を,市場価値で評価した資産で除したものである.簿価の有形固定資産は,恒久棚卸法で求めた実質資本ストック(土地含む)に資本価格指数(土地の場合は地価指数)を乗じて,市場価格に転換する.有形固定資産以外の資産は,簿価を時価評価だとみなす.

表4-1は記述統計量を示している.全サンプルの記述統計量に加えて,メインバンクの業態によって,1)主要行(都市銀行,長期信用銀行および信託銀行),2)地域銀行(地方銀行および第二地方銀行),3)共同組織金融機関(信用金庫および信用組合)に3分類した記述統計量を記載している.これを見ると,主要行の顧客企業は,比較的高い投資比率,売上高伸び率,資本/売上高比率,キャッシュフロー比率と,低い負債/資産比率を示している.銀行のバランスシート変数を比べると,主要行は低い自己資本比率マージンと預金伸び率を示している.不良債権比率は,共同組織金融機関が最も高く,次いで主要行,地域銀行の順になっている.

4 推計結果

4.1 企業の純資産は投資に影響するか

まず,各変数の係数が予想された符号となり,過去の研究と整合的な結果が得られるかどうかチェックするため,全サンプルを用いて,推計式(1)から銀行のバランスシート変数を除いた推計を行う.

推計結果は表4-2に示されている.まず,第1列を見ると,売上高伸び率の1期ラグ値の係数は有意にプラスであり,投資の加速度効果の仮説と整合的である.キャッシュフロー比率の係数も有意にプラスであり,企業が流

第4章 銀行の健全性は中小企業の設備投資に影響するか

表4-2 企業バランスシート変数のみを加えた投資関数

被説明変数：投資比率（対資本ストック）

列番号	1	2	3	4	5
売上高伸び率(1期ラグ)	0.014**	0.009*	0.014**	0.043**	0.014**
	(0.005)	(0.005)	(0.005)	(0.006)	(0.005)
売上高伸び率(2期ラグ)	−0.002	−0.003	−0.002	−0.013**	−0.002
	(0.004)	(0.004)	(0.004)	(0.004)	(0.004)
資本ストック(対数値)―売上高(対数値)(2期ラグ)				−0.106**	
				(0.010)	
キャッシュフロー比率(対名目資本ストック)(1期ラグ)	0.024**	0.017**	0.024**	0.023**	0.024**
	(0.004)	(0.004)	(0.004)	(0.004)	(0.004)
負債比率(対総資産, 1期ラグ)	−0.401**		−0.401**	−0.389**	−0.412**
	(0.037)		(0.041)	(0.037)	(0.038)
負債比率ダミー(最下位25パーセンタイル)(1期ラグ)		0.016*	−0.014		
		(0.009)	(0.010)		
負債比率ダミー(最上位25パーセンタイル)(1期ラグ)		−0.037**	−0.012		
		(0.008)	(0.008)		
政府系金融機関ダミー＊負債比率(対総資産, 1期ラグ)					0.396*
					(0.214)
2002年ダミー	−0.007**	−0.010**	−0.007**	−0.009**	−0.007**
	(0.003)	(0.003)	(0.003)	(0.003)	(0.003)
2003年ダミー	−0.005*	−0.012**	−0.005	−0.007**	−0.005*
	(0.003)	(0.003)	(0.003)	(0.003)	(0.003)
定数項	0.264**	0.034**	0.270**	0.449**	0.261**
	(0.022)	(0.004)	(0.025)	(0.028)	(0.022)
観測値数	14895	14895	14895	14814	14875
企業数	6183	6183	6183	6163	6163
自由度修正済み R^2	0.018	0.0078	0.0185	0.0309	0.0184

注) 1. ( )内は標準誤差.
2. **, *はそれぞれ5%, 10%水準で有意であることを示す.
3. 固定効果モデルのOLS推計結果.

動性制約に直面しているか，あるいは投資比率が収益性と相関していることを示唆している．負債比率の係数は有意にマイナスであり，負債比率が上昇するほど，外部資金調達にかかるコストが高まるか，資金のアヴェイラビリティーが限られることを示している．この係数から，資産／負債比率が1標準偏差，すなわち21.1％ポイント高まると，投資比率が8.5％ポイント低下することがわかる．企業の純資産が投資に影響を及ぼすという結果は，小川（2005）の日本の中小企業に関する結果と整合的である．

企業の純資産の減少（負債比率の上昇）が投資に及ぼす影響は，逓増的に強

まる可能性がある（本章補論1，第7章参照）．そこで，負債比率の1期ラグ値の代わりに，これを四分位に分類し，最も高い四分位に入るダミーと，最も低い四分位に入るダミーを説明変数にした推計を行ったのが，第2列である．これを見ると，予想どおり，最も低い四分位のダミーはプラスで有意，最も高い四分位のダミーはマイナスで有意であり，絶対値は最も高い四分位ダミーのほうが2倍以上大きい．これは，負債比率が投資に及ぼす影響が逓増的であることを示唆している．ただし，この2種類の四分位ダミーと負債比率をともに入れると（第3列），負債比率のみ有意となり，非線形性はそれほど強いものではない．

第4列では，資本のストック調整過程を考慮するため，資本ストック（2期ラグ値の対数値）と売上高（2期ラグ値の対数値）の差，$\log(K_{t-2}) - \log(y_{t-2})$ を説明変数に加える．この変数の係数は，予想通り，マイナスで有意であるが，他方，加速度効果を捉えるはずの売上高伸び率の2期ラグ値の係数がマイナスで有意となる．負債比率の係数は依然マイナスで有意であり，頑健である[10]．

最後に，政府系金融機関をメインバンクとする企業は，負債比率が投資に及ぼす影響が異なるかどうかを検証する．サンプル企業のうち，3.5%の企業が政府系金融機関をメインバンクとしている．そこで，政府系金融機関をメインバンクとする企業を1とするダミー変数と負債比率の交差項を説明変数に加えたのが第5列である．これを見ると，この交差項はプラスで有意である．他方，負債比率の係数は，やはりマイナスで有意であり，負債比率の係数とこの交差項の和がゼロであるとの帰無仮説は棄却できない（検定結果は省略）．この結果は，政府系金融機関が，メインバンク関係があり負債比率の高い企業の資金のアヴェイラビリティーを高めたことを示唆している．ただし，政府系金融機関が，効率的な投資プロジェクトをファイナンスしているのか，非効率な投資プロジェクトをファイナンスしているのかは不明である点には，留意が必要である．

4.2　メインバンクの健全性は投資に影響するか？

次に，本章の関心である，メインバンクの健全性指標を説明変数に加え，

---

[10]　表は省略するが，資本ストック調整の項を1期ラグ $\log(K_{t-1}) - \log(y_{t-1})$ にしても，負債比率の係数は依然マイナスで有意であった．

表 4-3A 企業と銀行のバランスシート変数を加えた投資関数（主要行の顧客企業）

被説明変数：投資比率（対資本ストック）

列番号	1	2	3	4
売上高伸び率(1期ラグ)	0.030*	0.030*	0.030*	0.006
	(0.016)	(0.016)	(0.016)	(0.078)
売上高伸び率(2期ラグ)	0.000	0.000	0.003	0.099
	(0.014)	(0.014)	(0.014)	(0.064)
キャッシュフロー比率(対名目資本ストック)(1期ラグ)	0.011	0.011	0.011	−0.086
	(0.008)	(0.008)	(0.008)	(0.267)
負債比率(対総資産，1期ラグ)	−0.575**	−0.579**	−0.574**	−0.468
	(0.104)	(0.104)	(0.104)	(0.842)
自己資本比率マージン(1期ラグ)	0.022*			
	(0.013)			
自己資本比率マージンダミー(1%ポイント以上2%ポイント未満，1期ラグ)		−0.163**		
		(0.056)		
不良債権比率(1期ラグ)			0.007	
			(0.324)	
預金伸び率(1期ラグ)				0.787*
				(0.464)
2002年ダミー	−0.041**	−0.185**	−0.026**	0.016
	(0.013)	(0.055)	(0.010)	(0.066)
2003年ダミー	−0.030**	−0.178**	−0.019	0.049
	(0.012)	(0.056)	(0.015)	(0.071)
定数項	0.318**	0.521**	0.357**	0.235
	(0.062)	(0.080)	(0.067)	(0.459)
観測値数	3249	3249	3275	775
企業数	1957	1957	1966	748
自由度修正済み R^2	0.0353	0.0396	0.033	0.3189

注） 1. （ ）内は標準誤差．
2. **，*はそれぞれ5%，10%水準で有意であることを示す．
3. 固定効果モデルのOLS推計結果．

その効果を分析する．金融機関の業態によって，規制・監督の程度，健全性，顧客企業の特性が異なるので，サンプルをメインバンクの業態によって3分類（主要行，地域銀行，共同組織金融機関）した推計を行う．

なお，本項では，政府系金融機関をメインバンクとする企業はサンプルから除く．

A. 主要行の顧客企業

主要行をメインバンクとする企業の推計結果は，表4-3Aに示されてい

る.まず,企業の負債比率は,ほとんどのケースにおいてマイナスで有意である.次に,銀行の健全性指標の影響をそれぞれ見ることとする.

第1列を見ると,銀行の自己資本比率マージンの係数はプラスで有意である.銀行の自己資本比率マージンが1%ポイント高いと,顧客企業の投資比率は約2.2%ポイント高まる.銀行の自己資本比率マージンが1標準偏差(1.6%ポイント)高いと,顧客企業の投資比率は3.4%ポイント高まるが,これは,投資比率の標準偏差の約1/4に相当する.

第2列では,自己資本比率マージンの値に代えて,同マージンが1%ポイント以上2%ポイント未満のダミー変数を加える.サンプルに,自己資本比率マージンが1%ポイント未満の銀行は存在しないので,このダミー変数は,自己資本比率マージンが2%ポイント以上の場合との平均的な差を示す.推計結果を見ると,このダミー変数は予想通りマイナスで有意である.

第3列は,健全性の(逆の)指標として,不良債権比率を用いた結果を示しているが,不良債権比率は有意ではない.

最後に,第4列では,健全性指標として,預金増加率を用いた推計結果を示しているが,預金増加率は予想通りプラスで有意である.

以上の結果より,主要行の顧客企業の設備投資は,メインバンクの健全性の影響を受けること,その影響は経済的にも無視し得ない程度に大きいことが明らかになった.

B. 地域銀行の顧客企業

地域銀行(第一地方銀行または第二地方銀行)をメインバンクとする企業の推計結果は表4-3Bに示されている.これを見ると,企業の負債比率はマイナスで有意だが,他方,メインバンクの健全性指標は,自己資本比率マージン,不良債権比率,預金増加率のいずれも有意ではない.地域銀行の顧客企業の設備投資が,メインバンクの健全性の影響を受けることを示す結果は得られなかった.

C. 共同組織金融機関の顧客企業

メインバンクが共同組織金融機関(信用金庫あるいは信用組合)である企業の推計結果は,表4-3Cに示されている.

まず,企業の負債/資産比率は,いずれの場合も,マイナスで有意である.

表 4-3B　企業と銀行のバランスシート変数を加えた投資関数
（地銀・第二地銀の顧客企業）

被説明変数：投資比率（対資本ストック）

列番号	1	2	3	4
売上高伸び率(1期ラグ)	0.025**	0.025**	0.019**	0.020**
	(0.008)	(0.008)	(0.008)	(0.008)
売上高伸び率(2期ラグ)	-0.001	-0.001	-0.004	-0.004
	(0.007)	(0.007)	(0.006)	(0.006)
キャッシュフロー比率(対名目資本ストック)(1期ラグ)	0.032**	0.032**	0.045**	0.049**
	(0.009)	(0.009)	(0.009)	(0.009)
負債比率(対総資産, 1期ラグ)	-0.471**	-0.476**	-0.522**	-0.529**
	(0.062)	(0.062)	(0.054)	(0.054)
自己資本比率マージン(1期ラグ)	-0.001			
	(0.003)			
自己資本比率マージンダミー(1%ポイント未満, 1期ラグ)		0.028		
		(0.017)		
自己資本比率マージンダミー(1%ポイント以上2%ポイント未満, 1期ラグ)		0.013		
		(0.034)		
不良債権比率(1期ラグ)			-0.008	
			(0.170)	
預金伸び率(1期ラグ)				0.004
				(0.065)
2002年ダミー	0.004	0.004	0.005	0.005
	(0.005)	(0.005)	(0.004)	(0.004)
2003年ダミー	0.010**	0.010*	0.010**	0.010**
	(0.005)	(0.005)	(0.005)	(0.005)
定数項	0.305**	0.304**	0.332**	0.336**
	(0.041)	(0.038)	(0.034)	(0.032)
観測値数	4342	4342	6083	6045
企業数	1887	1887	2554	2550
自由度修正済み R^2	0.0276	0.0286	0.0309	0.0327

注）1.（ ）内は標準誤差．
　　2.＊＊，＊はそれぞれ5％，10％水準で有意であることを示す．
　　3.固定効果モデルのOLS推計結果．

ただし，その係数（約-0.3）の絶対値は，主要行や地域銀行をメインバンクとする企業の係数（約-0.5から-0.6）と比較すると小さい．

次に，銀行の健全性指標の影響を見ると，自己資本比率マージン（第1, 2列），預金増加率（第4列）の係数は有意ではないが，不良債権比率の係数がマイナスで有意である（第3列）．1％ポイントの不良債権比率の上昇は，顧客企業の投資比率を0.47％ポイント低下させる．

表 4-3C　企業と銀行のバランスシート変数を加えた投資関数
（信用金庫・信用組合の顧客企業）

被説明変数：投資比率（対資本ストック）

列番号	1	2	3	4
売上高伸び率(1期ラグ)	−0.001	−0.001	−0.001	−0.001
	(0.010)	(0.010)	(0.010)	(0.010)
売上高伸び率(2期ラグ)	0.001	0.000	0.001	0.000
	(0.010)	(0.010)	(0.010)	(0.010)
キャッシュフロー比率(対名目資本ストック)(1期ラグ)	0.055*	0.054*	0.055*	0.055*
	(0.029)	(0.029)	(0.029)	(0.030)
負債比率(対総資産，1期ラグ)	−0.305**	−0.302**	−0.293**	−0.288**
	(0.105)	(0.105)	(0.105)	(0.107)
自己資本比率マージン(1期ラグ)	−0.005			
	(0.005)			
自己資本比率マージンダミー(1%ポイント未満，1期ラグ)		−0.005		
		(0.111)		
自己資本比率マージンダミー(1%ポイント以上2%ポイント未満，1期ラグ)		0.006		
		(0.037)		
不良債権比率(1期ラグ)			−0.470**	
			(0.239)	
預金伸び率(1期ラグ)				−0.071
				(0.045)
2002年ダミー	0.012*	0.011	0.017**	0.009
	(0.008)	(0.007)	(0.008)	(0.008)
2003年ダミー	0.008	0.006	0.014	0.005
	(0.009)	(0.009)	(0.010)	(0.009)
定数項	0.245**	0.211**	0.246**	0.205**
	(0.078)	(0.068)	(0.070)	(0.070)
観測値数	1561	1561	1561	1504
企業数	710	710	710	673
自由度修正済み R^2	0.014	0.0131	0.0177	0.0158

注）　1.（ ）内は標準誤差.
　　 2. **，* はそれぞれ 5％，10％ 水準で有意であることを示す.
　　 3. 固定効果モデルの OLS 推計結果.

このように，共同組織金融機関の顧客企業の設備投資はメインバンクの健全性の影響を受け，その影響は無視し得ない程度に大きい．

以上より，メインバンクの業態によって，その健全性が顧客企業に及ぼす影響が異なることが明らかになった．これをどのように解釈すればよいだろうか？

1つの要因は，監督当局の，不良債権問題に対する対応の違いである．サンプル期間は2001年から2003年であり，主要行の不良債権比率を2004年度末までに半減する目標が掲げられた「金融再生プログラム」（2002年10月）を含む時期となっている．したがって，主要行の自己資本比率マージンが顧客企業の設備投資に影響を及ぼしたのは，監督当局が主要行に厳しく不良債権を減らすよう要求していた結果であると推測される．図4-4で見たように，主要行の中小企業貸出は，他業態と比べて大幅に減少した．

もう1つの要因は，顧客企業の私的情報がどの程度メインバンクに占有されているかの違いである．一般に，信用金庫や信用組合をメインバンクとする企業は零細企業が多く，取引金融機関の数が少ない．細野・澤田・渡辺（2004）では，取引銀行（主要行，地銀・第二地銀，信用金庫・信用組合）数が少ない企業ほど，メインバンクから拒絶された際に，他の民間金融機関から代替的融資を受けることが困難であることを見出している[11]．信用金庫や信用組合の中小企業向け貸出の減少は，主要行ほど大幅なものではなかったにもかかわらず，これらをメインバンクとする企業が，メインバンクの健全性の影響を受けたのは，メインバンクに私的情報が独占される傾向が強いためであったと推測される．

5 結 論

本章では，金融危機が企業活動に及ぼす影響の1つとして，銀行の健全性が中小企業の設備投資に及ぼす影響を分析した．2001年から2003年までの，企業と銀行をマッチングさせたデータを用いて分析した結果，主要行をメインバンクとする企業と，信用金庫・信用組合をメインバンクとする企業において，メインバンクの健全性の悪化が設備投資を抑制することが明らかにな

---

11) 細野・澤田・渡辺（2004）は，「金融環境実態調査」（2001年，中小企業庁）を用い，メインバンクが主要行，地域銀行，あるいは信用金庫である中小企業4259社をサンプルとしているが，取引銀行数の平均値は3.32行，取引銀行数が1行の企業は約2割弱である．Detragiache, Garella and Guiso（2000）は，アメリカの中小企業を対象としたアンケート調査『1988-89NSSBF』に基づき，1行取引の割合は44.5%と報告しており，アメリカでは日本よりも1行取引が多いことがわかる．他方，Ongena and Smith（2000）と Jiangli, Unal and Yom（2008）はそれぞれ，ヨーロッパとアジア諸国（インドネシア，韓国，フィリピン，およびタイ）において，1行取引はアメリカほど多くないことを明らかにしている．

った．他方，地方銀行・第二地方銀行をメインバンクとする企業の場合，そうした有意な関係はみられなかった．

　こうしたメインバンクの業態による違いは，銀行監督や情報独占の程度の違いによるものと思われる．この時期，監督当局は主要行に対して厳格な不良債権処理を要求したが，地域銀行や共同組織金融機関には，地域の中小企業への配慮から，そうした厳しい要求は課さなかった．他方，信用金庫・信用組合をメインバンクとする企業は零細で，企業の私的情報はメインバンク以外の複数の金融機関（あるいは外部の投資家）にはほとんど共有されていなかったことによって，メインバンクの影響を受けやすかったと考えられる．

　厳格な不良債権処理が信用収縮を招くという本章の分析結果が，不良債権処理を進めるべきではないという政策インプリケーションにつながるわけではない．第1章で明らかにしたように，厳格な不良債権処理を求めなければ，かえって金融危機を長期化，深刻化させ，最終的にはより大規模な信用収縮が生じるであろう．むしろ，できるだけ個別銀行の影響を受けることのないよう，中小企業といえども情報開示を進め，事前に複数金融機関あるいは外部投資家を含めた幅広い情報共有を促進することが，信用収縮が企業活動に及ぼす影響を小さくするための方策である．もちろん，複数の金融機関との取引は，特に零細な企業にとってはさまざまなコストがかかるため，一概に取引金融機関が多ければ多いほどよいわけではないが，複数行取引には安定的な資金調達のためのいわば保険機能があることを十分考慮すべきであろう[12]．

---

[12] 細野・澤田・渡辺（2004）は，取引金融機関数が多いほど，メインバンクへの融資申し込みが拒絶される確率は高くなるが，他方，メインバンクから拒絶された場合に他の金融機関から肩代わり融資を受ける確率は高くなることを示している．

補論1 理論分析

　銀行の健全性は，借り手の資金調達コストと資金のアヴェイラビリティーを通じて，借り手の投資行動に影響を及ぼす．銀行が自己資本比率規制あるいは非対称情報の問題に直面していると，銀行の健全性はモニタリングコストあるいは規制コストに影響する．銀行は，借り手企業がデフォルトしたときに，これらのコストを被る．この補論では，銀行の健全性がモニタリングコストあるいは規制のコストにどのように影響するのかを議論し，その後に，これらのコストが借り手の資金コストと資金のアヴェイラビリティーに及ぼす効果を説明するモデルを提示する．

A　銀行のモニタリングコストと規制のコスト

　銀行の健全性は，いくつかの経路で，借り手企業がデフォルトしたときに銀行が被るコストに影響を及ぼす．

　第1に，銀行の健全性は借り手のモニタリングに要するコストに影響する．銀行は緊密なモニタリングによって，借り手のリスクテイク行動をコントロールし（デフォルト確率の減少），また，借り手の資産やキャッシュフローを適切に評価できる（回収率の向上）．しかし，こうした緊密なモニタリングには，借り手との間に関係を築き，情報を生産するための長期的な投資が必要である．財務上の困難に陥った銀行は，こうした投資を減らさざるを得ない．また，経営資源を不良債権の管理に割り当てる結果，借り手の審査能力に関する情報生産（審査）に割く資源を減らしてしまう．これらの結果，健全性が劣る銀行ほど，高いデフォルト確率と低い回収率を被ることになる．あるいは，情報の蓄積が足りない状況でデフォルト確率を低め，回収率を上げようとすると，より高いモニタリングコストが必要になる．

　第2に，借り手企業のデフォルトによって銀行の自己資本が毀損すると，銀行自身の資金調達コストが高まる．特に，預金保険で保護されている預金以外の資金調達コストは，銀行の健全性を反映するからである．

　最後に，おそらく最も重要な点だが，自己資本比率規制によって，銀行の健全性と借り手のデフォルト時のコストが結びついている．自己資本比率規制のもとでは，自己資本比率が最低限の要求水準に満たない銀行は，強制的

な資本注入,資産の縮小,合併,一部あるいは全部の事業の中止などを含むさまざまな規制上のコストを被る.資本不足によって銀行経営者が政府によって入れ替えられる場合には,規制上のコストは銀行経営者が職を失うことによる非金銭的コストも含むことになる.現行の早期是正措置のもとでは,これらの規制・介入の限界コストは,自己資本の不足幅が拡大するほど逓増する.したがって,自己資本比率が規制上の最低限のレベルに近い銀行ほど,借り手がデフォルトしたときのコストは高くなるだろう.自己資本比率規制から生じるデフォルトコストは,規制当局がどの程度厳格に規制を強制するかによって異なる.日本では,1990年代末以降,主要行に対しては,地域銀行,共同組織金融機関と比べて,より厳格な規制の運用がなされてきた.

B 借り手の資金アヴェイラビリティーと資金コスト

セットアップ

リスク中立的な借り手とリスク中立的な貸し手(銀行)がいる,1期間の貸出市場のモデルを考える.借り手は資産$A<1$と,期首に1単位の外部資金を必要とするプロジェクトを持っている.借り手の資産は,担保として役立つ.プロジェクトのリターンyは,密度関数$f(y)$によって表される分布にしたがい,期末に実現する.負債契約のみを考慮し,銀行は,借り手がデフォルトしたときにmだけのコストを被るものと仮定する.mは,借り手のデフォルトによって銀行が被るコストであり,モニタリングコストあるいは規制のコストなどが含まれる.前節に述べたとおり,特に自己資本比率規制のもとでは,mは銀行の自己資本Eの減少・凸関数だと想定できる.

仮定 1. $\dfrac{\partial m}{\partial E}<0$ and $\dfrac{\partial^2 m}{\partial E^2}>0.$

以後,特に混乱しない限り,$m(E)$の代わりに単にmと書くこととする.mを,リターンの実現値を知るために必要な立証コストだと解釈すれば,負債契約が生じるのは自然である(Williamson 1987).

借り手が約束する返済額をDで表す.安全資産の粗金利を1に基準化すると,この負債契約から得られる銀行の期待利潤は,次のとおりである.

$$(2) \quad \pi^L(D)=\int_0^{D-A}(y+A-m)f(y)dy+\int_{D-A}^{D}(D-m)f(y)dy+\int_D^{\infty}Df(y)dy-1$$

右辺第1項は，プロジェクトのリターンと借り手の資産の合計額が返済約束額を下回ったとき，すなわち，$y+A<D$ の領域の期待リターンである．この領域においては，銀行はプロジェクトのリターンと借り手の資産をすべて押収するが，借り手のデフォルトに伴うコストを被る．第2項は，プロジェクトのリターンが返済約束額を下回るが，借り手の資産と足し合わせると返済約束額を超える場合，すなわち，$y<D\leq y+A$ の領域の期待リターンである．この領域においては，貸し手は，銀行資産の一部を押収することにより，返済約束額を得るが，借り手のデフォルトに伴うコストを被る．第3項は，プロジェクトのリターンが返済約束額を超える場合，すなわち，$D\leq y$ の領域の期待リターンである．この領域では，借り手はデフォルトを起こさず，貸し手は返済約束額を受け取る．

他方，借り手の期待利潤は，次のとおりである．

$$(3) \quad \pi^B(D) = \int_{D-A}^{\infty} (y+A-D)f(y)dy - A$$

銀行と借り手の期待利潤の合計は

$$(4) \quad \pi^L(D) + \pi^B(D) = \int_0^{\infty} yf(y)dy - 1 - m\int_0^D f(y)dy$$

となる．右辺の最初の2つの項は，プロジェクトの純割引現在価値を示す．最後の項は，借り手がデフォルトした場合に銀行が被るコストの期待値を示す．

均　衡

貸し手は競争的であり，借り手が貸し手に対し take-it-or-leave-it offer（受諾するか拒絶するかの選択を迫る提案）を行うものと仮定する．このとき，借り手は銀行の期待利潤が負にならないように，最も低い粗金利（返済約束額）を提示する．(4)式は，総余剰が返済約束額 D の減少関数であることを示しているので，借り手がすべての交渉力を持つという仮定は合理的である．均衡では，それが可能な限り，銀行の期待利潤はゼロとなる．

$$(5) \quad \pi^L(D) = 0$$

返済約束額 D を明示的に解くために，ここで，プロジェクトのリターン

の分布関数を特定化する.簡単化のため,プロジェクトのリターンは $[0, \mu]$ の領域で一様分布に従う,すなわち,$f(y) = \mu^{-1}$ と仮定する[13].このとき,(2),(3) 式より,

(6) $\quad \pi^L(D) = (2\mu)^{-1}\{-D^2 + 2(A+\mu-m)D - A^2\} - 1$

(7) $\quad \pi^B(D) = (2\mu)^{-1}(\mu+A-D)^2 - A$

である.

銀行のゼロ利潤条件 (5) 式より,以下の命題と補題が成り立つ.特に,補題1および補題2の結果は,本文の実証分析でテストされているものである.

命題1. もし,$A \geq \overline{A} \equiv (\mu-m)^{-1}\mu - 0.5(\mu-m)$ が成り立てば,銀行は,次の粗金利で,借り手に対する貸出を行う.この条件が成り立たなければ,貸出は行われない.

(8) $\quad D^* = (A+\mu-m) - \{(A+\mu-m)^2 - A^2 - 2\mu\}^{\frac{1}{2}}$

証 明

もし $A \geq \overline{A} \equiv (\mu-m)^{-1}\mu - 0.5(\mu-m)$ ならば,$\pi^L(D) = 0$ の解の1つは (8) 式で与えられる.$\pi^L(D) = 0$ を満たす D の値は2個あるが,借り手は低い方の値,すなわち (8) 式で与えられる値を提示する.他方,もし $A < \overline{A}$ であれば,$\pi^L(D) = 0$ を満たす実数 D は存在しない.【証明終】

補題1. $\quad \dfrac{\partial D^*}{\partial A} < 0$ かつ $\dfrac{\partial^2 D^*}{\partial A^2} > 0$

証 明

(9) $\quad \dfrac{\partial D^*}{\partial A} = -\dfrac{\dfrac{\partial \pi^L}{\partial A}}{\dfrac{\partial \pi}{\partial D}} = -\dfrac{D^* - A}{A + \mu - m - D^*} < 0$

---

[13] 以下の補題が,一様分布以外のどういった分布で妥当するかは,今後の検討課題である.

ここで，不等号は (8) 式より成り立つ．

(10) $\quad \dfrac{\partial^2 D^*}{\partial A^2} = \dfrac{\mu - m}{(A + \mu - m - D^*)^2} - \dfrac{\mu - m}{(A + \mu - m - D^*)^2} \dfrac{\partial D^*}{\partial A} > 0$

ここで，不等号は (9) 式より成り立つ．【証明終】

十分な純資産を持っている限り，借り手は資金を借りることができる．金利は，純資産が少ないほど高くなる．借り手の純資産が金利に与える影響は，借り手の純資産が大きくなるほど逓減する．

補題 2. $\quad \dfrac{\partial \overline{A}}{\partial E} < 0, \quad \dfrac{\partial D^*}{\partial E} < 0 \text{ かつ } \dfrac{\partial^2 D^*}{\partial E^2} > 0$

証 明

$$\dfrac{\partial \overline{A}}{\partial m} = 0.5 + \mu(\mu - m)^{-2} > 0$$

上式と仮定 1 より，$\dfrac{\partial \overline{A}}{\partial E} < 0$ を得る．

(11) $\quad \dfrac{\partial D^*}{\partial m} = -\dfrac{\dfrac{\partial \pi^L}{\partial m}}{\dfrac{\partial \pi}{\partial D}} = \dfrac{D^*}{A + \mu - m - D^*} > 0$

(11) 式と仮定 1 より，$\dfrac{\partial D^*}{\partial E} < 0$ を得る．

(12) $\quad \dfrac{\partial^2 D^*}{\partial m^2} = \dfrac{D}{(A + \mu - m - D^*)^2} + \dfrac{A + \mu - m}{(A + \mu - m - D^*)^2} \dfrac{\partial D^*}{\partial m} > 0$

ここで，不等号は，(11) 式より成り立つ．また，仮定 1 より，$\dfrac{\partial^2 D^*}{\partial E^2} > 0$ を得る．【証明終】

銀行の自己資本が増えると，借り手は資金を得やすくなる．銀行が十分な自己資本を保有している場合，銀行の自己資本が大きいほど，金利は低くなる．銀行の自己資本が金利に及ぼす影響は，銀行の自己資本が大きくなるほ

ど逓減する．

補題 3. $\dfrac{\partial^2 D^*}{\partial E \partial A} > 0$

証　明

(9) 式より，

(13) $\quad \dfrac{\partial^2 D^*}{\partial m \partial A} = -\dfrac{(D^*-A)}{(A+\mu-m-D^*)^2} - \dfrac{\mu-m}{(A+\mu-m-D^*)^2}\dfrac{\partial D^*}{\partial m} < 0$

ここで，不等号は (11) 式より成り立つ．仮定 1 により，$\dfrac{\partial^2 D^*}{\partial E \partial A} > 0$ を得る．

【証明終】

　銀行の自己資本が金利に及ぼす影響は，借り手の自己資本が大きくなるほど，小さくなる．

補論 2　再取得価格で評価した資本ストックデータの作成

　有形固定資産を土地と土地以外の固定資産に分け，それぞれ，以下の恒久棚卸法に基づいて，資本ストックの時価評価額を得る．

$$(p^k K)_{i,t} = \dfrac{p^k_t}{p^k_{t-1}}(p^k K)_{i,t-1}(1-\delta) + (p^k I)_{i,t}$$

ここで，i, t はそれぞれ企業，年のインデックス，p^k は資本ストックデフレータ，K は実質資本ストック，δ は固定資本減耗率，I は実質投資である．

　右辺第 1 項は，前年末の資本ストックの時価評価額から，δ の率の減耗を引いて，今期の時価に再評価したものである．第 2 項は，今期の投資の名目額である．初期時点のベンチマークとなる資本ストックは，財務省「法人統計季報」を用いて推計した簿価と時価の比率を乗じることによって求める．

　土地については，土地増加額がマイナスでなければ，デフレータ p^k_t として全国市街地価格指数の全用途平均（財団法人日本不動産研究所）を用い，名目土地投資額 $(p^k I)_{i,t}$ として簿価の土地増加額を用いる．土地増加額がマイ

ナスの場合は,企業は最も直近に購入した土地を売却するという仮定のもとに,土地増加額に $p_t^k/p_{i,t^*}^k$ を乗じて名目土地投資額を求める.ここで,t^* は企業が簿価評価の土地を増やした直近時点を示す.

土地以外の有形固定資産については,まず,固定資本減耗率については,小川・北坂 (1998)(全産業,全固定資本ストック)に基づき,7.72% に設定する.また,デフレータについては,SNA の民間法人投資デフレータを用いる.

第5章

金融危機はマクロ経済の生産性を低下させるか
——企業ダイナミクスと資本の配分——

1 はじめに

　金融危機は実体経済に深刻な影響を及ぼす．しかし，金融危機が及ぼす影響は，生産性の高い企業と低い企業，あるいは，新規参入企業と既存企業では，異なるであろう．本章では，金融危機が異質な企業に及ぼす影響と，そのマクロ経済への帰結を，日本の1990年代の金融危機の経験をもとに分析する．

　日本の1990年代の10年以上にわたる停滞，いわゆる「失われた10年」は，多くの研究者の注目を集めてきた．長期停滞の原因については，長きにわたる論争があるが，多くの研究者は，1990年代の日本経済に関する次の「定形化された事実」に合意するであろう．

1) 銀行は2002年まで多額の不良債権による損失を被った（第2章図2-1，図2-2）．
2) 企業の回転率（参入・退出率），特に，参入率は，顕著に減少した（図5-1）．
3) マクロの全要素生産性（TFP）は，減速した（図5-2）[1]．
4) マクロの投資／産出比率は，循環的変動はあるものの，減少トレンドは見られない（図5-3）．

　本章では，これらの事実を整合的に説明したい．提示される仮説は，次の

---

[1] TFPの計測には誤差が伴うが，ほとんどの成長会計を用いた研究は，1990年代の生産性の鈍化を報告している．ほとんど唯一の例外は，Kawamoto (2004) である．

図 5-1 事業所の回転率

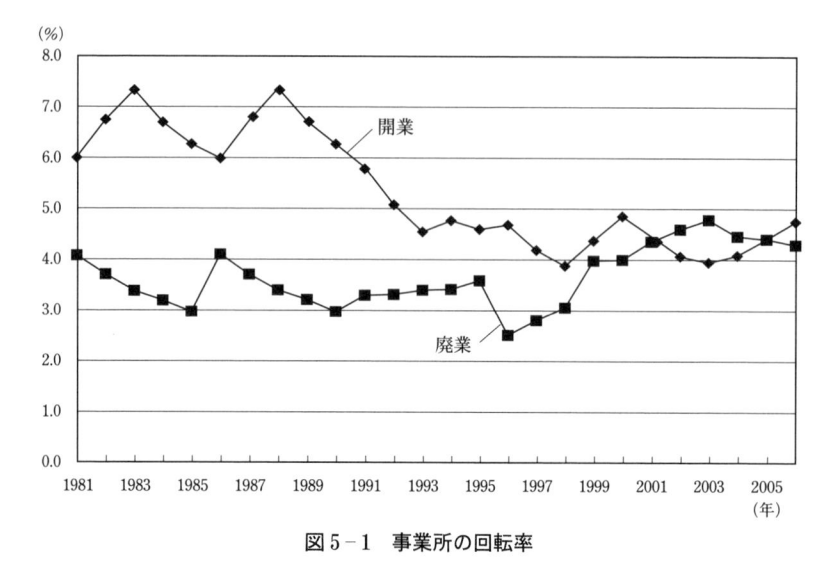

注) 有雇用事業所の開廃業率．
出所) 厚生労働省「雇用保険年報」より作成．

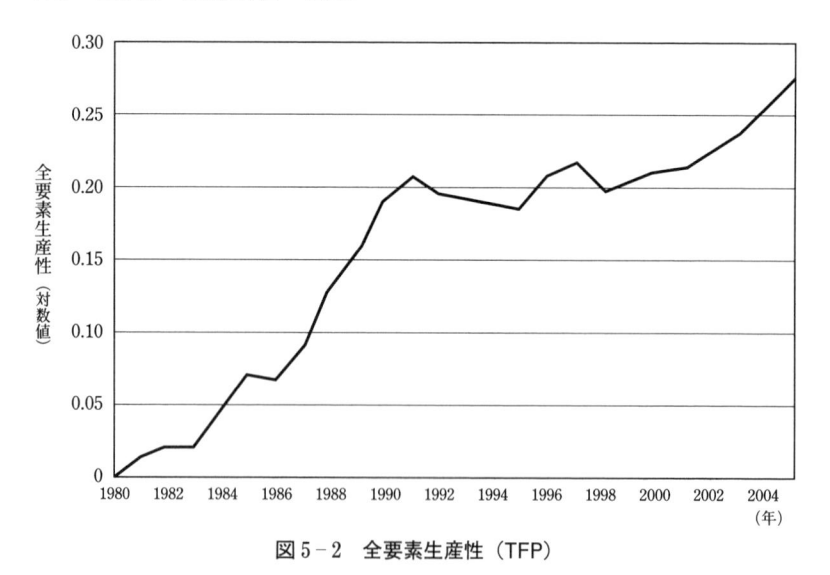

図 5-2 全要素生産性（TFP）

注) 市場経済部門の TFP．1980 年時点の TFP 水準を 1 に基準化．
出所) JIP データベース 2008 より作成．

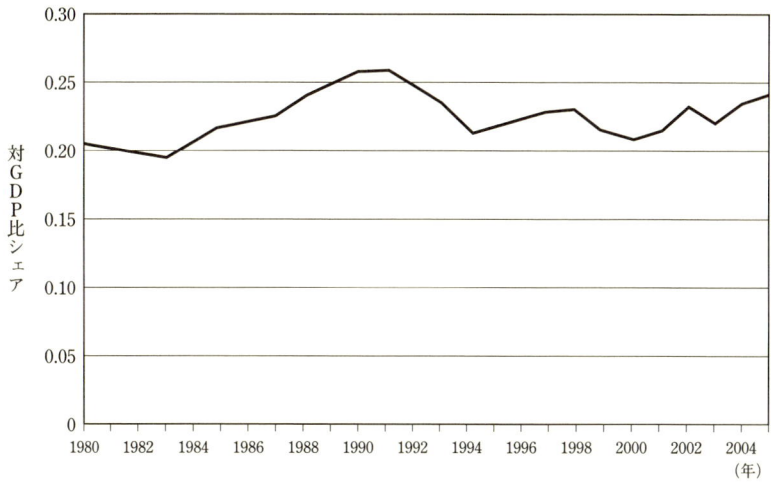

図5-3 投資シェア（対GDP比）

注）市場経済部門の投資シェア．
出所）JIPデータベース2008より作成．

とおりである．銀行における多額の不良債権処理損は，金融仲介コストを引き上げる．これは，新規参入企業や生産性の高い企業に深刻な影響を及ぼす．こうした企業は，外部資金を調達して投資をする意欲が高いからである．この結果，企業の回転率（参入・退出率）は低下し，資本のミス・アロケーション（非効率な配分）が起こり[2]，マクロの生産性が低下する．こうした効果を定量化するために，本章では資金調達コストを組み込んだ企業ダイナミクスの一般均衡モデルを用い，銀行危機時の日本経済に適用する．

本章では，銀行の健全性の悪化に焦点を当て，そのマクロ経済への影響を評価する．1990年代の日本経済では，それ以外にも，外部資金調達コストを引き上げる要因があったと考えられる．例えば，資産価格の下落による企業の純資産の悪化，デフレーションによる実質金利の高止まりなどである．しかし，銀行における多額の不良債権や，その企業活動への影響に関する膨大な先行研究の蓄積を考慮すると，銀行の健全性の問題に焦点を当てることは，外部資金調達コストがマクロ経済に及ぼす影響を分析する際の，自然な

---

[2]「ミス・アロケーション」というのは，金融仲介コストが低い場合と比べて，高い場合には資本の配分が非効率になっているという意味であり，本章で提示するモデルでは，所与の金融仲介コストのもとでは，希少な金融サービスに対する効率的な配分が行われている．

第一歩であると思われる．

　本章の結果は，金融仲介コストが異質な企業に異なった影響を及ぼすことが，銀行危機のマクロ経済への影響を理解する上で不可欠であることを示している．高い金融仲介コストは，特に新規参入企業や高い生産性の企業にとって有害なので，企業の参入退出およびマクロの生産性が阻害されるのである．シミュレーションの結果，銀行の健全性の悪化はマクロの TFP を 0.4% ポイントから 0.6% ポイント低下させたことが明らかになった．これは，銀行危機時（1996 年〜2002 年）のトレンド除去後の TFP 下落幅の，約 20% から 30% に相当する．また，資金制約下にある企業の割合が顕著に増えても，マクロでみた投資のシェアは下落しないことも明らかになった．

　ほとんどの既存研究は，上記の「定形化された事実」の一部に焦点を当てており，すべてを説明する研究は，ほとんどない．例えば，多くの研究者が，銀行の問題が 1990 年代の停滞の原因になったと指摘している．その 1 つの流れは，銀行による信用収縮と収益性の高い企業による過小投資の問題を強調している（第 4 章：Gibson 1995, Gibson 1997, Nagahata and Sekine 2005）．もう一つの流れは，銀行による歪んだインセンティブが信用のミス・アロケーションを通じて，パフォーマンスの悪い企業の過剰投資あるいは過剰な存在をもたらしたことを強調している（第 1 章：Peek and Rosengren 2005, Ahearne and Shinada 2005, Caballero et al. 2008, Fukuda et al. 2006, Nishimura et al. 2005）．

　他方，Hayashi and Prescott（2002）は，1990 年代の産出量の停滞は，全要素生産性（TFP）上昇率の低下によってほとんど説明でき，「信用収縮」仮説は 10 年にわたる停滞を説明できないと結論付けている[3]．

　Caballero et al.（2008）と Tomura（2007）は，銀行の問題とマクロ経済の生産性を結び付けている点で，本章に密接に関連している．Caballero et al.（2008）は，ほとんど返済不可能な企業（「ゾンビ」）に対する銀行貸出による信用のミス・アロケーションに焦点を当てている．Tomura（2007）は，担保制約のある経済（Kiyotaki and Moore 1997）における内生的な TFP の変

---

[3] Kobayashi and Yanagawa（2008）は，銀行破綻の確率が高いと，企業による事前の投資（例えば，R&D 投資）を抑制し，生産性を低下させるという理論モデルを提示している．しかし，Ogawa（2007）は，銀行による不良債権は企業の R&D 投資に対して有意な影響を与えていないという実証結果を示している．

動を分析している[4]. しかし,いずれの研究も,金融市場の摩擦が,日本の金融危機時の TFP の鈍化をどの程度説明できるかという,定量的な評価はしていない. Dekle and Kletzer (2003) は,金融仲介のある内生的成長モデルを日本の銀行危機に適用し,モデルとデータの動学を定性的に比較している. しかし,彼らも,定量的な評価はしていない.

本章では,モデルを日本経済と整合的になるようにカリブレートするが,金融危機時における金融仲介コストの上昇が企業ダイナミクスを通じてマクロの生産性に重要な定量的インパクトを与えるというインプリケーションは,より一般的に妥当すると考えられる. Caballero and Hammour (2000) は,危機が雇用の創造と破壊といったリストラクチャリングの過程を凍結させてしまうのは,危機後の逼迫した金融市場と関わっていると主張している[5]. いくつかの研究は,金融市場の摩擦が企業ダイナミクス(参入,加齢,退出)を通じてマクロ経済に及ぼす影響を分析している (Cooley and Quadrini 2001, Cabral and Mata 2003, Clementi and Hopenhayn 2006). 他の研究では,金融市場の発展と職業移動の組み合わせが企業ダイナミクスを通じてマクロの生産性におよぼす影響を調べている (Caselli and Gennaioli 2003, Jeong and Townsend 2007, Antunes et al. 2008). 本章は,金融市場の摩擦がマクロ経済におよぼす含意を分析しているこれらの先行研究に基礎を置きつつ,金融危機時の金融仲介コストに分析の焦点を当てている.

本章は,さまざまな政策が企業ダイナミクスを通じてマクロの生産性に及ぼす影響に関する一連の研究にも寄与するものである. この分野での重要な研究としては,貿易政策を扱った Melitz (2003),雇用喪失に対する政府介入を扱った Hopenhayen and Rogerson (1993),企業規模に依存した政策(中小企業政策など)を扱った Guner et al. (2008) などがある.

以下の構成は,次のとおりである. 第2節で,金融仲介コストを組み込んだモデルを提示する. 第3節で,金融危機前の日本経済にモデルをカリブレートし,シミュレーションの結果を第4節で提示する. このモデル経済を,

---

4) Tomura (2007) は資本蓄積を考慮していないが,本章では,資本のミス・アロケーションの効果を考えるため,資本蓄積を考慮している.
5) 不況がリストラクチャリングに及ぼす影響については,Caballero and Hammour (2005) も参照のこと. 金融市場の摩擦が景気循環の波及過程に対して持つ含意については,Bernanke and Gertler (1989), Carlstrom and Fuerst (1997), Kiyotaki and Moore (1997) を参照のこと.

「ベンチマーク経済」と呼ぶことにする．第5節では，「ベンチマーク経済」と，それよりも高い金融仲介コストのモデル経済（これを，「資金制約下の経済」と呼ぶ）を比較する．第6節は，参入企業が既存企業よりも高い資金調達コストを被るという，代替的な定式化を用いた結果を示す．第7節は，結論である．

2 モデル

金融仲介コストがマクロ経済の生産性に及ぼす影響を分析するため，企業ダイナミクスの動学的一般均衡モデルを提示する．このモデルは，主にGomes (2001) に基づいているが，Brock and LaBron (1990), Jovanovic (1982), Hopenhayn (1992) にも基礎を置いている[6]．

経済には，企業，家計，および金融仲介者が存在する．企業が外部資金を調達する際には，金融仲介者のサービスを必要とする．金融仲介者は競争的に行動しており，コストをかけてサービスを提供する．金融仲介コストが生産性の高い企業と低い企業，新規参入企業と既存企業との間で異なる影響を与えることを考慮するため，各企業は固有の生産性ショックに見舞われると仮定する．この仮定により，金融仲介コストが企業の参入・退出と資本の配分に及ぼす影響を分析することができる．

以下，企業と家計について詳述する．

企　業

企業は連続的に存在し，生産物を生産する．この生産物は消費も投資も可能である．図5-4は，事象のタイミングを示している．各期において，既存企業は，各企業固有の生産性ショックを観察し，そのあと，労働者を雇用し，資金調達と設備投資を行い，家計に配当を支払い，そして，翌期に市場に残るか退出するかを決定する．

潜在的な参入者も，連続的に存在する．彼らは，参入すべきか，市場の外部にとどまるかを決定する．参入する場合は，参入した後に生産性ショックを観察し，その後は既存企業と同様，生産や投資を行う．

---

6) Cooley and Quadrini (2001) も，金融市場の摩擦を組み入れた産業のダイナミクスのモデルを構築している．ただし，参入・退出は外生である．

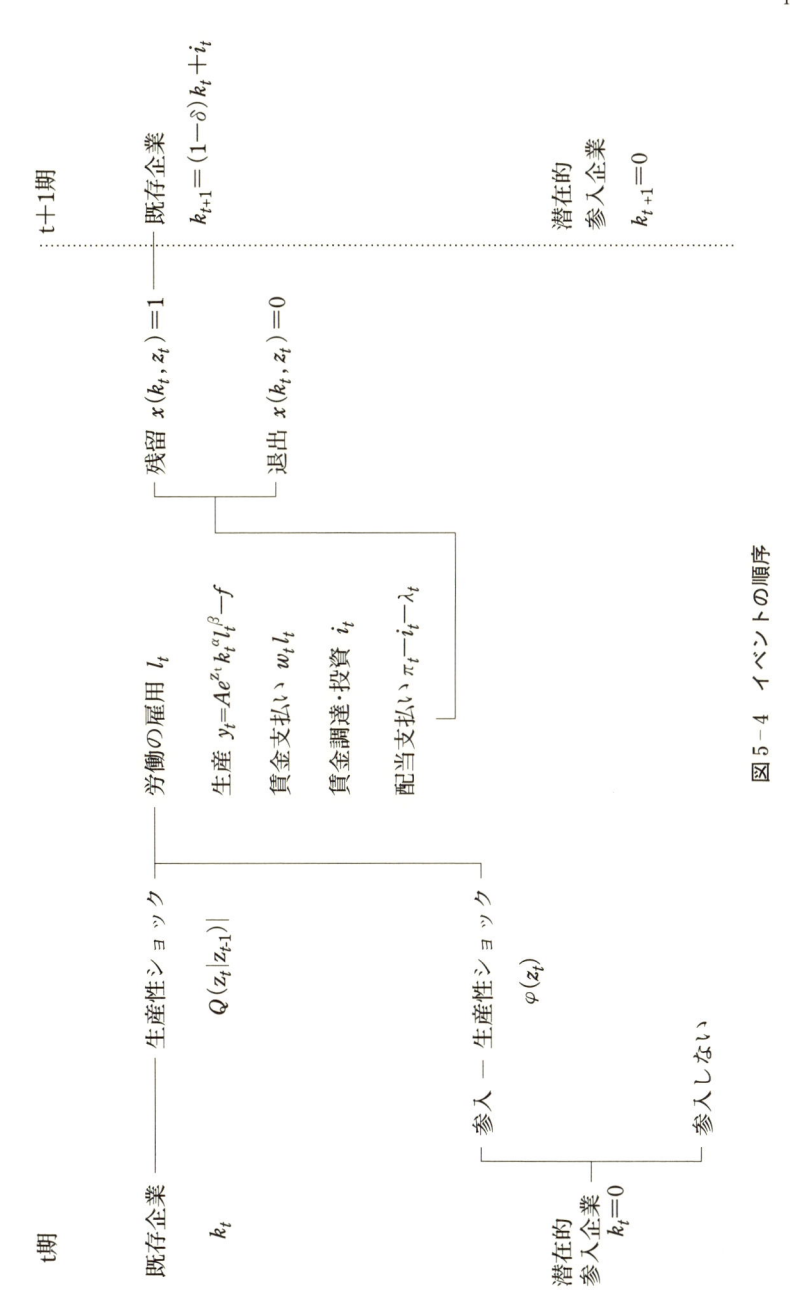

```
t期                                                                              t+1期
既存企業 ─── 生産性ショック ─── 労働の雇用 $l_t$ ┐                              ┌── 既存企業
$k_t$              $Q(z_t|z_{t-1})$       生産 $y_t = Ae^{z_t}k_t^\alpha l_t^\beta - f$   残留 $x(k_t, z_t) = 1$   $k_{t+1} = (1-\delta)k_t + i_t$
                                          賃金支払い $w_t l_t$     ┤
                                          資金調達・投資 $i_t$      退出 $x(k_t, z_t) = 0$
                                          配当支払い $\pi_t - i_t - \lambda_t$

潜在的        参入 ─── 生産性ショック ┘                                           潜在的
参入企業               $\varphi(z_t)$                                              参入企業
$k_t = 0$                                                                          $k_{t+1} = 0$
              参入しない
```

図5-4 イベントの順序

生産過程は，固定費用が必要で，規模に対する収穫逓減であると仮定する．これらの仮定は，U字型の平均費用関数を意味するが，これによって，企業の分布が定義でき，内生的な参入・退出の意思決定がなされることになる．生産関数は，次式で表される．

(1) $$y_t = AF(k_t, l_t; z_t).$$

ここで，y_t は生産，k_t は資本，l_t は労働，A は企業間で共通の，時間を通じて一定の生産性指標，z_t は企業間で無相関の各企業固有の生産性ショックである．既存企業については，固有の生産性ショック z_t は，有界の領域 $[\underline{z}, \overline{z}]$ の範囲内で，共通の定常で単調なマルコフ推移関数 $Q(z', z)$ に従う．ここで z は今期のショック，z' は翌期のショックである．新規参入企業については，各企業固有の生産性ショックは，同じ領域 $[\underline{z}, \overline{z}]$ の範囲内で，共通の分布 $\varphi(z)$ に従う．

まず，資本ストックを所与として，企業の期間内の意思決定を記述する．企業の問題は，次の利潤を最大化することである．

(2) $$\pi(k, z; w) = \max_{l \geq 0} \{F(k, l; z) - wl - f\}$$

ここで，w は賃金率，f は企業が市場に残る限り毎期支払わなければならない生産の固定費用を示す．以下，利潤とキャッシュフローを同じ意味で用いる．生産関数は，次のコブ・ダグラス型に特定化する．

(3) $$y_t = A e^{z_t} k_t^{\alpha_K} l_t^{\alpha_L}, \quad \alpha_K + \alpha_L < 1.$$

(2) 式を解くと，次の労働需要，生産物供給，および利潤を得る[7]．

(4) $$l(k, z; w) = \left(\frac{1}{w} A e^z \alpha_L k^{\alpha_K}\right)^{\frac{1}{1-\alpha_L}},$$

(5) $$y(k, z; w) = A e^z k^{\alpha_K} l(k, z; w)^{\alpha_L},$$

---

[7] 労働は，初期の資本ストックを所与として，毎期最適量が選択されると単純に仮定している．もし，企業特有の人的資本が時間を通じて蓄積されると仮定すれば，企業は，人的資本の蓄積にも外部資金コストを被るため，labor wedge（労働の限界生産性と，余暇と消費の限界代替率との乖離）を生む原因となる．labor wedge の導入は，将来の有益な拡張の1つであるが，状態変数の数を増やし，数値分析を困難にするので，ここでは，単純な労働市場の仮定を置いている．

第5章 金融危機はマクロ経済の生産性を低下させるか　157

図5-5　資金調達コスト

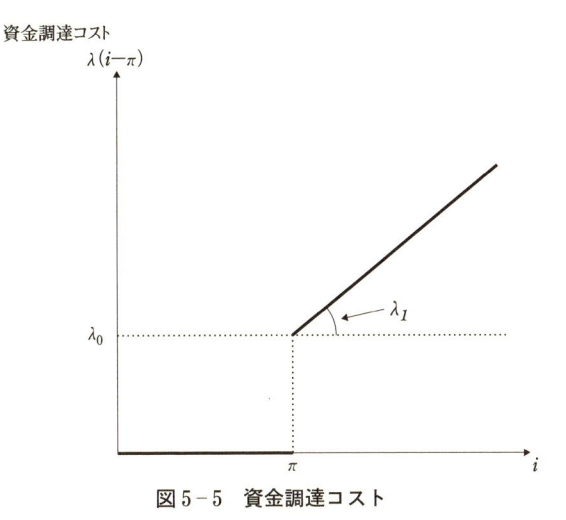

(6) $\quad \pi(k, z; w) = y(k, z; w) - wl(k, z; w) - f.$

次に，企業の動学的な問題に進む．翌期の資本ストック k' は，以下のように蓄積される．

(7) $\quad i(k, k') = k' - (1-\delta)k, \quad 0 < \delta < 1.$

ここで，i は投資，δ は固定資本減耗率である．

企業は，外部から資金を調達する場合，すなわち，利潤を上回る投資を行う場合，次の資金調達コストを被る．

(8) $\quad \lambda(k, k', z; w) = \lambda(i(k, k') - \pi(k, z; w)).$

資金調達コストは，外部資金の額に依存し，外部資金の額が正の範囲において，増加関数であると仮定する．具体的には，以下のとおり特定化する．

(9) $\quad \lambda(k, k', z; w) = \begin{cases} \lambda_0 + \lambda_1(i(k, k') - \pi(k, z; w)) & \text{if } i(k, k') - \pi(k, z; w) > 0, \\ 0 & \text{otherwise.} \end{cases}$

ここで λ_0 と λ_1 は正の定数である．図5-5は資金調達コスト関数を描いている．外部資金の取引費用に規模の経済がある，すなわち，少額の資金調達には高い平均費用がかかると仮定するのは自然である．Gomes (2001) は，Smith (1977) による新株発行による増資のコストのデータに基づき，外部

資金調達コストが (9) 式の線形関数によってうまく近似できることを示している．銀行貸出の場合，銀行は借り手の融資申込を受け入れるか拒絶するかを決定するのに，スクリーニング（選別）やモニタリング（監視）に関する固定費用が必要であり，それは借り手に転嫁されるであろう．外部資金調達コストに固定費用を導入すると，後述するように，投資が lumpy な性質（稀にしか行われないが，行われるときは大規模に行われる性質）を持つ[8]．

企業の動学的問題は，利潤の割引現在価値の期待値を最大化することであり，リカーシブには，次のように表現できる．

$$(10) \quad v(k, z; w) = \max_{k' \geq 0} \left\{ \pi(k, z; w) - i(k, k') - \lambda(k, k', z; w) + \beta \max\left(k', \int v(k', z'; w) \times Q(dz'|z)\right) \right\}.$$

ここで，β は割引因子である．最初の 3 つの項は，今期の配当，すなわち，利益－投資－金融仲介コストを示す．最後の項は，翌期の期待価値を示す．もし企業が市場から退出することを決めて，すべての資本ストックを売れば，その価値は k'，市場に残れば，割引期待価値は $\beta \int v(k', z'; w) \times Q(dz'|z)$ である．本章では，定常均衡に焦点を当てる．これは，すべての価格，数量，および状態間における企業の分布が一定である均衡である．このため，(10) 式では賃金が一定である，すなわち，$w' = w$ と仮定している．

Gomes (2001) は，価値関数 $v(k, z; w)$ が 1 つだけ存在し，それは連続で，(k, z) に関して増加関数で，w に関して減少関数であることを示している．(10) 式を解くと，翌期の資本ストックと，残留・退出の意思決定が導かれる．資本蓄積の意思決定は次のように表される．

$$(11) \quad k(k, z; w) = \min \left\{ \mathop{\mathrm{argmax}}_{k' \geq 0} \left\{ \pi(k, z; w) - i(k, k') - \lambda(k, k', z; w) + \beta \max\left(k', \int v(k', z'; w) \times Q(dz'|z)\right) \right\} \right\},$$

(10) 式の最大値をとる k' が 1 つでない場合には，企業は，できれば資金

---

[8] アメリカのプラント（工場）レベルのデータは，投資が lumpy であることを示している (Cooper et al. 1999, Cooper and Haltiwanger 2006)．日本の企業レベルのデータについては，第 5 節参照．

調達コストを避けるために,最小の値をとるものとする.企業が退出を決めるための必要十分条件は,

(12) $$\int v(k', z'; w) Q(dz'|z) < k'$$

である.この退出の意思決定は,企業固有の生産性ショックに閾値があり,これを下回るときに退出することを示している.

(13) $$x(k, z; w) = \begin{cases} 1 \text{ (残留)} & \text{if } z \geq z^* \\ 0 \text{ (退出)} & \text{if } z < z^*, \end{cases}$$

(14) $$z^*(k, z; w) = \min\left\{\inf\left\{z: \int v(k', z'; w) \times Q(dz'|z) \geq k'\right\}, \bar{z}\right\}.$$

最後に,潜在的な参入者の意思決定について述べる.彼らは,利潤の期待割引現在価値が非負である限り参入する.したがって,自由参入の条件は,

(15) $$\int v(0, z; w) \varphi(dz) \leq 0$$

であり,参入が正であれば,(15) 式は等号で成り立つ.

集 計

ここでは,集計変数について述べる.状態 (k, z) における企業のマス (mass) を $\mu(k, z)$ で表し,新規参入企業のマスを B で表す.いかなる集合 $\Theta = (K, Z)$ に対しても,μ の運動法則は,次式によって与えられる.

(16) $$\mu'(\Theta) = \int T(\Theta, (k, z)) \mu(dk, dz) + B \int X(K) \varphi(dz) Q(dz'|z).$$

ここで,

(17) $$T(\Theta, (k, z)) = \int X(K) x(k, z; w) Q(dz'|z),$$

(18) $$X(K) = \begin{cases} 1 & \text{if } k(k, z; w) \in K \\ 0 & \text{otherwise} \end{cases}$$

である.(16) 式の右辺第 1 項は,(k, z) から Θ に移動する既存企業のマスを示し,第 2 項は,Θ に移動する新規参入企業のマスを示す.なお,新規参入企業は,当初,資本ストックは保有していない.(17) 式は,この移行は,

企業が市場に残るという条件付きでなければならないことを示している．

状態 (k,z) における企業のマス $\mu(k,z)$ と新規参入企業のマス B が与えられると，生産，労働需要，キャッシュフロー，投資，金融仲介コスト，固定操業費用，および全要素生産性（TFP）の集計量を，それぞれ以下のように定義することができる．

生産：(19) $\quad Y(\mu,B;w)=\int(y(k,z;w)-f)\mu(dk,dz)-Bf.$

労働：(20) $\quad L(\mu,B;w)=\int l(k,z;w)\mu(dk,dz).$

キャッシュフロー：(21) $\quad \Pi(\mu,B;w)=\int \pi(k,z;w)\mu(dk,dz)-Bf.$

投資：(22) $\quad I(\mu,B;w)=\int(i(k(k,z;w),k)\mu(dk,dz)$
$\qquad\qquad\qquad +B\int k(0,z;w)\varphi(dz).$

金融仲介コスト：(23) $\quad \Lambda(\mu,B;w)=\int(\lambda(k,k(k,z;w),z;w)\mu(dk,dz)$
$\qquad\qquad\qquad +B\int \lambda(0,k(0,z;w),z;w)\varphi(dz).$

固定操業費用：(24) $\quad \Phi(\mu,B;w)=\int f\mu(dk,dz)+Bf.$

生産性：(25) $\quad \Omega(\mu,B;w)=\int Ae^{z}\mu(dk,dz)/\int \mu(dk,dz).$

(19) 式から (25) 式を導くに当たっては，初期の資本ストックがゼロである新規参入企業は，参入時点では，雇用量，生産量がゼロで，固定費 f だけ損失を被るということを考慮している．

家　計

家計は，消費 c と余暇 $1-l$ から得られる生涯効用を最大化する一人の経済主体で代表される．家計の所得は，賃金と配当からなる．割引因子を $\widetilde{\beta}$ で表すと，家計の問題は，次のように書ける．

(26) $\qquad\displaystyle\max_{c_t,l_t,s_t(k_t,z_t)} E_0\left[\sum_{t=0}^{\infty}\tilde{\beta}^t U(c_t,1-l_t)\right]$

s.t. $\quad c_t + \int \{\tilde{v}_t(k,z) - d_t(k,z)s_t(k,z)\}\mu(dk,dz)$

$\quad\quad = \int \max\{\tilde{v}_t(k,z), k\}s_{t-1}(k,z)\mu(dk,dz) + w_t l_t.$

ここで，$\tilde{v}_t(k,z), d_t(k,z),$ および $s_t(k,z)$ はそれぞれ，家計によって保有される株式の価格，配当およびシェアを示す．配当は，株式が購入された直後に払われると仮定する．この後の分析では定常均衡に焦点を絞るので，この定式化には，定常均衡の仮定が含まれている．定常均衡では，企業の割引因子は家計の割引因子に等しく，株価は企業価値と等しい．すなわち，$\widetilde{\beta} = \beta, \tilde{v}_t(k,z) = v(k,z),$ である (Gomes (2001) Proposition 4 参照)．定常均衡においては，すべての価格と数量が一定なので，家計の問題は，次の静学的問題に単純化できる．

(27) $\quad\quad\quad \max_{c,l\geq 0} U(c, 1-l)$

s.t. $\quad c = wl + \Pi(\mu,B;w) - I(\mu,B;w) - \Lambda(\mu,B;w)$

瞬時効用関数を，Hansen (1985) に沿って，次式のように特定化する．

(28) $\quad\quad\quad U(c, 1-l) = \log(c) + H(1-l).$

ここで，H は正の定数である．(28) 式を解くと，最適な消費と労働供給が，次のように導かれる．

(29) $\quad\quad\quad C(\mu,B,w) = \dfrac{1}{H}w,$

(30) $\quad L^s(\mu,B,w) = \dfrac{1}{H} - \dfrac{\Pi(\mu,B;w) - I(\mu,B;w) - \Lambda(\mu,B;w)}{w}.$

定常競争均衡

定常競争均衡では，すべての市場で需給が均衡し，(15) 式の自由参入条件が満たされ，すべての価格，集計量，および状態間の企業の分布が一定である．労働市場と財市場の均衡は，それぞれ次のとおりである．

(31) $\quad\quad\quad L^s(\mu,B,w) = L(\mu,B;w),$

(32) $\quad C(\mu, B; w) + I(\mu, B; w) + \Lambda(\mu, B; w) = Y(\mu, B; w).$

正の参入を伴う定常競争均衡が唯一存在することが証明できる（Gomes (2001) Proposition 5）．

3 カリブレーション

　本節では，モデルを日本経済に合うよう，パラメータを設定（カリブレート）する．銀行の不良債権は，株価と地価が急落した1990年代初頭から増え始めたが，銀行危機が深刻化したのは，1990年代半ばにいくつかの地方銀行が破綻してからである（兵庫銀行，太平洋銀行，阪和銀行がそれぞれ1995年，1996年，1997年に破綻）．金融危機は，1997年，1998年に頂点に達した．この時期には，いくつかの地方銀行が破綻しただけではなく，三洋証券がインターバンク市場でデフォルトし，北海道拓殖銀行，山一証券，日本債券信用銀行，日本長期信用銀行が相次いで破綻した．金融危機は，不良債権が減り始めた2002年まで続いた．

　こうした銀行危機の進展に鑑み，1980～1995年の金融危機前の期間と，1996～2002年の金融危機の期間に，期間を2分割する．資産価格が下落し，不況に突入した1990年（あるいは1991年）前後で期間分割するという考え方もありうるが，銀行危機がマクロ経済に及ぼす影響に焦点を絞るため，1995年以前と1996年以後で期間を区切ることとした．そのうえで，以下の手順で進むこととする．

　　　第1ステップ：モデルを，金融危機前の日本経済に合致するよう，カリブレートする．このモデル経済を，「ベンチマーク経済」と呼ぶ．
　　　第2ステップ：資金制約を受ける企業の割合，あるいは，銀行による不良債権処理損失率という，ミクロデータに基づく証拠に整合的になるよう，金融仲介コストのパラメータを変更する．この，金融仲介コストを高く設定したモデル経済を「資金制約下の経済」と呼ぶ．
　　　第3ステップ：「資金制約下の経済」が，金融危機の期間における日本

経済のデータと合致するかどうかをチェックし，さらに，「資金制約下の経済」が，「ベンチマーク経済」とどのように異なっているかを調べる．

なお，「ベンチマーク経済」，「資金制約下の経済」いずれも，定常競争均衡のみを数値的に求め，両者の比較を行う．日本の金融危機は長期間にわたったので，こうした分析手法は妥当であると考えられる[9]．

選　好

余暇の限界効用 H は，人口に占める労働者の割合によって決めることができる．1990年代における労働年齢人口（15歳以上人口）に占める労働力の割合は60%だったので（労働力調査），H の値を0.6に設定する．割引ファクターは，実質利子率が年0.03%となるよう，1/1.03に設定する．この実質利子率は，1980年代から2000年代にかけての日本経済とほぼ整合的である．

技　術

生産の労働弾力性 α_L と資本弾力性 α_K を決めるためには，規模に対する収穫の程度を考慮する必要がある．Miyagawa, Sakuragawa and Takizawa (2006) は，37産業の規模に対する収穫を推定し，多くの産業で収穫一定であるとの推計結果を得ている．そこで，$\alpha_L + \alpha_K = 0.95$ に設定する．1990年代と2000年代の資本の平均的なシェアは30%なので（JIPデータベース2008），α_K は0.3に設定する．したがって，$\alpha_L = 0.65$ と設定する．

固定操業費用 f は，主に企業の参入・退出の割合に影響する．図5-1は，参入企業の割合が，危機前の時期の6.1%から，危機の時期には4.4%に減少したことを示している．そこで，ベンチマーク経済では参入・退出割合が約6%になるように f の値を設定する．なお，定常競争均衡では，参入割合と退出割合は等しいことに留意されたい．

既存企業については，生産性ショック z の確率過程は，次式に従うと仮定する．

---

[9] アメリカの2007年以降の金融危機では急速な信用収縮が起こっており，この過程を分析するには，移行経路の分析が必要だと考えられる．

$$(33) \qquad z' = \rho z + \varepsilon'.$$

ここで，ε' は平均ゼロ，標準偏差 σ の（切断された）正規分布に従う．実際上は，正規分布に従うランダム変数に対する最適な状態空間近似を求める Tauchen and Hussey's (1991) の方法を用いる．適当なデータが入手可能であれば，ρ と σ のパラメータは，投資比率 I/K の系列相関と標準偏差から求めることができる．しかし残念ながら，十分な長い期間における I/K のミクロデータを入手できなかったので，ρ については，アメリカの上場企業のデータセットである Compustat のデータと整合的なパラメータを借用し (Gomes 2001)，$\rho = 0.6$ に設定する．σ については，日本の上場企業の I/K の標準偏差（第7章）に基づいて，$\sigma = 0.05$ に設定する．新規参入企業については，当初の技術水準は，既存企業と同じ切断された範囲における一様分布を仮定する．

金融仲介コスト

パラメータの設定は，このモデルにとって重要な役割を果たす．

図5-6は，日本の銀行の貸出金利と預金金利の差（金利マージン）を描いている．ベンチマーク経済では，比例的金融コスト（λ_1）を，金融危機前の時期における平均的な金利マージンの水準である 2.2％ に設定する．

固定的な金融コスト（λ_0）は，主に資金制約に属している企業の割合に影響する．設備投資の文献では，資金制約に属する企業を識別するために，さまざまな指標が使われてきた．例えば，配当支払の割合 (Fazzari et al. 1988)，債券格付けの有無 (Whited 1992, Erickson and Whited 2000)，企業の規模・年齢，日本企業の場合は，系列グループに属するかどうか (Hoshi et al. 1991)，などである[10]．しかし，ほとんどの先行研究は，これらの基準を用いてアプリオリに，資金制約下にある企業と制約下にない企業に分

---

10) 例えば，Erickson and Whited (2000) は，アメリカ企業をスタンダード・アンド・プアーズ社の債券格付けの有無で分類し，1992～1995年における Compustat に掲載されている 737 の製造業企業のうち，459社が資金制約下にあり，278社が非制約下にあることを見出している．日本の上場企業については，Nagahata and Sekine (2005) が，社債を発行した経験があるかどうかで分類し，約1/4の企業が資金制約下にある（すなわち，社債を発行していない）ことを見出している．しかし，これらの研究は上場企業のみに焦点を当てていることに留意すべきである．

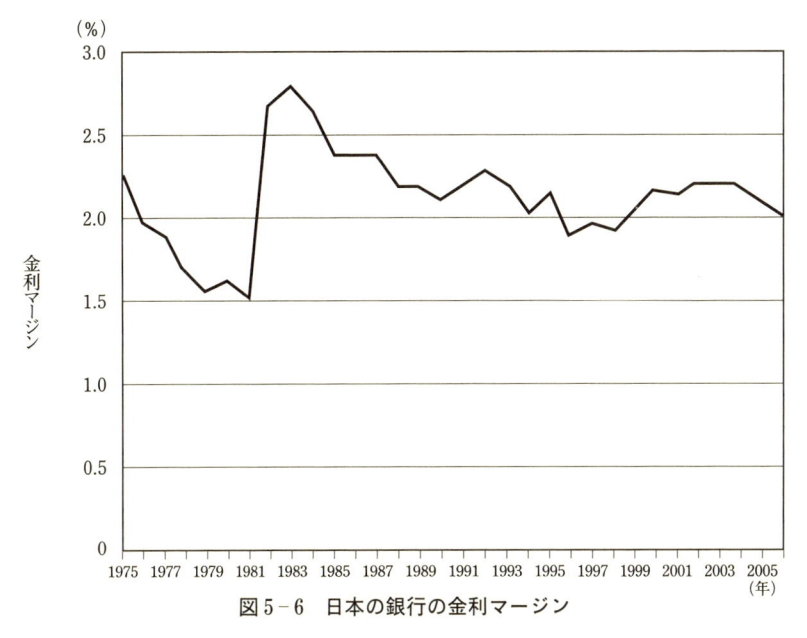

図5-6 日本の銀行の金利マージン

注) 金利マージン＝平均貸出金利－平均預金金利．
出所) 日経 Financial Quest 銀行財務データより作成．

類していて，資金制約下にある企業の割合を推計しているわけではない．重要な例外は，Gomes (2001) である．彼は，アメリカの上場企業 (Compustat 掲載企業) のうち，63％ が資金制約下にあると推計している．日本企業について同様の推計値がないので，λ_0 の値を，資金制約下にある企業の割合がほぼ 63％ となるように設定する．後で，金融仲介コストのパラメータを変更することで，そのマクロ経済への影響を分析する．

表5-1は，ベンチマーク経済におけるカリブレーションの手続きをまとめたものである．

4 ベンチマーク経済

表5-1に示されたパラメータを用い，定常競争均衡を数値的に計算する．その手続きは，補論3を参照されたい．金融仲介コスト上昇の影響を見る前に，モデルのベンチマーク経済と金融危機以前の時期 (1980〜1995年) の日本経済のデータを比較することで，モデルのパフォーマンスをチェックする．

表 5-1 カリブレーション

パラメータ	ベンチマーク経済	実証上の制約
技術		
α_K	0.3	規模に対する収穫
α_L	0.65	労働シェア
δ	0.1	投資／資本比率
f	0.01	企業の回転率
技術ショック		
ρ	0.6	I/K の系列相関
σ	0.05	I/K の標準誤差
資金調達コスト		
λ_0	0.035	資金制約企業の割合
λ_1	0.022	金利マージン（貸出金利－預金金利）
選好		
β	1/1.03	金利
H	0.6	労働力率

マクロ変数

表 5-2 は，モデルのベンチマーク経済における集計量を示している．これらの変数を見ると，モデルが危機以前の日本経済と整合的であることがわかる．投資／資本比率と企業の参入割合は，モデルとデータがほとんど合致しているが，それぞれ δ と f のパラメータの設定方法からすれば，驚くべきことではない．モデルは高度に非線形なので，これらの数値を厳密に一致させることはできなかった．ベンチマーク経済では，キャッシュフローの集計値は投資の集計値よりも大きいが，これは日本経済の特徴を捉えている．ベンチマーク経済における金融仲介コストのシェアは日本経済よりも小さいが，モデルでは，金融仲介以外の金融サービスを全く考慮していないので，驚くに当たらない．ベンチマーク経済のトービンの Q は，日本の上場企業よりも低い．その理由としては，モデルでは投資の調整費用や無形資産を考慮していないこと，トービンの Q のデータは上場企業だけ計測したものであること，金融危機以前において株式市場が企業価値を過大評価していた可能性があること，などが考えられる．

企業の最適行動と企業タイプの分類

本章では，金融仲介コストが異質な企業に及ぼす影響の違いに関心がある

表5-2 ベンチマーク経済（集計値）

変数	日本経済 1980-95	ベンチマーク経済
合わせた量		
投資比率 I/K	0.113	0.095
企業の回転率（参入）	0.061	0.058
その他の量		
投資シェア I/Y	0.225	0.222
キャッシュフロー CF/Y	0.341	0.323
資金調達コストのシェア Λ/Y	0.039	0.013
トービンの Q	2.058 (1.443)	1.092

注）1.（　）内のトービンの Q は，バブル期（1987-1992年）を除いた平均値．
　　2. 企業の回転率（参入）は，1981-1995年の平均値．
出所）日本経済の値は，，JIPデータベース 2008，「雇用保険年報」（厚生労働省），「企業財務データバンク 2000 CD-ROM（上場企業）」（日本政策投資銀行），および「法人企業統計季報」（財務省）より作成．

ので，企業をいくつかのタイプに分類し，投資や退出の意思決定がタイプによってどのように異なるかを見るのが有益であろう．

　金融仲介コストがなければ，最適な企業行動は，来期の生産性ショックのシグナルである今期の生産性ショックにのみ依存し，今期の資本ストックには依存しない．しかし，金融仲介コストがあると，最適な企業行動は，今期の生産性ショックと資本ストックの双方に依存する．今期の資本ストックは，今期のキャッシュフローに影響を及ぼすからである．図5-7は，今期の資本ストックに対する，翌期の最適資本ストックを描いている．上の方の線は高い今期の生産性ショックに対応しており，下の方の線は，低い今期の生産性ショックに対応している．最適な企業行動に応じて，企業タイプを4つに分類することができる．

　第1タイプに属する企業は，マイナスの粗投資を行っており，外部資金調達は行わないが，市場に残る企業である．このタイプの企業を，「非資金制約企業」と呼ぶ．当期の資本ストックが十分に大きく，比較的低い生産性ショックの企業が，非資金制約企業になる傾向にある[11]．

---

[11]「非資金制約企業」も，実際には，資金調達コストの影響を受けている．このタイプの企業は，資金調達コストがない場合に比べると，将来被る可能性のある資金調達コストを節約するために，資本ストックを過大に蓄積しているからである．

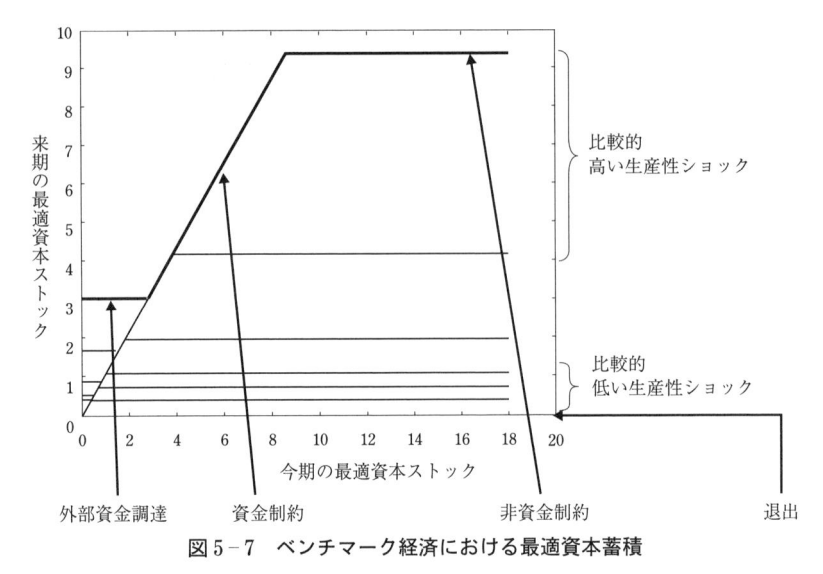

図5-7 ベンチマーク経済における最適資本蓄積

注) 各線が各生産性ショックの水準に対応する．最も高い生産性ショックのケースのみ，太線で示す．

　第2タイプの企業は，キャッシュフローの範囲内でプラスの粗投資を行い，借入を行わない企業である．このタイプの企業を，「資金制約企業」と呼ぶ．非資金制約企業と比べると，当期の資本ストックは小さく，生産性ショックの高い企業が，資金制約企業になる傾向にある．資金制約企業は金融仲介コストによって投資が制約されており，資本減耗分をちょうど補うだけの投資を行う傾向がある．

　第3タイプの企業は，キャッシュフローを超えるプラスの粗投資を行い，資金仲介者から資金を借り入れる企業である．このタイプの企業を「外部資金調達企業」と呼ぶ．資金制約企業と比べると，さらに資本ストックが小さく，生産性ショックの高い企業が外部資金調達企業になる傾向にある．外部資金調達企業の投資はlumpyである．すなわち，小さな生産性ショックが，固定的な資金調達コストのせいで，投資の大きなジャンプを引き起こす．

　最後のタイプの企業は，資本ストックを売却し，退出を選択する企業である．このタイプの企業を「退出企業」と呼ぶ．極めて低い生産性ショックの企業が退出企業になる傾向がある．

表5-3 ベンチマーク経済（クロスセクションの結果）

	全企業			既存企業		
	マスシェア	投資シェア	資本シェア	I/K	I/Y	CF/Y
外部資金調達企業	0.012	0.965	0.004	2.572	3.736	0.330
資金制約企業	0.618	0.652	0.574	0.107	0.230	0.325
非資金制約企業	0.312	−0.262	0.384	−0.064	−0.170	0.326
退出企業	0.058	−0.355	0.037	−0.900	−3.157	0.303

	既存企業				
	Λ/Y	Y/L	Q	$\ln(TFP)$	K
外部資金調達企業	0.182	1.623	1.305	0.176	0.474
資金制約企業	0.000	1.611	1.122	0.042	0.551
非資金制約企業	0.000	1.615	1.044	−0.026	0.730
退出企業	0.000	1.560	0.986	−0.116	0.485

注）CF と Λ はそれぞれ，キャッシュフローと資金調達コストを示す．

資金調達，規模，および生産性

表5-3は，各タイプのマス（企業数）企業数の割合と，重要な変数の平均値を示している．どの企業が資金制約下にあるかを特定化できるのは，このモデルの利点である．資金制約企業の割合は61.8%であり，固定的資金調達コストのパラメータを設定するに当たり，アメリカのデータをもとに決めたターゲットの水準に近い．外部資金調達企業の割合はマス（企業数）で見ると1.2%と少ないが[12]，投資の総額のほとんどを外部資金調達企業が占めている．多くの新規参入企業は，このタイプに属する．

クロスセクションの結果で興味深いことの1つは，TFPで見てもトービンのQで見ても，外部資金調達企業が最も生産性が高く，次いで資金制約企業，非資金制約企業の順に並んでいる点である．資本ストックで見た企業規模は，この逆で，非資金制約企業が最も大きく，次いで資金制約企業，外部資金調達企業の順である．小さな企業ほど外部資金の制約を受けやすいという結果は，「金融環境実態調査」（中小企業庁）を用いた推計結果（後掲表5

---

[12] 「法人統計季報」（2008年第2四半期，財務省）によると，2008年第2四半期に固定資産を増加させなかった企業の割合は74.5%である．この統計は，資本金1億円以上のみの企業をカバーしている点を考慮すると，外部資金調達企業の割合が極めて少ないというここでの分析結果は，妥当だと思われる．

－A2) や，多くの日本企業を対象とした既存の実証分析と整合的である．

退出企業は，最も生産性が低く，トービンの Q は1を下回っている．実際に，1990年代の退出企業が最も生産性が低かったかどうかについては，対立する実証研究が存在するが，このモデルの結果は，生産性が低いほど退出しやすいという，いくつかの実証分析の結果と整合的である[13]．

5 資金制約下の経済

5.1 外部資金調達コストのパラメータの設定

図5-6に描かれているように，金利マージンは，金融危機の期間において上昇していない．危機前と危機の期間における金利マージンの平均値は，それぞれ2.23%, 2.05%である．

にもかかわらず，資金制約を受ける企業の割合は，金融危機の時期に増加したものと考えられる．中小企業庁は，2001年12月にアンケート調査（「金融環境実態調査」）を実施し，借入申込がメインバンクおよびその他の金融機関によって断られたかどうかを質問した．このアンケート調査によると，4258の中小企業のうち，1999〜2001年の3年間で，年平均7.4%の企業が借入申込をメインバンクによって断られ，その後，代替的資金調達源が見つけられなかったと答えている．

資金制約を受ける企業が増加したのは，銀行側の理由だけではなく，企業側の財務状況が悪化したことや担保価値が下落したことも原因となっている可能性もある．ここでは，企業側ではなく銀行側のバランスシートの悪化の効果に焦点を絞りたいので，借入申込が拒絶される要因を推計した．その結果，銀行の自己資本の悪化が，借入申込を拒絶された企業数を約20%増加させたことが明らかになった（補論2）．したがって，銀行の自己資本の悪化

---

[13] Griliches and Regev (1995) と Bellone et al. (2005) は，それぞれイスラエルとフランスにおいて，生産性が低い企業ほど退出しやすいことを見出している．日本の企業については，いくつかの研究が，生産性が低いほど退出しやすいことを見出しているが（Matsuura and Motonishi 2005, Kiyota and Takizawa 2006），他方，逆の結果を得ている研究もある（Sekine et al. 2003, Nishimura et al. 2005, Fukao and Kwon 2006）．対象とする産業，データソースの違いがこうした違いをもたらしているようである．残念ながら，補論2で述べるデータセットは，TFPの推計に必要な十分なデータがそろっていないので，このデータセットを用いて企業レベルの生産性を推計することはできない．

によって金融仲介コストが上昇し，その結果，資金制約を受ける企業数が増加したと仮定することは合理的である．

銀行の自己資本の悪化が金融仲介コストを引き上げる経路は，いくつか考えられる．信用収縮に関する多くの実証分析（第4章：Gibson 1995, Gibson 1997 他）が示唆しているように，自己資本が乏しい銀行は，自己資本比率規制を満たすために，企業の選別基準を引き締める傾向にある．そうすると，企業は，借入申込を銀行に承諾してもらうために，これまで以上に多くの時間，努力，資源を使わなければならなくなる．これらのコストは，固定コストを引き上げることになるだろう．また，経営資源を不良債権の管理に割かなければならなくなった銀行は，借り手の信用力に関する情報の処理（審査）に割く資源を減らすかもしれない．この場合，借り手の平均的な質が低下するので，銀行は潜在的な損失をカバーするために，金利や金利以外の手数料を引き上げたり，担保や付帯条項などの融資条件を厳しくしたりするだろう．こうしたさまざまな経路を区分するかわりに，ここでは単純に，借り手企業や銀行のミクロデータに整合的になるよう，金融仲介の固定コストあるいは変動コストを上昇させ，そのマクロ経済への影響を見ることとする．

具体的には，金利マージンが安定していたにもかかわらず，資金制約を受ける企業が増加したということを説明するために，2つの代替的アプローチをとることとする．

第1の方法は，「金融環境実態調査」を使った推計値に基づき，資金制約を受ける企業の数が約20%増えるように，固定的な資金調達コストのパラメータ（λ_0）を高く設定する．このパラメータのもとで求めたモデル経済を，「資金制約下の経済A」と呼ぶ．

第2の方法は，日本の銀行が被った不良債権による損失率を用いて，比例的な資金調達コストのパラメータ（λ_1）を高く設定する．モデル上，金融仲介者は競争的で損失を被ることはないが，実際の日本の銀行は，金融危機の時期に多額の不良債権処理損を計上していることを考慮すると，このパラメータの設定は合理的である．不良債権処理損の集計データが入手可能な1997～2001年度において，日本の銀行は総貸出残高の平均1.7%の処理損失を被っている．そこで，λ_1をベンチマークの2.2%から3.9%へ上げる．このモデル経済を，「資金制約下の経済B」と呼ぶ．

表 5-4 資金制約下の経済

変　数	ベンチマーク経済	資金制約下の経済 A	ベンチマークとの差	資金制約下の経済 B	ベンチマークとの差	日本経済 1980〜1995	日本経済 1996〜2002
A. 資金調達コスト							
外部資金の固定コスト（λ_0）	0.035	0.040	0.005	0.035	0.000		
外部資金の単位コスト（λ_1）	0.022	0.022	0.000	0.039	0.017		
B. 企業タイプ別マスシェア							
外部資金調達企業	0.012	0.007	−0.005	0.005	−0.007		
資金制約企業	0.618	0.737	0.119	0.835	0.217		
非資金制約企業	0.312	0.216	−0.096	0.132	−0.181		
退出企業	0.058	0.040	−0.018	0.029	−0.029		
C. 集計値							
投資率（I/K）	0.095	0.096	0.002	0.097	0.002	0.113	0.092
投資シェア（I/Y）	0.222	0.228	0.006	0.228	0.006	0.225	0.222
キャッシュフローのシェア（CF/Y）	0.323	0.323	0.000	0.321	−0.003	0.341	0.295
労働生産性（対数値）（$\log(Y/L)$）	0.474	0.472	−0.002	0.464	−0.010	0.009	−0.009
企業回転率（参入）	0.058	0.040	−0.018	0.029	−0.029	0.061	0.044
実質賃金（対数値）（$\log(W)$）	0.084	0.081	−0.003	0.078	−0.006	0.010	0.023
TFP（対数値）（$\log(TFP)$）	0.015	0.011	−0.004	0.009	−0.006	0.007	−0.012

注) 1. 日本経済の $\log(TFP)$ と $\log(W)$ は，トレンド除去後の平均値．
　　2. モデル経済の $\log(TFP)$ は，既存企業の平均値．
出所) 日本経済の値は，JIP データベース 2008,「法人企業統計年報」(財務省)，および「雇用保険年報」(厚生労働省) より作成．

資金制約下の経済 A と B を，ベンチマーク経済と比較することによって，銀行危機がマクロの生産性その他のマクロ経済のパフォーマンスに及ぼす影響を見ることが可能となる．

5.2　資金制約下の経済とベンチマーク経済の比較

表 5-4 は，資金制約下の経済 A と B をベンチマーク経済と比較したものである．

まず，資金制約下の経済 A から見る．資金制約下にある企業の割合は，ベンチマーク経済の 61.8% から 73.7% へ増えており，その増加率は 19.3% である（19.3% =(73.7−61.8)／61.8）．これは，「金融環境実態調査」を用いて推計したターゲットの増加率 20% にほぼ等しい．企業の参

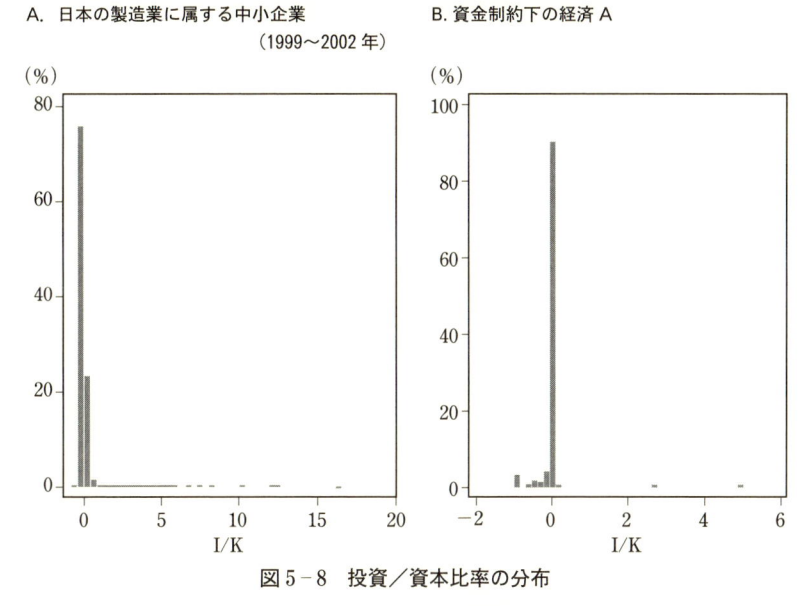

A. 日本の製造業に属する中小企業 (1999〜2002年)

B. 資金制約下の経済 A

図5-8 投資／資本比率の分布

出所) パネル A は，JADE データベース 2008 より作成（第4章補論2参照）．

入率（退出率に等しい）は，ベンチマーク経済の 5.8% から 4.0% に低下している．金融仲介コストのパラメータは，参入・退出率のデータと合わせるように設定したわけではないにもかかわらず，モデルの参入・退出率の低下幅は，現実の参入率の低下幅（金融危機前の 6.1% から危機期における 4.4% への低下）と，ほぼ一致している．

図5-8は，企業レベルの投資／資本比率の分布を，実際のデータとモデルで比較したものである．実際のデータは金融危機時における，日本の製造業に属する中小企業のものであり[14]，モデルは資金制約下の経済 A である．残念ながら，危機前のデータは入手可能ではなかった．2つを比較すると多くの企業は投資をしておらず，投資をする際には大きな投資を行うというデータの特徴（lumpiness）を，モデル経済がうまく捉えていることがわかる．

---

14) 企業レベルの投資比率の作成には，ビューロ・バン・ダイク社が編集し，非上場企業の財務諸表データが含まれている，JADE というデータベースが用いられている．サンプルは 1999 年から 2002 年における，27017 の観測値（企業・年）をカバーしている．データの詳細は，第4章補論2参照．ただし，第4章の実証分析では，投資／資本比率が2以上のサンプルは異常値として取り除いている．

表5-4に戻り，資金制約下の経済Aの集計値を見ると，投資／資本比率も投資／生産比率も，ベンチマーク経済と比べて低下していない．これは，集計された投資比率は，資金制約を受ける企業の割合については，何の情報ももたらさないことを示している．実際の投資比率は，金融危機前から危機の時期にかけて，わずかに減少している．マクロ・レベルのTFPを見ると，資金制約下の経済Aは，ベンチマーク経済から0.4％ポイント低下している．実際の日本経済のTFP（対数値）については，線形トレンドを用いてトレンドを除去すると，金融危機前から危機の時期にかけて，1.9％ポイント下落している．したがって，金融仲介コストの上昇は，実際のトレンド除去後のTFPの下落のおよそ20％を説明できることがわかる．

　なぜ，資金制約下の経済はベンチマーク経済よりもマクロの生産性が低いのだろうか？ 新規参入企業と生産性の高い企業は，外部から資金を調達する意欲が強いので，資金仲介コストが上昇すると，損失を被る．この結果，新規参入の価値をゼロに保つよう，実質賃金が低下する（自由参入条件（15）式より）．資金制約下の経済Aの実質賃金は，ベンチマーク経済よりも0.2％低い．他方，生産性の低い企業は，低い実質賃金によって利益を受ける．彼らは，外部資金を調達する意欲がないので，資金調達コストが上昇しても，損失は被らない．この結果，生産性の低い企業が市場に残留する傾向が強まる．生産性の低い企業の残留は，経済全体の生産性と企業の回転（参入・退出）率を低下させてしまう．要約すれば，金融仲介コストの上昇は，生産性の高い企業と低い企業に，異なった影響を及ぼす．生産性の高い企業には有害だが，生産性の低い企業には便益をもたらす．

　実際のトレンド除去後の実質賃金は，金融危機前から危機の時期にかけて，低下せずに，むしろ1.3％上昇している．しかし，実質賃金は，さまざまな理由によって，しばしば労働の限界生産性から乖離する．日本では，労働者数に占める中高年齢者の割合が上昇傾向にあったことが，実質賃金と労働の限界生産性を乖離させた要因の1つとなっていたようである[15]．

　本章のモデルにおいて，資金制約がマクロ経済の生産性に負の影響を及ぼすメカニズムを説明したので，簡単に，関連研究との比較をしておこう．

---

15) 細野・牧野（2007）は，1973～2002年の産業別データを用いて，この点を確認している．なお，金融危機が特に深刻化した1998年以降は，実質賃金の上昇率は労働生産性の上昇率を下回るようになり，両者の乖離は縮少に転じた．

Caballero et al. (2008) は,「ゾンビ貸出」, すなわち, ほとんど返済不可能な企業に対する貸出が, 生産要素価格を引き上げ, 生産要素の移動を抑制したと主張している. Tomura (2007) は, 担保制約下の経済を理論的に分析し, 担保制約が強まると, 土地 (担保であり, 生産要素でもある) の価格が下がり, この結果, 生産性の低い企業が生存しやすくなることを見出している. これら2つの研究と本章のモデルでは, 金融部門の摩擦がマクロ経済の生産性に波及する正確なメカニズムは異なっているが, いずれも, 次のような一般均衡の効果を共通点として持っている. それは, 金融市場の不完全性は, 要素価格への影響を通じて, 生産性の高い企業に負の影響を及ぼし, 生産性の低い企業に便益を与えるという点である.

次に, 資金制約下の経済Bとベンチマーク経済を比較する. 資金制約企業の割合は83.5%に増え, 企業の参入・退出率は2.9%に低下している. これらの変数については, ベンチマーク経済からの変化が, 資金制約下の経済Aよりも, 幾分大きくなっている. 他方, 投資比率, キャッシュフロー比率など, 他のマクロ変数は資金制約下の経済Aとほとんど変わらない. マクロのTFPはベンチマーク経済から0.6%ポイント低下している. これは, 実際のトレンド除去後のTFPの変化のおよそ30%に相当する. TFPに対する定量的な影響は多少, 資金制約下の経済AとBで異なるが, いずれの結果も, 資金調達コストの上昇は, マクロでみた投資比率をほとんど変化させないが, TFPは顕著に減少させることを示している.

6 資金調達コストが参入企業と既存企業で異なるケース

ここまでは, 資金調達コストは新規参入企業と既存企業で同じであると仮定していた. しかし, とりわけ金融危機の時期には, 新規参入企業は既存企業よりも高い資金調達コストを被るかもしれない. まず, 銀行は不良債権の管理に経営資源を割り当てなければならないので, 新規借入申込み者の信用力の調査に対しては, 割り当てる経営資源を減らす可能性がある. また, 銀行は, 公表不良債権の増加を抑えるために, パフォーマンスの悪い既存企業には緩い審査基準を適用するかもしれない. これは, 銀行経営者の裁量によって, 公表不良債権の額を会計操作できるときに起こる問題である. こうした会計操作は, 日本では1990年代に広く行われていた (第1章).

表5-5 参入企業と既存企業で資金調達コストが異なる場合の，資金制約下の経済

変数	ベンチマーク経済	資金制約下の経済C	ベンチマークとの差	資金制約下の経済D	ベンチマークとの差	日本経済 1980〜1995	日本経済 1996〜2002
A. 資金調達コスト							
外部資金の固定コスト（λ_0）							
：既存企業	0.035	0.035	0.000	0.035	0.000		
：参入企業	0.035	0.040	0.005	0.035	0.000		
外部資金の単位コスト（λ_1）							
：既存企業	0.022	0.022	0.000	0.022	0.000		
：参入企業	0.022	0.022	0.000	0.039	0.017		
B. 企業タイプ別マスシェア							
外部資金調達企業	0.012	0.007	−0.005	0.009	−0.002		
資金制約企業	0.618	0.737	0.119	0.833	0.215		
非資金制約企業	0.312	0.216	−0.096	0.138	−0.174		
退出企業	0.058	0.040	−0.018	0.020	−0.039		
C. 集計値							
投資率（I/K）	0.095	0.096	0.002	0.098	0.003	0.113	0.092
投資シェア（I/Y）	0.222	0.228	0.006	0.231	0.009	0.225	0.222
キャッシュフローのシェア（CF/Y）	0.323	0.323	0.000	0.320	−0.003	0.341	0.295
労働生産性（対数値）（$\log(Y/L)$）	0.474	0.472	−0.002	0.464	−0.010	0.009	−0.009
企業回転率（参入）	0.058	0.040	−0.018	0.020	−0.039	0.061	0.044
実質賃金（対数値）（$\log(W)$）	0.084	0.081	−0.003	0.078	−0.006	0.010	0.023
TFP（対数値）（$\log(TFP)$）	0.015	0.011	−0.004	0.007	−0.008	0.007	−0.012

注) 1. 日本経済の $\log(TFP)$ と $\log(W)$ は，トレンド除去後の平均値.
　　2. モデル経済の $\log(TFP)$ は，既存企業の平均値.
出所) 日本経済の値は，JIPデータベース2008，「法人企業統計季報」（財務省），および「雇用保険年報」（厚生労働省）より作成.

　本節では，新規参入企業と既存企業で，外部資金調達コストが異なるケースを2つ取り扱う．第1のケースは，ベンチマーク経済と比べて，新規参入企業だけ資金調達の固定費（λ_0）が上がると仮定する．その上げ幅は，「金融環境実態調査」を用いた推計値に基づき，ベンチマーク経済よりも資金制約企業の数が約20%上昇するように設定する．このモデル経済を，資金制約下の経済Cと呼ぶこととする．資金制約企業を20%増やすのに，λ_0の値は0.04に設定すればよいことがわかった．この値は，新規参入企業と既存企業で同じ資金調達コストがかかると仮定した，資金制約下の経済Aと

第5章 金融危機はマクロ経済の生産性を低下させるか 177

同じ値である．第2のケースは，ベンチマーク経済と比べて，新規参入企業だけ，比例的な資金調達費用（λ_1）を1.7％ポイント引き上げる．この引き上げ幅は，総貸出に占める不良資産処理損失の平均値であるが，ここでは，不良債権からの損失を，新規参入企業にだけ転嫁すると仮定する．このモデル経済を，資金制約下の経済Dと呼ぶ．

表5-5は，資金制約下の経済CとDをベンチマーク経済と比較したものである．

資金制約下の経済Cの場合，企業タイプ別クロスセクションの結果も，集計値の結果も，資金制約下の経済Aと同じである．特に，TFPの下落は，金融危機時における実際のトレンド除去後のTFPの下落幅の約20％を説明している．こうした結果は，金融仲介の固定費用の上昇は，新規参入企業に対する影響のほうが，既存企業に対する影響よりも支配的に大きいことを示唆している[16]．

他方，資金制約下の経済Dは，クロスセクションの結果も集計値の結果も，資金制約下の経済Bとは異なる．注目すべきは，資金制約企業の割合は，経済Dのほうが経済Bよりもわずかに小さいのに対し（D：83.3％，B：83.5％），ベンチマークと比較したTFPの下落幅は，経済Dのほうが経済Bよりも大きい（D：0.8％ポイント，B：0.6％ポイント）ことである．経済DにおけるTFPの低下は，危機の時期におけるトレンド除去後のTFPの下落幅の約40％を説明する．しかしながら，参入・退出率が大幅に減少していることを考慮すると，経済DにおけるTFPへの影響は，やや過大評価かもしれない．

7 結　論

本章では，日本の銀行危機の時期における銀行の健全性の悪化が，企業ダイナミクスを通じてマクロ経済の生産性に及ぼす影響を，定量的に評価した．本章の分析結果は，金融仲介コストの上昇は，マクロの投資比率を低下させることはないが，企業の参入・退出の抑制と投資の意思決定の歪みを通じて，マクロ経済の生産性を顕著に低下させることを示している．

16）　新規参入企業だけ固定的資金調達コストを引き上げた経済が，新規参入企業も既存企業も固定的資金調達コストを引き上げた経済と，常に，一致するわけではない．

金融仲介コストを組み込んだ本章のモデルは，日本の金融危機時におけるマクロの生産性の低下のうち，一定割合を説明することができたが，企業の資金調達コストを上昇させた要因は，他にもあったかもしれない．例えば，企業のバランスシートの悪化や，担保価値の低下である．これらの要素を分析すれば，TFP下落の他の要因を明らかにすることができるかもしれない[17]．したがって，モデルの自然な拡張は，不完全な契約履行から生じる担保制約を明示的に組み込み，それを日本経済にカリブレートすることである．

　本章のモデルを，金融市場の摩擦以外の歪みを考慮するよう，拡張することも可能だろう．特に，最近の景気循環会計の研究は，1990年代において労働市場のウェッジ（wedge）が拡大したことを示している（Kobayashi and Inaba 2006, Inaba 2007, 大津 2008）．労働市場の摩擦を導入することは，企業の参入・退出率の低下を過大に評価することなく，TFP下落を説明しうる可能性があり，有益な拡張となるだろう．金融仲介コストが上昇しても実質賃金が下落しなければ，低い生産性の企業が便益を受けて存続するという効果はなくなるが，他方，実質賃金が高止まりすることによる雇用，生産の下落効果が生じるため，経済厚生がどう変化するかを分析することも興味深いと考えられる．

　現行のモデルは，これらの限界があるものの，以下の一般的な含意を与えている．それは，資金調達コストの上昇が及ぼす影響は，生産性の高い企業と低い企業，新規参入企業と既存企業の間で異なるということが，そのマクロ経済への帰結を定量的に理解する上で，極めて重要であるという点である．資金調達コストの上昇は，新規参入企業と生産性の高い企業には有害であるが，比較的生産性の低い既存企業には便益を与えるので，企業の参入・退出の抑制と投資の意思決定の歪みを通じて，マクロ経済の生産性を低下させる．

17）ただし，第7章では，1991年以降の金融緩和によって，（一部の産業を除き）企業の資金制約が緩和されたことが明らかにされている．本章のモデルに金融政策の効果を導入することは，さらなる発展方向の1つである．

補論1 データ

集計データ

マクロの生産, 資本ストック, 投資, 労働およびTFPは, JIPデータベース2008から入手した. これらはすべて, 公共部門と持家部門を除く,「市場経済」の値を用いる.

$Y=$ 実質産出 − 実質中間投入
$K=$ 実質純資本ストック
$I=$ 実質投資フロー
$L=$ ディビジア労働投入指数

トレンド除去後のTFP（対数値）を作成するために, まず, 1980年の水準（1に基準化）から年々のTFP上昇率を順々にかけて, 2005年までのTFP水準のデータを作成する. 次に, TFP水準の対数値を, タイムトレンドに回帰する.

$$\ln(TFP) = 0.027 + 0.0102 * time\ trend$$

この回帰式の残差を, トレンド除去後のTFP（対数値）として用いる.

トレンド除去後の労働生産性（対数値）についても同様に, 労働生産性水準（Y/L）の対数値をタイムトレンドに回帰して求める.

金融仲介サービスのシェア（Λ/Y）は, JIPデータベース2008より, 市場経済の実質付加価値に占める, 金融業（産業コード69）の実質付加価値の割合として求める.

キャッシュフローは,「法人企業統計季報」（財務省）から求める. 一貫した時系列データになるよう, サンプル入れ替えと小企業のサンプル選別のラグの影響は調整している. 詳細は, Hosono（2005）を参照のこと.

有雇用企業の参入・退出率は, 厚生労働省の「雇用保険年報」による.

企業データ

企業レベルのI/Kの標準偏差とQの平均値は, 第7章による. このサンプルは, 1971〜1999年の間に, 東京証券取引所および地方の証券取引所に

上場している全企業である．

図 5-8 の A で用いた，製造業に属する中小企業の I/K のデータは第 4 章による．サンプル期間は，1999～2003 年である．

補論 2　資金制約企業の割合の推計

データ

資金制約企業の割合を推計するのに，中小企業庁が 2001 年 12 月に実施した「金融環境実態調査」と呼ばれるアンケート調査を用いる．このアンケート調査は，アメリカ企業に対する NSSBF1993 (National Survey of Small Business Finances) と同様のものである．対象企業は，東京商工リサーチ (TSR) データベースから無作為抽出されたものである．調査対象期間は，1999 年 1 月から 2001 年 12 月の 3 年間である．このアンケート調査では，各年において，企業がメインバンクから融資を拒絶されたかどうか，拒絶された場合には，他の民間金融機関から肩代わり融資を受けたかどうかが質問されている．

企業の財務諸表とメインバンクのデータは，TSR データベースから得る．企業のメインバンクは，TSR データベースにおいて第一金融機関として記載されているものとする[18]．

メインバンクの財務データは日経 NEEDS から，株価は「株価 CD-ROM」(東洋経済新報社) から入手した．

サンプルの選定

サンプルは，次の 3 つの条件を満たすものを選ぶ．

[18) 「金融環境実態調査」は，メインバンクの情報を含んでいない．TSR データベースに掲載されている「第一金融機関」は，TSR の調査員によって最も重要な金融機関だと判断されたものであり，企業経営者によって最も重要な金融機関だと認識されているものと，一致するはずである．しかし，調査対象期間にメインバンクを変えた場合，調査員は過去のメインバンクを追跡調査していない．このため，調査期間 (1999 年 1 月から 2001 年 12 月) 中にメインバンクを変えた企業は，サンプルから除外している．

1) 中小企業基本法で定義される中小企業であること[19].
2) メインバンクが，財務データが入手可能な都市銀行，長期信用銀行，信託銀行，第一地方銀行，第二地方銀行，あるいは信用金庫であること．
3) 1999〜2001年の3年間にメインバンクを変更していないこと．

第3の条件は，メインバンクを正しく識別するために必要なものである．総企業数は4258で，総観測値（年・企業）数は，12569である．

プロビット推計

銀行が借入申込を拒絶する要因を，プロビット推計を用いて推計する[20]．t年に企業iがメインバンクから借入申込を拒絶され，他の民間金融機関からも資金を得られなければ1，借入申込が受け入れられた場合（他の民間金融機関から肩代わり融資を受けた場合を含む）は0のダミー変数を$R_{i,t}$とする[21]．$R_{i,t}$は次式によって定義される$R^*_{i,t}$よって決定される．

(A1)　　　$R^*_{i,t} = \beta_0 + \beta_1 Firm_{i,t} + \beta_2 Bank_{i,t} + \beta_3 Relationship_{i,t} + u_{i,t}$,

ここで，$Firm_{i,t}$は企業iの経営パフォーマンスその他の特性を示す変数群，$Bank_{i,t}$はメインバンクの資本の状況を示す変数群，$Relationship_{i,t}$は企業iとそのメインバンクの関係を示す変数群，$u_{i,t}$は平均ゼロ，分散σ^2の正規分布に従うランダム変数である．企業iがメインバンクその他の金融機関から資金を得られるかどうかは，次式によって決定される．

(A2)　　　$R_{it} = \begin{cases} 1 & \text{if } R^*_{i,t} \geq 0 \\ 0 & \text{if } R^*_{i,t} < 0 \end{cases}$

---

19) 「金融環境実態調査」では，各産業ごとに10%の割合で，大企業が含まれている．しかし，実際の中小企業数のシェアは99.7%（「事業所企業センサス2001」（総務省）に基づく，「中小企業白書」（中小企業庁）の推計値）であることを考慮し，大企業は除外した．
20) この定式化は，Berkowitz and White (2002), 細野・澤田・渡辺 (2004), Hosono and Xu (2009) と同様のものである．ただし，Berkowitz and White (2002) では，銀行の資本状況は説明変数に含まれない．
21) 1999年から2001年の間に，メインバンクに借入申込を拒絶された企業のうち，平均して約20%の企業が他の民間金融機関から融資を受けている．ここでは，これらの企業は借入申込が受け入れられた企業として分類している．

表 5-A1　金融環境実態調査の変数

変数		観測値数	平均	標準誤差
借入申込の拒絶				
R	借入申込が拒絶され，他の民間金融機関から資金を得られなければ 1 のダミー	12569	0.074	0.262
企業				
EBITDA	金利，税，減価償却控除前利益	12569	4.887	7.970
SALES	売上／総資産	12569	1.493	1.165
DEBT	負債／総資産	12569	0.778	0.232
SIZE	雇用者数（対数値）	12569	3.693	1.038
AGE	企業年齢	12569	40.853	21.807
BUSINESS	業況が「良好」，「不変」=1，「悪化」=0	12569	0.614	0.487
メインバンク				
STOCK	1993 年 3 月からの株価の変化率（%）	10519	−35.945	23.798
NPL	不良債権／総資産（%）	12569	3.810	1.862
企業―銀行関係				
NUMBER	企業が取引している金融機関の数	12569	4.333	3.292
YEAR	企業がメインバンクと取引している年数	12569	30.462	15.024

出所）『金融環境実態調査』（中小企業庁），『TSR データベース』（東京商工リサーチ），日経 NEEDS，「株価 CD-ROM」（東洋経済新報社）より作成.

　企業変数 $Firm_{i,t}$ には，1) $EBITDA$: 金利，税，減価償却控除前利益，2) $SALES$: 売上／総資産，3) $DEBT$: 負債／総資産，4) $SIZE$: 従業員数（対数値），5) AGE: 企業年齢，6) $BUSINESS$: 景況が良好または不変のとき 1，悪化のときゼロをとるダミー変数を用いる．AGE は，情報の透明性の程度を表す変数だが（Petersen and Rajan 1994），AGE と銀行・企業間の取引年数は強く相関しているので（相関係数は 0.628），部分的には，メインバンクとの関係の程度も捉えている．$EBITDA$, $SALES$, $SIZE$, $BUSINESS$ が小さいほど，また，$DEBT$ が高いほど，企業は借入申込を拒絶されやすいと予想される．

　銀行変数 $Bank_{i,t}$ には，1) $STOCK$: 1993 年 3 月水準からの株価変化率，2) NPL: 不良債権（リスク管理債権）／総資産を用いる．不良債権（リスク管理債権）は，破綻先債権，延滞債権，3 ヶ月以上延滞債権および貸出条件緩和債権の合計である．株価のベンチマークは 1993 年 3 月時点の水準をとったが，これは，まだこの時点では銀行業の株価水準は比較的高く，不良債権は深刻な問題だとは認識されていなかったからである．NPL と貸出拒絶確率との間には，正の相関も負の相関も考えうる．NPL の高い銀行ほど自己

資本が毀損しているなら，借入申込を選別するのに，より慎重になる可能性がある．この場合，NPL と貸出拒絶確率は，正の相関を持つ．他方，高い NPL は，これまで緩い選別基準をとってきた結果かもしれない．そうした銀行は，公表不良債権を増やさないよう，自己資本が少ない危ない借り手（「ゾンビ」企業）にも貸出を行う可能性がある．この場合，NPL は貸出拒絶確率と負の相関を持つだろう．

銀行・企業間の関係を示す指標 $Relationship_{i,t}$ には，1) $NUMBER$: 企業が取引している金融機関数，2) $YEAR$: 企業がメインバンクと取引している年数を用いる．$NUMBER$ が小さいほど，また，YEAR が長いほど，銀行とメインバンクとの関係は緊密であり，借入が拒絶される頻度は少ないと予想される．

用いる変数の記述統計量は，表5-A1に記載されている．

推計結果

表5-A2は，説明変数の平均値で評価した限界効果を示している．第1列は，$Bank$ 変数として，STOCK だけを用いた結果である．AGE 以外の変数の係数はすべて，予想通りの符号で，高い有意水準で有意である．AGE は YEAR と強く相関をしており，YEAR を説明変数から除くと，負で有意となる．第2列は，$Bank$ 変数に NPL も追加した結果である．NPL の係数は有意に負である．他の変数の係数は，AGE 以外すべて予想された符号で，高い有意水準となっている．

ここでの目的は，メインバンクの健全性が悪化したことによって資金制約を受けた企業の割合を推計することである．しかし，銀行の会計変数は信頼性が低く，1990年代の日本の銀行では，会計操作によって歪められている（第1章参照）．そこで，資金制約企業の割合を推計するのに，ここではSTOCK の影響に焦点を絞る．第1列のSTOCK の係数（-0.0003）にSTOCK の平均値（-35.9%）を乗じると，1.08% の企業が，メインバンクの財務状況が悪化したことによって融資を受けられなかったことがわかる．融資を拒絶された企業は全体の 7.42% なので，銀行の株価が下落したことによって融資が拒絶された企業の数は，17.1%（=1.08／(7.42-1.08)）増加したことがわかる．同様にして，第2列のSTOCK の係数を使うと，融資を拒絶された企業の数は，23.4% 増加したものと推計される．

表 5-A2 借入拒絶のプロビット推計結果

A. 限界確率

列番号	1	2
企業		
EBITDA	−0.0011**	−0.0011**
	(0.0002)	(0.0002)
SALES	−0.0165**	−0.0167**
	(0.0024)	(0.0024)
DEBT	0.0955**	0.0959**
	(0.0079)	(0.0079)
SIZE	−0.0168**	−0.0171**
	(0.0022)	(0.0022)
AGE	−0.0001	−0.0002
	(0.0001)	(0.0001)
BUSINESS	−0.0521**	−0.0523**
	(0.0048)	(0.0048)
銀行		
STOCK	−0.0003**	−0.0004**
	(0.0001)	(0.0001)
NPL		−0.0030*
		(0.0013)
企業―銀行間関係		
NUMBER	0.0022**	0.0022**
	(0.0006)	(0.0006)
YEAR	−0.0007**	−0.0007**
	(0.0002)	(0.0002)
Psudo R^2	0.130	0.131
観測値数	10519	10519

注) 1. 被説明変数は，メインバンクに借入申込が拒絶され，他の民間金融機関から資金を得られなければ1，それ以外はゼロをとるダミー変数．
2. 限界確率の係数は，説明変数の平均値で評価されている．説明変数がダミーの場合は，0から1への変化による限界確率．
3. （ ）内は標準誤差．
4. ＊＊と＊はそれぞれ，1%，5%水準で有意であることを示す．

B. 銀行の株価の下落によって借入を拒絶された企業数の増加率

列番号	1	2
	0.1712	0.2337

注) 銀行の株価の下落によって借入を拒絶された企業数の増加率＝STOCKの係数×STOCKの平均値／（Rの平均値−STOCKの係数×STOCKの平均値）

資金制約企業の割合の推計

借入申込を拒絶された企業は，資金制約企業だとみなして差支えないだろう．しかし，借入申込をしなかった企業のなかにも，借りたかったが，高い金融仲介コストのために申込意欲を喪失してしまったものがいるものと考えられる（これは，職を見つけられる蓋然性は低いと予想して，職探しを行わない求職意欲失業者と同様の現象である）．そこで，借入意欲を喪失した企業と借入を拒絶された企業の比は，一定だと仮定する．そうすると，資金制約企業の数は，借入を拒絶された企業の数と同じだけの率で増加しているはずである．したがって，金融危機時における金融仲介コストの上昇によって，資金制約を受けた企業の数は，17％から23％の範囲で増加したと推計できる．

補論3　数値的解法

Gomes (2002) に基づき，以下の数値的解法を採用した．

Step1：任意の w を所与として，企業のベルマン方程式 (10) を解き，最適意思決定ルールを計算する．その際，価値関数の繰り返し法を用いる．

Step2：Step1で得られた価値関数を用い，$B>0$ のもとでの自由参入条件 (15) 式を満たす w を求める．

Step3：Step1で得られた最適意思決定ルールを用い，$B=1$ のもとで，μ の運動方程式 (16) を繰り返す．

Step4：市場均衡条件 (31) 式あるいは (32) 式を用いて，均衡の参入水準 B とそれに対応する定常状態のメジャー μ を求める．

第III部

金融危機と経済政策

第6章

銀行のバランスシートは金融政策の有効性に影響するか

1 はじめに

　金融政策の効果は，銀行のバランスシートの状況に依存するだろうか？日本の1990年代の経験は，この問題にあらためて注意を向けさせることになった．何人かの経済学者は，1990年代における金融緩和策は，銀行の不良債権問題と自己資本の毀損が新規貸出を制約したので，以前よりも効果が小さかったと主張している（例えば，永幡・関根 2002）．他方，信用収縮の議論は根拠がないと主張する経済学者もいる（例えば，Krugman 1998, Hayashi and Prescott 2002）．貸出の総額に加えて，貸出の配分も，経済学者の関心を集めてきた．とりわけ，不良債権は銀行の貸出の配分を歪め，成長性のある企業に対する資金の流れを抑制したとされる（星 2000, Peek and Rosengren 2005, Caballero et al. 2008, 第1章，第4章，第5章）．しかし，金融政策の波及経路に関して，これらの論点を取り扱った実証分析はいまだ乏しい．

　銀行のバランスシートと金融政策の効果の関係を分析するには，金融政策の波及経路に関する「貸出経路」の考え方（"lending view"）が有益なベンチマークとなる．この考え方によると，金融政策は，銀行の貸出供給曲線をシフトさせ，そのことによって，銀行に依存している借り手の支出に影響を及ぼす（Bernanke and Blinder 1988, Kashyap and Stein 1994）．この際，銀行の貸出供給のシフト幅は銀行間で同じではなく，銀行のバランスシートに依存する．例えば，中央銀行が銀行の準備預金[1]を減らしたとき，銀行は，有

---

1) 一般的には「準備（reserve）」と呼ぶべきだが，日本では日銀当座預金のみが「準備（reserve）」に含まれるため，本章では日本の慣例に従って，「準備預金」と呼ぶこととする．なお，アメリカでは，中央銀行当座預金だけでなく，銀行保有現金も準備（reserve）に含まれる．

価証券を売却するか,あるいは準備預金を必要としない負債を発行して資金調達を行わない限り,預金の減少分だけ貸出を減らさざるを得ない.したがって,準備預金を必要としない負債が発行できないか,あるいは発行できても預金よりも高いコストがかかる場合,流動性資産の保有額が乏しい銀行は,流動性の豊富な銀行と比べると,より大幅に貸出を減らす.Stein (1998) は準備預金を必要としない銀行の負債のほとんどは,預金保険ではカバーされていないという事実に基づき,銀行の資金調達市場における信用割り当てのモデルを分析している.本章の目的は,1975年から1999年にわたる日本の銀行のパネルデータを用い,「貸出経路」のミクロ的な含意をテストすることにある.

ミクロデータを用いることで,貸出供給を貸出需要から識別することができる.例えば,金融引締め政策は金利の上昇や為替レートの増価を通じて企業の設備投資を抑制し,銀行貸出に対する需要を減少させる.このような,政策によって誘発された貸出需要の変化は,マクロショックだとみなすことができる.他方,貸出の変化が銀行間で異なっていれば,このミクロレベルの違いは,銀行貸出の供給曲線のシフトの違いだとみなして差支えないだろう.識別の問題を克服できることは,ミクロデータの分析の利点である.対照的に,マクロデータを用いた時系列分析は,潜在的な識別の問題を免れない (Romer and Romer 1990, Bernanke and Blinder 1992, Kashyap et al. 1993, Hoshi, Scharfstein and Singleton 1993, Ueda 1993, Ramey 1993, Hatakeda 2000, 細野 1995, 畠田 1997, 宮川・石原 1997).

アメリカにおける金融政策の波及経路を銀行のミクロデータを用いて分析した最初の研究は,Kashyap and Stein (2000) である.彼らは,金融政策が貸出に及ぼす影響は,流動性の低いバランスシートを持つ銀行ほど強いことを見出した.Favero et al. (1999) は,ヨーロッパ諸国(フランス,ドイツ,イタリアおよびスペイン)の銀行データを用い,1992年における金融引締めは,銀行の規模,流動性,および国によって異なることを見出している.

本研究は,既存研究に対し,4つの点において貢献を行う.第1に,銀行のバランスシートを使って,日本における金融政策の波及効果を分析する.日本の銀行は,アメリカの銀行と比べると,1990年代末まで,準備規制と預金保険の対象外となる資金調達には厳しい規制があった.規制によって銀行が利用できる資金調達手段が制限されると,金融政策の波及メカニズムは

その影響を受ける可能性があるため,アメリカとは異なる規制環境のもとで貸出経路の性質を調べることは,興味深い.また,日本の銀行部門は1990年代初めから多額の不良債権を抱えていたので,弱体化した銀行部門は金融政策の効果にどう影響するのかについても,明らかにしてくれるであろう.

　第2に,銀行の規模や流動性だけでなく,自己資本比率についても焦点を当てる.十分な自己資本を持つ銀行は,逆選択やモラルハザードなどの情報の非対称性の問題は軽微なので(Holmstrom and Tirole 1997),預金以外の資金調達が容易となり,金融政策に対する貸出の感応度は低くなる可能性がある.他方,自己資本比率規制が課せられると,自己資本の乏しい銀行は,金融緩和政策に反応して貸出を増やすことができない.自己資本比率規制がなくても,銀行経営者が危険回避的で,銀行破綻時に解雇されることを恐れれば,自己資本の乏しい銀行は,金融緩和策に反応して貸出を増やすことを躊躇するかもしれない.そこで本章では,実証的に,モラルハザード(あるいは逆選択)効果と資本制約(あるいはリスク回避)効果のどちらがより強いかを調べることとする.

　第3に,サンプル年を金融緩和期と金融引締め期に分割し,金融政策の効果が非対称的かどうかを分析する.銀行の保有する流動資産は,バッファーストック(予備的在庫)としての機能を果たすので,金融緩和期よりも金融引締め期に,より重要となる可能性がある.逆に,金融緩和期には,自己資本比率規制のもとで銀行の自己資本が貸出の制約となる可能性がある.また,金融危機時と正常時とで金融政策の効果を比較する.1990年代末の銀行危機の時期には,流動性に対する需要が高まったので,そのことが金融政策の効果に影響を及ぼしているかもしれない.

　最後に,貸出総額だけではなく,借り手企業の産業別に貸出額を見ることにより,金融政策が資金の配分に及ぼす効果に対し,銀行のバランスシートがどのように影響しているのかを分析する.

　このように,本章の目的は,この分野の多くの既存研究とはかなり異なっている.例えば,多くの研究が,ミクロレベルで,預金と貸出の関係(Jayaratne and Morgan 2000, Ogawa and Kitasaka 2000)あるいは自己資本と貸出の関係(Bernanke and Lown 1991, Peek and Rosengren 1997, Woo 2003, 佐々木 2000, Ito and Sasaki 2002)を調べている.こうした研究は,貸出供給の決定要因として,銀行のバランスシートの状況に注意を払っている点で,金融

政策の「貸出経路」の考え方に関係しているが，金融政策の効果自体を分析しているわけではない．借り手の純資産が投資に及ぼす影響を分析した研究も存在する（Kwon 1998, Ogawa and Suzuki 1998, Bayoumi 1999, Ogawa 2000, 第4章，第7章）．しかし，本章では，借り手ではなく銀行のバランスシートに焦点を当てる．

金融政策が銀行の貸出供給を通じて実体部門に影響を及ぼすためには，コマーシャル・ペーパーや社債などの代替的資金調達源にスムーズにアクセスできない借り手が存在していなければならないことには，注意が必要である．この問題を扱うことは，本章の範囲を超えるが，日本では，アメリカと同様かそれ以上に，銀行に強く依存している企業（特に中小企業など）があることはよく知られた事実である（第4章）．

本章の構成は，以下のとおりである．第2節では，日本の規制環境を概観し，アメリカの状況と比較する．第3節では，「貸出経路」の理論を背景として，いくつかの仮説を提示する．第4節では，データと計量モデルの特定化について記述する．第5節は，ベースラインの推計結果を紹介する．第6節は，銀行の業態，金融政策のスタンス（緩和と引締め），および借入企業の産業別にそれぞれサンプルを分割した推計結果を提示する．第7節は結論である．補論では，推計結果の頑健性チェックの結果を簡潔に示している．

2 日本の銀行の資金調達に関する規制

銀行の「貸出経路」の考え方が成立するかどうかは，銀行がどの程度容易に，準備預金の必要のない資金を調達できるかに依存しており，それは，金融規制と情報の非対称性の程度に影響される[2]．本節では，日本の銀行による資金調達に関する規制と，規制が銀行の資金調達に与えた影響を概観し，アメリカの銀行と比較を行う．

アメリカの銀行は，準備規制を受けないさまざまな種類の負債を発行できる．準備規制は，1980年預金機関規制緩和および通貨制御法（Depository Institutions Deregulation and Monetary Control Act of 1980）によって緩和され

---

[2] Stein (1998) は，準備規制がない国（スイス，カナダなど）でも，銀行が預金量に応じて準備を需要する場合には，貸出経路が存在しうることを指摘している．日本の銀行の準備預金需要については，細野・杉原・三平（2000, 2001）参照．

た．その後，連邦準備制度は，当座預金（checkable accounts），ユーロ通貨口座，および，非個人定期預金（満期18カ月未満）にのみ準備規制を適用した．さらに1992年以降は，準備規制の対象は当座預金（checkable accounts）のみとなった（例えば，Hubbard 2001, pp. 523-526）[3]．

日本の銀行は，要求払い預金に対する所要準備率は，アメリカの銀行よりも低い水準であるものの，準備預金の必要のない金融商品の利用には，長年にわたり厳しい規制があった（表6-1）．銀行によるコマーシャル・ペーパーや普通社債の発行はそれぞれ1998年，1999年まで禁止されていた．それまでは，インターバンク貸出（コールローン）や転換社債などのごく少数の例外を除いて，ほとんどの銀行の債務に準備預金が必要であった．高額CDはいまだに準備預金が必要である．また，準備預金の必要のない金融商品のほとんどは預金保険対象外であるため[4]，非対称情報の問題が発生しやすい（Stein 1998）．このような日本の厳しい規制下においては，「貸出経路」の理論が妥当しやすいと考えられる．

こうした規制がどのように銀行の資金調達に影響を及ぼしたかを見るために，業態ごとの銀行のバランスシートを調べる（表6-2）．表は2つのパネルからなり，それぞれ本章で用いるサンプル期間の始まり（1976年）と終わり（1999年）である．各パネルには，都市銀行，長期信用銀行・信託銀行，地方銀行および第二地方銀行の4業態別にデータが掲載されている．主要行（都市銀行，長期信用銀行・信託銀行）の平均的な資産規模は，第二地方銀行に比べると，はるかに大きい．この期間において，ほとんどの主要行と一部の地銀・第二地銀は国際業務を行っているが[5]，国際業務を行う銀行は，1992年度末から，国際的な自己資本比率規制（BIS規制）が課されている．

2つのパネルからいくつかの特徴が浮かび上がる．資産側では，地銀・第二地銀は主要行よりも資産に占める貸出の割合が高い．このパターンは，Kashyap and Stein（2000, Table 1）によって見出された，アメリカの銀行の規模別バランスシートのものとは異なる．また，地銀・第二地銀は主要行よ

---

3) 3%の準備率規制の対象となる非個人定期性預金の満期は，1980年11月から1983年10月までの間，4年から18カ月に引き下げられた．1990年代には，連邦準備制度は他のいくつかの定期性預金の準備規制を廃止した．1992年には，当座預金に対する準備率を引き下げた．2001年には，再度，当座預金に対する準備率を引き下げた（Hubbard 2001, p. 523）．
4) ただし，1995年から2002年3月までは，預金その他の銀行の債務は全額保護されていた．
5) 例えば，1992年度には，132の地銀・第二地銀のうち，63行が国内業務のみを行っていた．

表 6-1 所要準備率と預金保険

パネル A. 日本

金融商品	所要準備率[1)6)] (%)	預金保険
要求払い預金	0.1 − 1.3	対象
定期預金	0.05 − 1.2	対象
譲渡性預金（CD）	0.05 − 1.2	対象
外貨建て預金	0.2 − 0.25	非対象
オフショア預金	0	非対象
金融機関預金	0.05 − 1.3	非対象
金融債	0.1	対象[2)]
普通社債[4)]	0	非対象
転換社債	0	非対象
コマーシャル・ペーパー[5)]	0	非対象
金銭信託（貸付信託を含む）	0.1	対象[3)]
コールマネー	0	非対象
借入金	0	非対象

パネル B. アメリカ.

金融商品	所要準備率（%）	預金保険
当座預金（Checkable Deposits）	0, 3, or 10	対象
定期性預金	0	対象
譲渡性預金（CD）	0	対象
外貨建て預金	0	対象
ユーロ通貨負債	0	対象
金融機関預金	0	対象
銀行債	0	非対象
普通社債	0	非対象
転換社債	0	非対象
コマーシャル・ペーパー	0	非対象
金銭信託	0	対象[7)]
フェデラルファンド借入	0	非対象
その他借入金	0	非対象

注） 1) 所要準備率は，1991年10月16日以降の水準．預金保険のカバレッジは，2002年3月期まで有効（ただし，1995年10月以降は銀行債務を全額保護）．
2) 金融債のうち，保護預かり専用商品のみ預金保険の対象．
3) 金銭信託のうち，元本補填契約のあるもの（貸付信託を含む）のみ預金保険の対象．
4) 銀行による普通社債の発行は，1999年に許可された．
5) 銀行によるコマーシャルペーパーの発行は，1998年に許可された．
6) 非居住者に対する預金その他の債務については，別途，準備率が定められている．
7) 金銭信託は，簿記に関するFDICルールに適合している場合にのみ，預金保険の対象．
出所） 日本の所要準備率は，日本銀行ウェブサイトより作成．
日本の預金保険のカバレッジは，預金保険機構ウェブサイトより作成．
アメリカの所要準備率は，連邦準備制度ウェブサイトより作成．
アメリカの預金保険のカバレッジは，連邦預金保険公社ウェブサイトより作成．

表 6-2 業態別のバランスシート

パネル A. 1976 年 3 月期

	第二地方銀行	地方銀行	長期信用銀行及び信託銀行	都市銀行
銀行数	71	64	10	13
平均資産(1993 年価値評価, 100 万円)	428158.1	1081456.0	4139279.2	11873500.0
現金・預け金	0.093	0.073	0.082	0.096
有価証券	0.098	0.145	0.186	0.106
国債	0.012	0.026	0.041	0.028
コールローン	0.013	0.019	0.012	0.006
貸出	0.670	0.665	0.510	0.559
その他資産	0.125	0.097	0.210	0.233
預金	0.831	0.833	0.459	0.674
要求払い預金	0.211	0.247	0.099	0.162
定期性預金	0.620	0.586	0.360	0.512
譲渡性預金（CD）	0.000	0.000	0.000	0.000
コールマネー	0.000	0.002	0.023	0.032
その他負債	0.141	0.124	0.468	0.269
CP	0.000	0.000	0.000	0.000
普通社債	0.000	0.000	0.000	0.000
転換社債	0.000	0.000	0.000	0.000
資本	0.028	0.040	0.050	0.024

パネル B. 1999 年 3 月期

	第二地方銀行	地方銀行	長期信用銀行及び信託銀行	都市銀行
銀行数	55	64	7	9
平均資産(1993 年価値評価, 100 万円)	1115027.9	3218535.9	14619000.0	44514200.0
現金・預け金	0.031	0.035	0.093	0.042
有価証券	0.132	0.178	0.230	0.140
国債	0.042	0.056	0.045	0.031
コールローン	0.028	0.031	0.010	0.004
貸出	0.739	0.688	0.519	0.644
その他資産	0.070	0.067	0.148	0.170
預金	0.885	0.871	0.343	0.601
要求払い預金	0.177	0.248	0.037	0.177
定期性預金	0.708	0.623	0.306	0.424
譲渡性預金（CD）	0.003	0.007	0.053	0.087
コールマネー	0.006	0.007	0.072	0.052
その他負債	0.077	0.080	0.531	0.300
CP	0.000	0.000	0.001	0.004
普通社債	0.000	0.000	0.009	0.002
転換社債	0.000	0.000	0.002	0.001
資本	0.032	0.042	0.054	0.047

注）銀行数，平均資産以外は，総資産に対する比率．
出所）『日経金融機関財務データ 2000（CD-ROM）』（日本経済新聞社）より作成．

りもコールローンの割合が高い．現金預け金や保有有価証券については，業態別の明確なパターンは観察されない．負債側では，地銀・第二地銀は主要行よりも預金への依存度が高い．このパターンは，アメリカの銀行の規模別のものと同様である．主要行の資金調達は，地銀よりも短期のインターバンク借入（コールマネー）への依存度が高い．1976 年と 1999 年を比べると，1976 年には，コマーシャルペーパー，普通社債，転換社債など，準備預金の必要のない資金調達はない．これは，規制によってこれらの発行は禁止されていたことによる．1999 年には，主要行はこれら準備預金の必要のない資金調達を利用しているが，その割合はごく小さい．地銀・第二地銀は 1999 年においても，これら準備預金の必要のない資金調達は行っていない．

なお，サンプル期間後の銀行のバランスシートの変化を見るために，「全国銀行の決算の状況」（日本銀行）を見てみる．これは，1990 年代末にコマーシャルペーパーと普通社債の発行が許可された影響を調べるためである．この日本銀行資料では，主要行と地銀・第二地銀の集計されたバランスシートが 1983 年 3 月期から 2003 年 3 月期まで掲載されている．本章では，合併した銀行は，当該年とその後 2 年間はサンプルから除外しているので（4.1 項参照），日本銀行資料のサンプルと若干異なるが，サンプル期間において，両者が同様のパターンを示していることが確認できた．サンプル期間後のパターンの変化を見ると，次のような事実がわかった．まず，総資産に占めるコマーシャルペーパーの割合は，主要行では 2003 年 3 月期においてもごくわずか（0.2%）で，地銀・第二地銀では全く見られない．次に，普通社債の割合は，規制緩和後，主要行ではわずかに増加したが（1999 年 3 月期の 0.3% から 2003 年 3 月期の 1.7% へと上昇），地銀は極めて低い水準にとどまっている（2003 年 3 月期に 0.2%）．全体として，1990 年代後半の規制緩和のプロセスは，主要行の資金調達に限定的な影響しか与えておらず，地銀・第二地銀の資金調達には，実質的には全く影響を与えていない．したがって，以下の実証分析の結果は，規制緩和の進んだ 1990 年代末以降についても，主要な修正を加えることなく妥当するものと考えられる．

3 仮　説

本節では，金融政策が銀行の貸出行動にどのような影響を及ぼすかに関し，

いくつかの仮説を提示する．金融政策に対する銀行の反応は，おもに，銀行の資金調達に伴う情報の非対称性に依存するが，情報の非対称性は，以下の諸要因によって影響を受ける．

　まず，銀行の規模が情報の非対称性の程度に影響する．大銀行は，リスク分散をしやすい，あるいは，よい名声を築けるので，情報の問題を解消できる可能性がある．こうした情報上の優位性以外にも，例えば，政府の「大きすぎてつぶせない」政策（too-big-to-fail policy）によって投資家が保護される場合，預金保険対象外の債務も低いコストで発行することが可能となるので，規模な大きな銀行ほど，金融政策に対して非感応的になる可能性がある．

　次に，利用可能な流動資産の量も，情報の非対称性の程度に影響する．豊富な流動資産を保有している銀行は，金融引締め期において，情報の問題のない内部資金である流動性資産をバッファーストック（予備的在庫）として取り崩すことができるので，流動資産の少ない銀行に比べると，貸出の縮小を小幅にとどめることができる．

　最後に，自己資本の量が，情報の非対称性の程度に影響する．自己資本の豊富な銀行は健全な経営を行うインセンティブが強いので，モラルハザードや逆選択などの情報の問題を軽減することができる（Holmstrom and Tirole 1997）．この結果，自己資本の豊富な銀行は，自己資本の乏しい銀行と比べると，金融政策ショックに対する反応が小さくなる傾向があるだろう．しかし，自己資本比率規制が課せられると，自己資本の乏しい銀行は金融緩和政策のもとでも，貸出を増やすことができない．こうした状況下では，自己資本の豊富な銀行は乏しい銀行よりも貸出を増やすだろう．自己資本比率規制がなくても，自己資本の乏しい銀行は，銀行経営者が経営破綻に陥って職を失うことを避けるため，金融緩和政策のもとでも貸出を増やすことに躊躇するかもしれない[6]．

　以上の議論は，次の3つの仮説に要約することができる．次節以降，これらの仮説を実証的に検証する．

---

6) さらに，VaR（バリューアットリスク）を利用した内部リスク管理を行っている場合にも，自己資本の少ない銀行は貸出などのリスク資産の増加を抑制する傾向がみられる．しかし，日本の銀行でVaRによるリスク管理が用いられるようになったのは，2000年代以降である．

仮説 1： $\dfrac{\partial^2 L_{i,t}}{\partial A_{i,t} \partial C_t} > 0$

仮説 2： $\dfrac{\partial^2 L_{i,t}}{\partial B_{i,t} \partial C_t} > 0$

仮説 3： $\dfrac{\partial^2 L_{i,t}}{\partial E_{i,t} \partial C_t} \gtreqless 0$

ここで，$L_{i,t}$, $A_{i,t}$, $B_{i,t}$, および $E_{i,t}$ はそれぞれ，銀行 i の t 年における貸出残高，総資産，流動性資産，および資本を表し，C_t は t 年におけるコールレートを表す．C_t の値が高いほど，金融政策が引締め的であることを示す．仮説 3 に関しては，自己資本が情報の問題の解消に寄与するならば正の符号をとり，金融緩和策のもとで自己資本が制約になっているならば負の符号をとる．

4 データと手法

この節では，データの定義，変数の変換，出典と，推計式の特定化について説明する．

4.1 データ

すべてのバランスシート変数は，特に断りのない限り，バランスシートの年度末（各年3月末）データである．バランスシートの主な出典は，「日経金融機関財務データ 2000（CD-ROM）」（日本経済新聞社）である．サンプルは，都市銀行，長期信用銀行，信託銀行，地方銀行，第二地方銀行から成る．信用金庫，信用組合，農協，商業銀行および信託銀行の信託勘定，および，外国銀行の国内支店は，データの入手が限られるので，除くこととした．サンプルとなる銀行の貸出合計は，民間預金受入金融機関の貸出合計のおよそ 70％ を占める．

データは 1975 年から 1999 年までであるが，ベースラインの推計ではラグ変数を用いるので，推計期間は 1977 年から始まる．銀行が合併・買収に関与した場合，当該年とその後 2 年間はサンプルから除かれる[7]．サンプルとなる銀行数は，158 から 136 まで変動している．ベースライン推計に用いる総

観測値（銀行・年）数は，3501である．固定効果モデルを推計する場合，合併にかかわった銀行は，合併前の銀行とは異なる新しい銀行だとして取り扱う．

以下，推計に用いる変数を説明する．

金融政策ショックに対して，銀行のバランスシートがどう反応するかに焦点を当てるため，主に，総貸出残高の伸び率を分析する．これは，国内居住者向けのみならず，海外居住者向けも含んだものである．しかし，日本国内における貸出経路を分析するためには，国内貸出だけの分析も有益かもしれない．そこで，総貸出を使ったベースラインの結果が，国内貸出を使うことで変わるかどうか，後にチェックする（補論）．

銀行の規模は，総資産（対数値）で測る．銀行の流動性については，銀行が保有する国債とコールローンの合計が総資産に占める比率を用いる．この流動性の指標は，Kashyap and Stein (2000) が用いた，有価証券とフェデラルファンド売却額の合計額と同様の指標であるが，日本では国債以外の有価証券は市場性が乏しいことを考慮して，ここでは，国債のみを流動性資産に含めている．なお，一般には株式は売却が容易だが，サンプル期間中，日本の銀行は大量の株式を安定株主として保有しており，売却することは稀であった．この指標を用いたベースライン推計の頑健性をチェックするために，コールローンと国債を別々の説明変数に加える推計や，別の流動性の指標として，銀行の現金保有残高を用いた推計も行う（補論）．

自己資本の主な指標は，資本合計の総資産に対する比率である．この会計指標は，サンプル期間を通じてデータがあるという利点はあるが，取得原価主義会計のもとでは，不良債権や実際の（すなわち市場価格評価の）有価証券の価値を反映していない．そこで，ベースライン推計の頑健性をチェックするため，あと3種類の代替的指標を用いる（補論）．まず，期末の株価に発行済み株式数を乗じて算出した市場価値評価の自己資本を作成し，その市場価値総資産（市場価値自己資本に負債総額（簿価）を加えて算出）に対する比率を用いる．株価データは，「株価CD-ROM」（東洋経済新報社）である．ただ

---

[7] M&Aデータの出典は，公正取引委員会年次報告である．本報告には，1981年以降の，総資産3000億円以上のM&Aが記載されている．1980年以前は，各銀行の財務諸表等を参照し，資産が30%以上増加している銀行をチェックした．M&A後2年間をサンプルから除くのは，貸出増加率の1期ラグを説明変数に用いるためである．

し，約1/3の銀行は株式市場に上場しておらず，株価データは存在しない．もう1つの自己資本比率は，BIS基準に基づく自己資本比率である．ただし，BIS自己資本比率のデータがあるのは，1989年3月期以降のみであり[8]，また，BIS自己資本比率規制に服する銀行，すなわち，海外支店を持ち，国際業務を行っている銀行に限られる．さらに，頑健性チェックのため，不良債権比率（対総貸出）を用いる．これは，自己資本比率と負の相関を持つと考えられる．不良債権の開示は十分なものではなかったが，ここでは，破綻先債権と個別貸倒引当金の2つの不良債権指標を用いることとする．破綻先債権は不良債権（リスク管理債権）の一部に過ぎないが，1993年3月期以降の比較的長期にわたりデータがあるという利点がある．個別貸倒引当金は不良債権そのものではないが，全期間を通じてデータがある[9]．BIS比率と不良債権のデータソースは，各銀行の財務諸表である．

　金融政策のスタンスを測るには，各年度のコールレート（オーバーナイト物）を用いる．サンプル期間において，日本銀行が政策手段として用いていたのは公定歩合もしくはコールレートであったので，コールレートを用いるのは合理的である．しかし，名目コールレートは，一般物価の変動によって影響を受ける．そこで，頑健性チェックのため，名目コールレートからGDPデフレータ変化率を引いて算出した実質コールレートと，ベースマネーの対名目GDP比で算出したマーシャルのkも用いる（推計結果は補論）．マーシャルのkは，金融緩和期には上昇し，引締め期には低下する傾向がある．金融政策指標のデータ出所は，コールレートとベースマネーは日本銀行，GDPデフレータと名目GDPは内閣府の各ウェブサイトである[10]．

　表6-3は，記述統計量である．本章の主な関心は，時系列の動きよりはむしろクロスセクションでの相違であるが，簡単に，バランスシート変数の全般的なトレンドを記述しておく（パネルA）．まず，貸出残高の伸び率を見ると，1980年代後半を除いて低下傾向にあり，1999年にはマイナスに転じている．流動性（国債残高とコールローンの対総資産比率）は，金融危機の生じ

[8) バーゼル合意がなされたのは1988年だが，日本では，5年の移行過程を経て，1993年3月期以降，本格的に効力を持っている．
9) 銀行は総貸出の0.3％を一般貸倒引当金として積むよう要求されていたので，個別貸倒引当金は，貸倒引当金の総額から，総貸出の0.3％を引いて算出した．
10) GDPデフレータと名目GDPは，サンプル期間をカバーする1968年基準SNAの数値を用いる．

表 6-3 バランスシート変数の記述統計量

パネル A. 全サンプル

年（各3月期）	観測値数	貸出残高変化率	総資産（対数値）	（国債＋コールローン）／総資産	資本／総資産	市場価値評価の自己資本比率	BIS自己資本比率	破綻先債権／総貸出	個別貸倒引当金／総貸出
1976	158 (91)	0.143 (0.040)	3.814 (1.236)	0.036 (0.018)	0.034 (0.011)	0.047 (0.017)			0.011 (0.002)
1980	157 (92)	0.097 (0.022)	4.303 (1.230)	0.070 (0.034)	0.030 (0.010)	0.042 (0.011)			0.008 (0.010)
1985	155 (99)	0.103 (0.060)	4.753 (1.298)	0.078 (0.036)	0.027 (0.008)	0.058 (0.022)			0.006 (0.008)
1990	155 (114) [92]	0.140 (0.049)	5.256 (1.390)	0.084 (0.033)	0.033 (0.008)	0.105 (0.025)			0.005 (0.007)
1995	150 (117) [88] ⟨149⟩	0.023 (0.034)	5.344 (1.276)	0.079 (0.042)	0.038 (0.008)	0.059 (0.022)	0.089 (0.015)	0.009 (0.007)	0.008 (0.007)
1999	136 (111) [33] ⟨135⟩	-0.012 (0.061)	5.351 (1.225)	0.075 (0.035)	0.038 (0.023)	0.046 (0.022)	0.092 (0.008)	0.013 (0.009)	0.031 (0.035)
1976-99 [1989-99] ⟨1993-99⟩	3671 (2514) [866] ⟨1014⟩	0.076 (0.063)	4.827 (1.371)	0.074 (0.036)	0.032 (0.011)	0.061 (0.031)	0.113 (0.014) 0.094 (0.013)	0.010 (0.008)	0.009 (0.014)

パネル B. 業態別

年（各3月期）	観測値数	貸出残高変化率	総資産（対数値）	（国債＋コールローン）／総資産	資本／総資産	市場価値評価の自己資本比率	BIS自己資本比率	破綻先債権／総貸出	個別貸倒引当金／総貸出
都市銀行	286 (286) [118] ⟨71⟩	0.078 (0.065)	7.553 (0.783)	0.051 (0.021)	0.025 (0.007)	0.072 (0.038)	0.093 (0.010)	0.008 (0.004)	0.010 (0.008)
長期信用銀行・信託銀行	237 (224) [104] ⟨67⟩	0.093 (0.116)	6.471 (1.135)	0.089 (0.046)	0.036 (0.014)	0.092 (0.047)	0.102 (0.018)	0.014 (0.013)	0.016 (0.022)
地方銀行	1531 (1307) [532] ⟨445⟩	0.075 (0.052)	4.980 (0.894)	0.091 (0.036)	0.036 (0.008)	0.060 (0.024)	0.094 (0.011)	0.007 (0.005)	0.007 (0.007)
第二地方銀行	1610 (697) [112] ⟨424⟩	0.075 (0.061)	3.954 (0.851)	0.060 (0.026)	0.029 (0.012)	0.049 (0.024)	0.087 (0.010)	0.012 (0.009)	0.010 (0.017)

注: 1. 上段の数値は平均値、下段（ ）内の数値は、標準偏差。
2. 市場価値自己資本比率＝株価×発行済株式数／（負債＋株価×発行済株式数）。[ ] 内の数値は、BIS比率データのある観測値数。
3. 第2列の（ ）内の数値は、株価データのある観測値数。
4. ⟨ ⟩内の数値は、破綻先債権データのある観測値数。
出所: 『日経金融機関財務データ 2000 (CD-ROM)』(日本経済新聞社)、『株価 CD-ROM』(東洋経済新報社)、および各銀行財務諸表より作成。
BIS比率、破綻先債権は、それぞれ1989年、1993年からデータが存在する。

表6-4 金融政策指標の記述統計量

年	コールレート (%)	実質コールレート (%)	マーシャルの k
1975	12.736	-6.464	0.752
1976	9.228	3.428	0.755
1977	6.927	-1.373	0.738
1978	5.140	-1.060	0.726
1979	4.279	0.179	0.743
1980	7.046	4.346	0.754
1981	10.765	4.465	0.713
1982	6.960	3.860	0.716
1983	6.942	5.242	0.739
1984	6.280	4.380	0.733
1985	6.117	3.517	0.738
1986	6.415	4.315	0.736
1987	4.443	2.943	0.799
1988	3.542	3.542	0.850
1989	3.955	3.155	0.880
1990	5.743	3.243	0.905
1991	7.764	5.464	0.871
1992	6.892	4.392	0.835
1993	4.123	2.623	0.842
1994	2.760	2.160	0.872
1995	2.183	2.383	0.904
1996	0.775	1.475	0.961
1997	0.480	1.780	1.003
1998	0.468	-0.232	1.087
1999	0.301	0.401	1.178

注) 1. コールレートと実質コールレートは,各年3月に先行する12カ月間の平均値.実施金利は,名目金利からGDPデフレータ変化率を控除して算出.
2. マーシャルの k は,3月時点のマネタリーベースを,その前1年間の名目GDPで除して算出.

出所) 日本銀行および内閣府ウェブサイトより作成.

た1996年と1997年を除くと,1980年代,1990年代を通じて安定している.自己資本の指標については,明確なパターンはみられない.会計上の資本／総資産比率は1980年代を通じて極めて安定していたが,1990年代にはわずかながら上昇している.対照的に,市場価値自己資本比率は,1980年代後半に急上昇した後,1990年代前半に急下落した.会計上の資本比率と市場価値の資本比率の乖離には,株式市場のバブルとその崩壊のみならず,不良債権の時価と取得価格の違いも反映されている.BIS自己資本比率は,1990年から1999年の期間を通じて,8%から10%の間でほぼ安定しているが,不良債権比率は,1990年代後半期において,上昇傾向にある.

次に，業態別にバランスシート変数を見てみよう（パネル B）．平均的に見ると，都市銀行は地方銀行と比べて流動性資産が少なく，自己資本比率（資本／資産および市場価値自己資本比率）が高いという特徴がみられる．長期信用銀行と信託銀行は流動性資産，自己資本比率ともに，都市銀行や地方銀行よりも高い．ただし，長期信用銀行は不良債権の割合が高い．

表 6-4 は，金融政策指標の推移を示している．名目コールレートは，金融引締め政策を反映して，1980 年と 1990～91 年において上昇している．実質金利は，名目金利と同様の動きを示すことが多いが，1970 年代後半の高インフレ期と，1990 年代後半のデフレ期においては，名目金利と異なる動きとなっている．マーシャルの k は，1981 年と 1991～92 年においてわずかながら下落しているが，これはいずれも，金融引締め策の直後の時期である．その後，1992 年以降は，金融緩和策を反映して上昇を続けている．

4.2 定式化

本章では，金融政策に対する銀行間の反応の違いに興味があるので，ベースライン推計としては，プールドデータを用いて，次式のとおり，時間の固定効果付きモデルを OLS（最小 2 乗法）で推計する[11]．

$$(1)\ \frac{\Delta Loans_{i,t}}{Loans_{i,t-1}} = \beta_0 + \beta_1 \ln(Assets_{i,t-1}) + \beta_2 \frac{Liquidity_{i,t-1}}{Assets_{i,t-1}} + \beta_3 \frac{Equity_{i,t-1}}{Assets_{i,t-1}}$$

$$+ \beta_4 \ln(Assets_{i,t-1}) \times Call_{t-1} + \beta_5 \frac{Liquidity_{i,t-1}}{Assets_{i,t-1}} \times Call_{t-1}$$

$$+ \beta_6 \frac{Equity_{i,t-1}}{Assets_{i,t-1}} \times Call_{t-1} + \beta_7 \frac{\Delta Loans_{i,t-1}}{Loans_{i,t-2}} + \beta_8 Ldum_i$$

$$+ \beta_9 Tdum_i + \beta_{10} Rdum_i + \sum_{s=1978}^{1999} \mu_s Year_{s,t} + \varepsilon_{it}$$

ここで，i，t はそれぞれ銀行，年のインデックス，$Loans$ は貸出残高，$Liquidity$ は国債とコールローンの合計，$Assets$ は総資産，$Equity$ は資本計，$Call$ はコールレート，$Ldum$ は長期信用銀行ダミー，$Tdum$ は信託銀行ダミー，$Rdum$ は地銀・第二地銀ダミー，$Year$ は年ダミーである．

被説明変数は，貸出残高の伸び率である．説明変数は，銀行による貸出供

---

[11] 推計式 (1) は，Kashyap and Stein (2000) が「交差項による 1 段階回帰」と呼んだアプローチと同様のものである．

給を説明する候補となる変数であり，具体的には，バランスシート変数，バランスシート変数とコールレートの交差項，業態ダミー，および，年ダミーである．年ダミーは，銀行貸出に対する需要と供給に影響するマクロ経済ショックを捉えるために，説明変数に加えている．こうしたマクロショックの例としては，コールレート，GDP成長率，インフレ率，BIS自己資本比率規制の導入や不動産業向け貸出の総量規制などの規制の変化などが挙げられる．バランスシート変数とコールレートの交差項は，金融政策ショックに対する貸出供給曲線のシフト幅のミクロレベルでの違いを反映しており，前節の3つの仮説はそれぞれ，$\beta_4>0, \beta_5>0$ および $\beta_6 \lessgtr 0$ で表される．

　推計式（1）をOLSで推計する場合，潜在的には2つのバイアスが生じる可能性がある．まず，銀行のバランスシート変数が，銀行が営業する地域における借入需要に依存する可能性がある．例えば，借入需要が弱い地域で営業する銀行は，貸出の代わりに流動性資産を多く保有するかもしれない．Kashyap and Stein（2000）は，こうしたバランスシート変数の内生性は，バランスシート変数と金融政策ショックの交差項の係数には，深刻なバイアスを生まないことを強調している．しかしながら，厳密にいえば，バランスシート変数の内生性は，交差項の係数にもバイアスを生む可能性がある．こうした潜在的な内生性をOLS推計で取り除くことは困難なので，銀行固有の固定効果を考慮し，操作変数法やGMM（一般化最小2乗法）による推計を，頑健性チェックとして行う．貸出に対する需要の銀行間の相対的な違いが固定的であれば，1階の階差をとって固定効果を消すことで，バランスシート変数の内生性を処理することができる．

　ベースライン推計の定式化に伴うもう1つの問題は，借り手企業間の異質性である．銀行のミクロデータを用いて貸出供給のシフトを識別するためには，暗黙のうちに，各銀行の潜在的な借り手は同質であると仮定しなければならない．しかし，例えば，ある銀行の顧客が輸出型製造業の企業で，別の銀行の顧客が国内市場型非製造業の企業だとすると，前者の銀行の貸出額は，金融政策ショックによって引き起こされる為替レートの変動に，より感応的に変動するだろう．この問題に対処するためには，銀行の固定効果を含めた推計が有益である．なぜなら，これによって銀行固有の借り手の異質性をコントロールすることができるからである．また，借り手企業の産業別に貸出の伸び率を推計することも，有益である．そこで，これら2つの方法を，頑

健性チェックとして行うこととする．

銀行固有の固定効果を含む場合の推計式は，以下のように定式化する．

$$\text{(2)} \quad \ln(Loans_{i,t}) = \beta_0 + \beta_1 \ln(Assets_{i,t-1}) + \beta_2 \frac{Liquidity_{i,t-1}}{Assets_{i,t-1}} + \beta_3 \frac{Equity_{i,t-1}}{Assets_{i,t-1}}$$
$$+ \beta_4 \ln(Assets_{i,t-1}) \times Call_{t-1} + \beta_5 \frac{Liquidity_{i,t-1}}{Assets_{i,t-1}} \times Call_{t-1}$$
$$+ \beta_6 \frac{Equity_{i,t-1}}{Assets_{i,t-1}} \times Call_{t-1} + \beta_7 \ln(Loans_{i,t-1})$$
$$+ \sum_{s=1978}^{1999} \mu_s Year_{s,t} + f_i + \varepsilon_{it}$$

被説明変数を貸出残高の伸び率ではなく水準（対数値）にしているのは，水準に銀行固有の固定効果を考慮するためである．推計に当たっては，両辺の階差をとることによって，固定効果 f_i を除去する．$\ln(Loans_{i,t-1})$ の階差と誤差項の階差との間の相関を考慮して，$\ln(Loans_{i,t-2})$ を操作変数とする操作変数法，および，$\ln(Loans_{i,t-s})$ ($s=2,3,...$) を操作変数とする GMM 推計（Arellano and Bond 1991）を行う．GMM は，1段階法と2段階法の両方を推計する．1段階法は，推計式（2）の誤差項が独立で均一分散であることを仮定した推計法であるのに対し，2段階法は，これらの仮定を緩め，1段階推計で得られた分散共分散行列を GMM の加重行列として用いるものである．操作変数法および GMM の推計期間の開始年は，それぞれ 1978 年，1979 年となる．

操作変数法および GMM は，OLS に伴う潜在的なバイアスをある程度処理することができるという利点があるが，時間を通じて変化しない銀行間の違いに関する有益な情報を捨ててしまうという欠点もある．そこで，まず OLS 推計の結果を詳細に提示し，その後，操作変数法や GMM によって，OLS 推計結果が変わるかどうかをチェックする．

5　ベースライン推計結果

はじめに，3種類のバランスシート変数ごとに，各バランスシート変数と，そのコールレートとの交差項を説明変数に入れた推計を行う（表6-5，第1～3列）．結果を見ると，総資産（対数値）とコールレートとの交差項は有意にプラスになっており，仮説1と整合的な結果である．流動性比率とコール

レートとの交差項は，仮説2が示唆するようにプラスだが，有意ではない．自己資本比率（会計指標）とコールレートとの交差項は，マイナスだが有意ではない．

次に，3種類のバランスシート変数とそのコールレートとの交差項を一度に説明変数に入れた推計を行う（表6-5，第4列）．総資産（対数値）とコールレートとの交差項は有意にプラス，流動性比率とコールレートとの交差項は有意にプラスで，それぞれ，仮説1，仮説2と整合的である．自己資本比率（会計指標）とコールレートとの交差項は，マイナスで有意であり，仮説3のうち，モラルハザード仮説ではなく，資本制約仮説が妥当することを示唆している．ただし，この結果は，金融緩和期も金融引締め期も含めた全期間の推計結果であることには留意が必要である．金融政策スタンスでサンプル期間を区切った推計は，次節で行う．

推計結果（第4列）を使って，バランスシートの違いによって，金融政策ショックが貸出供給に及ぼす影響がどの程度異なるか（例えば，$\frac{\partial^2 L}{\partial E \partial C}$）を計算することができる．各交差項の点推定値に，各バランスシート変数の標準偏差を乗じると，総資産（対数値）については0.17%，流動性比率については0.11%，自己資本比率については0.24%となる．これは，例えばコールレートが1%ポイント下落すると，自己資本比率が1標準偏差平均より高い銀行は，平均的な自己資本比率の銀行に比べて，0.24%ポイント多く貸出を増加させることを意味している．ここでは，金融政策ショックが貸出供給に及ぼす平均的な効果（$\frac{\partial L}{\partial C}$）は，貸出に対する需要とともに年ダミーに吸収されており，推計していないが，1976年から1999年にわたる貸出変化率の標準偏差が6.31%であることを考慮すると，バランスシート変数の違いによる，金融政策ショックに対する反応の違いは，経済的にも重要な大きさであると言えるだろう[12]．

[12) 総資産（対数値）は，流動性比率や自己資本比率を通じて，金融政策ショックに対する反応の違いに影響する可能性がある．この点を考慮するため，流動性比率と自己資本比率をそれぞれ被説明変数とし，総資産（対数値），業態ダミー，年ダミーを説明変数とする推計を行い，この推計結果をもとに改めて試算すると，総資産（対数値）が1標準偏差大きい平均よりも大きい銀行は，平均的な総資産（対数値）の銀行と比べて，1%ポイントのコールレートの下落に対応して増加させる貸出供給は，0.08%ポイント低いことがわかった．

第6章 銀行のバランスシートは金融政策の有効性に影響するか 207

表6-5 ベースライン推計結果

被説明変数:総貸出伸び率

列番号	1	2	3	4
総資産	−0.007**			−0.008**
	(0.001)			(0.002)
流動性資産比率		0.061		−0.020
		(0.055)		(0.067)
自己資本比率			1.175*	1.259*
			(0.701)	(0.716)
総資産 × コールレート	0.001**			0.001**
	(0.000)			(0.000)
流動性資産比率 × コールレート		0.016		0.030**
		(0.011)		(0.014)
自己資本比率 × コールレート			−0.162	−0.206**
			(0.100)	(0.102)
総貸出伸び率 ($t-1$)	0.482**	0.483**	0.479**	0.470**
	(0.027)	(0.027)	(0.027)	(0.027)
長期信用銀行ダミー	−0.008*	−0.011**	−0.007*	−0.010**
	(0.004)	(0.005)	(0.005)	(0.004)
信託銀行ダミー	0.017**	0.008	0.012	0.007
	(0.008)	(0.008)	(0.009)	(0.009)
地銀・第二地銀ダミー	0.000	−0.004*	−0.003	−0.008*
	(0.003)	(0.002)	(0.002)	(0.005)
自由度修正済 R^2	0.624	0.625	0.626	0.637
観測値数	3501	3501	3501	3501

注) 1. ダミー変数以外の説明変数は,1期ラグ値.
2. 定数項と年次ダミーを説明変数に含む.
3. 推計方法はOLS.
4. ( ) 内は,不均一分散一致標準誤差.
5. **,*はそれぞれ有意水準5%,10%で有意であることを示す.

　操作変数法とGMM(1段階推計および2段階推計)を用いて推計式(2)を推計した結果は,表6-6に示されている.GMM推計の誤差項の2階の系列相関は有意ではなく,用いた操作変数は適切であると判断される.1段階GMMのSargan統計量は,過剰識別制約を棄却しているが,不均一分散がある場合は,棄却する方向にバイアスがあることが知られている(Arellano and Bond 1991).係数を見ると,総資産(対数値)とコールレートの交差項,自己資本比率(会計指標)とコールレートの交差項は,いずれも,OLSを用いたベースライン推計と同じ符号で有意である.流動性比率とコールレートの交差項は,操作変数法と1段階GMMでは有意ではなく,2段階GMMでは,OLS推計とは異なり,マイナスで有意となっている.これらのベー

表 6-6 固定効果モデルの推計結果

被説明変数：総貸出（対数値）

列番号	1	2	3
推計方法	操作変数法	1段階 GMM	2段階 GMM
総資産	−0.047	0.085*	0.084**
	(0.073)	(0.051)	(0.005)
流動性資産比率	0.209**	0.395**	0.391**
	(0.103)	(0.086)	(0.014)
自己資本比率	2.503*	−0.001	−0.029
	(1.517)	(0.348)	(0.058)
総資産 × コールレート	0.001**	0.001*	0.001**
	(0.000)	(0.000)	(0.000)
流動性資産比率 × コールレート	0.021	−0.021	−0.021**
	(0.017)	(0.017)	(0.002)
自己資本比率 × コールレート	−0.190*	−0.153**	−0.145**
	(0.107)	(0.055)	(0.013)
総貸出（対数値）($t-1$)	0.728**	0.745**	0.743**
	(0.111)	(0.053)	(0.004)
m^2		−0.935	−0.930
サーガン検定		1940.113**	157.83
自由度修正済 R^2	0.598		
観測値数	3333	3166	3166

注) 1. ダミー変数以外の説明変数は，1期ラグ値．
2. 定数項と年次ダミーを説明変数に含む．
3. m^2 は，誤差項の2階の系列相関に関する検定統計量．サーガン検定は，過剰識別制約に関する検定統計量（Arellano and Bond 1991）．
4. 1段階 GMM では，m^2 は漸近的に一般的な不均一分散に頑健であるが，サーガン検定は，i.i.d 誤差の場合にのみ有効．
5. （ ）内は，不均一分散一致標準誤差．
6. **，* はそれぞれ有意水準 5%，10% で有意であることを示す．

スライン推計の結果は，定式化，金融政策指標，銀行の流動性および自己資本の変数を変更しても，おおむね頑健である（補論参照）．

まとめると，銀行固有の固定効果を含む定式化では，総資産に関する仮説1と，自己資本の資本制約に関する仮説3は支持されたが，流動性比率に関する仮説2は支持されなかった．仮説2が支持されなかった理由は，2つ考えられる．1つは，銀行間の流動性比率の違いは，個別銀行の時間を通じた流動性比率の変動よりもはるかに大きいにもかかわらず，階差をとることによって，銀行間の流動性比率の変動に関する供給側の情報を取り除いてしまったことが原因となっている可能性である．もう1つの理由としては，階差をとることにより，流動性比率に関する内生性がうまく取り除けた可能性が

指摘できる．例えば，流動性比率が，おもに貸出需要に対する銀行間の違いや，借り手の異質性を反映している場合は，この可能性が高い．しかし，固定効果を含めた推計でプラスになるというのは，借入需要が弱い銀行ほど流動性資産を増やすとの考えとは整合的ではなく，この点では，内生性を取り除いた結果であるという根拠は乏しいように思われる．借り手の異質性の問題については，次節で，借り手企業の産業別推計を行うこととする．

6 サブ・サンプルの推計結果

本節では，銀行の業態，金融政策のスタンス，および借り手企業の産業によってサンプルを分割する．これらのサブ・サンプル推計結果は，頑健性のチェックでもあり，また，それ自体重要な政策的インプリケーションを持つものである．

6.1 銀行の業態別推計

第2節，第4節でみたように，銀行の業態によって，規模，流動性，および自己資本比率は異なる．そこで，主要行（都市銀行，信託銀行および長期信用銀行）と地域銀行（地銀および第二地銀）別に推計を行った．表6-7はOLS推計結果を示している．

総資産とコールレートとの交差項は，地域銀行では有意だが，主要行では有意ではない．地域銀行のほうが規模が小さいために，地域銀行間の規模の違いが重要なのかもしれない．

流動性比率とコールレートとの交差項は，主要行では有意だが，地域銀行では有意ではない．これは，主要行のほうが流動性比率が低いことが影響しているのかもしれない．この結果は，アメリカでは規模の小さい銀行において流動性比率が重要であるという，Kashyap and Stein（2000）の結果とは異なるものである．さらに，流動性資産の内訳別の推計を業態別に行うと，コールレートとの交差項は，主要行では国債もコールローンもプラスで有意なのに対し（係数は，コールローンが0.262，国債が0.133と，コールローンの方が高い），地銀ではいずれも有意ではなかった（係数は，コールローンが0.008，国債が−0.009）．この結果は，主要行にとって，特にコールローンが重要な流動性資産となっていることを示唆している．これは，主要行，特に都市銀

表6-7 業態別推計結果

被説明変数:総貸出伸び率

列番号	1	2
業　態	主要行	地銀・第二地銀
総資産	0.021**	−0.008**
	(0.010)	(0.003)
流動性資産比率	−0.823**	0.087*
	(0.334)	(0.049)
自己資本比率	0.405	1.570*
	(0.662)	(0.828)
総資産×コールレート	−0.002	0.001**
	(0.002)	(0.000)
流動性資産比率×コールレート	0.156**	0.000
	(0.048)	(0.009)
自己資本比率×コールレート	−0.069	−0.243**
	(0.108)	(0.123)
総貸出伸び率 ($t-1$)	0.433**	0.444**
	(0.074)	(0.024)
長期信用銀行ダミー	−0.004	
	(0.005)	
信託銀行ダミー	0.027*	
	(0.016)	
自由度修正済 R^2	0.736	0.656
観測値数	496	3005

注)　1. ダミー変数以外の説明変数は,1期ラグ値.
　　2. 定数項と年次ダミーを説明変数に含む.
　　3. 推計方法はOLS.
　　4. ( )内は,不均一分散一致標準誤差.
　　5. **,*はそれぞれ有意水準5%,10%で有意であることを示す.

行は,伝統的にコール市場における資金の借り手となっており,コールローンはわずかであるのに対し,地域銀行はコール市場における貸し手で,豊富なコールローンを持っていることを反映しているのかもしれない.

　自己資本比率とコールレートとの交差項は,地域銀行のみ有意である.会計上の自己資本比率(資本/資産)は,主要行の貸出の制約とはなっていないようである[13].

[13) 業態別のGMM推計では,流動性資産とコールレートとの交差項は,主要行ではプラスで有意,地銀ではマイナスで有意となった.自己資本比率とコールレートとの交差項は,主要行ではサンプル数が少なく,推計できなかった.

6.2 金融政策のスタンス別の推計

金融政策が貸出供給に及ぼす影響は，引締め策と緩和策では異なる可能性がある．流動性資産は引締め期の緩衝在庫として貴重であろうし，自己資本は緩和期の貸出増加の制約となるかもしれない．そこで，年平均のコールレートが上昇している年を引締め期，下落している年を緩和期として，サンプル年を分けて推計を行った．

OLS 推計結果（表6-8）によると，総資産（対数値）とコールレートとの交差項は，緩和期，引締め期いずれも有意だが，流動性資産比率とコールレートとの交差項は，金融引締め期においてのみ有意で，自己資本比率とコールレートとの交差項は，金融緩和期においてのみ有意となった．これらの結果は，上述の仮説と整合的である．

1990年代後半の金融危機時は，企業による流動性資産の需要が急増したため，金融政策の効果が平常時とは異なっていた可能性がある．そこで，北海道拓殖銀行の破綻（1997年），主要行等に対する公的資本注入（1998年，1999年）などを考慮して，金融危機が最も深刻であった1997年から1999年を1とする金融危機ダミーを用いた推計を行った．具体的には，金融緩和期をサンプルとして，金融危機ダミー，バランスシート変数，コールレートの3変数の交差項を説明変数に加えることとする．推計結果（第3列）を見ると，3変数の交差項のうち，総資産の交差項はマイナスで有意，流動性比率の交差項はプラスで有意だが，自己資本比率の交差項は有意ではない．金融危機時の金融緩和政策は，流動性資産の乏しい銀行の流動性制約を緩和し，こうした銀行の貸出を促進した[14]．

6.3 借入企業の産業別推計

銀行のバランスシートによって，金融政策が資金配分に及ぼす影響がどのように変わるかを見るために，借り手企業の産業別に，貸出の伸び率を推計する．この推計は，借り手企業の構成をコントロールすることによって，貸

---

[14] 金融緩和期と引締め期に分けたGMM推計では，OLS推計とほとんど変わらなかった．ただし，緩和期において，流動性比率とコールレートの交差項がマイナスで有意となった．金融危機ダミーを用いたGMM推計では，OLS推計と同様，流動性資産の交差項がプラスで有意となったのみならず，自己資本比率の交差項もプラスで有意となった．

表 6-8 金融政策スタンス別推計結果

被説明変数:総貸出伸び率

列番号 金融政策	1 金融引締め期	2 金融緩和期	3 金融緩和期（金融危機ダミーを含む）
総資産	−0.007	−0.006**	−0.001
	(0.004)	(0.002)	(0.002)
流動性資産比率	−0.831**	0.102*	−0.018
	(0.284)	(0.057)	(0.053)
自己資本比率	0.886	1.349*	0.535*
	(1.021)	(0.777)	(0.298)
総資産 × コールレート	0.001**	0.001**	0.000
	(0.001)	(0.000)	(0.000)
流動性資産比率 × コールレート	0.137**	0.007	0.030**
	(0.042)	(0.012)	(0.011)
自己資本比率 × コールレート	−0.157	−0.225*	−0.108**
	(0.159)	(0.118)	(0.046)
総貸出伸び率 $(t-1)$	0.446**	0.479**	0.468**
	(0.065)	(0.027)	(0.027)
金融危機ダミー × 総資産 × コールレート			−0.018**
			(0.005)
金融危機ダミー × 流動性比率 × コールレート			0.610**
			(0.221)
金融危機ダミー × 自己資本比率 × コールレート			2.328
			(2.202)
長期信用銀行ダミー	−0.013**	−0.009	−0.010*
	(0.007)	(0.006)	(0.005)
信託銀行ダミー	0.012	0.005	0.007
	(0.020)	(0.009)	(0.008)
地銀・第二地銀ダミー	−0.008	−0.007	−0.004
	(0.009)	(0.005)	(0.004)
自由度修正済 R^2	0.465	0.690	0.696
観測値数	925	2576	2576

(注) 1. ダミー変数以外の説明変数は, 1期ラグ値.
2. 定数項と年次ダミーを説明変数に含む.
3. 推計方法はOLS.
4. ( ) 内は, 不均一分散一致標準誤差.
5. **, * はそれぞれ有意水準5%, 10%で有意であることを示す.

出供給を推計することにも役立つものである．

「貸出経路」の理論によると，金融政策は資金の配分に影響する．例えば，中小企業のように情報の非対称性が深刻な企業に対する貸出は，金融政策の変化に対する反応が大きいと考えられる．Gertler and Gilchrist (1993) は，1959年から1991年のアメリカの時系列データを用い，中小企業向けの短期貸出は，金融引締めによって縮小するものの，大企業向け貸出はむしろ増加することを見出している．Den Haan, Sumner and Yamashiro (2004) は，金融引締め期において，不動産貸出と消費者ローンは急減するものの，商業・産業貸出（C&I loans）にはそうした傾向はみられないことを見出し，銀行は，金融引締め期には，収益と会計上，規制上の自己資本を高めるために，長期でリスクの高い不動産貸出などよりも，短期で比較的安全な商業・産業貸出を好むようになると主張している．

本節では，銀行によって開示されている8業種別に貸出の伸び率を推計する．具体的には，製造業，不動産業，建設業，金融保険業，商業，運輸通信業，電気・ガス・水道業，およびサービス業の8業種である．データの制約上，ここでの貸出は，国内企業向け貸出のみである．100%を超える貸出の伸び率の場合には，異常値だとみなして，サンプルから除外した．

表6-9が推計結果である．総資産（対数値）とコールレートの交差項は，5産業でプラスに有意であった（不動産，金融保険，商業，電気ガス水道，およびサービス）．流動性比率とコールレートの交差項は，プラスで有意な産業はなく，電気ガス水道業では，マイナスで有意である．これは，流動性資産に関するベースラインの推計結果が，部分的には，流動性比率が借り手の異質性を反映していることを示唆している．自己資本比率とコールレートの交差項は，3産業でマイナスで有意であるが（製造業，商業，および運輸通信業），他の5産業（不動産業，建設業など）では有意ではない．この結果は，銀行の自己資本比率が低い場合，銀行の自己資本比率が高い場合と比べると，金融緩和策は製造業向け貸出を抑制し，不動産業向け貸出や建設業向け貸出などのシェアを高めることを示しており[15]，自己資本の乏しい銀行が，金融政

---

[15] ここでは，自己資本の違いによって，金融政策ショックに対する貸出の増加がどの程度異なるかを推計しており，金融政策ショックが各産業の貸出に及ぼす影響自体を推計しているわけではない．したがって，金融緩和策が建設業の貸出シェアを増やし，建設業や不動産業の貸出シェアを増やすかどうかは定かではない．これは，銀行の自己資本比率の水準に依存する．

表 6-9 借り手企業の産業別推計結果

被説明変数:各産業別貸出伸び率

借り手企業の産業	製造業	不動産業	建設業	金融保険	商業	運輸通信	電気ガス水道	サービス業
総資産	-0.002	-0.011**	0.001	-0.014**	0.000	0.001	-0.023**	-0.009**
	(0.002)	(0.004)	(0.003)	(0.007)	(0.002)	(0.004)	(0.010)	(0.003)
流動性資産比率	0.036	0.142	0.106	0.362	0.020	0.339**	0.882**	0.148
	(0.070)	(0.127)	(0.088)	(0.263)	(0.065)	(0.141)	(0.305)	(0.092)
自己資本比率	1.769**	0.570	1.002	1.479	1.226*	2.547**	2.697**	1.229
	(0.565)	(1.220)	(0.913)	(1.629)	(0.664)	(0.846)	(1.105)	(0.964)
総資産×コールレート	0.001	0.003**	0.000	0.005**	0.001**	0.000	0.004**	0.002**
	(0.000)	(0.001)	(0.000)	(0.001)	(0.000)	(0.001)	(0.001)	(0.000)
流動性資産比率×コールレート	0.013	-0.037	0.000	0.044	0.006	-0.028	-0.088*	0.014
	(0.013)	(0.024)	(0.016)	(0.048)	(0.012)	(0.024)	(0.053)	(0.018)
自己資本比率×コールレート	-0.273**	-0.248	-0.185	-0.101	-0.204**	-0.395**	-0.175	-0.203
	(0.080)	(0.179)	(0.130)	(0.254)	(0.096)	(0.125)	(0.181)	(0.142)
総資産出伸び率 ($t-1$)	0.121**	0.157**	0.167**	-0.027**	0.001	0.003	-0.009	0.192**
	(0.029)	(0.027)	(0.024)	(0.008)	(0.001)	(0.030)	(0.007)	(0.031)
長期信用銀行ダミー	-0.029**	0.000	0.008	0.015	-0.002	-0.038**	-0.037**	-0.006
	(0.007)	(0.012)	(0.017)	(0.019)	(0.010)	(0.009)	(0.016)	(0.019)
信託銀行ダミー	-0.031**	-0.016	-0.025**	-0.008	-0.005	-0.042**	-0.045**	-0.008
	(0.009)	(0.013)	(0.011)	(0.022)	(0.009)	(0.011)	(0.020)	(0.012)
地銀・第二地銀ダミー	0.009	0.009	0.016*	-0.009	0.016**	-0.004	-0.020	-0.018*
	(0.007)	(0.012)	(0.008)	(0.021)	(0.006)	(0.011)	(0.024)	(0.009)
自由度修正済 R^2	0.450	0.242	0.329	0.271	0.462	0.114	0.066	0.401
観測値数	3501	3474	3479	3425	3495	3501	2936	3471

注: 1. ダミー変数以外の説明変数は、1期ラグ値。
2. 定数項と年次ダミーを説明変数に含む。
3. 推計方法は OLS。
4. ( )内は、不均一分散一致標準誤差
5. **,*はそれぞれ有意水準5%、10%で有意であることを示す。

策ショックに対応して，現在の収益と会計上あるいは規制上の自己資本比率を高めるように，貸出ポートフォリオをシフトさせていると解釈することができるだろう[16].

7 結　論

銀行が不完全な資本市場に直面している場合や，自己資本規制に服している場合には，金融政策に対する銀行の反応が，各銀行のバランスシートの状況に依存する．本章では，1975年から1999年にわたる日本の銀行のバランスシートを分析し，以下の事実を見出した．

1) 銀行の規模が小さく，流動性資産が乏しく，自己資本が豊富なほど，金融政策が貸出に及ぼす影響が大きい．ただし，このうち流動性資産の影響については，規模や自己資本の影響と比べると，頑健性がやや劣る．
2) 銀行の反応は，緩和期と引締め期とでは非対称である．すなわち，引締め期には銀行の流動性が重要であり，緩和期には，銀行の自己資本が重要である．ただし，1990年代末の金融危機時には，金融緩和策が，流動性資産の乏しい銀行の貸出を促進していた．
3) 借り手企業の産業別に貸出の伸び率を推計すると，金融政策ショックに対する反応として，銀行の自己資本は製造業向けの貸出に影響するが，不動産業や建設業向けの貸出には影響しない．

これらの結果より，いくつかのインプリケーションが導かれる．第1に，金融政策の波及経路として，「貸出経路」が存在する．銀行が金融政策の変化に対応して，どの程度貸出を変化させるかは，当該銀行のバランスシートの状況によって，経済的にも重要な差異がある．第2に，銀行の自己資本が毀損している状況では，金融緩和策の効果は減殺される．「貸出経路」の考え方では，通常，自己資本が豊富な銀行はモラルハザードや逆選択などの非

---

16) 借り手企業の産業別に GMM 推計を行うと，自己資本比率とコールレートの交差項は，金融業を除くすべての業種でマイナスに有意となったが，係数の絶対値は，製造業で高く，建設や不動産業で低かった（製造業－0.204，不動産業－0.116，建設業－0.113).

対称情報の問題が少ないので,金融政策ショックに対して感応的ではないとされているが,本章での結果は,自己資本が豊富な銀行ほど,金融政策ショック,特に金融緩和ショックに対して感応的であることを示しており,自己資本が緩和期における銀行貸出の制約になっていることを示唆している.逆にいえば,不良債権処理を進め,銀行の自己資本を増強することで,金融緩和の効果は高まる.

本章で扱ったデータは,1999年までだが,銀行の資金調達パターンは,その後も大きくは変化しておらず,上記ファインディングの1),2)は,その後も妥当しているものと推測される[17].特に2)については,金融危機時の金融緩和策が,流動性の乏しい銀行の貸出の資金調達コストを引き下げ,貸出を促進する効果があることを示唆している.他方,ファインディング3)については,特に2002年の金融再生プログラム以降,主要行による不振企業に対する貸出の継続は厳しく監視されたので,その後の金融緩和は必ずしも製造業向け貸出のシェアを相対的に減らしていない可能性がある.金融政策による資金配分への影響は,金融規制・監督に左右されるものと考えられる.

---

[17] 井上(2009)は,2000年3月から2006年3月の銀行の半期データを用い,不良債権が少ない銀行ほど,量的緩和政策に敏感に反応して貸出を増やしていたことを見出している.

補　論　ベースライン推計結果の頑健性チェック

　ベースライン推計結果の頑健性をチェックするため，さまざまな方法で，ベースライン推計から，定式化や説明変数を変更する．特に断りのない限り，推計方法はOLSである．なお，本節での推計結果のいくつかは，紙面の節約のため表を割愛する．先に結果を要約すると，ベースライン推計のほとんどの結果は，頑健であった．

1. 定式化

　まず，地域における貸出需要をコントロールするため，本店所在都道府県の実質GDP成長率とインフレ率を説明変数に加えた．データの制約のため，推計期間は1982年から1998年に限られるが，OLSによる推計結果は，ベースラインのOLS推計結果と変わらなかった．また，実質GDP成長率の係数は，プラスで有意であった．

　次に，銀行のバランスシートに影響を及ぼすマクロショックを明示的にコントロールするため，年ダミーを除き，その代わりに，実質GDP成長率，インフレ率およびコールレートを説明変数に加えたが，結果は，自由度修正済R^2が少し低下しただけで，ベースラインの推計結果とほとんど変わらなかった．なお，実質GDP成長率とインフレ率の係数はプラス，コールレートの係数はマイナスであった．

　第3に，金利スプレッド（貸出金利と借入金利の差）を説明変数に加えた．これは，高い金利スプレッドを課すことができる銀行ほど，貸出を増やすインセンティブが強い可能性を考慮するためである．金利スプレッドは，貸出金利受取額／貸出残高と預金金利支払額／預金残高の差で算出する．同時性バイアスを考慮するため，OLSだけではなく，金利スプレッドの2期ラグを操作変数とするGMM推計も行ったが，OLS，GMMともに，銀行のバランスシート変数とコールレートとの交差項は，ベースラインの結果からほとんど変化しなかった．金利スプレッドの係数は，予想通りプラスで有意であった．

　第4に，バランスシート変数との交差項に用いるコールレートについて，ベースライン推計では1期ラグ値を用いていたが，これを当期の値に変更し

た.ベースライン推計では,銀行が金融政策ショックに反応するのに1年かかると仮定していたが,ここでは,即座に反応すると仮定した.この結果,OLSによる推計結果は,総資産(対数値)とコールレートとの交差項,自己資本比率とコールレートとの交差項は,ベースライン推計と同じ符号で有意であったが,流動性比率とコールレートとの交差項は有意ではなかった.

最後に,被説明変数を,総貸出の伸び率から,外国人向け貸出を除いた国内貸出の伸び率に変更した.この結果,総資産(対数値)とコールレートとの交差項,自己資本比率とコールレートとの交差項は,ベースライン推計と同じ符号で有意であったが,流動性比率とコールレートとの交差項は有意ではなかった.銀行が金融政策ショックに対して反応する際,流動性は,外国人向け貸出の重要な決定要因となっているのかもしれない[18].

2. 金融政策の指標

金融政策の指標として,名目コールレートに代えて,実質コールレートとマーシャルの k を使ってそれぞれ推計した.この結果,実質コールレートとの交差項では,総資産(対数値)と流動性比率がそれぞれプラスに有意であった.自己資本比率と実質コールレートとの交差項は有意ではなかったが,これは,実質金利は,1990年代の緩和政策を適切に捉えていないことによると考えられる.マーシャルの k との交差項では,総資産(対数値)と自己資本比率が,期待された通り,ベースライン推計と逆の符号で有意であった.流動性比率とマーシャルの k との交差項は有意ではなかったが,これは,マーシャルの k が,1980年と1990〜91年の引締め期に僅かしか低下していないことによるのかもしれない[19].

---

[18] さらに,以上の定式化を,推計式(2)にGMM 2段階推計を適用して推計した.この結果,総資産(対数値)とコールレートとの交差項,自己資本比率(会計基準)とコールレートとの交差項は,ベースライン推計と同じ符号で有意であったが,流動性比率とコールレートとの交差項は有意でないか,仮説2とは逆の符号で有意となった.新しく付け加えた変数では,都道府県レベルと国レベルの実質GDP成長率がプラスで有意であったが,コールレートと金利スプレッドは,OLS推計とは逆の符号になった.

[19] GMM推計を行うと,実質金利を使った推計は,OLS推計とほとんど同様であった.他方,マーシャルの k を使った推計では,自己資本比率とマーシャルの k との交差項がマイナスで,限界的に有意となった.

3. 流動性指標

　流動性資産を国債とコールローンに分け，さらに，銀行の保有現金を新たに流動性資産として用いた推計を行った．この結果，コールレートとの交差項では，コールローンがプラスで有意だが，国債と現金は有意ではなかった[20]．

自己資本と不良債権の指標

　会計指標の自己資本比率（資本／総資産）を，市場価値で評価した自己資本比率と，BIS 規制上の自己資本比率に置き換えた．BIS 規制上の自己資本比率は，1990 年代の BIS 自己資本比率規制が金融政策の波及効果に及ぼした影響を見る上でも，有益である．

　市場価値自己資本比率の推計結果（表6-A，第1列）を見ると，コールレートとの交差項は，有意ではない．市場価値自己資本は，金融緩和期における貸出供給の制約にはなっていなかったようである．

　次に，BIS 自己資本比率の推計結果（第2列）を見る．サンプルとなる銀行は，国際行として，BIS 自己資本比率規制を受けていた銀行である．推計期間は 1991 年から 1999 年であり，ほとんど金融緩和政策の時期に対応している．コールレートとの交差項は，マイナスで有意であり，BIS 自己資本比率が高い銀行ほど，1990 年代の金融緩和策に反応して，より貸出を増やしていたことが示唆される．

　不良債権も金融政策の効果に影響を及ぼしていた可能性がある．そこで，個別貸倒引当金と破綻先債権の2つの不良債権指標を用いて推計を行った．ただし，破綻先債権は，1993 年以降しかデータがない．推計結果（第3，4列）を見ると，どちらの不良債権指標も，コールレートとの交差項はプラスで有意であり，不良債権比率が高い銀行ほど，金融緩和政策に対する貸出の伸びが低かったことがわかる[21]．

20） GMM 推計では，コールレートと各流動性資産比率がすべてプラスで有意であった．
21） GMM 推計では，市場価値自己資本とコールレートとの交差項がマイナスで有意であったが，それ以外は，OLS 推計の結果と同様であった．

表 6-A 自己資本比率と不良債権比率に関する代替的指標を用いた推計結果

被説明変数：総貸出伸び率

列番号 自己資本比率あるいは不良債権比率	1 市場価値 自己資本比率	2 BIS自己資本 比率	3 個別貸倒 引当金	4 破綻先債権
総資産	−0.010**	−0.011**	−0.006**	−0.009**
	(0.002)	(0.005)	(0.001)	(0.003)
流動性資産比率	0.045	−0.023	−0.018	0.159*
	(0.060)	(0.065)	(0.058)	(0.083)
自己資本比率	0.148	1.187**		
	(0.135)	(0.300)		
不良債権比率			−1.301**	−2.928**
			(0.397)	(1.355)
総資産 × コールレート	0.002**	0.000	0.001**	0.002**
	(0.000)	(0.001)	(0.000)	(0.001)
流動性資産比率 × コールレート	0.013	0.007	0.026**	−0.028
	(0.012)	(0.016)	(0.012)	(0.031)
自己資本比率 × コールレート	0.007	−0.236**		
	(0.025)	(0.077)		
不良債権比率 × コールレート			0.145**	1.159**
			(0.062)	(0.521)
総貸出伸び率 $(t-1)$	0.462**	0.298**	0.446**	0.321**
	(0.037)	(0.062)	(0.027)	(0.074)
長期信用銀行ダミー	−0.013**	−0.017*	−0.009**	−0.024*
	(0.004)	(0.009)	(0.004)	(0.013)
信託銀行ダミー	0.000	−0.023**	0.016**	−0.003
	(0.008)	(0.010)	(0.008)	(0.013)
地銀・第二地銀ダミー	−0.006	−0.011	−0.010**	−0.002
	(0.004)	(0.010)	(0.004)	(0.006)
自由度修正済 R^2	0.673	0.404	0.641	0.390
観測値数	2384	674	3501	863

注) 1. ダミー変数以外の説明変数は，1期ラグ値．
2. 定数項と年次ダミーを説明変数に含む．
3. 推計方法は OLS．
4. （ ）内は，不均一分散一致標準誤差．
5. **，*はそれぞれ有意水準5%，10%で有意であることを示す．

第7章

金融政策は企業の流動性制約に影響するか

1 はじめに

　金融政策は企業のバランスシートの変動を通じて実物セクターに影響を及ぼす．1980年代後半以降，金融政策の最も強力な伝達経路の1つはこのチャネルであった．本章の目的は，このルートの特徴を実証的に検討することである．

　情報の非対称性があり資本市場が不完全な状況では，企業の資金調達コストはその企業が持つ正味資産の多寡に依存する．正味資産を潤沢に持つ企業は比較的安いコストで資金を調達できる一方，正味資産を少ししか持たない企業は高い金利を要求されたり，場合によっては必要なだけの資金量を調達できないという流動性制約に直面する．金融政策は，資産価格の変動を通して企業の保有する担保資産の価値を変えたり，企業のキャッシュフローを変化させることにより正味資産の水準に影響を与える．企業の正味資産の変化は資金調達コストを変化させ，それが投資行動に影響を及ぼす．金融政策が投資行動に影響を及ぼすこの経路は，企業のバランスシートの変化を経由しているという意味でバランスシートチャネルと呼ばれている．

　バランスシートチャネルに関する理論的研究によれば，企業の投資行動が正味資産の多寡に縛られる度合いは，いつでも一定というわけではなく，各企業の正味資産が全般に小さい局面で強くなる（Gertler and Hubbard 1988, Bernanke and Gertler 1989, Bernanke, Gertler and Gilchrist 1996 など）．この点を例示するために，同じ投資プロジェクトを持つ2つの企業（企業Aと企業B）を考える．投資プロジェクトの金額を50とし，企業Aと企業Bはそれぞれ正味資産を100と50だけ保有しているとする．この水準は投資プロジェクトの金額と同じかそれ以上なので，両社ともに資金調達には何の問題も

生じていない.つまり,この状況では正味資産の多寡は投資行動を縛っていない.ここで資産価格が下落し,正味資産がそれぞれ半減し,企業 A は 50,企業 B は 25 へと減少したとする.企業 A にとっては,正味資産が半減したとはいっても投資プロジェクト金額との対比では引き続き十分な水準にある.一方,企業 B では,正味資産が投資プロジェクト金額を下回っているので資金調達に支障が生じ,投資プロジェクトの縮小や撤退を余儀なくされることになる.つまり,資産価格下落後は,正味資産の多寡が投資行動に強く影響している.このように,投資が正味資産の水準に縛られる度合いは正味資産が全般に低下している局面で強まる.

このことは,金融政策に関連して次の2つの含意を持つ.第1に,金融引締めは資産価格の下落やキャッシュフローの悪化などを通じて各企業の正味資産を全般に低下させるので,金融引締め期には投資行動が正味資産の多寡に縛られる度合いが強まる.第2に,各企業の正味資産が全般に低い局面では金融政策の有効性が高まる.正味資産が全般に低い局面では流動性制約に直面している企業の割合が大きいので金融政策の有効性が高まるのである.

本章では,この2つのうち第1の理論予測を実証的に検証することにより,バランスシートチャネルの重要性を確認する[1].具体的には,(1) 各年における企業の正味資産と投資率の間のクロスセクションの関係を推計する,(2) 正味資産と投資率の関係の強さが金融引締め期に高まるかどうかを調べる,という2段階の推計によりこの理論予測を検証する.

本章の構成は以下のとおりである.第2節と第3節では,それぞれ実証分析の方法論と使用データについて説明する.第4節でベースラインの結果を報告し,第5節では企業規模別,業種別などさまざまな角度から同様の推計を行い,推計結果の頑健性をチェックする.第6節は本章の結論である.

---

[1] 第2の含意については,Gertler and Gilchrist (1994) は,米国の在庫投資データを用いて検証している.彼らは,フェデラルファンドレートの変更が在庫投資に及ぼす影響が景気後退局面で強まることを確認している.一方,第1の含意については,Oliner and Rudebusch (1996) が米国の設備投資データを用いて検証している.時系列データを用いた設備投資関数を推計し,説明変数の1つであるキャッシュフローに係るパラメータが金融引締め期に有意に上昇することを確認している.

2 推計方法

2.1 金融政策のバランスシート経路

情報の非対称性が存在するために資本市場が不完全になっている経済において，企業が銀行借入れや社債発行など，いわゆる外部資金調達を実行しようとすると，企業はプロジェクトのリスク見合い以上の金利を支払わなければならない．これが外部資金調達プレミアム（external finance premium）である．企業が支払わなければならない外部資金調達プレミアムはその企業の正味資産に依存する．正味資産が大きければ外部資金調達プレミアムは小さい．十分に大きな正味資産を持つ企業では適用されるプレミアムがゼロになる．例えば，担保資産を大量に持つ企業はほとんどプレミアムを払わずに資金調達できる．逆に，正味資産が小さい企業では大きなプレミアムを払わないと資金を調達できない．正味資産が極端に小さい場合にはプレミアムが禁止的に大きくなり，実際上は資金調達ができなくなる．つまりこの企業は流動性制約に直面していることになる．

企業 i の t 時点における正味資産を B_{it}，また，その企業が支払う外部資金調達プレミアムを θ_{it} と表記する．外部資金プレミアムは正味資産の減少関数であるから，$\partial \theta_{it}/\partial B_{it} < 0$ である．図7-1はこの2変数の関係を示すものであり，右下がりの形状が負の関係を示している．しかし両者の関係は線形ではない．Bernanke, Gertler and Gilchrist (1996) らが強調しているように，B_{it} が大きくなればなるほど曲線の傾き，つまり $\partial \theta_{it}/\partial B_{it}$ は絶対値でみて小さくなる[2]．B_{it} が極端に大きい場合には傾きはほぼゼロになる．例えば，担保を非常に多く持っている企業がさらに余分に担保資産を保有しても，プレミアムの限界的な低下幅はほぼゼロである．一方，B_{it} が非常にゼロに近い場合には，曲線の傾きは非常に大きくなる．正味資産をほとんど持たない企業が正味資産を追加的に持つときのプレミアムの低下幅は大きい．

このような経済において金融政策はどのような影響力を持つだろうか．例

---

[2] つまり，図7-1に示したように，θ_{it} は B_{it} の凸関数である．この点について理論的根拠は，例えば第4章補論1を参照．Bernanke, Gertler and Gilchrist (1996) は，銀行貸出などには，情報の非対称性の問題を軽減するために，担保，在庫比率，配当などに関する付帯条項がついているが，これらの付帯条項は，基準を満たせなくなれば貸出を受けられなくなるため，非線形性をもたらすとしている．

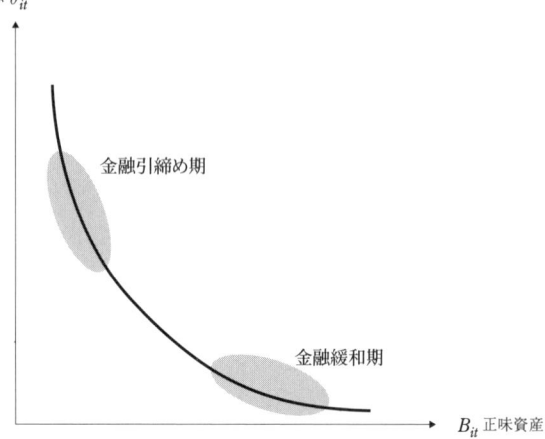

図 7-1 正味資産と外部資金調達プレミアムの関係

として金融引締めについて考えてみよう．議論を単純にするために，ここでは安全資産金利の引き上げを金融引締めと定義する．金融が引き締められると，企業の正味資産は減少する．正味資産の減少は外部資金調達プレミアムを増大させる．安全資産金利の上昇と合わせると，企業の資金調達コストは上昇し，その結果，企業の支出活動は抑制される．

安全資産金利の上昇に伴う効果は金利チャネル，また，正味資産の減少を経由する効果はバランスシートチャネルと呼ばれている．企業の設備投資率を X_{it}，また金融政策を M_t と表記すると（M_t が大きくなるとき金融緩和と定義する），金融政策の効果は，

$$\frac{dX_{it}}{dM_t} = \frac{\partial X_{it}}{\partial M_t} + \frac{\partial X_{it}}{\partial \theta_{it}} \frac{\partial \theta_{it}}{\partial B_{it}} \frac{\partial B_{it}}{\partial M_t} \tag{1}$$

と書くことができる．右辺第1項が金利チャネルであり，右辺第2項がバランスシートチャネルを表している．ここで，$\partial X_{it}/\partial \theta_{it}$，$\partial \theta_{it}/\partial B_{it}$ がともにマイナスだから，第2項はプラスである．

設備投資率が金利の線形関数という通常の仮定の下では右辺第1項 $\partial X_{it}/\partial M_t$ は定数である．同様の理由により，右辺第2項の中の $\partial X_{it}/\partial \theta_{it}$ と $\partial B_{it}/\partial M_t$ も定数である．しかし右辺第2項の中の $\partial \theta_{it}/\partial B_{it}$ については，図 7-1 で見たように θ_{it} と B_{it} の関係が非線形なので B_{it} の水準に依存し，B_{it} が大きければ大きいほど $\partial \theta_{it}/\partial B_{it}$ は絶対値で小さくなる．2階微

分可能であると仮定し，(1) 式を B_{it} で微分すると，

$$(2) \quad \frac{\partial}{\partial B_{it}}\left(\frac{dX_{it}}{dM_t}\right) = \frac{\partial X_{it}}{\partial \theta_{it}} \frac{\partial^2 \theta_{it}}{\partial B_{it}^2} \frac{\partial B_{it}}{\partial M_t} < 0$$

となる．最後の不等号は図7-1の形状（$\partial^2 \theta_{it}/\partial B_{it}^2 > 0$）から明らかである．(2) 式によれば，金融政策の有効性は B_{it} が小さければ小さいほど強まることになる．これはバランスシートチャネルの重要な含意である．式の全微分の順番を入れ替えると，

$$(3) \quad \frac{\partial}{\partial M_t}\left(\frac{\partial X_{it}}{\partial B_{it}}\right) = \frac{\partial X_{it}}{\partial \theta_{it}} \frac{\partial^2 \theta_{it}}{\partial B_{it}^2} \frac{\partial B_{it}}{\partial M_t} < 0$$

となる．(3) 式の偏微分係数 $\partial X_{it}/\partial B_{it}$ は，企業の資金調達がどれだけ強く正味資産の量に縛られているかを測る指標である．あるいは，企業が流動性制約に直面している度合いと見ることもできる．(3) 式によれば，投資率が正味資産の多寡に縛られる度合いは金融引締め期に強まる．これが本章で検証する仮説である．

2.2　2段階アプローチ

(3) 式をデータから検証するに当たり，本章では次の2段階アプローチを採用する．まず第1段階では，各年のクロスセクションデータを用いて投資率の正味資産変動に対する感応度，つまり $\partial X_{it}/\partial B_{it}$ を推計する．具体的には，各年について

$$(4) \quad X_{it} = \alpha_t + \beta_t B_{it} + \gamma_t Q_{it} + \varepsilon_{it}$$

を推計し，投資率の正味資産に対する感応度 β_t の推計値 $\hat{\beta}$ を得る．ここで q_{it} はトービンの Q であり，投資機会を表す変数である．また，α_t には金利チャネルや為替レートチャネルなどが含まれている．

次に第2段階では，その $\hat{\beta}_t$ が金融政策にどのように依存するかを調べるために，

$$(5) \quad \hat{\beta}_t = -\sum_{j=0}^{2} \phi_j^m M_{t-j} + \eta_t$$

を時系列データにより推計する．(3) 式が成立していれば ϕ_j^m は正になるはずである．

この2段階アプローチには次のような長所がある．M_t が X_{it} に影響する経路としては，B_{it} を経由するバランスシートチャネル以外に，金利チャネ

ル,為替相場チャネルなどさまざまな経路が存在する.したがって,(4)式を時系列データで推計しようとすれば,それらのチャネルも考慮に入れる必要がある.そのためには,それらのチャネルがどのようなかたちで右辺に入ってくるかを特定しなければならず,新たな仮定が必要になる.また,それらのチャネルとバランスシートチャネルを識別するという新たな課題も生じる.

　本章で採用する2段階アプローチの利点は,(4)式をクロスセクションで推計することによりこうした難しい問題を回避するところにある.バランスシートチャネル以外の全てのチャネルは,すべての企業に対して一律に影響する,いわゆる集計ショックと考えられるので,それらはすべて(4)式の定数項 α_t で表現されていることになり,それ以上の仮定は一切導入する必要がないというのがこの方法の利点である[3].

3 データ

3.1 サンプル選択

　第1段階の推計では,日本政策投資銀行「企業財務データバンク」(CD-ROM版)を用いる.対象は,東京証券取引所および地方証券取引所の1部・2部上場企業であり,1956年から1999年までの年次決算データをもとにしている[4].推計のベースになるデータベースの作成に際しては,金融政策の効果を見るという本章の目的に照らし,サンプルに余計なバイアスをかけることがないよう次の点に配慮している[5].

　第1に,老舗企業のみならず,最近設立された若い企業もサンプルに含めることを原則とする.先行研究の中には,データ加工上の理由から,サンプル期間内を通じて営業している企業だけにサンプルを絞るものもあるが,そうした絞込みを行うと,経営が安定的な伝統企業だけがサンプルを構成する

---

[3] 集計ショックを時間軸方向の固定効果で表現できるのは,X_{it} の B_{it} に対する感応度がクロスセクション方向と時間軸方向で全く等しいと仮定しているからである.特に,M_t の変動に起因する B_{it} の時間軸方向の変動が X_{it} を変化させる程度と,クロスセクション方向での B_{it} の変動が X_{it} を変化させる程度が等しいとの仮定が重要である.

[4] ただし,推計に当たっては,トービンの Q の作成に必要な株価データが入手できる1971年以降のデータを主に用いる.

[5] 詳細については補論1「企業サンプルの選択」を参照.

ことになってしまう．金融政策の効果は老舗企業と新参企業では異なると考えられるので，こうした扱いは望ましくない．

第2に，合併・買収や清算といった事情でサンプル期間内に消滅した企業もサンプルに含めている．金融政策のバランスシートチャネルの影響を強く受けるのはどちらかといえば大企業より中堅以下の規模の企業であり，こうした規模の企業は長い期間の中で消滅する確率も高い．したがって，途中で消滅した企業をサンプルからはずすことは推計にバイアスを生じさせる可能性がある．なお，合併・買収後の存続企業については，合併・買収前と同じ行動パターンの企業とみなすことは不適当であると考え，合併・買収と同時に新会社が設立されるという扱いにしている．

第3に，先行研究ではサンプルを製造業に絞ることが多いが，本章では非製造業もサンプルに含めている．バブル期の例を挙げるまでもなく金融政策は建設・不動産など非製造業に属する企業の投資姿勢に多大な影響を及ぼしており，これらの企業をサンプルに入れることが望ましい．ただし，製造業と非製造業ではバランスシートの構造が大きく異なっており，同種の企業群と見なすことは適切でない面もある．そこで本章では，製造業・非製造業すべてをプールしたデータで推計を行った後，同じ推計を業種別にも行うことによりファインディングの頑健性をチェックする．

サンプルから除外されるのは，資本ストックの推計値がマイナスとなるなどデータ作成上明らかな問題がある企業や，存続期間が4年未満で推計に支障がある企業などである．これらを除く企業数は1998年で1879社であり，サンプル期間内の多くの年で1000社を上回っている．ただし，1958～1961年は約400社である．

3.2 主要変数

設備投資率

設備投資率 X_{it} の作成方法は，Hayashi and Inoue（1991）に準拠している．ただし，次の2点で変更を加えている．第1に，金融政策に対する投資の反応を正確に計測するという観点からは設備投資をキャッシュフローベースで見るのが適当であるので，当期の建設仮勘定の増加額を設備投資に含めている．第2に，除却資産については，Hayashi and Inoue（1991）は当期の市場価格で評価しているが，これは多くの企業で過大推計になっていると

考えられるので,簿価をそのまま用いることとしている[6].

正味資産

バランスシートチャネル理論では,金融政策の変更が資産価格に影響を与え,それが企業のバランスシートの資産サイドを変化させ,最終的に自己資本に影響を与えることを念頭においている.例えば,金融引締めは企業の資産価格を下落させるので,担保差し入れ可能な資産の価額を減少させると同時に,企業の自己資本を毀損させる.担保資産の評価額の低下や自己資本の減少に伴い,企業の外部資金調達コストが上昇する,あるいは借り入れ可能金額の上限が低下することになり,これが企業の投資行動を抑制する.こうした理論モデルのストーリーに忠実に考えれば,正味資産 B_{it} の指標としては,自己資本額や担保適格資産額を用いるのが適当である.しかし,理論モデル上は資産が時価で評価されているのに対して,実際に公表されるバランスシート計数の多くは簿価であり,その意味での計測誤差は深刻である.例えば,重要な担保資産である土地については,企業の保有土地の時価評価額を正確に計測することは困難である[7].

計測誤差が比較的小さいと考えられる指標は,キャッシュフローや流動性資産の保有額である.キャッシュフローは自己資本の変化と密接に関係しており,理論モデルとも一応整合的である.ただし,バランスシートチャネル理論で強調される資産価格の変化との直接的な関係はない.一方,流動性資産額は,現預金や売上債権などから構成されており,キャッシュフローと同じく,測定誤差の入り込む余地が少ない.また,流動性資産の多寡はその企業の資金繰りの状況を直接的に反映しており,実務上も,銀行などの外部投資家が融資の判断を行う際の重要な指標となっている.企業の資金繰り状況は,理論モデルでいえば,流動性制約の強さ,あるいはその背後にある外部資金調達プレミアムの水準と解釈することができる.

本章では,こうした判断に基づき,流動性資産額を B_{it} の代理変数として

---

6) この点については鈴木(2001)も同様の扱いをしている.
7) 保有土地を評価するには各企業の保有土地の所在地・面積とその単価を知る必要がある.この線に沿った研究としては浅子他(1989, 1997)がある.浅子他(1989, 1997)は,各企業の保有土地を用途別・所在県別に分類した上で時価評価額を算出している.ただし,この方法でも,同一都道府県内の同一用途の土地はすべて同一価格であると仮定するなどの問題点が残っている.

用いることにする．具体的には，当座資産から親会社株式と自己株式を控除したものを流動性資産と定義し，それを総資産で除した流動性資産比率を用いる．

金融政策の指標

金融政策の指標 M_t としては次の2種類の変数を用いる．第1は公定歩合または翌日物レートの変化幅である．R_t を公定歩合（1986年以前）または翌日物コールレート（1987年以降）とし，その前年からの変化幅を ΔR_t と表記する．(5)式の M_t に ΔR_t を代入すると，第2段階の推計式は

$$(6) \quad \hat{\beta}_t = \sum_{j=0}^{2} \phi_j^m \Delta R_{t-j} + \eta_t$$

となる[8]．理論予測は ϕ_j^m が正になることである．

金融政策の第2の指標は金融政策スタンスを表すダミー変数である．金融引締めダミー D_t^{tight} は金融引締めに関連する意思決定がなされた年は1をとり，それ以外の年はゼロのダミー変数である．反対に，金融緩和ダミー D_t^{easy} は金融緩和に関連する意思決定がなされた年は -1 で，それ以外の年はゼロのダミー変数である．2つのダミー変数は黒木（1999）および細野・三平・杉原（2001）をもとに作成した．ダミー変数を用いた場合の第2段階の推計式は

$$(7) \quad \hat{\beta}_t = \sum_{j=0}^{2} \mu_j^{tight} D_{t-j}^{tight} + \sum_{j=0}^{2} \mu_j^{easy} D_{t-j}^{easy} + \eta_t$$

であり，理論予測は μ_j^{tight} が正でゼロと有意に異なり，μ_j^{easy} はゼロに近い正の値をとることである．

表7-1は，主要変数の記述統計量を示している．これによると，特に70年代以降，金融緩和期に流動性資産比率が上昇し，引締め期もしくはその翌年にはそれ以前の増加傾向に歯止めがかかる傾向が見られる．また，トービンの Q の値は，Hayashi and Inoue（1991）などの先行研究と概ね同水準となっており，時系列的な推移も大きく異ならないことが確認できる．

---

[8] ここでは M_t と ΔR_t の符号が反対であるため右辺第1項の先頭のマイナスが消えている．

230　第III部　金融危機と経済政策

表 7-1　主要変数の推移

年	企業数	設備投資率		流動性資産比率		Q	
		平均値	標準偏差	平均値	標準偏差	平均値	標準偏差
1971	1106	0.1508	0.1141	0.4180	0.1437	0.8110	0.8920
1972	1145	0.1187	0.1238	0.4201	0.1431	0.8449	0.6355
1973	1165	0.1248	0.1105	0.4303	0.1446	1.1150	1.3047
1974	1199	0.1466	0.1293	0.4430	0.1412	0.9050	0.6183
1975	1226	0.0918	0.0938	0.4281	0.1353	0.6929	0.5245
1976	1214	0.0555	0.0764	0.4133	0.1362	0.7241	0.6177
1977	1263	0.0646	0.1017	0.4355	0.1366	0.8681	0.7325
1978	1276	0.0653	0.0809	0.4405	0.1385	0.9413	0.8805
1979	1295	0.0715	0.0796	0.4466	0.1410	1.1882	1.1988
1980	1310	0.0867	0.0880	0.4570	0.1426	1.1114	1.1073
1981	1331	0.0926	0.1020	0.4542	0.1410	1.1179	1.4769
1982	1355	0.0891	0.0941	0.4461	0.1431	0.9911	1.3462
1983	1372	0.0814	0.0821	0.4477	0.1434	1.0543	1.6721
1984	1374	0.0908	0.1523	0.4483	0.1451	1.6361	3.3152
1985	1401	0.1014	0.1179	0.4609	0.1486	1.8719	3.3784
1986	1419	0.0956	0.0965	0.4656	0.1482	1.9729	2.8810
1987	1443	0.0946	0.1252	0.4584	0.1498	2.5690	5.7384
1988	1441	0.1013	0.1151	0.4649	0.1533	2.9337	3.5359
1989	1464	0.1211	0.1440	0.4788	0.1555	3.2842	3.6025
1990	1523	0.1337	0.1240	0.4772	0.1546	4.0915	10.5618
1991	1645	0.1400	0.1279	0.4800	0.1571	3.2939	8.5641
1992	1693	0.1302	0.1599	0.4606	0.1555	2.3273	6.7784
1993	1712	0.0958	0.1510	0.4330	0.1562	1.2970	1.7498
1994	1759	0.0753	0.1538	0.4201	0.1569	1.6560	3.0173
1995	1819	0.0678	0.0874	0.4220	0.1598	1.7183	3.9472
1996	1860	0.0768	0.1430	0.4235	0.1614	1.5851	4.0640
1997	1898	0.0861	0.1318	0.4252	0.1629	1.7480	6.6275
1998	1879	0.0824	0.1025	0.4182	0.1641	1.0728	2.4498
1999	1625	0.0708	0.1302	0.4060	0.1639	0.9502	7.3863

出所）　日本政策投資銀行『企業財務データバンク』(CD-ROM 版) 等より作成．

4　ベースライン推計

4.1　第1段階の推計

　図 7-2 は，(4) 式を推計した結果として得られた $\hat{\beta}_t$ の動きを示している．図の実線は β_t の点推定値を示している．実線の上にある破線は β_t の推計値プラス標準誤差×2，下の破線は β_t の推計値マイナス標準誤差×2であり，

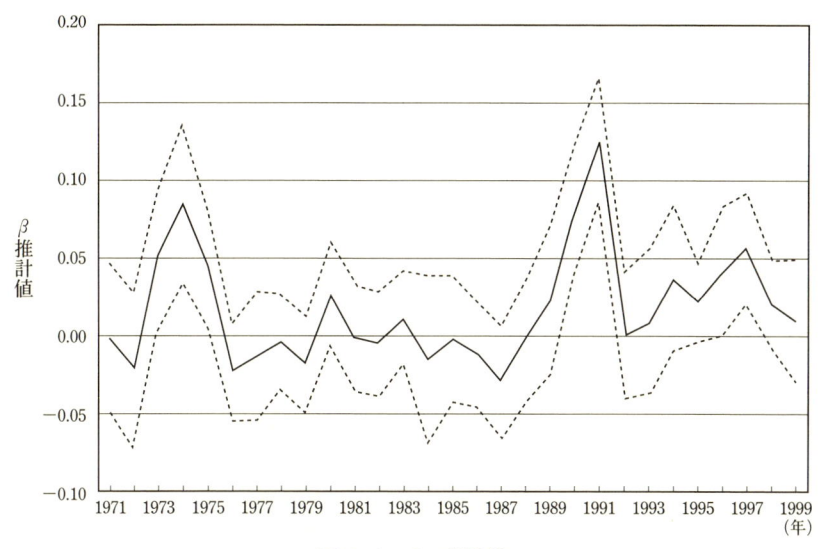

第7章 金融政策は企業の流動性制約に影響するか　231

図7-2　βの推計値

注）実線は推計値を，破線は推計値±標準誤差×2を表す．

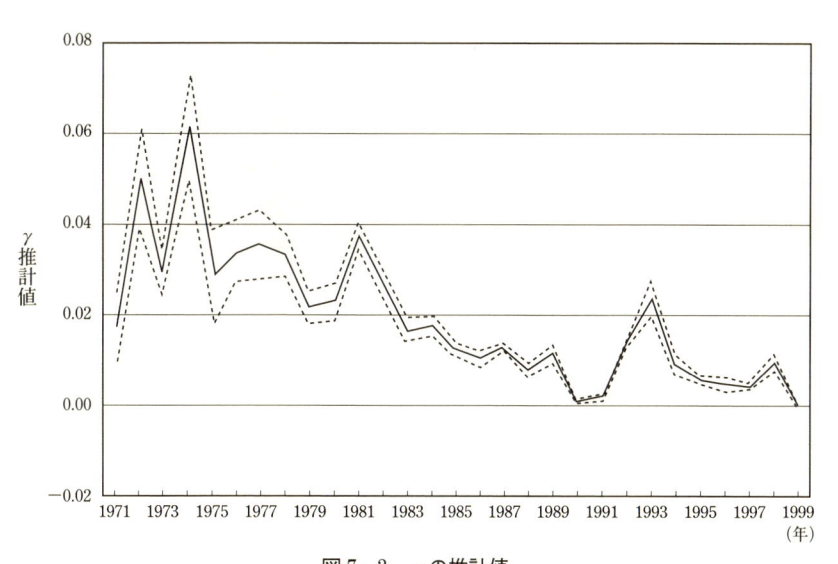

図7-3　γの推計値

注）実線は推計値を，破線は推計値±標準誤差×2を表す．

β_t の信頼区間を示している．図7-2からは次のことが読み取れる．

第1に，β_t の点推定値は約30年間のうち多くの年でゼロ以上となっており，符号条件は理論予測どおりである．

第2に，金融引締め期には β_t の推計値は跳ね上がる傾向がみられる．71年以降では，74年，80年，90～91年の3回の引締め局面がある．β_t の推計値はこの3つの局面でジャンプしており，理論予測どおり金融引締め局面で β_t が上昇する傾向が確認できる．

第3に，1990年代についてみると，$\hat{\beta}_t$ が顕著に上昇している傾向は見てとれない．1990年代の投資低迷の理由の1つとして「企業の自己資本が毀損するという，いわゆるバランスシート問題がネックになって企業の投資を抑えている」との見方がある．この見方が正しければ，正味資産の小さい企業ほど投資率が低いという傾向が90年代に強まっているはずである．しかし実際にはそうした傾向は確認できない．これは，91年以降の金融緩和の浸透により正味資産の不足が投資を縛る度合いが弱められた結果と解釈できる[9]．

図7-3は（4）式を推計した結果として得られた γ_t の動きを示している．$\hat{\gamma}_t$ は理論予測どおり正であり，なおかつ多くの年で有意にゼロと異なることが確認できる．また，多くの年において，q の変動1単位に対して投資率は0.02から0.05程度反応しているが，これはHayashi and Inoue（1991）など先行研究の結果とほぼ同じオーダーである[10]．

4.2　第2段階の推計

表7-2-1は図7-2で得られた $\hat{\beta}_t$ を用いて第2段階の推計を行った結果を示している．ここでは次の8ケースの定式化を試している．定式化 [1] は，金融政策指標としてコールレート変化幅を用いたものであり（6）式と同じである．定式化 [2] は，$\hat{\beta}_t$ が確定的トレンドをもつ可能性を考慮し，

---

[9]　投資が正味資産に縛られる1つの理由は資本市場が未整備で代替的な資金調達手段が存在しないためとの解釈がなされることが多い．そうした見方に立てば資本市場が整備されるに従って正味資産が投資を縛る度合い，つまり β_t は低下するはずである．しかし実際にはそうした負のトレンドは図7-2では確認できない．

[10]　γ_t の動きを詳しく見ると，80年代後半から90年代初めにかけて顕著に低下していることが確認できる．バブル期にQの影響力が弱まったという事実は小川・北坂（1998）などでも指摘されている．

第7章 金融政策は企業の流動性制約に影響するか

表7-2-1 第2段階の推定結果

	[1]	[2]	[3]	[4]	[5]	[6]	[7]	[8]
ϕ_0^m	1.0049	1.1330			0.9619	1.0247		
	(0.3193)	(0.3152)			(0.4070)	(0.3755)		
ϕ_1^m	0.4222	0.5082			0.3625	0.4421		
	(0.3053)	(0.2971)			(0.3807)	(0.3521)		
ϕ_2^m	−0.1419	−0.0300			−0.1511	0.0022		
	(0.3186)	(0.3125)			(0.3409)	(0.3215)		
μ_0^{tight}			0.0370	0.0594			0.0452	0.0649
			(0.0189)	(0.0135)			(0.0223)	(0.0142)
μ_1^{tight}			0.0507	0.0651			0.0549	0.0757
			(0.0185)	(0.0128)			(0.0219)	(0.0140)
μ_2^{tight}			−0.0078	0.0158			−0.0087	0.0189
			(0.0182)	(0.0132)			(0.0194)	(0.0129)
μ_0^{easy}			0.0141	0.0226			0.0185	0.0222
			(0.0130)	(0.0090)			(0.0149)	(0.0091)
μ_1^{easy}			−0.0027	−0.0032			−0.0001	−0.0056
			(0.0137)	(0.0092)			(0.0152)	(0.0094)
μ_2^{easy}			−0.0074	−0.0103			−0.0060	−0.0096
			(0.0137)	(0.0093)			(0.0147)	(0.0090)
ϕ_0^y					0.1021	0.2982	−0.0435	0.2894
					(0.2517)	(0.2488)	(0.2492)	(0.1645)
ϕ_1^y					−0.0232	0.0853	−0.1793	−0.0485
					(0.2658)	(0.2496)	(0.2737)	(0.1693)
ϕ_2^y					0.1246	0.2704	−0.1833	−0.0956
					(0.3318)	(0.3126)	(0.3357)	(0.2061)
δ		0.0013		0.0029		0.0019		0.0034
		(0.0008)		(0.0006)		(0.0009)		(0.0006)
$\bar{R}^2$	0.2863	0.3431	0.3607	0.7079	0.1891	0.3138	0.2787	0.7296

表7-2-2 検定結果

	[1]	[2]	[3]	[4]	[5]	[6]	[7]	[8]
Wald test: $\sum_{j=0}^{2} \phi_j^m = 0$								
Chi-square	4.1495	6.4591			2.2236	3.9762		
p-value	0.0416	0.0110			0.1359	0.0461		
Wald test: $\sum_{j=0}^{2} \mu_j^{tight} = 0$								
Chi-square			5.0415	27.1200			4.9608	32.2497
p-value			0.0247	0.0000			0.0259	0.0000
Wald test: $\sum_{j=0}^{2} \mu_j^{easy} = 0$								
Chi-square			0.0212	0.2425			0.1603	0.1347
p-value			0.8842	0.6224			0.6889	0.7137
Wald test: $\sum_{j=0}^{2} \phi_j^y = 0$								
Chi-square					0.1836	1.8232	0.5694	0.1777
p-value					0.6683	0.1769	0.4505	0.6734

定式化［1］に時間トレンド項（係数はδ）を付け加えている．定式化［3］では，金融政策の指標として引締め・緩和ダミーを用いており（(7)式），定式化［4］はそれに時間トレンド項を追加したものである．定式化［5］～［8］は基本的に定式化［1］～［4］と同じであるが，$\hat{\beta}_t$が景気変動の影響を受ける可能性を考慮するために実質GDP成長率を説明変数に加えている．例えば，定式化［5］は(6)式の説明変数に実質GDP成長率Δy_tを加えた

$$(8) \quad \hat{\beta}_t = \sum_{j=0}^{2} \phi_j^m \Delta R_{t-j} + \sum_{j=0}^{2} \phi_j^y \Delta y_{t-j} + \eta_t$$

を推計している．金融政策を所与とすれば，実質GDP成長率が高いときには投資のための資金需要も強いため，正味資産に対する需要が高まると考えられるので，ϕ_j^yは正の符号になると予想される．ただし，実質GDP成長率の高い時期には企業収益も改善し，キャッシュフロー面で正味資産が増加するので，その分は正味資産需要の増加が減殺される可能性がある．

まず，表7-2-1の［1］と［2］を見ると，ϕ_j^mの符号は，当期，前期ともに正である．前々期の係数は負になっているが，［1］と［2］のいずれでも，3期の合計値は正になっている．金融引締め期にはβが高いという，理論予測と整合的な傾向が確認できる．

次に［3］と［4］をみると，μ_j^{tight}は，前々期を除き，理論予測どおり正の値となっている．3期の合計値も標準誤差との対比で有意に大きな正の値となっている．一方，μ_j^{easy}については，符号は正で，絶対値はゼロに近くなっているはずである．μ_j^{easy}の当期は確かに符号が正になっているが，前期，前々期については僅かながらマイナスになっており，理論予測と整合的でない．ただし，3つの係数の和は標準誤差との比較ではゼロに近く，その点では理論予測と整合的である．

この傾向は［5］～［8］の定式化でも変わらず，μ_j^{easy}が僅かにマイナスになっているのを除くと，符号条件は満たされている．なお，ϕ_j^yについては，定式化によって符号が区々で，明確な傾向は認められないが，4ケース全てについて推計値（の絶対値）が標準誤差に比べて小さく，実質GDPの変動がβに及ぼす影響が非常に小さいことを示している．

表7-2-2は，表7-2-1の推計結果を用いて，$\sum_{j=0}^{2}\phi_j^m = 0$，$\sum_{j=0}^{2}\mu_j^{tight} = 0$,

$\sum_{j=0}^{2}\mu_j^{easy}=0$, $\sum_{j=0}^{2}\phi_j^y=0$ の4つの仮説を検定している．それぞれの検定について上段には χ^2 値を，また下段にはそれに対応する p 値を示している．定式化 [1] と [2] を見ると，$\sum\phi_j^m=0$ という仮説は有意水準5% 未満で棄却されており，理論予測を支持している．また，[3] と [4] の定式化では，$\sum\mu_j^{tight}=0$ がやはり5% 未満の有意水準で棄却されており，理論予測を支持している．一方，$\sum\mu_j^{easy}=0$ は棄却できず，これも理論予測と整合的である．同様に，[5]〜[8] の定式化でも，$\sum\phi_j^m=0$ あるいは $\sum\mu_j^{tight}=0$ が棄却される一方，$\sum\mu_j^{easy}=0$ は棄却されないことが確認できる．なお，$\sum\phi_j^y=0$ については [5]〜[8] のすべてのケースで棄却できないとの結果になっている．

5 頑健性のチェック

本節では，ベースライン推計の結果がどの程度頑健かをチェックするために，推計方法や推計サンプルを変更しながら前節と同じ2段階推計を行う．5.1項で推計方法に関する修正を試みた後，5.2項および5.3項ではそれぞれ，企業規模別および産業別のサブサンプル推計を行う．

5.1 推計バイアス

図7-2に示した第1段階での推計値 $\hat{\beta}_t$ には次の意味でバイアスが存在する可能性がある．一般に，(4) 式の誤差項 ε_{it} と正味資産 B_{it} が独立でない場合には $\hat{\beta}_t$ に推計バイアスが生じる．例えば，新しい技術の発見により投資率が高まっている企業では流動性資産を圧縮してでも投資資金を確保しようとするかもしれない．この場合には新しい技術の発見により誤差項 ε_{it} に正のショックが加わり，その結果として B_{it} が小さくなっているので，$\hat{\beta}_t$ には下方の推計バイアスがかかることになる．

しかし，このように $\hat{\beta}_t$ の水準にバイアスがかかること自体は本章の分析目的からすればさほど深刻ではない．本章の分析目的は，β_t と M_t の相関を調べることであるから，各年の β_t の水準に対して同じだけのバイアスがかかるのであれば問題はない．事態が深刻なのは，β_t と M_t の相関の計測に歪みが生じる場合である．一般にどのような歪みが生じるかは予想できな

いが，ここでの計測事例では次の2つのシナリオが重要と考えられる．

第1は，流動性需要に関する企業行動である．金融引締め期には，保守的な企業は取引相手企業が支払い不能（デフォルト）に陥るのを恐れて手元流動性を厚めに持とうとし，そのために投資を手控える行動に出る．その結果，保守的でない企業との比較では，流動性比率が高い一方，投資率は低くなる．これは引締め期における β_t の推計値をゼロに近づける方向でバイアスを生む．

第2の可能性は，景気循環に伴う投資の振幅の大きさが産業間で大きく異なる場合である．例えば，素材系産業のように更新投資の占める割合の高い産業に属する企業では景気変動に伴う投資の振幅は比較的小さいと考えられる．仮にこうした産業が成熟産業に属しており，新規の投資機会が少ないために流動性資産比率が相対的に高いとすると，金融引締め期に多くの産業で投資が低下している中にあってその産業に属する企業だけは投資が底固いので，金融引締め期には流動性比率の高い企業群で投資水準が相対的に高いという傾向が観察されるはずである．この場合には引締め期における β_t の推計値を大きくする方向でバイアスが生じる．

同種のバイアスは企業レベルでも生じ得る．経営姿勢が非常に保守的な企業があるとすると，この企業は不測の事態に備えて手元流動性を厚めにもっておこうとするであろう．また，この企業は設備投資案件を決める際にも景気の波の影響を受けにくい分野を選択するであろう．そのため，金融引締め期でもこの企業の投資の落ち込みは相対的に小さい．したがって，ここでも引締め期において β_t が高く出てしまう．

本章で検証する仮説は金融引締め期に β_t が上昇するということであるから，第1のシナリオは仮説を棄却する方向でのバイアスである．逆に第2のシナリオは仮説を強める方向でのバイアス，つまり見せかけの相関を生むバイアスである．仮説を慎重に検証するという立場からすると第2のシナリオの方が問題である．

そこで，第2のシナリオによるバイアスを修整するために，以下では第1段階の推計について3種類の異なる方法を試みることにする．まず第1に，(4)式の推計の際に Q_t の代わりに産業ダミーを入れて推計する．産業間の投資の振幅の違いは産業ダミーが吸収しているので第2の理由で見せかけの相関が出てくる可能性は排除されているはずである．表7-3はこのように

第7章 金融政策は企業の流動性制約に影響するか

表7-3 産業ダミーを用いた場合

	[1]	[2]	[3]	[4]	[5]	[6]	[7]	[8]
$\sum_{j=0}^{2}\phi_j^m=0$	0.0950	0.0509			0.1534	0.0687		
$\sum_{j=0}^{2}\mu_j^{tight}=0$			0.0271	0.0000			0.0079	0.0000
$\sum_{j=0}^{2}\mu_j^{easy}=0$			0.6044	0.2293			0.4722	0.2127
$\sum_{j=0}^{2}\phi_j^y=0$					0.9945	0.0288	0.0859	0.1689

注) 表示されている計数は第2段階の推計におけるワルト検定の結果を p 値で示したものである．被説明変数 $\hat{\beta}_i$ は Q の代わりに産業ダミーを用いて推計したものである．産業ダミーは政策投資銀行の産業分類に準拠し，全25産業である．

表7-4 GMMによる推計

	[1]	[2]	[3]	[4]	[5]	[6]	[7]	[8]
$\sum_{j=0}^{2}\phi_j^m=0$	0.0252	0.0038			0.2323	0.0949		
$\sum_{j=0}^{2}\mu_j^{tight}=0$			0.2097	0.0117			0.5508	0.0919
$\sum_{j=0}^{2}\mu_j^{easy}=0$			0.5488	0.2970			0.4474	0.4210
$\sum_{j=0}^{2}\phi_j^y=0$					0.7889	0.3668	0.8082	0.6970

注) 表示されている計数は第2段階の推計におけるワルト検定の結果を p 値で示したものである．被説明変数 $\hat{\beta}_i$ は GMM で推計したものを用いている．

表7-5 階差による推計

Q を用いた場合

	[1]	[2]	[3]	[4]	[5]	[6]	[7]	[8]
$\sum_{j=0}^{2}\phi_j^m=0$	0.3999	0.1257			0.4717	0.2702		
$\sum_{j=0}^{2}\mu_j^{tight}=0$			0.3387	0.0476			0.5995	0.1408
$\sum_{j=0}^{2}\mu_j^{easy}=0$			0.7017	0.8788			0.8402	0.7673
$\sum_{j=0}^{2}\phi_j^y=0$					0.5792	0.9985	0.9043	0.6476

産業ダミーを用いた場合

	[1]	[2]	[3]	[4]	[5]	[6]	[7]	[8]
$\sum_{j=0}^{2}\phi_j^m=0$	0.7001	0.8891			0.5246	0.5494		
$\sum_{j=0}^{2}\mu_j^{tight}=0$			0.0001	0.0032			0.1052	0.0378
$\sum_{j=0}^{2}\mu_j^{easy}=0$			0.0127	0.0159			0.0114	0.0075
$\sum_{j=0}^{2}\phi_j^y=0$					0.0001	0.0143	0.0097	0.0031

注) 表示されている計数は第2段階の推計におけるワルト検定の結果を p 値で示したものである．被説明変数 $\hat{\beta}_i$ は本文 (9) 式の階差による定式化を用いて推計している．

して得られた $\hat{\beta}_t$ を用いて第 2 段階の推計を行った結果であり[11],第 2 段階の推計におけるワルト検定から得られた p 値を表示してある.表 7-3 と表 7-2-2 を比べると,$\sum \phi_j^m = 0$ に関連する p 値が若干大きくなっているものの,結果は基本的に表 7-2-2 と同じであることが確認できる.

次に,(4) 式と同じ推計式を GMM で推計する.操作変数は,B_{it-1},…,B_{it-3}; Q_{it-1},…,Q_{it-3} である.このようにして得られた $\hat{\beta}_t$ を用いて第 2 段階の推計を行った結果をみると (表 7-4),定式化 [5] で $\sum \phi_j^m = 0$ が棄却できないほか,定式化 [3] と [7] では $\sum \mu_j^{tight} = 0$ が棄却できないなど表 7-2-2 と若干異なる結果となっているものの,検定結果の多くは引き続き理論予測と整合的である.

最後に,企業レベルでの経営の保守性の違いがもたらす影響を除去するために,

$$(9) \quad \Delta X_{it} = \Delta \alpha_t + \beta_t \Delta B_{it} + \gamma_t \Delta q_{it} + \Delta f_{it}$$

を推計する.(9) 式は (4) 式に対して時間軸方向に階差をとった上で,$\Delta \beta_t = 0$ と仮定することにより得られる.階差をとることによりクロスセクション方向の固定効果は除去されている.表 7-5 はこの方法により得られた $\hat{\beta}_t$ を用いて第 2 段階の推計を行った結果を示している.表 7-5 の上半分(「Q を用いた場合」)は (9) 式そのものを推計した結果であり,下半分(「産業ダミーを用いた場合」)は Q の代わりに産業ダミーを用いた結果を報告している.まず上半分をみると,$\sum \phi_j^m = 0$ と $\sum \mu_j^{tight} = 0$ が 8 ケースすべてについて棄却できなくなっている.ただし,ϕ_j と μ_j^{tight} の符号条件はすべてのケースで満たされている(符号条件は表に掲載されていない).これは,各変数に階差をとった結果,推計精度が低下し,そのために帰無仮説を棄却できなくなっているものと解釈できる.一方,下半分の産業ダミーを用いた結果を見ると,$\sum \phi_j^m = 0$ については同じく棄却できないものの,$\sum \mu_j^{tight} = 0$ については 4 ケースすべてについて p 値が低く,帰無仮説は棄却される.産業ダミーを用いた場合については理論予測との整合性が確認できる.

---

[11] トービンの Q の代わりに産業ダミーを用いた推計では,第 1 段階の推計は 1958 年以降のデータを用いている.階差をとった推計の場合(表 7-5 下段)も同様.

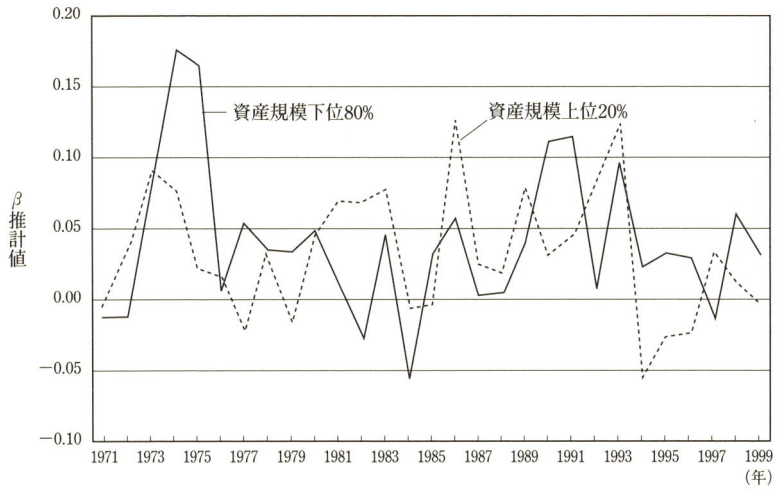

図7-4 製造業規模別の β

5.2 規模別推計

バランスシートチャネルは，情報が非対称で，資本市場が不完全な状況を想定している．非対称情報の問題は大企業よりも中堅・中小企業で深刻と指摘されることが多い．本章のサンプル企業は上場企業であるから，その多くは大企業であり，中小企業に分類されるような企業は含まれていない．しかしそれにしても，本章のサンプル内でも企業規模の違いによってバランスシートチャネルの強さに有意な差があるかもしれない[12]．

図7-4はこうした観点から企業規模に応じてサンプルを2分割し，それぞれのサブサンプルで前項と同様の第1段階の推計を行った結果を示している．企業規模で分割するという場合に企業規模の基準として何を用いるかという点が重要であるが，ここでは企業規模の指標として企業の総資産を用いている．また，総資産でサンプルを分割すると，総資産が大きい特定の業種に属する企業だけが大企業として抽出されてしまう可能性がある．これを避

---

[12] 米国の研究ではバランスシートチャネルが小規模企業で強く働くことがデータから確認されている（Gertler and Gilchrist 1994, Oliner and Rudebusch 1996 など）．日本については，金融政策のバランスシートチャネルを実証的に検討する研究はないが，流動性あるいは正味資産に対する投資の感応度（つまり $\delta X_{it}/\delta B_{it}$）を企業規模別に調べる研究は数多く行われてきた．例えば，宮川（1993），三井・河内（1995），第4章などを参照．

表 7-6 資産規模別推計

資産規模上位 20% の企業

	[1]	[2]	[3]	[4]	[5]	[6]	[7]	[8]
$\sum_{j=0}^{2} \phi_j^m = 0$	0.1482	0.2462			0.8999	0.8572		
$\sum_{j=0}^{2} \mu_j^{tight} = 0$			0.1766	0.3134			0.7073	0.6865
$\sum_{j=0}^{2} \mu_j^{easy} = 0$			0.5801	0.5743			0.0850	0.0931
$\sum_{j=0}^{2} \phi_j^g = 0$					0.0710	0.0121	0.0026	0.0045

資産規模下位 80% の企業

	[1]	[2]	[3]	[4]	[5]	[6]	[7]	[8]
$\sum_{j=0}^{2} \phi_j^m = 0$	0.0250	0.0564			0.4610	0.5588		
$\sum_{j=0}^{2} \mu_j^{tight} = 0$			0.0144	0.0119			0.0487	0.0792
$\sum_{j=0}^{2} \mu_j^{easy} = 0$			0.3578	0.3407			0.2900	0.3077
$\sum_{j=0}^{2} \phi_j^g = 0$					0.1060	0.2555	0.9084	0.9386

注) 表示されている計数は第 2 段階の推計におけるワルト検定の結果を p 値で示したものである.対象サンプルは製造業である.資産規模上位 20%,下位 80% の企業リストは各年で異なる.

けるために,ここでは予めサンプルを製造業に絞り込み,その上で総資産が上位 20% の企業と下位 80% の企業とに選別するという方法をとっている.上位 20%,下位 80% の企業リストは毎年更新されている.

図 7-4 を見ると,上位企業が下位企業に比べて流動性資産比率の係数 $\hat{\beta}_t$ が必ずしも常に小さいわけではないことが確認できる[13].また,$\hat{\beta}_t$ の推移を見ると,金融引締め期,特に 1974 年,1990 年に下位企業の $\hat{\beta}_t$ が高い値となっている.

表 7-6 は第 2 段階の推計結果を示している.表 7-6 の上半分(「資産規模上位 20% の企業」)を見ると,$\sum \phi_j^m = 0$ と $\sum \mu_j^{tight} = 0$ が 8 ケースすべてについて棄却できず,表 7-2-2 とは大きく異なる結果になっている.ただし,符合条件は 8 ケースすべてについて満たされている(表には符号条件は掲載されていない).大企業は市場の評価が確立しているので情報の問題は深刻でないとの指摘を裏付ける結果となっている.

これに対して,表 7-6 の下半分(「資産規模下位 80% の企業」)を見ると,

---

[13] この結果は先行研究と異なっている.この違いは,本章のサンプルが上場企業に限定されているためと考えられる.

定式化 [5] と [6] で $\sum \phi_j^m = 0$ が棄却できないものの，それ以外の 6 ケースでは $\sum \phi_j^m = 0$ あるいは $\sum \mu_j^{tight} = 0$ を棄却しており，理論予測と整合的である．下位 80% の企業で得られた結果は表 7-2-2 と整合的であり，ベースライン推計がこれらの企業の特性を反映したものであることを示している．

表 7-6 から読み取れるもう 1 つの興味深い点は，上位 20% の企業で $\sum \phi_j^y = 0$ が棄却されるということである．これは下位 80% の企業で $\sum \phi_j^y = 0$ が棄却できないのと対照的である．景気拡大局面では正味資産に対する需要が拡大し，正味資産に対する需給が逼迫すると考えられるが，こうした局面では大企業といえども投資行動が正味資産の多寡に縛られるということを示唆している．大企業は金融引締めなど正味資産の供給サイドの変化に伴う需給逼迫に対しては幅広い資金調達ルートを活用して克服できる一方，需要増大に伴う正味資産の需給逼迫の場合は正味資産が全般に不足するため，大企業でも対処が難しいと解釈できる．

5.3　産業別推計

図 7-5 は産業別に第 1 段階の推計を行った結果を示している．まず「製造業」と「非製造業」を比較すると，どちらも金融引締め期に $\hat{\beta}_t$ が上昇する傾向が確認できる．これは全産業の推計結果（図 7-2）と整合的である．製造業と非製造業で大きく異なるのは 1990 年代の動きである．製造業では 90 年代に横這いないし若干の低下傾向が認められるのに対して，非製造業では 90 年代初めに一度下落した後，90 年代半ば以降，再び上昇に転じている．つまり，非製造業では，90 年代に投資行動が正味資産の多寡に縛られる度合いが高まっており，いわゆるバランスシート問題が企業の投資行動に抑制的な影響を及ぼしている可能性を示唆している．非製造業を「建設・不動産」と「卸小売・サービス・運輸通信」に分けると，建設・不動産でこの傾向が特に顕著で，90 年代半ばの $\hat{\beta}_t$ の水準は 1990 年の金融引締め期をも上回っている．建設・不動産業では，バブル崩壊後の不良債権を大量に抱えた企業が多く，これらの企業では正味資産の多寡により投資が強く影響されていた可能性を示唆している[14]．

表 7-7 は図 7-5 で得られた $\hat{\beta}_t$ を用いて第 2 段階の推計を行った結果を示している．まず製造業をみると $\sum \phi_j^m = 0$ または $\sum \mu_j^{tight} = 0$ が多くのケ

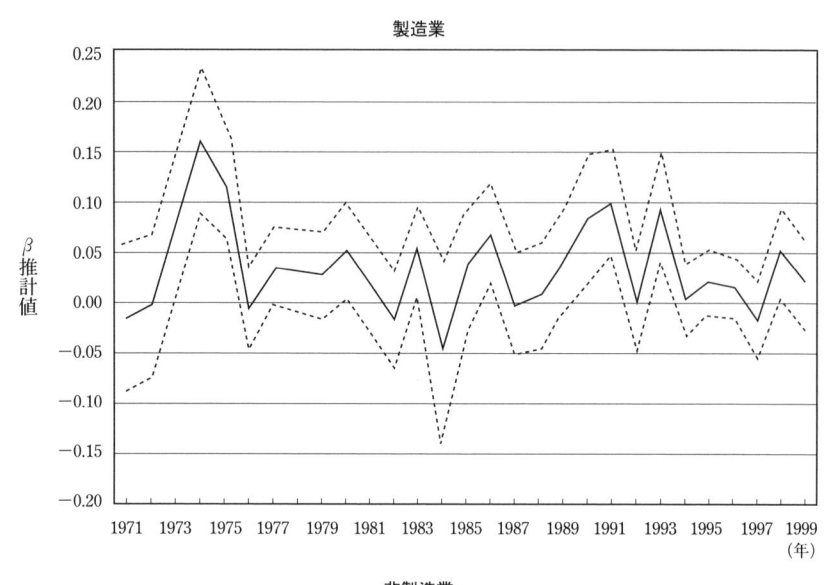

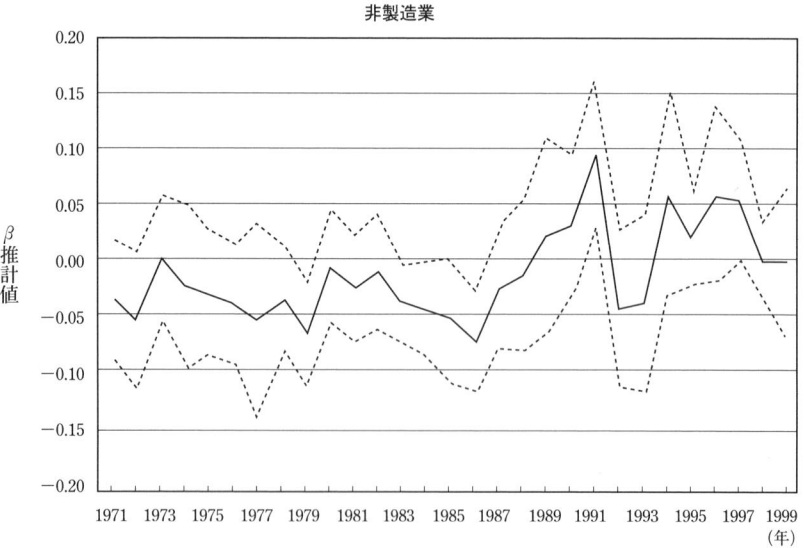

図 7-5　産業別 β (1)

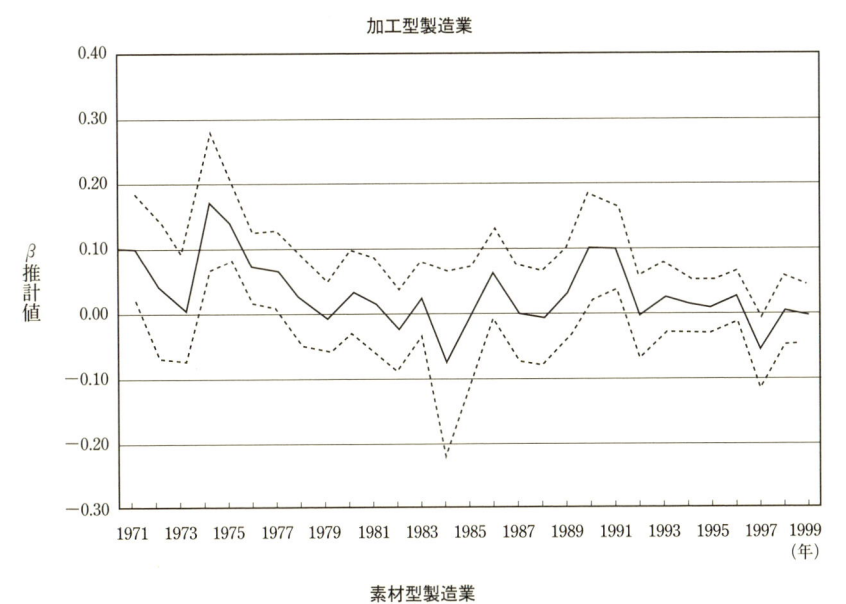

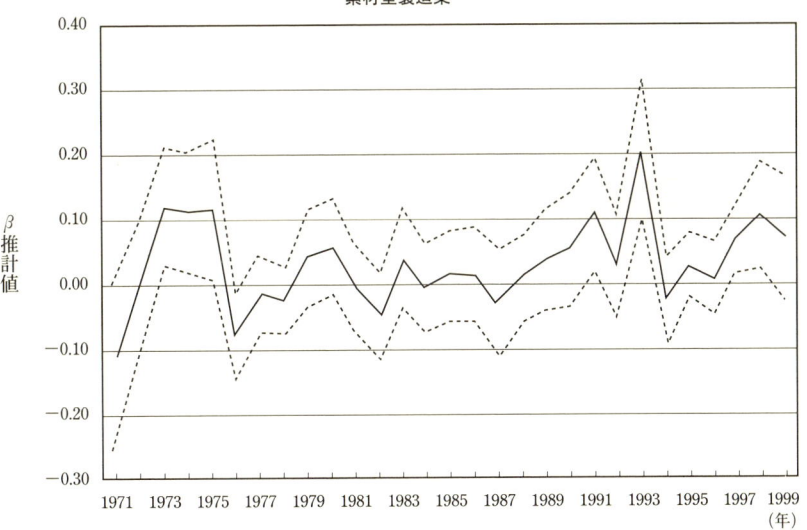

第7章 金融政策は企業の流動性制約に影響するか 243

加工型製造業

素材型製造業

図7-5 産業別 β (2)

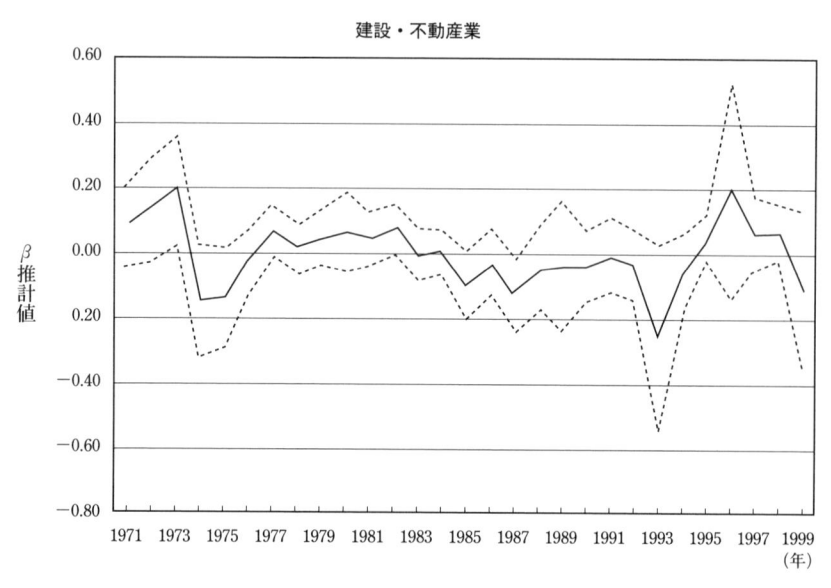

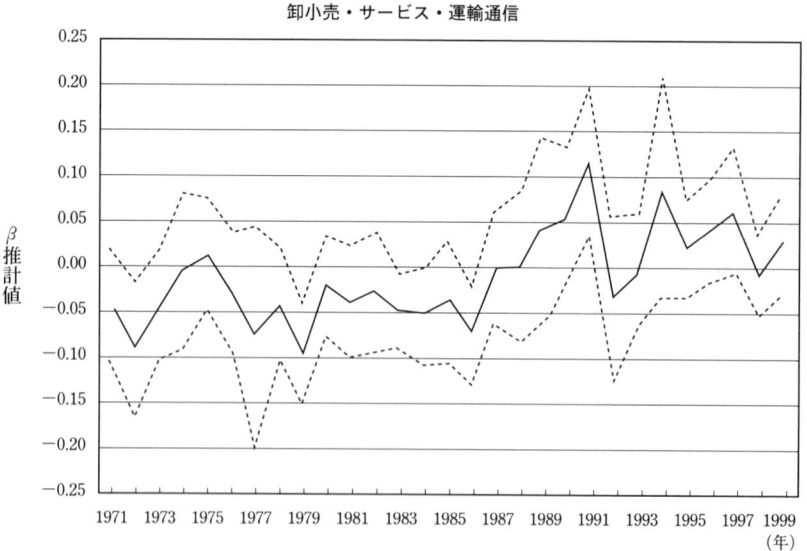

図7-5 産業別 β (3)

表 7-7　産業別推計

製造業

	[1]	[2]	[3]	[4]	[5]	[6]	[7]	[8]
$\sum_{j=0}^{2} \phi_j^m = 0$	0.0280	0.0727						
$\sum_{j=0}^{2} \mu_j^{tight} = 0$			0.0116	0.0192				
$\sum_{j=0}^{2} \mu_j^{easy} = 0$					0.5939	0.7124	0.0749	0.1432
$\sum_{j=0}^{2} \phi_j^y = 0$			0.5046	0.5039			0.6090	0.6130
					0.0280	0.1065	0.5420	0.6090

素材産業

	[1]	[2]	[3]	[4]	[5]	[6]	[7]	[8]
$\sum_{j=0}^{2} \phi_j^m = 0$	0.4025	0.2580						
$\sum_{j=0}^{2} \mu_j^{tight} = 0$			0.6579	0.1799				
$\sum_{j=0}^{2} \mu_j^{easy} = 0$					0.5386	0.7421	0.7755	0.6161
$\sum_{j=0}^{2} \phi_j^y = 0$			0.4309	0.3375			0.5265	0.5639
					0.1149	0.0302	0.5232	0.2493

加工産業

	[1]	[2]	[3]	[4]	[5]	[6]	[7]	[8]
$\sum_{j=0}^{2} \phi_j^m = 0$	0.0025	0.0110						
$\sum_{j=0}^{2} \mu_j^{tight} = 0$			0.0032	0.0112				
$\sum_{j=0}^{2} \mu_j^{easy} = 0$					0.0466	0.0822	0.0065	0.0330
$\sum_{j=0}^{2} \phi_j^y = 0$			0.6341	0.6456			0.4538	0.4461
					0.6284	0.8640	0.3901	0.3343

非製造業

	[1]	[2]	[3]	[4]	[5]	[6]	[7]	[8]
$\sum_{j=0}^{2} \phi_j^m = 0$	0.9903	0.3177						
$\sum_{j=0}^{2} \mu_j^{tight} = 0$			0.6216	0.0105				
$\sum_{j=0}^{2} \mu_j^{easy} = 0$					0.5075	0.1268	0.3184	0.0000
$\sum_{j=0}^{2} \phi_j^y = 0$			0.5512	0.5645			0.8496	0.5141
					0.4254	0.4935	0.3157	0.9210

建設・不動産

	[1]	[2]	[3]	[4]	[5]	[6]	[7]	[8]
$\sum_{j=0}^{2} \phi_j^m = 0$	0.2732	0.2082						
$\sum_{j=0}^{2} \mu_j^{tight} = 0$			0.9059	0.7692				
$\sum_{j=0}^{2} \mu_j^{easy} = 0$					0.7504	0.7639	0.5303	0.4820
$\sum_{j=0}^{2} \phi_j^y = 0$			0.8776	0.8989			0.8332	0.8522
					0.6017	0.6392	0.7578	0.8543

卸小売・サービス・運輸通信

	[1]	[2]	[3]	[4]	[5]	[6]	[7]	[8]
$\sum_{j=0}^{2} \phi_j^m = 0$	0.5770	0.0548						
$\sum_{j=0}^{2} \mu_j^{tight} = 0$			0.5448	0.0013				
$\sum_{j=0}^{2} \mu_j^{easy} = 0$					0.3207	0.0474	0.3673	0.0001
$\sum_{j=0}^{2} \phi_j^y = 0$			0.5479	0.5327			0.8732	0.5602
					0.2361	0.7866	0.3061	0.9635

注：表示されている計数は第 2 段階の推計におけるワルド検定の結果を p 値で示したものである。

ースで棄却されており，全サンプルで得られた結果と整合的である．しかし製造業を素材産業と加工産業に分けると，加工産業では $\sum \phi_j^m = 0$ と $\sum \mu_j^{tight} = 0$ が 8 ケースすべてで強く棄却されるのに対して素材産業では全ケースで棄却できず，対照的となっている．一方，非製造業を見ると， $\sum \phi_j^m = 0$ または $\sum \mu_j^{tight} = 0$ が棄却されているのは 8 ケース中 2 ケースに止まっている．非製造業をさらに建設・不動産業と卸小売・サービス・運輸通信に分けると，卸小売・サービス・運輸通信では 8 ケース中 4 ケースで $\sum \phi_j^m = 0$ または $\sum \mu_j^{tight} = 0$ が棄却されているのに対して，建設・不動産では 8 ケースすべてで棄却できない．

表 7-7 の結果から，バランスシートチャネルはさまざまな産業に属するすべての企業に対して一律に効いているのではないことが確認できる．全サンプルを用いて得られた前項の結果は，製造業，特に，社数ベースで全産業の約 3 割を占める加工型製造業の特性を強く反映したものといえる．

6 結　論

金融政策のバランスシートチャネル理論によれば，情報が非対称で資本市場が不完全な状況では，投資行動が正味資産に縛られることとなり，また，その度合いは正味資産の水準が低いほど強くなる．ここから，(1) 金融政策の効果は正味資産が小さいほど強くなる，(2) 投資率が正味資産に縛られる度合いは，金融引締め期ほど強くなる，という 2 つの同値の命題が得られる．本章では日本のデータを用いて (2) を実証的に検討した．

本章の実証方法は，(1) 各年における企業の正味資産と投資率の間のクロ

---

14) ただし，建設・不動産業の流動性資産比率のクロスセクション平均値を製造業と比べると，製造業で 0.4941（1990 年）→ 0.4343（1998 年）と顕著に減少しているのに対し，建設・不動産業では，0.4479（1990 年）→ 0.4369（1998 年）と微減にとどまっている．したがって，バブル崩壊後，建設・不動産業で正味資産が大きく減少し，その結果として β が上昇しているというストレートな解釈は成立しない．90 年代後半における流動性資産の増加と β の上昇という 2 つの現象を整合的に説明する仮説としては，銀行をはじめとする投資家の融資姿勢が厳しくなったために自己防衛の手段として建設・不動産業が流動性資産を厚めに積んだことが考えられる．どの企業もこうした思惑から流動性資産を厚めにしているので，平均値は上昇しているが，企業間の水準格差は依然として残っており，それが投資行動を縛っていると考えられる．あるいは，建設・不動産業に対する銀行の追い貸しなど，貸出サイドの要因も影響しているかもしれない（第 1 章参照）．

スセクションの関係を推計する，(2) 正味資産と投資率の関係の強さが金融政策の変更によってどのように影響されているかを調べる，という2段階の推計に特徴がある．こうした方法をとることにより，金融政策のさまざまな伝達経路のうちバランスシート経路だけを識別することが可能になる．

　本章のファインディングは次の2点である．第1に，企業の正味資産と投資率の間には正の相関があり，この正の相関は金融引締め期に強まる傾向がある．これはバランスシートチャネル理論と整合的である．この傾向は企業規模でいえば中堅・中小企業，業種でいえば製造業で特に顕著である．金融引締め期には正味資産が減少し流動性制約に直面する企業の割合が多くなるため，正味資産と投資率の相関が強くなると解釈できる．第2に，1990年代に正味資産と投資率の相関が高まったとの証左は見出せない．この時期の投資低迷の理由として正味資産の低さが投資の足を引っ張っているという見方があるが，そうした見方は支持されない．これは，91年以降の金融緩和の浸透により，正味資産の不足が投資を縛る度合いが弱められた結果と解釈できる．ただし，業種別にみると，建設・不動産など一部の業種では1990年代後半に両者の相関が高まっており，こうした業種では正味資産によって投資が抑制されていた．金融危機時における金融緩和策は企業の流動性制約を緩和する効果があるが，この効果は必ずしもすべての産業に対して一律ではない．

補論 1　企業サンプルの選択

A　サンプルの選択基準

　日本政策投資銀行「企業財務データバンク 2000 CD-ROM（上場企業）」は，上場企業（東京証券取引所および地方証券取引所の各 1 部，2 部上場企業）の 1956 年 4 月から 1999 年までの決算データを収録しており，このうち以下のサンプルを除くすべての企業・年を利用する．

(1) 決算（中間決算を除く）が 1 年間に 2 度以上ある企業・年．
(2) 資本ストックの推計値がマイナスとなる企業．
(3) 有形固定資産の種類別累積減価償却額の前年差が 4 年以上連続してマイナスとなる企業．
(4) 建物あるいは構築物の取得額の前年差が 4 年以上連続してマイナスとなる企業．
(5) 連続する決算データが 4 回未満の企業．
(6) 決算期変更により，12 カ月決算でない年．

上記のうち (3) と (4) は，投資及び資本ストックのデータ作成が困難なことによる．また，(5) は推計の際に十分なラグがとれないことによる．この他，合併のあった企業・年については，合併後の新企業は合併前の企業とは別企業として識別するため，推計のサンプルからは除外される．ただし，資本ストック等のデータについては合併前から連続的に作成する．なお，投資データは，1958 年度から 1999 年度まで利用可能となる．

B　企業・年の識別

　単独決算ベースで企業を識別する．合併があった場合には，合併後の新企業は合併前の企業とは別企業として識別する．合併の有無は東京証券取引所年報および公正取引委員会年報による．決算期は，3 月末を中心として，前年 10 月末から当年 9 月末までを当年データとして用いる．

補論2　資本ストック・設備投資データの作成方法

A　名目投資額（$NOMI_t$）

基本的な考え方

Hayashi and Inoue (1991) をベースにしつつ，以下の点で修正を加える．

- 建設投資を完成工事ベースではなく，できるだけキャッシュフロー・ベースで捉えられるよう，当期の建設仮勘定の増加額を設備投資に含め，当期の建設仮勘定の減少額を設備投資から除く．
- 除却資産について，Hayashi and Inoue (1991) は当期の市場価格で評価しているが，これは過大推計であると考えられるため，簿価で評価する（すなわち，除却資産に関する特別の調整は施さない）．この点は，鈴木 (2001) と同様である．
- 在庫は投資，資本ストックいずれからも除く．

具体的な推計方法

財務諸表上の有形固定資産を，建物，構築物，機械，輸送機械（船舶と車両運搬具の合計），工具器具備品，賃貸用固定資産，その他のその他償却資産，土地の7資産タイプ別に分けて，それぞれについて，t 年度の名目投資額を，$t-1$ 年3月末から t 年3月末までの期間におけるフローと定義し，t 年3月末および $t-1$ 年3月末貸借対照表等から次式により推計する．決算月が3月以外の場合も同様である．なお，「その他有形固定資産（山林・造林・植林除く，その他の非償却資産）」は除いた．以下では土地以外の名目投資額の推計方法について述べる．土地投資額については，後述の土地の資本ストックの推計方法を参照．

　　名目投資額 (t)
　　　　＝有形固定資産［貸借対照表］(t)
　　　　－有形固定資産［貸借対照表］($t-1$)
　　　　＋有形固定資産当期償却額 (t)[注1]

＋建設仮勘定［有形固定資産当期増加額］(t)
×建設仮勘定配分比率 (t) (注2)(注3)
−建設仮勘定当期減少額［有形固定資産当期減少額］(t)
×建設仮勘定配分比率 (t) (注2)

B 実質投資額 (I_t)

Aで作成した各資産タイプ別名目投資額を各資産タイプ別デフレータで除して，各資産別実質投資額を求める．

　　資産タイプ別実質設備投資額
　　＝資産タイプ別名目設備投資額／資産タイプ別投資財価格

ここで用いる資産タイプ別投資財価格は以下のとおり．

　　建物：国土交通省・建設工事費デフレータ・「非住宅建築」(注4)
　　構築物：国土交通省・建設工事費デフレータ・「その他の土木建築」(注4)
　　機械・輸送機械（船舶・車両運搬具）・工具器具備品：卸売物価指数（国内需要財）資本財
　　賃貸用固定資産・その他のその他償却資産：総固定資本形成・民間デフレータ．

実質総投資額は，各資産タイプ別実質設備投資額の単純合計値である（土地を含む）．

C 実質純固定資産ストック (K_t)

土地以外

財務諸表データは1956年4月から存在するので，恒久棚卸法を，1957年3月期（もしくは，その前後の決算月）から始める．1957年3月時点では，簿価と時価が等しいものと仮定する．名目投資額 (t) 期を $NOMI_t$，有形固定資産［貸借対照表］（t 年3月（もしくは他月）期）を KNB_t，t 年度のデフレータを PK_t，固定資本減耗率を δ とすると，実質純固定資本ストック K_t は，以下のとおり．

$$K_{1957} = KNB_{1957}/PK_{1956} \quad \text{(注5)}$$
$$K_t = (1-\delta)K_{t-1} + NOMI_t/PK_{t-1}$$

ここで，t 年度の名目投資額は $t-1$ 年 3 月末と t 年 3 月末との間のフローとして定義しているため，$t-1$ 年度のデフレータで除して実質化している．なお，実質純固定資本ストックがマイナスになった場合は，当該企業をサンプルから除外する．また，1955 年以降に登場した企業は，登場した時点で簿価と時価が等しいものと仮定し，その時点から恒久棚卸法を適用する．

固定資本減耗率は，Hayashi and Inoue (1991) に沿って，以下の値を採用する．ただし，賃貸用固定資産については，Hayashi and Inoue (1991) の固定資産に含まれていないため，小川・北坂 (1998) の推計値（全産業・全固定資本ストック）を適用する．

建物：4.7%
構築物：5.64%
機械：9.489%
輸送機械（船舶・車両運搬具）：14.7%
工具器具備品：8.838%
賃貸用固定資産，その他のその他償却資産：7.72%

土 地

有形固定資産のうち，土地については，初期時点（典型的には 1957 年 3 月期）で簿価と時価が一致していると仮定することは非現実的であるため，以下の恒久棚卸法で計算する．なお，不動産業の土地ストックには，在庫用土地を含める．

まず，ベンチマークは 1970 年とし，1970 年 3 月期（もしくは他月期）の時価簿価比率は，小川・北坂 (1998) の全産業の時価簿価比率 5.37 を用いる．なお，1970 年以降登場した企業については，登場した年をベンチマークとし，当該年における全産業の時価簿価比率を適用する．土地投資のデフレータとしては，全国・市街地価格指数（商業地）（日本不動産研究所）を年度換算して用いる．

KB_t を土地［貸借対照表］（t 年 3 月（もしくは他月）期），K_t を実質土地ストック（t 年 3 月（もしくは他月）期），PK_t を t 年度の土地デフレータとする

と,

$$K_{1971} = 5.37 \times KB_{1971}/PK_{1970}$$
$$K_t = K_{t-1} + (KB_t - KB_{t-1})/PK'_{t-1}$$

ここで，PK'_{t-1} は $(KB_t - KB_{t-1})$，がプラスの場合は PK_{t-1}，マイナスの場合は，KB が増加した直近時点の PK と定義される．これは，t 期に売却された土地は，土地保有を増やした直近時点で購入されたものであるとの想定による．この想定は，Hayashi and Inoue (1991) や Hoshi and Kashyap (1990) と同様である．ここで，t 年度の名目土地投資額は $KB_t - KB_{t-1}$，実質土地投資額は，$(KB_t - KB_{t-1})/PK'_{t-1}$ である．

D　トービンの Q

Hayashi and Inoue (1991)，小川・北坂 (1998) を参考に，以下のとおり Q を定義する．

(株価×発行済み株式数＋負債総額—流動資産—無形固定資産—投資その他の資産—繰延資産) ÷ {(1－経済的償却率)×名目固定資本ストック}

経済的償却率は，簡単化のため，小川・北坂 (1998) p.213 で「全産業平均」として使われている 0.0772 を用いた．固定資本ストック（時価）は，各資産タイプ別実質資本ストックに各タイプ別デフレータを乗じたものである．株価は，期中最高価格と期中最低価格の単純平均値を用いた．

Hayashi and Inoue (1991) は建設仮勘定を金融資産の一部として分子から控除しており，小川・北坂 (1998) は，建設仮勘定および土地ストックを分子から控除している．しかし，本章では分母の固定資本ストックにこれらを含めていることから，いずれも分子から控除していない．また，Hayashi and Inoue (1991)，小川・北坂 (1998) いずれも，投資に伴う法人税の節約効果等を考慮しているが，簡単化のために，本章では考慮していない．さらに，Hayashi and Inoue (1991) は，金融資産のうち関係会社株式について，関係会社株式配当と配当／株価比率（東証平均）を用いて時価評価しているが，配当の内訳（関係会社とそれ以外）が入手できないこと，東証平均の配当／株価比率では関係会社間の違いが適切に反映できないことから，簿価を用

いることとした.

補論2注

(注1)「有形固定資産当期償却額」については,データの入手可能性から,次の3期に分けて推計を行う.

なお,下記の期間区分は典型的な場合であり,企業によっては時期がずれている.

1977年4月期以降(典型的には1978年3月期以降):資産タイプ別に有形固定資産当期償却額のデータが存在するのでそれを用いる.

1970年10月から1977年3月期まで:資産タイプ別の有形固定資産当期償却額のデータは存在しないが,資産タイプ別累積減価償却額と当期減価償却額の総額が存在するので,次式で資産タイプ別減価償却率を求め,これに資産タイプ別有形固定資産(貸借対照表)を乗じたものをウェイトに,当期減価償却額の総額(t)を資産タイプ別に割り振る.

資産タイプ別減価償却率(t)=(資産タイプ別累積減価償却額$(t+1)$－資産タイプ別累積減価償却額(t))÷資産タイプ別有形固定資産[貸借対照表](t)

ただし,資産タイプ別累積減価償却額$(t+1)$－資産タイプ別累積減価償却額(t)がマイナスの資産タイプがある場合は,その$t+2$期と$t+1$期の階差(それもマイナスの資産タイプがある場合は$t+3$期と$t+2$期の階差,さらにマイナスの資産タイプがある場合は,$t+4$期と$t+3$期の階差)をもとにウェイトを算出し,当期減価償却額の総額(t)を資産タイプ別に割り振る.資産タイプ別累積減価償却額の階差が4期以上連続してマイナスの場合は,当該企業はサンプルから除外する.

1956年3月期から1970年9月期:有形固定資産当期償却額,累積減価償却額のいずれも資産タイプ別に公表されていないため,次式で資産タイプ別減価償却率を求め,これに資産タイプ別有形固定資産(貸借対照表)を乗じたものをウェイトに,当期減価償却額の総額(t)を資産タイプ別に割り振る.

資産タイプ別減価償却率(t)=(資産タイプ別累積減価償却額$(T+1)$－資産タイプ別累積減価償却額(T))÷資産タイプ別有形固定資産[貸借対照表](T)

ここで,Tは,資産タイプ別減価償却額および資産タイプ別有形固定資産が公表された最初の決算期(1969年10月期以降.したがって,典型的には,1971年3月期の資産タイプ別累積減価償却額と1970年3月期の資産タイプ別累積減価償却額の差額をウェイトに用いる).$T+1$は,その翌年度の決算期.ただし,1970年10月から1977年3月までと同様に,資産タイプ別累積減価償却額$(T+1)$－資産タイプ別累積減価償却額(T)がマイナスの資産タイプがある場合は,その翌期(さらにマイナスの場合は,最大$T+4$期まで適用する.)の階差をウェイトに用いる.$T+4$期まで遡ってもマイナスの場合は,当該企業はサンプルから除外する.

(注2)「建設仮勘定配分比率(t)」は,建設仮勘定を建物と構築物に割り振るための比

率であり，各有形固定資産の増加額の比率を採用する．具体的な算出方法は，データの入手可能性から，次の2期に分けて推計を行う．なお，下記の期間区分は典型的な場合であり，企業によっては，時期がずれている．

〈1977年4月以降（典型的には1978年3月以降）〉

建物の場合：建物［有形固定資産当期増加額］(t)÷（建物［有形固定資産当期増加額］(t)+構築物［有形固定資産当期増加額］(t)）

構築物の場合：構築物［有形固定資産当期増加額］(t)÷（建物［有形固定資産当期増加額］(t)+構築物［有形固定資産当期増加額］(t)）

その他の資産タイプ：ゼロ

ここでは，建設仮勘定は，次年度に建物，あるいは，構築物として完成すること，また，その比率は，建物と構築物の当該年の増加額の比率に等しいことを暗黙に仮定している．

〈1956年4月から1977年3月まで〉

1977年3月以前は，資産タイプ別の「有形固定資産当期増加額」が公表されていないので，以下の算式によって建設仮勘定を割り振る．

建物の場合：（建物［取得価格］(t)−建物［取得価格］$(t-1)$）÷（建物［取得価格］(t)−建物［取得価格］$(t-1)$+構築物［取得価格］(t)−構築物［取得価格］$(t-1)$）

構築物の場合：（構築物［取得価格］(t)−構築物［取得価格］$(t-1)$）÷（建物［取得価格］(t)−建物［取得価格］$(t-1)$+構築物［取得価格］(t)−構築物［取得価格］$(t-1)$）

その他の資産タイプ：ゼロ

ただし，（建物［取得価格］(t)）−建物［取得価格］$(t-1)$）あるいは（構築物［取得価格］(t)−構築物［取得価格］$(t-1)$）のいずれかがマイナスの場合は，その翌年の階差（$t+1$期とt期の階差）によって建設仮勘定配分比率を求める．翌年の階差がマイナスの場合は翌翌年（$t+2$期と$t+1$期の階差）を用いる．（$t+3$期と$t+2$期の階差）まで求めていずれもマイナスの場合は，サンプルから除外する．

(注3)「建設仮勘定当期増加額」については，1956年4月から1977年3月までの間データが存在しないので，貸借対照表上の「建設仮勘定」と「建設仮勘定当期減少額」を用いて以下のとおり求めた．

建設仮勘定当期増加額(t)=建設仮勘定［貸借対照表］(t)−建設仮勘定［貸借対照表］$(t-1)$+建設仮勘定当期減少額(t)

なお，この恒等式によって建設仮勘定当期増加額を算出できるのは，1957年4月から（典型的には，58年3月期から）である．したがって，投資フローのデータは，1958年度から作成することとなる．

(注4) 出典は国土国通省ウェブサイト．昭和35年度以降データあり．昭和30年度か

ら34年度については，国民経済計算年報「経済活動別国内総生産・建設業（産出デフレータ）」を年度換算し，この昭和35年度のデフレータと建設工事デフレータとの比率で遡及する．

(注5)「建物」および「構築物」の初期時点（典型的には1957年3月期）のKNB_tには，それぞれ，以下の式によって「建設仮勘定」を加算する．

建物[貸借対照表](1957)＋建設仮勘定[貸借対照表]×建設仮勘定配分比率(建物)
構築物[貸借対照表](1957)＋建設仮勘定[貸借対照表]×建設仮勘定配分比率(構築物)

ここで，建設仮勘定配分比率（建物）および建設仮勘定配分比率（構築物）は，1957年3月期（あるいは，その他の初期時点）の建設仮勘定当期増加額を建物および構築物に割り振った係数をそれぞれ用いる．

第8章

日米の金融危機から得られる教訓は何か

1 はじめに

アメリカのサブプライムローン問題に端を発し，2007年から2009年春にかけて，世界的に金融市場が動揺した．この世界的な金融危機は，実体経済にも深刻な影響を及ぼしている．日本の1990年代の銀行危機の経験と今回の世界的金融危機から，今後の金融規制・監督や金融政策運営について，どのような教訓が得られるのだろうか？

危機はそれぞれに特殊性を持っており，安易な一般化は禁物である．また，現在の危機はまだ完全には収束していない．そのため，その全体像を捉えることはできない．しかし，危機の要因や深化の過程は，徐々に明らかになりつつある．

そこで本章では，日本の銀行危機に関する本書でのこれまでの分析結果を踏まえつつ，2つの危機から得られる教訓と，今後の望ましい政策対応について考察を行う．

世界的に金融自由化が進展した1980年代以降，金融危機はさまざまな国で発生しているが[1]，とりわけアメリカと日本の金融危機は，経済規模第1位，第2位の先進国で生じたこと，危機の深刻さや実体経済への影響の大きさが際立っていること，（資本市場中心か銀行システム中心かという違いはあるにせよ）よく発展していると考えられていた金融システムのもとで発生したことなどから，特に着目する価値があるだろう．

---

[1] 例えば，Hutchison and McDill (1999) は，1975年から1997年の期間，132カ国を対象に金融危機を分析しているが，このうち，67カ国で1回あるいは2回以上の金融危機を経験していると報告している．金融危機のクロスカントリー分析については，Kaminsky and Reinhart (1996)，Demirgüç-Kunt and Detragiache (1998) なども参照．

以下，まず日本の銀行危機[2]と現在のアメリカの金融危機の要因とその進展について，共通点と相違点を明らかにしながら概観する（第2節）．次に，金融規制・監督と金融政策に関して，日米の金融危機から得られる一般的な教訓を述べる（第3節および第4節）．最後に，日本の金融システム固有の問題について，望ましい政策対応を提示する（第5節）．アメリカの金融危機の概観については補論1を，バンクランの理論については補論2を，世界的な銀行規制の改革案については補論3を参照されたい．

2 日米の金融危機の要因と進展

2.1 危機の要因——不動産信用の膨張と不動産バブル

日米の金融危機の要因として，不動産価格（日本は第1章図1-4，アメリカは図8-1）の上昇と不動産融資の増加が相乗的に進行したことが挙げられる．これは，日米のみならず，世界中の金融危機にしばしば見られる特徴である（Hutchison and McDill 1999）．不動産バブルの要因としては，長期にわたる金融緩和，実物資本の収益性の低下に加えて，日米固有の金融規制環境があった．

まず，不動産価格の上昇は，長期にわたる金融緩和政策のもとでリスクプレミアムが低下したことが一因である．日本の金融緩和は1986年1月から1989年4月までの3年3カ月，アメリカの金融緩和は2001年1月から2004年6月までの3年5カ月に及んだ．また，アメリカでは，グリーンスパン前議長率いる連邦準備銀行（FRB）が，不況期には潤沢な流動性供給と大胆な金利引き下げを行うと期待されていたこと（グリーンスパン・プット）が，不動産バブルの一因となった．

次に，実物資本に対する収益率の低下が，バブルを発生させるマクロ的環境を醸成した．Tirole (1985) は，不確実性のない，生産を組み込んだ世代重複モデルを用い，実質利子率が成長率を下回るときに，バブルが生じることを示している．日本では，キャッチアップ型経済の終焉に伴って，家計が豊富な資産を保有する一方，新たな投資機会の発見ができなかったことが

---

[2] 日本の金融危機について，本章では，主に銀行の問題に焦点を絞る．生命保険や政府系金融機関の問題も含めた日本の1990年代の金融危機の概観については，深尾 (2002)，Fukao (2003)，Hoshi and Kashyap (2004) 参照．

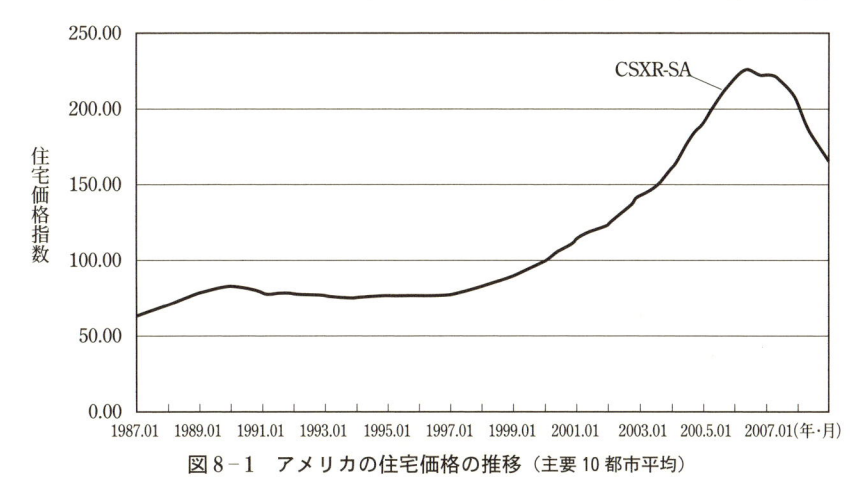

図8-1 アメリカの住宅価格の推移（主要10都市平均）

出所）S&P Case-Shiller Home Price Index（Composite 10）より作成.

1980年代後半の不動産バブルにつながったと指摘されている（村瀬 2006）.この指摘は，貸出に対する預金の割合が多い銀行ほど多額の不良債権を抱えるようになったという第2章のファインディングとも整合的である．アメリカでは，新興国において，金融システムが未発達で優良な金融資産が乏しく，国内の実物資本の収益率が低かったことが，アメリカへの資本流入を招き，住宅バブルなどを生んだ一因になった（Caballero, Farhi and Gourinchas 2008, Mendoza, Quadrini and Rios-Rull 2009）．こうした一般的なバブルの傾向に加え，特に不動産価格の上昇と不動産融資の増加が同時進行するのは，不動産は工場設備などと異なり，他への転用が比較的容易であるため，通常でもデフォルト時に転売したときの価格の低下幅が小さく，不動産価格上昇時には，特にこの傾向が強いことによる．

　さらに，日米固有の規制環境等も，不動産バブルの形成に影響した．日本では，1980年代の金融自由化によって大企業の資金調達が銀行から資本市場にシフトしたために，主要行を中心に，中小企業向け融資や不動産業向け融資へのシフトが生じた（星・カシャップ 2006）．アメリカでは，政府による持ち家促進策に加えて，証券化の進展が，次の3つのルートを通じて，住宅融資の増加と住宅価格の上昇に寄与した．

　1）証券化に際しては，オリジネータ（貸出を行う金融機関）による安易な貸出を防ぐため，劣後部分（エクイティー）はオリジネータが保有するのが

通例だが，そうではないケースもあり，安易な貸出が増えていった[3]．

2) アメリカの金融機関においては，内部リスク管理の手法として，VaR（バリューアットリスク：一定の確率で生じる最大損失額を自己資本の一定範囲内に収めようとする手法）が普及していたが，このリスク管理手法の下では，資産価格が上昇し，自己資本が増大すると，より多くのリスクを取ろうとするため，金融機関はレバレッジを高め，証券化商品などのリスク資産を増やす傾向がある．これが，住宅融資の増大（すなわち，より信用力の低い借り手への融資）と住宅価格上昇につながった．これは，個別金融機関の立場から見れば合理的な行動であったが，金融システム全体から見れば，好況期にシステミックリスクを積み上げる結果となった．

3) とりわけ，自己資本比率規制の対象となる金融機関は，規制上の自己資本比率の分母（リスク・アセット）を減らすため，貸出債権を証券化し，オフバランス化した．本来，証券化によってリスクは購入者に移転されるはずである．しかし，金融機関は MBS（mortgage backed security）などの証券化商品に投資する Conduit（導管）や SIV（structured investment vehicle）と呼ばれる特別目的会社を設立し，これらの特別目的会社に暗黙の債務保証あるいはコミットメントラインを設定していたため，実質的には，相当の割合のリスクを抱えたままであった[4]．つまり，実質的には，証券化を利用した自己資本比率規制逃れが行われていた．

2.2 危機の発生——流動性の枯渇

流動性の枯渇

日米両国において，金融引締めや実体経済の減速をきっかけに，不動産価格あるいは不動産融資を担保とする証券化商品の価格が急落すると，それまで不動産融資あるいは証券化商品へのシフトを強めていた金融機関の経営は

[3) ただし，サブプライムローン危機の要因を，オリジネータによるモラルハザードだけに求めることはできない．合理的な買い手（あるいは，インセンティブが歪んでいない買い手）であれば，不良融資が含まれている可能性の高い証券化商品（レモン）を買うインセンティブはなく，証券化市場はこれほど膨張しなかっただろう．この点は，村瀬英彰氏の指摘に負う．

4) Greenlaw et al. (2008) は，約 1.4 兆ドルのサブプライムローン残高のうち，潜在的損失の約半分はアメリカの負債依存型金融機関（leveraged financial institutions: 商業銀行，証券会社，ヘッジファンドなど）によって負担されており，この割合は，アメリカ以外の負債依存型金融機関を含めると，約 2/3 に上昇すると報告している．

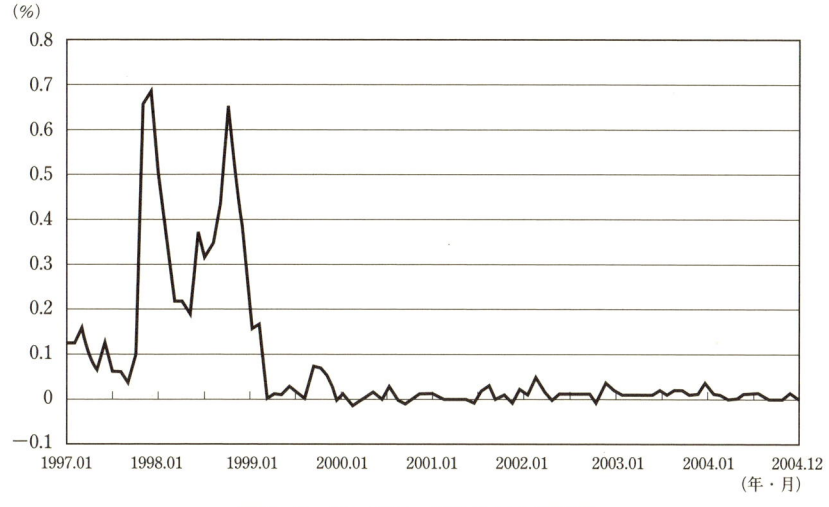

図8-2　ジャパン・プレミアムの推移

出所）日本銀行ウェブサイトより作成．

急速に悪化した．これは，担保価値が低下することに加え，リスクプレミアムが上昇するために担保の掛け目（担保価値に対する貸出の割合）が低下するからである[5]．金融機関の経営が急速に悪化し，支払能力（solvency）に対する懸念が生じると，金融市場において資金の出し手が極端に不足する，流動性の枯渇が生じた．流動性危機は，特にアメリカにおいて顕著であったが，日本でも1997年11月に三洋証券がインターバンク市場でデフォルトを起こすと，インターバンク市場の流動性が不足した．また，海外のインターバンク市場において邦銀向け短期金利が他国の金融機関よりも高くなるというジャパン・プレミアムが生じた[6]（図8-2）．

バンクランの有無

日米の金融危機の重要な相違点として，バンクランの有無が挙げられる．

---

[5] ただし，日本では，1991年以降の不動産価格下落期に，不動産業向け融資は増加した（第1章）．アメリカの金融危機では，レポ取引における haircut（担保として差し出す証券の市場価格と借入額の差額）が上昇したため，レポ取引に依存していた投資銀行等はレバレッジを低下させざるを得なくなった．

[6] 日本の銀行危機時における流動性の枯渇と，日本銀行による1997年，1998年における流動性供給策については，Saito and Shiratsuka（2001）参照．

日本では，1997年11月に北海道拓殖銀行が破綻，翌1998年には10月に日本長期信用銀行，12月に日本債券信用銀行が相次いで破綻，一時国有化されたが，預金者や投資家によるバンクラン（資金の一斉引き揚げ）は起こらなかった．他方，アメリカでは，流動性危機が深刻化し，2008年3月にはベアスターンズに対し，同年9月にはリーマンブラザーズに対して，他の金融機関によるバンクランが発生した．

バンクランについては，いくつかの理論が存在するが（補論2参照），1つの考え方は，バンクランを資金提供者間の協調の失敗として捉える．他の資金提供者が資金を引き揚げない限り，債務者は支払い可能なので各資金提供者は資金提供を続けることが得策だが，他の資金提供者のうちの何割かが資金を引き揚げると，債務者は（保有資産が十分流動的でなければ）約束額の支払いができなくなるので，各資金提供者も資金を引き揚げたほうが得となり，バンクランが生じる．

Morris and Shin（2008）は，グローバルゲームの概念を用いて，バンクランが起こる条件，すなわち，資金提供者が協調の失敗を起こす条件を示している．彼らによれば，①より多くの資金提供者が協調戦略をとらなければ，協調解が実現しない場合，また，②協調解が実現したときに資金提供者が受け取る利得に比べて，非協調解が実現した場合に資金提供者が被るコストが高い場合，非協調解が実現しやすい，つまり，バンクランが起こりやすい．これらの条件は，銀行の健全性や流動性が劣るほど満たされやすい．逆に，健全性や流動性が優れている金融機関ほどバンクランに見舞われにくいことがわかる．

日本の銀行危機では，預金保険の対象である銀行の経営問題であったため，バンクランがほとんど起こらなかったのに対し，アメリカでは，次の2つの理由によって，バンクランが生じた．1つは，投資銀行，Conduit，SIV，ヘッジファンドなどの「影の銀行システム」は，銀行と異なり，預金保険の対象外であった点である．これらの金融機関は，短期資金の調達に依存していたため，バンクランに対して，極めて脆弱であった．ConduitやSIVは，主に，住宅ローンなどの貸出プールを担保とする，資産担保コマーシャルペーパー（ABCP: asset-backed commercial paper）の発行によって短期資金を調達し，長期の住宅ローンなどの証券（MBS: mortgage backed security）で運用していたため，資産・負債間でマチュリティーのミスマッチが生じてい

た[7]．投資銀行も，レポ取引（債券の買い戻し条件付き売却）による短期資金調達を増やしていった．金融機関のマチュリティーのミスマッチが拡大した一因は，グリーンスパン・プットにある．バンクランが生じたもう1つの理由は，アメリカの金融機関が，相互の貸借関係を通じてレバレッジを高めていたことである．ある金融機関が（保有資産の値下がりによって自己資本が低下したために，リスク管理上の必要から）保有資産を売却すると，債務者である別の金融機関は即座に資金不足に陥った．アメリカの金融機関は証券化商品やレポ取引などを通じて長く複雑につながっていたために，バンクランは連鎖していった．

バンクランが金融システムの効率性に及ぼす影響については，理論的にはさまざまな可能性があり，一概には言えない（補論2参照）．しかし，バンクランが生じなかった日本の銀行危機では，支払能力（solvency）に問題のある銀行が政府による保護政策によって延命したのに対し，アメリカでは，支払い能力に問題のない金融機関もバンクランによって破綻してしまった可能性が高い．例えば，2003年5月に公的資金を注入されたりそな銀行は，その後の金融庁検査で債務超過であった可能性が露見しているのに対し，2008年3月にJPモルガンチェースに買収されたベアスターンズは，米国証券取引委員会（SEC）によれば，買収時点で，SECの自己資本基準を満たしていたとされる（Morris and Shin 2008）．

2.3 危機の進展と実体経済への影響
―― 信用のミス・アロケーションと信用収縮

日米の金融危機では，不動産価格が下落し，金融機関の経営問題が顕在化してから，深刻な流動性危機が生じ，解消に向かうまでの期間が大きく異なっている．図8-3は，1980年から2000年までの金融危機（銀行危機および通貨危機）の回復までの期間を示したものだが，これによると，平均してほぼ3年で回復している．これに対し，日本の銀行危機は1991年からカウントすると，不良債権が減少し始めた2002年まで11年，第二地方銀行の経営破綻が始まった1995年からカウントしても7年を要している．これに対し，アメリカの金融危機は，証券化商品の値下がり直後に流動性危機が発生し，

---

7) ABCPの発行残高は，2007年7月のピーク時には，約1兆2000億ドルに達していた．

264

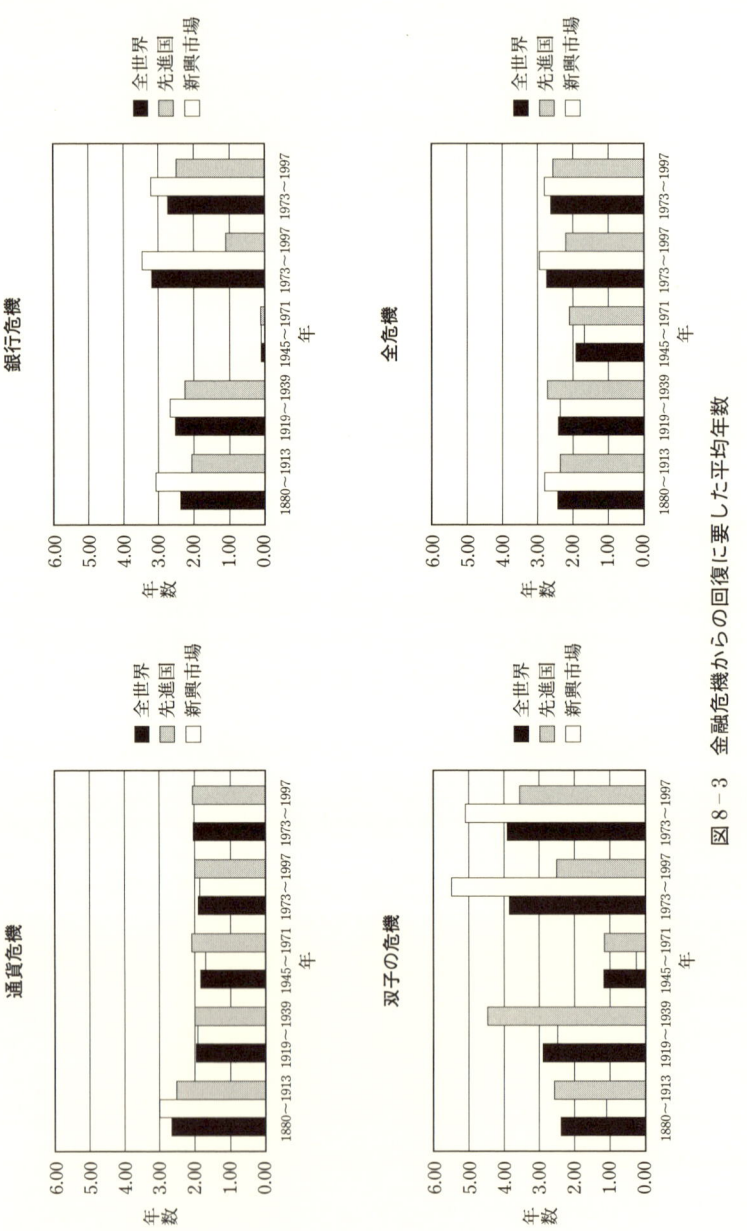

図 8-3 金融危機からの回復に要した平均年数

出所) Bordo et al. (2000).

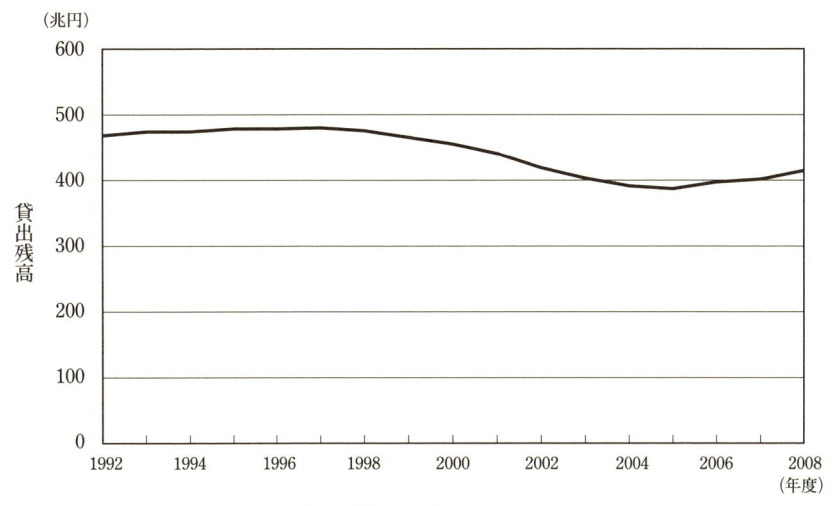

図8-4 日本の銀行貸出残高の推移（国内銀行銀行勘定，年度平均値）

出所）日本銀行ウェブサイトより作成．

　その後1年半を経て，流動性危機は解消に向かった．今後，アメリカの金融機関の健全性が回復されるまでにはまだ相当の時間がかかるだろうが，日本のように10年以上かかるケースは，世界的には例外的である．

　日本が極端に長い期間を要した主因は，銀行による不振企業向け貸出の継続である（第1章）．日本では，1996年まで，貸出残高は増加を続けており，大規模な信用収縮は生じていなかった（図8-4）．むしろ，この時期は不振企業に対する貸出の継続による信用の非効率な配分（ミス・アロケーション）が実体経済に悪影響を及ぼした．これは，自己資本比率規制のもとで，監督当局の猶予政策によって銀行による会計的裁量が認められたことが主因である（第1章）．主に中小企業を対象とした深刻な信用収縮が生じたのは，流動性危機が発生し，さらに自己資本比率規制が徐々に強化された1997，98年以降である（第4章）．不良債権問題が解消に向かうのは2002年度以降だが，これまでの間，信用収縮はさらに資本のミス・アロケーションを通じて経済の生産性を低下させた（第5章）．

　これに対し，アメリカでは，金融危機発生直後から急速な信用収縮が生じた．証券化商品などの資産価格の下落によって自己資本が毀損した金融機関は，資産の売却によってレバレッジを圧縮し，自己資本比率を一定に保とう

とした．自己資本比率規制に服する商業銀行はもちろんだが，それ以外の投資銀行やファンドにおいても，レバレッジが高くなりすぎると，自らのリスク管理上，また，短期資金のロールオーバーが困難となるため，レバレッジの圧縮に動いたのである．このため，金融資産の売却と価格の暴落という悪循環が生じた．こうした現象は，「投げ売りの外部性」（fire-sale externality）と呼ばれる（Shleifer and Vishny 1992, Brunnermeier 2009, Diamond and Rajan 2009b）．こうしたなかで，金融機関は新たな貸出はもちろん，既存の貸出先に対する短期資金のロールオーバーも躊躇するようになり，流動性資産の確保に走った．

Diamond and Rajan（2009b）は，不良資産の投げ売りの可能性が，不良資産の売却を躊躇させるだけではなく，信用収縮の原因となることを指摘している．なぜなら，別の債務不履行に陥った金融機関が投げ売りを行う可能性があるとき，自らがキャッシュを保有していて，その不良資産を安値で買うことができれば，大きな利益が得られるが，今貸出を行い，キャッシュを手放してしまえば，将来のそうした莫大な利益機会を逃してしまうからである．

2.4 危機の収束——流動性危機の収束と不良資産問題の継続

両国の中央銀行は，特に流動性の枯渇した市場をターゲットに，最後の貸し手として流動性の供給に努め，市場流動性の回復に努めた．日本銀行は1997年以降，各種の流動性供給策を講じていたが，1999年2月にゼロ金利政策を導入し，潤沢な資金供給を行うことで，ようやく短期金融市場における流動性の枯渇問題は収束した．連邦準備銀行（FRB）は，2007年8月以降，公定歩合，フェデラルファンドレートの引き下げ，各種貸出枠の設定（Term Auction Facility, Primary Dealer Credit Facility, Commercial Paper Funding Facility）を通じて，各種金融機関への潤沢な流動性供給を行い，2009年5月には，流動性危機が収束した．

しかし，流動性問題が解決した後も，金融機関のバランスシート問題はすぐには解消されない．この1つの要因は，危機時には不良資産の買い手が限られることである．日本では，もともとローン債権市場は小さく，不良債権の買い手は外資系金融機関に限られていた．アメリカでも，MBS（mortgage backed security）などの買い手は限られている．いずれも，不良資産の

売却は投げ売りにならざるを得ず，金融機関が積極的に不良資産を売却するインセンティブは乏しい．売却によって損失が確定すると，会計上，規制上の自己資本の毀損につながるからである（第1章）．

日本で不良債権が縮小し，銀行のバランスシート自体が改善されていくのは2002年以降である．これには，実体経済の回復に伴う地価の下落率の縮小が寄与していた．また，2002年10月に公表された「金融再生プログラム」によって，裁量的な会計操作を厳しく制限したことも，不良債権の縮小に寄与した（第2章）．2003年6月にはりそな銀行に対して公的資金注入がなされ，同年11月には足利銀行が破綻し一時国有化されたが，これ以降，日本の金融システム不安は沈静化した．日本の銀行危機における損失額を，1992年度から2004年度（2005年3月期）までの不良債権処分損の累計額でみると，96兆4199億円となる[8]．これは日本の年間GDPの約20%に相当する．

アメリカ政府は2009年7月，官民共同の不良債権買い取りファンド（「官民投資プログラム」）を始動させたが，当初想定されている規模は400億ドルとわずかであり[9]，不良資産の処分にはまだ相当の時間がかかると予想されている．アメリカの金融危機の最終的な損失がいくらになるかは明らかではないが，International Monetary Fund（2009）の推計によると，米国内での貸出に伴う危機開始以降2010年までの累積損失見込みは2兆7000億ドルとされる[10]．これは，アメリカの年間GDPの約20%に相当し，日本の銀行危機の損失（不良債権処分損）の対GDP比とほぼ等しい．

3 金融規制・監督上の教訓

日米の金融危機は，金融規制・監督の在り方について，さまざまな見直しを迫っており，実際，今回の金融危機を受けて，世界的に金融規制の見直しが進められている（補論3）．本節では，規制・監督の改革に当たっての基本的な視点を議論する．

---

8) 金融庁「不良債権処分損の推移（全国銀行）」による．
9) 2009年7月6日『日本経済新聞』朝刊．
10) 他の先進市場での融資に伴う損失を含めると，約4兆ドルとされる．

3.1 誰を，なぜ，どのように規制すべきか

　金融規制改革を考える上では，金融業に対する規制の根拠を明確にすることが重要である．

　金融業に対する規制を正当化する1つの理論は「代表仮説」(Dewatripont and Tirole 1994) である．一般に，企業の収益が十分に高いときには株主に経営権を任せ，企業収益が低くなると債権者に経営権を移すことが最適である．なぜなら，有限責任制のもとで，株主は収益の向上に関心を持ち，債権者は，収益の低下を防ぐことに関心があるからである．銀行の場合，主な債権者は預金者だが，一人一人の預金は小口で，銀行経営に関与するインセンティブはほとんどない．そこで，政府が預金者の代表として，銀行を監督し，銀行の自己資本に応じて経営介入を行う，というのが代表仮説の基本的な考え方である[11]．しかし，代表仮説では，投資銀行やヘッジファンドなどを規制する根拠は希薄である．なぜなら，これらの金融機関の顧客は，多数の小口預金者ではなく，比較的限られた数の，プロの投資家である．プロの投資家を代表して，政府が投資銀行などを規制する必要性は乏しい．また，「代表仮説」は個々の金融機関の健全性を確保することによって，金融システムを安定化させようという考え方に立っており，システミックリスクを防止するという観点は希薄である．

　もう1つの考え方は，バンクランを防ぐ観点から，金融機関に対する保護と規制を正当化するものである．金融機関は，預金，ABCP，レポ取引などで短期資金を調達し，貸出や証券化商品など長期の金融資産で運用している．資産の満期構造を転換し，預金者，投資家に流動性の高い資産を提供するのは，金融機関の重要な役割だが，バンクランの危険性を伴う（補論2参照）．バンクランを避けるために，預金保険と，中央銀行による「最後の貸し手」機能が整備されてきた．今回のアメリカの金融危機において，連邦準備制度

---

11) ただし，Hellmann, Murdock and Stiglitz (2000) は，自己資本比率規制だけでは銀行の過大なリスクテークを防ぐことができず，金利規制などによって，銀行の免許価値（franchise value）を高めることが健全経営につながると主張している．Demirgüç-Kunt and Detragiache (1998) は，1980〜95年における53カ国のパネルデータを用いて，金融自由化は銀行の免許価値の低下をもたらし，銀行危機が発生する確率を高めるものの，法の支配が強く，汚職が少なく，官僚機構が効率的で，契約履行のメカニズムが有効であるような，強い制度的環境の下では，金融自由化が金融危機につながる確率は低くなることを明らかにしている．

による貸出枠の対象が投資銀行などに拡大されたのは，最後の貸し手としての役割を果たすためである．しかし，預金保険も中央銀行による貸出も，金融機関による過大なリスクテーク（モラルハザード）を助長する危険がある．そこで，こうした制度の恩恵を受ける金融機関のリスクテークを抑えるために，ソルベンシーリスクに着目した自己資本比率（あるいはレバレッジ）規制が必要となる．

　最後に，金融規制に関する根拠として，金融取引に伴う外部性に着目する考え方がある．決済システムやインターバンク市場などの短期金融市場では，多くの金融機関が取引関係を通じてつながっているため，1人のプレーヤーのデフォルトによって，次々に他のプレーヤーが資金不足に陥り，デフォルトが連鎖する危険がある．カウンターパーティー・リスク（取引相手のデフォルトによって取引が執行できないリスク）を減らすために，清算機関（クリアリングハウス）や取引所を通じた取引が行われているが，それに加えて，各プレーヤーのデフォルトリスクを減らすために規制が行われる必要がある．Brunnermeier（2009）は，この考え方を拡張し，"fire-sale externality"（資産の投げ売りと資産価格下落のスパイラル）の存在が，銀行規制の主な理由だと主張している．金融市場のネットワークに着目すれば，投資銀行など，預金を取り扱っていない金融機関も含め，短期金融市場の動揺を引き起こすような参加者はすべて規制の対象となりうる．この場合は，資産リスクを考慮した自己資本比率規制よりも，後述するように，バランスシートの膨張を抑えるためのレバレッジ規制や流動資産の保有に関する規制が重要になる．

　今回の世界的金融危機では，国内外の金融取引に伴う外部性の問題が顕在化した．したがって，代表仮説だけではなく，バンクランの防止や fire-sale externality などを根拠とした規制が志向されるべきであろう．実際，現在提案されている欧米の金融規制改革では，金融システム全体の安定性を確保することによって実体経済への打撃を最小化しようとする，「マクロプルーデンス政策」が志向されているが，これは，システミックリスクを引き起こす懸念のある金融機関を規制するものであり，金融取引に伴う外部性に根拠を置くものとして理解できる[12]．

---

12)「マクロプルーデンス政策」については，例えば Morris and Shin（2008）参照．日本語による解説としては，翁（2009）参照．

3.2 プロシクリカリティー(景気増幅効果)とシステミックリスクをどう抑制するか

　金融機関規制において,不動産価格などのマクロショック(aggregate risk)に対する脆弱性をどう取り除くか,見直しが迫られている.アメリカではこれまで,地域間の不動産価格の相関が低く,全米の住宅ローンを束ねることで,個別ショックのリスク(idiosyncratic risk)が分散されると考えられていたが,今回の危機では,全国的に不動産価格が下落したことから,期待されたリスク分散は機能しなかった.日本でも,バブル期には大都市圏と地方の地価が乖離したが,長期的に見ると,上昇・下落のトレンドは,ほぼ全国共通の動きであった.したがって,不動産融資や,不動産融資を担保とする証券はリスク分散が困難である.銀行のポートフォリオにおいて,個別リスクが十分に分散されていれば,銀行破綻のリスクは十分小さいので,銀行に対するモニタリングや規制は不要である(Diamond 1984).しかし,不動産融資はこうした条件とは相容れない.しかも,不動産価格の上昇は,転売価格を高めるので,不動産融資を助長するという相乗効果が働いてしまう(逆に不動産価格の下落は,fire-sale externalityを招く).したがって,自己資本比率規制におけるリスクの取扱いについて,特に不動産融資のようなマクロレベルのリスク(aggregate risk)を十分高く見積もるような取扱いが必要だろう.

　現行の自己資本比率規制やVaRなどのリスク管理手法は,景気循環を増幅する効果(プロシクリカリティー)を持っている.例えばAdrian and Shin(2008)は,アメリカの金融機関が資産価格の上昇期にはレバレッジを高め,下落時にはレバレッジを低める傾向にあるため,資産価格の変動が増幅されてしまうことを明らかにしている.

　こうしたプロシクリカリティーを防ぐために,以下のような規制改革の提案がなされている[13].

　第1は,景気のいい時には自己資本比率規制もしくはレバレッジ規制を厳しくし,景気の悪い時にはこれを緩めるという,景気同調的(プロシクリカル)な規制である.Brunnermeier et al. (2009)は,自己資本に対する課税

[13) Adrian and Brunnermeier (2008)は,システミックリスクを軽減するリスク管理の手法として,CoVar(他の金融機関が資金難に陥るという条件付きのVaR)を提言している.

（ピグー税）が，バンクランを通じた外部不経済を抑える上で効果的であると主張している．これは，プロシクリカルなレバレッジ規制の一種である[14]．

第2は，現金や準備（中央銀行への預金）保有を義務付けることによって，景気拡大期における金融機関のバランスシートの膨張と景気後退期におけるバンクランを防ごうとするものである（Morrisn and Shin 2008）．

第3は，資産のリスクを考慮せず，単純にレバレッジの上限を設定する規制である（例えば，International Monetary Fund 2009）．これは，景気拡大期にレバレッジが高まり，急な反転によってバンクランが生じることを防ごうとするものである．

これらの提案はいずれも，レバレッジのプロシクリカリティーを抑えるとともに，資金の引き揚げに対する債務者の脆弱性を是正し，デフォルト時に債権者が被る損失を軽減することで，バンクランを起こりにくくする規制だと位置づけることができる．

実際には，こうした具体策のどれを採用し，どの程度規制すれば，金融仲介機能を損なうことなくシステミックリスクを防ぐことができるのか，更なる検討と試行が必要になるだろう[15]．しかし，いずれの規制についても，実際に施行しようとすると，これまでの金融機関のレバレッジ行動とは逆の行動を強制することになるため，相当の困難を伴うと予想される（Diamond and Rajan 2009a）．規制の裁定取引（regulatory arbitrage）が起きないよう，慎重な制度設計と強力な監督が必要である．

3.3 金融機関の資産や自己資本をどう測定すべきか

自己資本比率規制には，分子（自己資本），分母（リスク・アセット）双方を

---

14) Holmstrom and Tirole（1997）は，企業と金融仲介業がともにインセンティブの問題に直面する理論モデルを分析し，金融仲介業は市場で決まる自己資本比率を満たさなければならないが，この自己資本比率はプロシクリカルであることを示しており，個別銀行の健全経営を促す観点から，プロシクリカルな自己資本比率規制に合理的根拠を与えている．

15) プロシクリカルな自己資本規制の例として，スペインにおける，金融機関が貸出を行う際に，将来の経済状況を予想して（フォワードルッキングに）引当金を積む制度がある．また，流動性リスク（資産の市場流動性リスクと資金調達の流動性リスク）に着目したリスク評価モデルとして，イングランド銀行が開発中のRAMSI（Risk Assessment Model for Systemic Institutions）と呼ばれるモデルがある（IMF, 2009）．単純なレバレッジ規制は，アメリカで商業銀行に対して行われており，また，スイスの規制当局が導入する意図があると宣言している（Morrisn and Shin 2008）．

どう測定するかという困難な問題がつきまとう．

分子の自己資本について，日本の経験は，Tier2（補完的）自己資本の脆弱性と，Tier2に依存することの弊害を明らかにしている（第1章）．これは，Tier2（補完的）自己資本は各国の裁量の余地が大きいこと，Tier1（中核的）自己資本に比べて，優先順位が高い債務（劣後債）や価値の変動が大きいもの（有価証券含み益）が含まれていることによる．今回の金融危機を機に，アメリカの金融機関が，ストレステストの結果を踏まえ，株式や剰余金に限定したコアTier1自己資本の拡充を図っているのは，こうした方向に沿った改善である[16]．また，アメリカでのコアTier1自己資本重視の流れを受けて，日本の主要行も普通株発行による資本増強を進めている．さらに，スイスやイギリスの金融監督当局は，劣後債による安易な資金調達がリスクの高い取引に傾斜する遠因になったとして，将来，劣後債を自己資本の対象から外す方針だと伝えられている[17]．自己資本は，損失を出した場合のバッファーであり，その充実が過度なリスクテークを防ぐという，自己資本比率規制の原則に沿った規制の見直しを進めるべきであろう．

分母のリスク・アセットについては，各資産のリスク・ウェイトの設定や，オフバランスシート資産の取扱い，連結対象となる関連会社の範囲などが問題となる．今回，アメリカの銀行がCounduit（導管）やSIVなどを通じて簿外債務を抱えていた経験に鑑みれば，実質的にリスクを負担する資産は包括的にリスク・アセットに含める必要がある．リスク・アセットの範囲やリスク・ウェイトを間違えると，金融機関のポートフォリオを歪めてしまうため，慎重な設定が欠かせない．この点，資産のリスク・ウェイトを考慮しない単純なレバレッジの上限規制は，自己資本比率規制を補完する役割を担うことが期待される[18]．

今回の金融危機では，金融機関による資産の投げ売りによって資産市場の

---

16)「コアTier1」あるいは「中核的自己資本」の厳密な定義が確立しているわけではないが，例えば，バーゼル銀行監督委員会での議論では，議決権のある普通株と剰余金に限定し，現状でTier1に含まれる優先株や優先出資証券を除く案が提案されていると伝えられている（『日本経済新聞』2009年7月18日付朝刊）．また，日米欧など主要国の銀行監督当局は，国際的に活動する主要な銀行に対し，規制上の最低水準を現行の8％から引き上げるとともに，「狭義（コア）の中核的自己資本」の新基準を導入することを検討していると伝えられている（『日本経済新聞』2009年8月29日付朝刊）．

17)『日本経済新聞』2009年5月26日付朝刊．

18) もちろん，単純なレバレッジ規制においても，資産と自己資本の計測の問題は残る．

流動性が枯渇し，資産価格が暴落したり，取引そのものが行われない事態が生じた．こうした場合，金融機関が保有する有価証券を時価（あるいは理論モデルで評価した価格）で評価すると，ますます資産の投げ売りを助長してしまう．こうした異常事態において，時価会計を一時凍結することは，資産の投げ売りを防ぐうえで，一定の効果がある．

他方，日本の経験はむしろ，時価会計から著しく乖離した会計基準が，銀行経営のインセンティブを歪め，不良債権問題を長期化させてしまったことを示している（第1章）．時価会計の導入が，自己資本比率規制の景気増幅効果（プロシクリカリティー）を高めたとの批判もあるが，プロシクリカリティーの問題は，景気に応じて要求自己資本を変更するなどの対応を検討すべきであり，資産の計測を取得価格に戻すのは弊害が大きい．

市場で売買されている有価証券は時価会計を徹底し，市場の流動性が枯渇した場合にのみ一時的に時価会計を凍結し，市場の流動性が戻れば時価会計に戻すべきである[19]．

3.4 金融監督をどう強化すべきか

いくら規制を強化しても，必ず規制逃れ（regulatory arbitrage）が生まれる．これをできるだけ防ぐために，監督当局は監視を強めなければならない．1990年代の日本の場合は，そもそも，監督当局が自己資本比率規制によって銀行の健全化を図ろうという意図はなく，むしろ銀行が自己資本比率規制を満たすことのできるよう，会計基準の変更に腐心していた．このことが，不良債権問題をより深刻化，長期化させ（第1章），最終的には大規模な信用収縮を生む結果になった（第4章）．こうした監督当局による意図的な規制の無効化は論外だが，今後もデリバティブなどを使った規制逃れは，さまざまな形で生じうる．貸出債権の証券化によるリスクの移転が，名目と実態で大きく乖離していたように，監督当局がルールを文字通りにだけ解釈していれば，規制逃れを防ぐことはできない．これを防ぐためには，監督当局による強力かつ柔軟な対応が必要となる．日本におけるほとんど返済不可能な企業

---

[19] 金融庁は国内基準行（海外に営業拠点を持たない金融機関）に適用する自己資本比率規制に関し，2008年12月期決算から2012年3月期決算まで，保有する有価証券の評価損を自己資本に反映させないとしているが，この措置は，市場の流動性とは関係のない，裁量的な会計基準の変更である．

向け貸出（第1章）やアメリカにおける Conduit（導管），SIV を用いたオフバランス化など，ルールに基づいた規制は，ルール破りを誘発しがちであり，これを防ぐには，ルールの主旨に基づきつつ，迅速かつ柔軟な対処をしていくしかない[20]．

このためには，監督当局が，さまざまな金融資産の市場価格を活用して，金融機関のリスクを判断することも有益である．これは，間接的な市場規律と呼ばれ，監督当局の迅速な対応を促す上で有益な方法である（Flannery 2001）．ただし，監督当局が TBTF（too-big-to-fail: 大きすぎてつぶせない）政策をとれば，規模の大きな金融機関の発行する負債や株式の価格が過大評価されてしまうため，市場価格の活用はかえって監督を歪めてしまう[21]．破綻処理制度を整備することにより，TBTF 政策など市場規律を無効化してしまう政策はできる限り排除すべきである．

また，監督体制の見直しも重要である．アメリカでは，監督当局が分散化していたため，金融システム上重要な金融機関の監督を連邦準備銀行（FRB）に一元化する提案がなされている[22]．EU においても，金融システム全体を監督する機関を新設する提案もなされている．日本では，金融庁（証券取引等監視委員会を含む）と日本銀行が連携して監督にあたっているが，両者の連携をさらに強めるべきである．例えば，証券，保険，ノンバンク，ファンドなど銀行以外の金融機関のうち，レバレッジが高く，かつ，金融システム上重要な金融機関については，十分な流動性の監視が必要であり，そのためには，日本銀行の関与も有益だと考えられる．

---

[20] 今回の世界的金融危機において，日本の銀行が被った損失が比較的小さかったのは，日本の銀行が証券化ビジネスに精通していなかったというだけではなく，監督当局による銀行に対する監視がある程度有効に機能していたからかもしれない．日本においても，自己資本比率規制の対象外である一部の証券会社などが多額の損失を被ったのは，こうした見方と整合的である．

[21] 日本では，2003年5月，預金保険法102条（第1項，第1号）に基づき，政府はりそな銀行への公的資金注入を行い，株主を保護した．これが TBTF 政策として株価にインパクトを与えたかどうかを調べるために，Yamori and Kobayashi（2007）は，イヴェントスタディーの手法を用い，銀行の規模が株価に正の影響を与えたことを見出している．他方，Sakuragawa and Watanabe（2009）は，やはりイヴェントスタディーの手法を用い，りそな救済発表の当日には，TBTF 効果は見出せなかったとしている．

[22] ただし，議会では，FRB に大きな権限を与えることへの反発から，審議が遅れている．

4 金融政策への教訓

　金融政策が一般物価とGDPギャップに加えて，資産価格の変動に反応して，その安定化を目指すべきかどうかについては，長い議論がある．日米のバブル崩壊後の金融危機の経験から，バブルの発生を防ぐような，あるいは，バブルが発生したら早期にバブルをつぶすような金融政策を運営すべきだという意見がある一方，バブルかどうかの判断は困難であり，バブル崩壊後に金融緩和によってその影響を最小限に食い止めるべきだとの意見もある．しかし，金融政策の運営ルールと投資家の行動は，相互依存の関係にある．米国では，グリーンスパン前議長率いる米連邦準備理事会（FRB）の金融政策により，バブルに対し「中央銀行は，発生（株価の上昇）を食い止めるより，崩壊（株価の下落）後の混乱に金融緩和策で対応する」という期待（グリーンスパン・プット）が市場に生まれた．この結果，実際にバブルが次々生まれ，資産価格のボラティリティー（変動率）を高めてしまったという批判が強い[23]．また，いったんバブルが崩壊し，銀行の健全性が損なわれると，銀行貸出を通じた金融緩和策の波及効果が阻害されることにも注意が必要である（第6章）．

　資産価格の変動は企業や家計のリスクプレミアム（あるいは信用スプレッド）[24]と密接に関係している．日本の金融政策の波及経路に関する分析結果（第7章）では，金融政策が企業の正味資産や流動性を通じて，リスクプレミアムに影響することが明らかになった．このことは，中央銀行がリスクプレミアムに配慮した金融政策運営を行うべきことを意味するのだろうか？

　Taylor（2008）は，GDPギャップとインフレ率に反応して金利を操作するという標準的なテイラー・ルールを修正し，信用スプレッドの上昇分だけ金利を低くすべきだと主張している．具体例として，彼は，スイスの中央銀行がターゲットをオーバーナイト金利から3カ月物LIBOR（ロンドン銀行

---

[23]　グリースパン・プットと株価のボラティリティーの関係については，例えば，Miller, Weller and Zhang（2002）参照．

[24]　厳密には，外部資金調達に伴って，リスク見合い以上の金利を支払わなければならない分を外部資金調達プレミアムと呼ぶが（第7章），外部資金調達の金利と安全資産利子率との差をリスクプレミアムと呼ぶこともある．本章では，リスクプレミアムを後者の意味で用いる．信用スプレッドも，後者と同義である．

間取引金利）に変更したことを指摘している．他方，Christiano et al. (2008) は，粘着的賃金のモデルを用い，将来の技術革新に関し，事後的には楽観的すぎたと判明するニュース・ショックに対する経済の反応を分析しているが，このショックに対しては，標準的なテイラー・ルールよりも信用総額の伸び率を考慮した金融政策のほうが経済を安定化させる効果があることを示している．ただし，Taylor (2008) は頑健な理論モデルに基づく提言ではなく，また，Christiano et al. (2008) は，ある種のシグナル・ショックに対して信用総額を考慮することが望ましいことを示しただけで，他のショックに対しても同様の金融政策が望ましいかどうかは分析されていない．

これに対し，Cúrdia and Woodford (2009) は，価格の粘着性を仮定したニューケインジアンモデルに異質な家計と金融仲介コストを導入したモデルを用いて，標準的なテイラー・ルールを修正し，信用スプレッドあるいは信用総額にも反応するルールが望ましいかどうかを，さまざまなショックについて分析している．その結果，金融セクターにショックが生じた場合には，信用スプレッドの上昇あるいは信用総額の減少に対して，金利を引き下げる政策が望ましいこと，ただし，最適な政策は信用スプレッドの上昇を100%相殺するのではなくそれよりも小さい幅であること（信用総額に対する反応の場合は，信用総額を完全に安定化させるのではなく，それよりもかなり少ない幅の調整であること）を示している．さらに，金融セクター以外のショックの場合は複雑で，多くの場合，信用スプレッドが拡大したときには金融引締めではなく金融緩和が望ましいことも示している．

Carlstrom et al. (2009) もニューケインジアンモデルにエージェンシーコストを組み入れたモデルを用い，最適金融政策を分析している．彼らのモデルでは，企業の正味資産の変動が，外部資金調達に伴うリスクプレミアムに影響する．このため，中央銀行は，インフレの安定，GDPギャップの安定，およびリスクプレミアムの安定という3者間のトレードオフに直面することとなる．したがって，最適なインフレターゲットの水準は，GDPギャップとリスクプレミアムの双方に依存する．しかし，インフレの変動は，GDPギャップの変動やリスクプレミアムの変動よりも社会的コストが大きいため，インフレの安定化が，ほぼ最適な政策になると結論付けている．ただし，Cúrdia and Woodford (2009) や Carlstrom et al. (2009) の理論モデルでは，資本蓄積が考慮されていない．リスクプレミアムが企業ダイナミクスや資本

の配分に及ぼす影響を考慮すれば（第5章），リスクプレミアムの変動は，より大きな社会的コストをもたらすかもしれない．リスクプレミアムを考慮したモデルを用いた金融政策の研究は始まったばかりであり，今後更なる研究が必要である．

5 日本の政策対応

世界的な金融危機は日本の資本市場と金融機関にも少なからず影響を与えた．本節では，日本固有の問題について，資本市場を含む金融システム全体の観点から，日米の危機を踏まえた望ましい日本の政策対応を論じる．

5.1 銀行による株式保有の制限

マクロショックと金融システムの相互作用（プロシクリカリティー）に関する日本固有の問題として，銀行による株式保有がある．今回の危機において，日本の銀行が被った証券化商品による損失は比較的軽微であったが，株価下落の影響は大きかった．今回の金融危機は金融資本市場における流動性の枯渇に伴う資産価格の下落であったが，日本の銀行における株式保有は，こうした市場の動揺が銀行システムに伝播しやすい要因となっており，マクロショックが信用収縮につながりやすい構造になっている．このため，監督当局は，株価の下落など負のマクロショックに直面すると，猶予政策をとる傾向が強い．これは，銀行経営者のインセンティブを歪めてしまう．

現在，銀行の株式保有額には自己資本比率規制上の自己資本のうち Tier1（中核的）自己資本を上限とするとの規制があるが，必ずしも合理的なリスク管理の範囲内とは言い難い，持合いによる株式保有も少なからず存在する（大谷他 2007)[25]．銀行による株式保有については，規制の強化が望まれる．

なお，Hosono, Murase and Samikawa (2009) は，金融機関の株式所有割合が多い企業の株式ほど，ローリスク・ローリターンの傾向があることを見出している．これは必ずしも株式所有構造が企業の収益・リスクに影響を

---

25) 2008年12月に政府は銀行等保有株式取得機構による銀行保有株などの買い取りを再開し，買い取り枠を20兆円に増額することを決めたが，株式保有への規制強化を伴わない限り，実効性は乏しいだろう．実際，2009年7月末までの買い取り累計額は，機構分が1379億円，日本銀行分が381億円，計1760億円にとどまっている（『日本経済新聞』2009年8月9日付朝刊）．

及ぼしているという一方的な因果関係だけを示唆するわけではないが[26]，銀行の株主としての利害は，債権者としての利害と比べると小さいので，銀行が，株主価値の増大よりはむしろ債権価値を保全するよう，保守的な経営を促している可能性がある．

5.2 政府系金融機関の縮小

日本の不良債権問題が長引いた一因として，銀行の貸出利ざやあるいは収益が低く，貸倒損失をカバーできなかったことが挙げられる（第2章）．星・カシャップ（2005）は，日本の銀行の利ざやが1980年代以降一貫して低かったことを指摘している．また，細野（2008）は，1998年から2002年における中小企業約21万社のデータを用い，借り手のデフォルトリスクと金利との関係を分析した結果，中小企業向け融資においては，金利スプレッド（貸出金利の安全利子率からの乖離）が推定デフォルト確率と正の相関があるものの1対1ではないことを見出している[27]．こうした低い利ざやや信用リスクを十分に反映しない金利付けの要因としては，銀行によるリスク管理能力の不備などに加え，政府系金融機関との競合が指摘されている（深尾2002）[28]．政府系金融機関による，特に中小企業向け融資は，借り手のリスクを十分に反映した金利付けがなされておらず，融資規模の縮小は，民間金融機関の収益の向上を通じて，金融システムの安定に役立つと期待される．

こうした見方に対して，金融危機時の企業の資金繰り対策として，政府系金融機関を維持もしくは拡充すべきとの意見も見られる．実際，1990年代末の信用収縮時にも，今回の金融危機に際しても，政府は，政府系金融機関

---

26) 笛田・細野・村瀬（2008）は，株式所有構造と，企業収益あるいは株式収益率のダイナミックな関係を見ることにより，特に規模の大きな企業において，株式所有構造が企業収益や株式収益率に影響を及ぼすという因果関係の存在を示唆している．

27) 細野・澤田・渡辺（2005）の分析結果に基づく．彼らは，日本の金融機関が，デフォルト確率は低いが一時的に収益が悪化している企業に対し，金利を引き下げる傾向にあることを見出し，リレーションシップバンキングに基づく金利平準化行動を示唆しているが，他方，一部において，業績回復の見込みのない企業に対して低い金利を付けることにより延命を図るという貸出行動が存在した可能性も示唆している．Smith（2003）は，日本の銀行が，シンジケートローンにおいて，外国銀行よりも低い金利をつけること，また，外国銀行よりも価格付けの幅が小さいことを見出し，日本の銀行の歪んだ金利設定行動を示唆している．

28) このほか，特に中小企業向け貸出においては，1980年代以降の金融規制緩和のもとで，大企業の顧客基盤を失った大手銀行が積極的に中小企業向け市場を開拓するために，採算を度外視した貸出金利競争が行われていたことも指摘されている．

による中小企業向けの直接貸付や信用保証を拡充した．また今回は，大企業・中堅企業向けに対して政府系金融機関を利用した CP，社債，株式の買い取り策なども導入した[29]．こうした，政府系金融機関による危機対応策をどう評価すればいいだろうか？

　まず，1990 年代末から 2000 年代初における企業金融対策に関しては，第 4 章で，2001 年から 2003 年の中小企業をサンプルに分析し，政府系金融機関をメインバンクとする企業では，負債／資産比率の大小にかかわらず投資が行われたことを見出した．この結果は，政府系金融機関が，メインバンク関係にある企業の資金アヴェイラビリティーを高めたことを示唆している．しかし，この結果だけからは，政府系金融機関が，効率的な投資プロジェクトをファイナンスしているのか，非効率な投資プロジェクトをファイナンスしているのかは不明である．Uesugi et al.（2008）は，1998 年から 2001 年にかけて行われた特別信用保証が資金調達のアヴェイラビリティーと企業パフォーマンスに与えた効果を分析している．この結果，特別信用保証は資金調達のアヴェイラビリティーを少なくとも一時的には高めたが，その後の企業の収益性を低下させたことを見出している．彼らは，特別信用保証が銀行による担保要求とモニタリングのインセンティブを弱めた点を指摘している．

　現在の企業金融対策について，現時点で詳細な分析を行うことは困難であるが，今回の危機で，企業がどの程度信用収縮の影響を受けているかについては，利用可能なデータから判断することができる．まず，マクロ的にみると，2008 年度の貸出量は前年度比増加した（図 8-4）．これは主に大企業が将来の資金繰り難に備え，流動性資産の保有を増やしたことを反映したものである．2009 年 3 月期の上場企業の現預金は，過去最高の 43 兆円超になった[30]．大企業の銀行借入に伴って，中小企業の借入が困難になっている可能性もあるが，経済産業研究所が 2009 年 2 月に実施した中小企業向けアンケート調査結果は，こうした見方を支持していない．本アンケートでは，2008 年 9 月（すなわち，リーマンブラザーズ破綻前）までは貸出に積極的だったが，それ以降態度を一変させた金融機関の有無について尋ねている．回答

---

29) こうした企業金融対策の結果，政府系金融機関のバランスシートは急膨張した．例えば，日本政策金融公庫と日本政策投資銀行（連結ベース）の総資産は 2009 年 3 月末時点で，半年前と比べてそれぞれ 9.9％ 増，14.1％ 増と急増し，28 兆 21 億円，14 兆 280 億円になった．
30) 『日本経済新聞』2009 年 5 月 26 日付朝刊．

結果（植杉他 2009）によると，態度を一変させた金融機関が「ある」と答えた企業の比率は 13% にすぎず，残りの 87% の企業は「ない」と答えている[31]．また，新規借入申込を拒絶された企業の割合は，1990 年代末の銀行危機時に比べると低い水準にとどまっている（メインバンク（借入額第 1 位の金融機関）から拒絶された企業の割合は，1999 年 8.2%，2000 年 9.7%，2001 年 14.1% に対し[32]，今回は 5.3%）．さらに，2008 年 10 月から始まった緊急保証制度を利用（希望）する理由を複数回答で尋ねた結果では，「手元流動性（現預金等）を手厚くするため」が 62.6% と最も多く，「民間金融機関からプロパー貸出（信用保証のない貸出）が拒絶された」は 13.0% にとどまっている．大企業も中小企業も，信用収縮の影響を現実に受けているケースは少なく，多くの場合，将来の流動性危機に備えて行動しているのである．このように，政府系金融機関を通じた資金繰り対策は，予防的意義はあったものの，現実の信用収縮による資金繰り難を助けるという役割は小さかったと判断される．

　金融危機時の企業金融支援としては，流動性危機に対しては中央銀行によるオペレーションが有益であり[33]，民間金融機関の資本不足に対しては，公的資金注入を含めた資本増強が効果的である．政府系金融機関を通じた金融支援は，あくまで一時的なものにとどめ，早めの縮小を行うべきである．特に日本政策投資銀行については，2012 年〜2014 年を目途に完全民営化するという当初の方針が変更され，少なくとも 2011 年度末まで政府保有株式の売却が先延ばしされることになったが，上述のように，今回の危機の経験からも，先延ばしの根拠は希薄である．特に，社債や CP の買い取りについては，仮にこれらの市場の流動性が枯渇した場合にも日本銀行によるオペレーションでかなりの程度対応可能である．株式購入については流動性危機対策とも言いがたく，資本の配分を歪めることが懸念される．

---

31) 本アンケートは，中小企業 5979 社を対象とし，そのうち，4103 社から回答を得ている．なお，「態度を一変させた」金融機関の業態別シェアは，メガバンクが 42.7%，地方銀行・第二地方銀行が 39.6% と高くなっている．

32) 1999 年から 2001 年の値は，細野・澤田・渡辺（2004）による．これは，2001 年 12 月に実施された中小企業庁『金融環境実態調査』に基づく．

33) 今回の危機に際し，日本銀行は，資金繰り支援策の一環として，2008 年 12 月より，民間企業債務の担保の範囲内で金額に制限を設けずに，固定金利で資金を供給する「企業金融支援特別オペレーション」を実施した．

5.3 国債発行の抑制

日本の実体経済において，世界的金融危機の影響を最も強く受けたのは，自動車や電機産業などの輸出産業であった．これに対し，政府は，さまざまな財政支援策を講じるとともに，政府支出の拡大を行っている．

財政支出と国債発行による総需要刺激策は，金融危機が需要の抑制段階にとどまっている間は有効であり，世界各国が財政支出を拡大した[34]．だが日本の公的債務残高（対GDP比）は既に危機的状況にある．Sakuragawa and Hosono (2010) は，資本市場の不完全性を取り入れた動学的確率的一般均衡モデルを用い，現実的な成長率と金利の組み合わせの下で，公的債務のシミュレーションを行っている．彼らは，2008年1月に公表された政府経済見通しをもとに，100年後の財政の破綻確率（公的債務残高の対GDP比が現時点よりも上昇する確率）を推計すると，最も楽観的なシナリオをベースにしても約62％に達しているとの試算を明らかにしている．日本の国債利回りは国際的に見ると依然低い水準だが，いったん財政赤字の維持可能性への信認が失われると，国債価格のボラティリティーは一気に高まり，国債を大量保有する銀行の経営が悪化し信用収縮を招きかねない．

多くの先進国や新興市場では，公的債務残高が増えると基礎的財政収支（プライマリーバランス）を改善させる「節度ある」財政政策が行われてきたが（Mendoza and Ostry 2008）[35]，日本ではこうした調整メカニズムは働いてこなかった．政府は，「骨太の方針2009」（「経済財政改革の基本方針2009」）において，2011年度までに国・地方の基礎的財政収支を黒字化するという従来の目標達成を断念した．その後，政権交代後に作成された2010年度予算案では，税収を上回る44兆3030億円（対2009年度当初予算比11兆90億円増）の国債発行が予定されている．今後は，できるだけ早期に財政健全化のため

---

[34] 金融危機のような分散化できない流動性ショック（aggregate liquidity shock）に対して，政府が債券発行によって流動性供給をすることは経済厚生を高めうる（Holmstrom and Tirole 1998）．しかし，実際に，金融危機に直面した各国の財政拡張政策が流動性供給としての意味を持ったかどうかはまだ不明である．また，金融危機がマクロ経済の生産性に影響を及ぼすと（第5章），財政支出による景気刺激は効果が小さくなると予想される．

[35] 公的債務残高（対GDP比）とプライマリーバランス（対GDP比）の間の正の相関は，財政の維持可能性の十分条件である（Bohn, 1998）．Mendoza and Ostry (2008) の実証結果は，債務残高（対GDP比率）が一定の閾値を超えると，この条件が満たされにくい傾向にあることも見出している．

の中長期目標を策定し，国債への信認を維持することが，金融システムの安定と信用収縮の防止に不可欠である．

5.4 資本市場の再生

今回の危機の震源地はアメリカの金融資本市場の動揺であり，日本でも金融資本市場の動揺が起点となった．このため，2008 年秋から 2009 年春にかけて，上場企業は CP や社債発行が困難になり（図 8-5），新興企業は新規株式公開（IPO）による資金調達が困難になった．2008 年の日本の新規株式公開数は，前年の約 4 割にとどまった（図 8-6）．IPO については，一時期バブルとも呼べるほどの過熱があり，上場直後の業績下方修正や粉飾決算の発覚などが続いたため，正常化への過程という面もあるが，金融危機の影響も無視できない．表 8-1 は，日本の過去 10 年程度の IPO を産業別に見たものだが，情報サービス，ソフトウェア，ハードウェアなどの IT（情報技術）関連，産業向け財・サービス，金融など，知識資産が重要な経営資源である産業が過半を占め，IPO で得た資金の多くは，研究開発など生産性向上のために使われていたと推測される[36]．それだけに今後も IPO の停滞が続き有望企業が資本市場から成長資金を調達できないと，日本経済の生産性を一層低下させる恐れが強い．IPO 復活のためには，会計監査の充実，証券会社による売り出し価格の透明性の確保など，IPO に対する投資家の信頼確保が不可欠である．単なる上場基準の緩和は，むしろ逆選択の問題によって新興市場を壊しかねない．日本のベンチャー市場は層が薄く，起業家の不足や，ベンチャーキャピタルのスタートアップ企業に対する消極性などが指摘されている．地方での起業家の発掘や海外企業の日本市場での資金調達の誘導など，市場の厚みを増すための地道な努力が必要である．

今回の資本市場の動揺は，M&A（合併・買収）にも及んだ（図 8-7）．M&A は，経営資源の再配分を通じて生産性を高める，資本市場の重要な機

---

[36] Kim and Weisbach（2008）は，先進国とエマージング・マーケットの計 38 カ国における IPO と増資のデータを用い，株式発行によって調達した資金の使途を調べている．彼らは，IPO 後の 4 年間において，IPO によって調達された資金の 84.8% は研究開発に，14.3% は資本支出に投資されていると推計している．

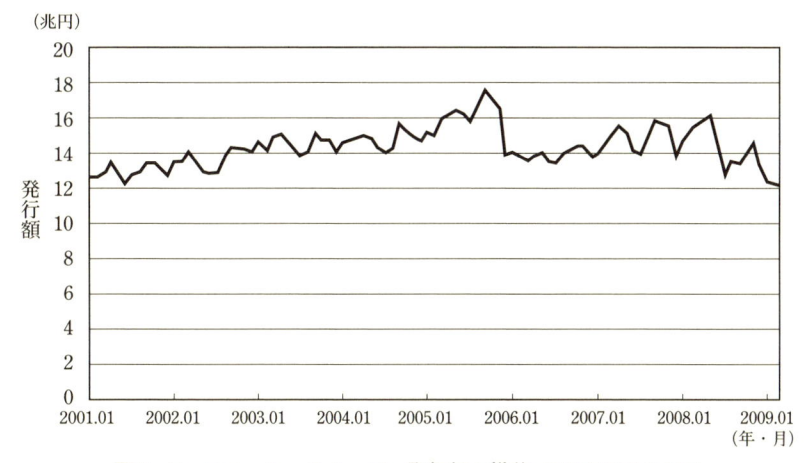

第 8 章　日米の金融危機から得られる教訓は何か　　283

図 8-5　コマーシャルペーパー発行額の推移（銀行等引受分末残）

出所）　日本銀行ウェブサイトより作成.

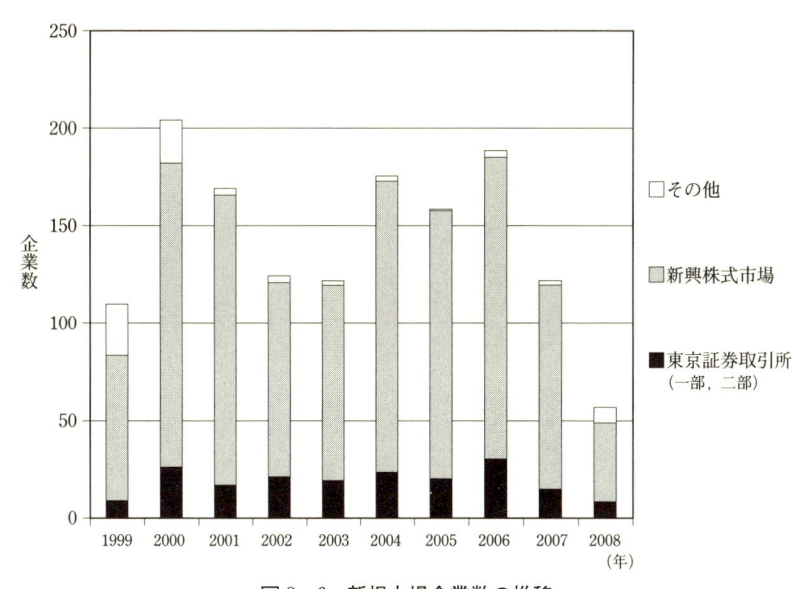

図 8-6　新規上場企業数の推移

注）　1.　新興株式市場はジャスダック，東証マザーズ，ヘラクレス，セントレックス，アンビシャス，Q-Board の合計.
　　2.　その他は大阪証券取引所（一部，二部），名古屋証券取引所（一部，二部），福岡証券取引所，札幌証券取引所の合計.
出所）　中小企業庁『中小企業白書2009年版』より作成.

表 8-1 産業別日本の IPO 件数（1999～2007 年）

産業名	件数	割合（%）
情報サービス・ソフトウェア・ハードウェア	190	21.4
産業向け財・サービス	147	16.6
金融（銀行・保険・その他金融サービス）	137	15.5
小売	119	13.4
観光	60	6.8
メディア	53	6.0
衣料品・対個人サービス	53	6.0
医療	39	4.4
通信	20	2.3
食料品	16	1.8
化学	14	1.6
建築・土木	13	1.5
基礎資源（林業・鉱業・鉄，非鉄金属，製紙業）	10	1.1
自動車	6	0.7
電気・ガス・水道	5	0.6
石油	4	0.5
総計	886	100

注) 産業分類は NEW FTSE/DJ INDUSTRY CLASSIFICATION BENCHMARK (ICB) を利用している．
出所) ビューロバンダイク社データベース『ZEPHYR』より作成．

図 8-7 M&A 件数の推移

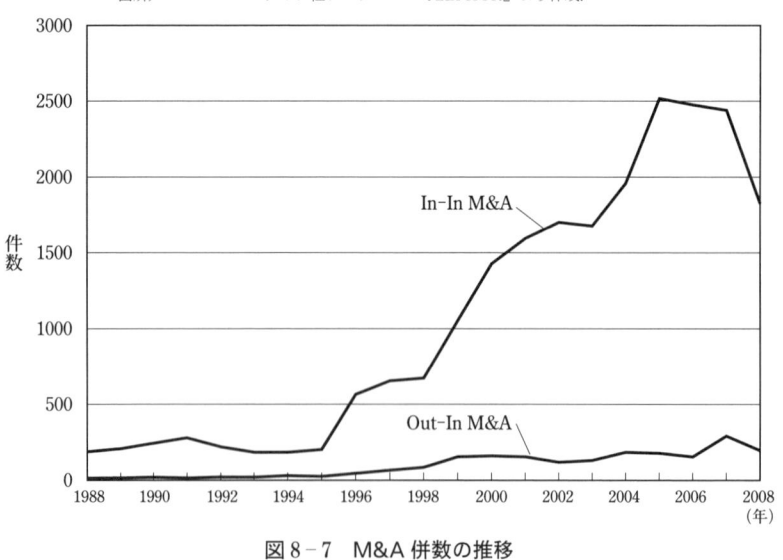

注) In-in M&A は，国内企業同士の M&A（合併，買収，資本参加，出資拡大）．Out-in M&A は外国企業による国内企業の M&A．
出所) レコフ『M&A データブック 1988-2002』，『MARR M&A データ CD-ROM』より作成．

能の1つである[37]．日本では，企業法制や競争政策の変更により，1990年代後半以降に合併件数が急増したが，2008年には減少に転じた．Hosono, Takizawa and Tsuru（2009）は，1994年度から2002年度までの非上場企業を含む製造業の企業合併のパフォーマンスを分析している[38]．この結果，合併直前から合併後の合併企業（合併後の存続企業）の変化を見ると全要素生産性（TFP）は低下する傾向にあるが，合併時点における統合コストを考慮するため，合併翌年から合併3年後までの変化を見ると，関係会社間，異業種間の合併では，合併企業のTFPが有意に改善していることを示している．これは，合併に伴う統合コストは大きいが，異業種間などではシナジー効果が働くことを示唆している．こうした戦略的な合併を促進する上でも，資本市場の機能の回復・向上が重要である．

M&Aについては，敵対的買収あるいはその防衛策導入の是非について，議論がなされてきた．滝澤・鶴・細野（2010）は，2005年度，2006年度に敵対的買収防衛を導入した企業の特徴について分析を行い，役員持ち株比率が低い企業や持合株式比率が高い企業ほど買収防衛策を導入する傾向が強く，経営保身や株主との利害対立が買収防衛策導入に影響を与えていることを示唆している．現経営者の保身動機によって買収防衛策が導入されると，シナジー効果をもたらすM&Aも阻害されかねない．安易な買収防衛策の導入が認められないような制度設計をすべきである．

これら日本の政策対応は，長期的に見て，日本の金融システムと資金循環に大きなインパクトを与えるだろう．銀行による株式保有の規制，政府系金融機関の縮小，国債発行の抑制は，銀行（郵貯を含む）の資産と預貯金の縮小を伴わなければ達成できない．銀行預金の縮小は，銀行の健全性の回復・維持にも役立ちうるが（第2章），このためには，家計資産の預貯金から株式市場へのシフトが不可欠である．これは，どのような条件のもとで実現可能だろうか？

まず，IPOを含めた株式市場のインフラ整備が進み，新興市場の厚みが増せば，株式市場への信頼回復に寄与するだろう．

---

37) Maksimovic and Philips (2001), Lichtenberg and Siegel (1987) は，アメリカのプラントレベルのデータを用いて，合併等を通じて経営者が代わった資産の生産性が上昇することを見出している．他方，McGuckin and Nguyen (1995), Schoar (2002) は，被合併企業のプラントの生産性が上昇する一方，合併企業のプラントの生産性は低下することを見出している．
38) 非製造業を含む合併効果については，滝澤・鶴・細野（2009）参照．

次に，企業による配当などの株主還元策が，個人株主の増加に貢献するだろう．株主還元策は，2002年以降の景気回復局面で強化されてきたものの，今回の金融危機によって，いったん元に戻ったかに見える．しかし，これは企業による流動性需要の高まりが原因であり，金融システムが安定化し，ファンドや機関投資家の資金力が回復すれば，株主還元は再び強化されるだろう．

　最後に，株式市場に対する正しい理解が不可欠である．今回の危機は資本市場の失敗であるというのは短絡的な見方であり，銀行であれ「影の銀行システム」であれ，長期にわたる金融緩和の下で，不適切な規制・監督によって金融機関のインセンティブが歪められれば，危機が生じる．これは，銀行中心の金融システムである日本と，資本市場が中心のアメリカの両国で金融危機が生じたことから明らかである[39]．逆に，優良な金融資産を供給できる効率的な金融システムは，実物資本の収益性を高め，バブルの発生を抑制することにより，金融システム自身の安定化に寄与する．危機の原因と，危機から得られる教訓を正しく理解することが，資本市場の健全な発展と安定に役立つだろう．

---

39) 一般に，経済全体のショック（aggregate shock）に関する異時点間のリスクは，資本市場では各投資家が負担し，銀行システムでは銀行に負担が集中しているが，日米の経験は，大規模なショックに対しては，いずれの金融システムも脆弱であることを示している．

補論1　アメリカの金融危機の概観 [40]

A　危機の発生

アメリカの主要都市における平均住宅価格は，2006年6月をピークに徐々に低下し始めた（図8-1）．そして，2007年2月にサブプライムローンのデフォルトが増加し，サブプライム関連証券の価格が下落し始めたことが，今回の危機の発端である．

その後，サブプライム関連商品の格下げが相次ぎ，2007年8月には，フランスの銀行，BNPパリバが投資ファンドの解約を凍結したことをきっかけに，APCP市場，インターバンク市場，レポ市場，フェデラルファンド市場などの短期金融市場において，資金の出し手がいない状況に陥り，ConduitやSIV，投資銀行，商業銀行などが，相次いで短期資金の調達難に直面した．もともと，金融機関は相互の貸借関係（cross-exposure）を通じてレバレッジを高めていたので，ある金融機関がレバレッジを低めるために資産を売却すると，それは他の金融機関の資金調達難に直結した．

こうした流動性の危機に対応して，2007年8月以降，連邦準備銀行（FRB）は公定歩合，フェデラルファンドレートの引き下げ，各種貸出枠の設定（Term Auction Facility, Primary Dealer Credit Facility, Commercial Paper Funding Facility）を通じて，各種金融機関への潤沢な流動性供給を行った．

この間，2008年3月には投資銀行のベアスターンズが短期資金の調達に行き詰まり，連邦準備制度による資金支援のもと，銀行のJPモルガンチェースに買収された．同年9月，政府系住宅金融機関（GSE: government-sponsored enterprise）であるファニーメイ（連邦住宅抵当公社）とフレディマック（連邦住宅金融抵当金庫）が公的管理の下に置かれ，大手証券会社メリルリンチがバンクオブアメリカに身売りし，リーマンブラザーズが破綻（連邦倒産法第11条の適用申請）すると，金融危機は頂点に達した．保険会社AIGはCDS（credit default swap）などのデリバティブ取引による損失から経営危機に陥ったが，連邦準備制度はデリバティブ取引による連鎖倒産を恐れ，最大850億ドルの融資 [41] によってAIGを救済した．

---

40) アメリカの金融危機については，Brunnermeier (2009), Diamond and Rajan (2009a) およびMorris and Shin (2008) が有益であり，本補論もこれらに負うところが大きい．

B　流動性危機の収束と不良資産問題の継続

2008年9月，米財務省は，7000億ドルの公的資金による救済計画を発表し，翌10月に金融経済安定化法が成立した．2009年3月には，金融機関の不良資産を買い取るファンドを官民共同で設立する構想が発表され，さらに，同年5月には，アメリカの主要金融機関19社に対する健全性審査（ストレステスト）の結果が公表された．ストレステストの結果は，10社について計746億ドルの資本不足の恐れがあるというものだったが[42]，これを公表するにあたり，バーナンキFRB議長は，「ほとんどの金融機関が，経済環境が悪化する想定で発生する損失を吸収する十分な中核自己資本があるとの評価だった」とする一方，「ざっと半分の金融機関が資本構造を強化し，普通株をより重視する必要がある」と語ったとされる[43]．資本不足の恐れを指摘された金融機関は，その後，普通株の新規発行，優先株から普通株への転換，リスク資産の売却など，中核的自己資本重視の資本増強策を講じている．

こうした一連の危機対応策によって，2007年8月から始まった流動性危機は，1年半を経た2009年5月にはほぼ収束した．

しかし，金融機関は依然，証券化商品やローン債権などの不良資産を抱えている[44]．2009年7月，アメリカ政府は官民共同の不良債権買い取りファンド（「官民投資プログラム」）を始動させたが，当初想定されている規模は400億ドルとわずかであり[45]，不良資産の処分にはまだ相当の時間がかかると予想されている．

補論2　バンクランの理論

本補論では，バンクランが生じる要因について，協調の失敗によってランダムに生じるとする理論と，マクロショックによる銀行の資産価値の変化に

---

41)　融資は，AIGの株式80%と引き換えに行われた．
42)　『日本経済新聞』2009年5月8日夕刊．
43)　Nikkei Net 2009年5月8日．
44)　2009年3月末時点の主要米銀18社の不良資産（レベル3）は6575億ドル（対2008年末比14%増）と伝えられる（『日本経済新聞』2009年8月23日朝刊，米議会資料より作成）．
45)　『日本経済新聞』2009年7月6日朝刊．

関する情報に基づいて生じるとする理論，さらに，両者を統合した理論の 3 タイプに分けて，それぞれ代表的な文献をサーベイする[46]．

A　ランダムなバンクラン

　銀行は，長期間の投資プロジェクトに対する資金供給を行うと同時に，要求払い預金を提供することで，非流動的な資産を流動的な資産に転換する役割を担っている．通常，投資プロジェクトは資金の投入から回収まで長期間を要する半面，人々（あるいは企業）が資金を必要とするタイミングは不確実なので，銀行のこの役割は社会的に価値を持つ．特に，ある個人が流動的な資産を必要としているかどうかは私的情報だとすると，これを条件とした保険契約は成り立たないので，要求払い預金がリスクシェアリングの仕組みとして価値を持つのである．しかし，銀行による流動性供給の役割は，バンクラン（取り付け，預金の引き出し競争）の危険を伴う．なぜなら，他の預金者が預金を引き出しに行かなければ，自分も流動性の必要がなければ引き出す必要はないが，他方，他の預金者が預金を引き出しに行けば，先着順ルール（first-come-first-served rule or sequential service）のもとでは，自分も早く預金を引き出しに行かないと，損失を被ってしまうからである．Diamond and Dybvig (1983)（以下，D&D）は，こうした状況下では，預金者間の協調が成功してバンクランが生じない均衡と，協調が失敗してバンクランが生じる均衡があること（複数均衡）を示した．バンクラン均衡では，健全な銀行までが破綻し，投資プロジェクトが中断されてしまう．要求払い預金の凍結と預金保険は（中央銀行による最後の貸し手機能と同様に），バンクラン均衡を取り除く上で有益である．D&D は，バンクランの可能性とその実体経済への影響を理論的に明らかにした点で，画期的な研究である．ただし，D&D のモデルでは，いずれの均衡が生じるかどうかは，預金者が，他の預金者はどう行動すると考えるか，その信念（belief）に依存している．つまり，銀行のファンダメンタルズとは無縁の「サンスポット」によって，ランダムに，自己実現的なバンクランが生じる．

　櫻川（2002）は，D&D モデルに不動産担保融資と不動産市場を組み込むことにより，不動産価格の下落期待が，自己実現的に不動産価格の下落とバ

---

[46]　金融危機の理論のサーベイについては，Gorton and Winton (2002) が有益であり，本補論でも参考にした．

ンクランを発生させることを示している．

B 情報に基づくバンクラン

実際にランダムなバンクランが生じることもあるが，これまで生じたバンクランは，多くの場合，銀行資産の劣化を伴うものであった[47]．景気の悪化などに伴い，銀行の資産価値が悪化すると，銀行は預金者への支払いができなくなる可能性がある．こうした情報を受け取った預金者は，資金を引き出し，パニックを引き起こすかもしれない．銀行パニックのこうした見方は，「情報に基づくパニック」(Gorton 2002),「非対称情報に基づくパニック」(Calomiris and Gorton 1991), あるいは「景気循環に基づくパニック」(Allen and Gale 1998) と呼ばれる．

Chari and Jagannathan (1988) は，D&D を拡張し，投資プロジェクトの将来収益と流動性が必要な預金者の割合が不確実であると仮定し，さらに，投資プロジェクトの将来収益のシグナルを観察できる預金者と観察できない預金者を想定する．シグナルを観察できない預金者は，預金の引き出し状況を見て，将来収益が悪化するシグナルが受け取られたのか，流動性の需要が高まったのかを推測する．彼らは，こうした状況下では，投資収益が悪化した場合だけでなく，流動性需要が高まった場合においても，パニックが生じうることを明らかにした．

Jacklin and Bhattacharya (1988) も，一部の預金者のみが，投資プロジェクトの将来収益に関するシグナルを受け取るモデルを分析し，彼らが悪いシグナルを受け取ったときに，ユニークなバンクラン均衡が存在することを示している．

---

47) 負の実物ショックの後にバンクランあるいは銀行危機が生じるという実証結果については，アメリカの国法銀行時代の銀行パニックを分析した Gorton (1988)，クロスカントリー分析を行った Hutchison and McDill (1999), Kaminsky and Reinhart (1996), Demirgüç-Kunt and Detragiache (1998) など参照．是永・長瀬・寺西 (2001) は，日本の 1927 年金融恐慌下の預金取り付けを分析し，蔵相の失言に始まり，震災手形関連 2 法案の通過をもって収束した第 1 波は非対称情報に基づくバンクランだったが，台湾銀行休業を契機とし，モラトリアム実施によって中断された第 2 波は，ランダムなバンクランであったという見方を支持する実証結果を得ている．なお，バンクランの原因がランダムなものであれ情報に基づくものであれ，パニックは伝染しやすい．Kelly and Ó Gráda (2000) は，1854 年と 1857 年のニューヨークの銀行パニックにおけるアイルランド人の預金者の行動を分析した結果，パニック的に預金を引き出したかどうかを決定する重要な要因は預金者の出身地域であることを見出し，パニックが社会的ネットワークによって伝染するプロセスを明らかにしている．

Allen and Gale (1998) は，D&D に投資プロジェクトの収益に関するマクロショックを導入し，預金者はそのシグナルを受け取ると想定する一方，先着順ルールの過程を非現実的だとして落としている．彼らはまず，預金の早期引き出しにコストがない場合を分析し，収益の悪化が予想されるときにのみ，流動性を必要としない預金者が預金の引き出しを行い，バンクラン均衡が生じることを示した．これは，バンクランが効率的（first-best）であることを示唆している．次に預金の早期引き出しにコストがかかる場合と，銀行が保有するリスク資産の市場が存在する場合を分析し，いずれの場合も，市場均衡でのバンクランは効率的ではなくなり，中央銀行による流動性供給によって厚生を改善する余地があることを示している．

なお，Jacklin and Bhattacharya (1988) および Allen and Galen (1998) におけるバンクランは，他の預金者が預金を引き出すから自分も引き出すという，パニック的なバンクランではない[48]．

C 情報に基づく協調の失敗としてのバンクラン

ランダムに生じる協調の失敗としてのバンクランという考え方（D&D）と，銀行のファンダメンタルズの悪化に関する情報に基づいてバンクランが生じるという考え方を，グローバルゲームを用いて統合したのが，Goldstein and Pauzner (2005) である．彼らは，経済のファンダメンタルズは確率的であり，預金者はファンダメンタルズに関しノイズのある私的シグナルを観察するという設定のもとで，ファンダメンタルズが一定の閾値を下回るときにのみ，バンクランが生じることを示した．このモデルでは，ファンダメンタルズは，預金者の行動に直接影響するのではなく，預金者間の信念（belief）を協調する道具として機能する．また，預金者間でリスクシェアリングが行われている場合，非効率的なバンクランが正の確率で生じるが，全体としての厚生は高まることを示している[49]．

---

48) 情報に基づくバンクランについては，Hellwig (1994), Alonso (1996), Chen (1999) も参照．
49) グローバルゲームおよびその応用としてのバンクラン理論については，Morris and Shin (2000) 参照．

補論 3　銀行規制の改革案

2007年以降の世界的な金融危機の反省に立ち，現在，世界的に，金融規制の見直しが進められている．とりわけ，バーゼル銀行監督委員会による自己資本比率規制の見直しと，アメリカ政府による新しい金融規制案は，グローバルに展開する金融機関の経営に重要な影響を及ぼし得る．いずれも詳細は未確定だが，本補論では，それぞれの骨子を紹介するとともに，本章第3節で述べた金融規制改革の考え方に基づいて，今後検討を進めるうえでの留意点を述べる．

A. バーゼル銀行監督委員会

2009年には，4月のロンドン・サミット，9月のピッツバーグ・サミットを受け，12月には，バーゼル銀行監督委員会が，銀行セクターの強靱性を高めるという目標に向け，包括的な金融規制改革案を公表した（Basel 2009）．その骨子は，以下の5点である．

①資本の質，一貫性，および透明性を向上させる．
②自己資本の枠組みにおけるリスク補足を強化する．
③リスク・ベースの自己資本比率を補完するものとして，レバレッジ比率を導入する．
④ストレス時に取崩しが可能な資本バッファーを好況時に積み立てることを促す措置を導入する．
⑤国際的に活動する銀行に対して国際的な流動性基準を導入する．

バーゼル委員会は，景気回復を阻害しうるような銀行の貸出行動に対する悪影響を回避しつつ，長期的に銀行セクターの強靱性を高めるような方法でこれらの措置を導入する必要性に留意しており，2010年末までに一連の基準を策定し，十分長期にわたる移行期間を経たうえで新規制を導入するとしている．

B. アメリカ政府

2010年1月，オバマ大統領は新たな金融規制案を公表した．この規制案の骨子は以下の2点である[50]．

①商業銀行にヘッジファンドなどの所有・投資を禁じ，自己資金の勘定による高リスク投資を制限する．
②金融機関全般に対し，市場からの借り入れ（負債）に上限を設ける．

バーゼル銀行監督委員会による金融規制改革案は，本章第3節で述べた金融規制改革の基本的な考え方に沿ったものである．これに対し，オバマ大統領の提案については，いまだ詳細は不明なものの，上記①については，以下の理由から，特に慎重な検討が必要である．第1に，今回のアメリカの金融危機で明らかになったように，金融システムに深刻な動揺を与える可能性のある金融機関は商業銀行に限らない．商業銀行のみの規制は，金融危機の防止策として有効性が乏しい．第2に，銀行によるヘッジファンドへの投資などリスクの高い投資は，それに見合った自己資本を要求するというのが自己資本比率規制の原則であり，この原則を徹底化すれば，リスクの高い投資を禁止する必要性は乏しい．商業銀行によるヘッジファンドなどへの投資を一律に禁止すれば，市場の流動性を低下させる危険がある．現行のバーゼルⅡには，例えば内部格付け手法の場合，ファンド内の資産構成が把握（ルックスルー）できず，かつ，ファンド内に高リスク商品が含まれる可能性がある場合には，ファンドに対して1250％のリスク・ウェイトを適用する（すなわち，投資額と同額の自己資本を要求する）というルールがあるので，こうしたルールを厳格に適用すること，あるいは，必要に応じてルールの厳格化を図ることが有益だと考えられる．オバマ提案の②については，「倒産させられないほど金融機関が巨大化している問題に対処する」[51]ことを狙いとしたものであるが，バーゼル委の改革案にあるレバレッジ規制との整合性が問題となるだろう．また，金融機関を破綻させる法制度の整備が進めば，「大きすぎてつぶせない」（too-big-to-fail）政策の対象となる金融機関の規模も変わ

---

50) 『日本経済新聞』2010年1月23日付朝刊による．
51) 大統領経済諮問委員会（CEA）のグールズビー委員の発言（『日本経済新聞』2010年1月22日夕刊）．

りうる.

　オバマ大統領による提案がなされた背景の一つには,バーゼル銀行監督委員会による金融規制改革案の導入まで相当な時間がかかると予想されていることがある.規制の国際協調を図るためにも,欧米の銀行システムをできるだけ早期に健全化させ,バーゼル委の改革案を早期に実施することが重要である.

初出一覧

本書の各章で行われる分析は，以下の研究論文がベースとなっている．

第1章 不良債権問題はなぜ長期化したのか
Hosono, Kaoru and Masaya Sakuragawa (2008) "Bad Loans and Accounting Discretion," Mimeographed.

第2章 不良債権問題はどのように解消されたのか
細野薫「不良債権問題はどのように解消されたのか」未刊行論文．

第3章 銀行の合併は効率性と健全性を改善させたか
Hosono, Kaoru, Koji Sakai and Kotaro Tsuru (2009) "Consolidation of Banks in Japan: Causes and Consequences," in Takatoshi Ito and Andrew K. Rose eds., *Financial Sector Development in the Pacific Rim*, NBER East Asian Seminar on Economics, Vol. 18, Chicago: the University of Chicago Press, pp. 265–309.

第4章 銀行の健全性は中小企業の設備投資に影響するか
Hosono, Kaoru and Akane Masuda (2005) "Bank Health and Small Business Investment," *RIETI Discussion Paper*, 05-E-030.

第5章 金融危機はマクロ経済の生産性を低下させるか
Hosono, Kaoru (2009) "Financial Crisis, Firm Dynamics and Aggregate Productivity," *RIETI Discussion Paper*, 09-E-012.

第6章 銀行のバランスシートは金融政策の有効性に影響するか
Hosono, Kaoru (2006) "The Transmission Mechanism of Monetary Policy in Japan: Evidence from Banks' Balance Sheets," *Journal of the Japanese and International Economies*, Vol. 20, No. 3, pp. 380–405.

第 7 章　金融政策は企業の流動性制約に影響するか
細野薫・渡辺努（2002）「企業バランスシートと金融政策」『経済研究』53 巻 2 号，pp. 117-133.

第 8 章　日米の金融危機から得られる教訓は何か
細野薫（2009）「日米の金融危機から得られる教訓は何か」未刊行論文．

参 考 文 献

日本語文献

浅子和美・國則守生・井上徹・村瀬英彰 (1989)「土地評価とトービンの q/Multiple q の計測」『経済経営研究』Vol. 10-3, 日本開発銀行設備投資研究所.

浅子和美・國則守生・井上徹・村瀬英彰 (1997)「設備投資と土地投資:1977-1994」浅子和美・大瀧雅之編『現代マクロ経済動学』東京大学出版会, pp. 323-349.

井上仁 (2009)「量的緩和政策期間における銀行貸出経路」日本金融学会 2009 年春季大会報告論文.

植杉威一郎・内田浩史・小倉義明・小野有人・胥鵬・鶴田大輔・根本忠宣・平田英明・安田行宏・矢守信善・渡部和孝・布袋正樹 (2009)「金融危機下における中小企業金融の現状 「企業・金融機関との取引実態調査 (2008 年 2 月実施)」,「金融危機下における企業・金融機関との取引実態調査 (2009 年 2 月実施)」の結果概要」RIETI ディスカッション・ペーパー, 09-J-020.

大谷聡・白塚重典・山田健 (2007)「資源配分の歪みと銀行貸出の関係について――銀行の金融仲介機能の低下とその影響」日本銀行ワーキングペーパー, 07-J-04.

大谷聡・須田侑子・豊蔵力・平形尚久・宮明靖夫 (2007)「株式保有を前提とした銀行の企業取引の総合採算性について」日銀レビュー, 2007 年 11 月, 2007-J-13.

大津敬介 (2008)「実物景気循環理論と日本経済」『金融研究』第 27 巻, 第 4 号, pp. 45-86.

岡田多恵 (2005)「銀行合併の効果」日本経済学会 2005 年春季大会報告論文.

小川一夫 (2005)「メインバンクの財務状況と企業行動:中小企業の個票データに基づく実証分析」RIETI ディスカッション・ペーパー, 05-J-031.

小川一夫・北坂真一 (1998)『資産市場と景気変動』日本経済新聞社.

翁百合 (2006)「産業再生機構の活動の日本の金融の正常化について」『フィナンシャル・レビュー』2006 年第 7 号 (通巻第 86 号), pp. 5-43.

翁百合 (2009)「議論深まる世界の金融規制・監督改革」『日本経済新聞』2009

年 6 月 30 日「経済教室」.
黒木祥弘（1999）『金融政策の有効性』東洋経済新報社.
是永隆文・長瀬毅・寺西重郎「1927 年金融恐慌下の預金取付け・銀行休業に関する数量分析」『経済研究』第 52 巻，第 4 号，pp. 315-332.
坂井功治・鶴光太郎・細野薫（2009）「信用金庫の合併――その要因と効果」『金融経済研究』第 28 号，pp. 49-67.
櫻川昌哉（2002）『金融危機の経済分析』東京大学出版会.
櫻川昌哉（2003）「預金以外の金融資産への投資促進策を――オーバーバンキングの弊害とその解決に向けて」『ヌーベル・エポック』No. 20, pp. 2-3.
櫻川昌哉（2006）「金融監督政策の変遷」『フィナンシャル・レビュー』2006 年第 7 号（通巻第 86 号），pp. 122-141.
佐々木百合（2000）「自己資本規制と不良債権の銀行貸出への影響」宇沢弘文・花崎正晴編『金融システムの経済学――社会的共通資本の視点から』東京大学出版会，pp. 129-148.
清水克俊（2006）「1990 年代の銀行行動と金融危機への政府の介入」『フィナンシャル・レビュー』2006 年第 7 号（通巻第 86 号），pp. 70-98.
杉山敏啓（2006）「わが国銀行部門のオーバーバンキング問題について」日本金融学会 2006 年秋季大会報告論文.
鈴木篤志（2001）『設備投資の理論と実証』東京大学出版会.
瀬下博之・山崎福寿（2004）「「追い貸し」と「貸し渋り」――優先権侵害の経済学」 *CIRJE* ディスカッション・ペーパー，CIRJE-J-103.
滝澤美帆・鶴光太郎・細野薫（2009）「企業のパフォーマンスは合併によって向上するか――非上場企業を含む企業活動基本調査を使った分析」*RIETI Discussion Paper* 09-J-005.
滝澤美帆・鶴光太郎・細野薫（2010）「どのような企業が買収防衛策を導入するのか」『金融経済研究』，近刊.
永幡崇・関根敏隆（2002）「設備投資，金融政策，資産価格――個別企業データを用いた実証分析」日本銀行ワーキングペーパー，Working Paper 02-3.
畠田敬（1997）「日本における銀行信用波及経路の重要性」『ファイナンス研究』No. 22, pp. 15-31.
広瀬純夫（2006）「倒産処理法制の改革と金融システム――企業破綻処理に関する政策が貸出市場に及ぼした影響について」『フィナンシャル・レビュー』2006 年第 7 号（通巻第 86 号），pp. 44-69.
笛田郁子・細野薫・村瀬英彰（2008）「コーポレート・ガバナンス，企業収益及

び株式収益率」香西泰・宮川努・日本経済研究センター編『日本経済グローバル競争力の再生――ヒト・モノ・カネの歪みの実証分析』日本経済新聞社, pp. 285-314.

深尾光洋 (2002)「デフレ，不良債権問題と金融政策」『フィナンシャル・レビュー』2002 年第 8 号（通巻第 64 号), pp. 4-41.

福田慎一・粕谷宗久・中島上智 (2005)「非上場企業の設備投資の決定要因――金融機関の健全性および過剰債務問題の影響」日本銀行ワーキングペーパー, 05-J-2.

福田慎一・鯉渕賢 (2004)「銀行破綻と借り手のパフォーマンス」『経済学論集』第 69 巻, 第 4 号, pp. 35-56.

星岳雄 (2000a)「なぜ日本は流動性の罠から逃れられないのか」深尾光洋・吉川洋編『ゼロ金利と日本経済』日本経済新聞社, pp. 233-266.

星岳雄 (2000b)「金融政策と銀行行動――20 年後の研究状況」福田慎一・堀内昭義・岩田一政編『マクロ経済と金融システム』東京大学出版会, pp. 23-56.

星岳雄・アニル カシャップ (2005)「銀行問題の解決法――効くかもしれない処方箋と効くはずのない処方箋」伊藤隆敏・ヒュー パトリック・デビッド ワインシュタイン編『ポスト平成不況の日本経済――政策志向アプローチによる分析』日本経済新聞社, pp. 139-178.

星岳雄・アニル カシャップ (2006)『日本金融システム進化論』日本経済新聞社.

細野薫 (1995)「マネー，クレジット及び生産」本多祐三編『日本の景気――バブルそして平成不況の動学実証分析』有斐閣, pp. 129-156.

細野薫 (2003)「銀行に対する市場規律と政府の救済政策――90 年代日本の実証分析」林敏彦・松浦克己・米澤康博編『日本の金融問題――検証から解決へ』日本評論社, pp. 143-166.

細野薫 (2008)「中小企業向け融資は適切に金利設定されているか」渡辺努・植杉威一郎編『検証　中小企業金融――「根拠なき通説」の実証分析』日本経済新聞出版社, pp. 49-77.

細野薫・杉原茂・三平剛 (2000)「流動性効果の検証――日次データによる準備預金需要の計測」『経済研究』第 51 巻, 第 4 号, pp. 346-357.

細野薫・杉原茂・三平剛 (2001)『金融政策の有効性と限界』東洋経済新報社.

細野薫・澤田充・渡辺努 (2004)「捨てる神あれば拾う神あり」未刊行論文.

細野薫・澤田充・渡辺努 (2005)「中小企業向け融資は適切にプライシングされているか？」RIETI 企業金融研究会 Working Paper.

細野薫・牧野達治（2007）「実質賃金ギャップの決定要因——産業別パネルデータによる分析」*GEM Bulletin*, Vol. 21, Gakushuin University, pp. 53-61.
細野薫・渡辺努（2002）「企業バランスシートと金融政策」『経済研究』第53巻，第2号，pp. 117-133.
堀雅博・高橋吾行（2003）「銀行取引関係の経済的価値——北海道拓殖銀行破綻のケース・スタディ」『経済分析』169号，pp. 24-51.
堀内昭義（2006）「日本の銀行危機とその対応策の評価」『フィナンシャル・レビュー』2006年第7号（通巻第86号），pp. 99-121.
三井清・河内繁（1995）「中小企業の設備投資と資金調達——資金制約と政策金融の機能」『郵政研究レヴュー』（郵政研究所）第6号，pp. 183-204.
宮尾龍蔵（2006）『マクロ金融政策の時系列分析』日本経済新聞社．
宮川努（1993）「貸し渋りと審査機能」*JCER Discussion Paper*，No. 31.
宮川努・石原秀彦（1997）「金融政策・銀行行動の変化とマクロ経済」浅子和美・福田慎一・吉野直行編『現代マクロ経済分析』東京大学出版会，pp. 157-191.
村瀬英彰（2006）『金融論』日本評論社．
山崎福寿・瀬下博之（2000）「抵当権と短期賃借権」『社会科学研究』第51巻3号，pp. 59-83.
家森信善・播磨谷浩三（2004）「信用金庫のガバナンスと合併の選択」共同組織金融機関のガバナンスと現代的意義シンポジウム報告論文．

英語文献

Adrian, Tobias and Markus K. Brunnermeier (2008) "CoVaR," *Staff Report* No. 348, Federal Reserve Bank of New York.
Adrian, Tobias and Hyun Song Shin (2008) "Liquidity, Monetary Policy, and Financial Cycles," *Federal Reserve Bank of New York Current Issues*, Vol. 14, No. 1, pp. 1-7.
Aghion, Philippe, Patrik Bolton and Steven Fries (1999) "Optimal Design of Bank Bailouts: The Case of Transition Economies," *Journal of Institutional and Theoretical Economies*, Vol. 155, No. 1, pp. 51-70.
Ahearne, Alan G. and Naoki Shinada (2005) "Zombie Firms and Economic Stagnation in Japan," *International Economics and Economic Policy*, Vol. 2, No. 4, pp. 363-381.
Allen, Franklin and Douglas Gale (1998) "Optimal Financial Crises," *Jour-

nal of Finance, Vol. 53, No. 4, pp. 1245–1284,

Alonso, Irasema (1996) "On Avoiding Bank Runs," *Journal of Monetary Economics*, Vol. 37, pp. 73–87.

Angelini, Paolo., Roberto Di Salvo and Giovanni Ferri (1998) "Availability and Cost of Credit for Small Businesses: Customer Relationships and Credit Cooperatives," *Journal of Banking and Finance* Vol. 22 No. 6–8, pp. 925–954.

Antunes, António, Cavalcanti Tiago and Anne Villamil (2008) "The Effect of Financial Repression and Enforcement on Entrepreneurship and Economic Development," *Journal of Monetary Economics*, Vol. 55, No. 2, pp. 278–297.

Arellano, Manuel, and Stephen R. Bond (1991) "Some Tests of Specification for Panel Data: Monte Carlo Evidence and an Application to Employment Equations," *Review of Economic Studies*, vol. 58, No. 2, pp. 277–297.

Arikawa, Yasuhiro, and Hideaki Miyajima (2007) "Understanding M&A Booms in Japan: What Drives Japanese M&A?," *RIETI Discussion Paper*, 07-E-042.

Bae, Kee-Hong, Kang Jun-Koo and Lim Chan-Woo (2002) "The Value of Durable Bank Relationships: Evidence from Korean Banking Shocks," *Journal of Financial Economics*, Vol. 64, No. 2, pp. 181–214.

Basel (1988) "International Convergence of Capital Measurement and Capital Standards," Basle Committee on Banking Supervision, July 1988.

Basel (2009) "Consultative Document: Strengthening the Resilience of the Banking Sector," Basel Committee on Banking Supervision, December 2009.

Bayoumi, Tamim (1998) "The Morning After: Explaining the Slowdown in Japanese Growth in the 1990s," *IMF Working Paper*, 99/13.

Bellone, Flora, Patrick Musso, Lionel Nesta and Michel Quéré (2005) "Recent Trends in Firms Productivity, Entry and Exit in French Manufacturing Industries," *WP-GREDEG*, 2005-6.

Berger, Allen N., Rebecca S. Demsetz, and Philip E. Strahan (1999) "The Consolidation of the Financial Services Industry: Cause, Consequences, and Implications for the Future," *Journal of Banking and Finance*, Vol. 23, pp. 135–194.

Berger, Allen N. and Gregory Udell (1994) "Did Risk-Based Capital Allocate Bank Credit and Cause a 'Credit Crunch' in the US?" *Journal of Money, Credit and Banking* Vol. 26, pp. 585–628.

Berger, Allen N. and Gregory Udell (1995) "Relationship Lending and Lines of Credit in Small Firms Finance," *Journal of Business*, Vol. 68, No. 3, pp. 351–382.

Berger, Allen N. and Gregory Udell (2002) "Small Business Credit Availability and Relationship Lending: the Importance of Bank Organization Structure," *Economic Journal*, Vol. 112, No. 447, pp. 32–53.

Berglöf, Erik and Gérard Roland (1995) "Bank Restructuring and Soft Budget Constraints in Financial Transition," *Journal of the Japanese and International Economies*, Vol. 9, No. 4, pp. 354–375.

Berkowitz, Jermy and Michelle J. White (2002) "Bankruptcy and Small Firms' Access to Credit," *NBER Working Paper*, No. 9010.

Bernanke, Ben S. and Alan S. Blinder (1988) "Credit, Money and Aggregate Demand," *American Economic Review*, Vol. 78, No. 2, pp. 435–439.

Bernanke, Ben S. and Mark L. Gertler (1989) "Agency costs, Net worth, and Business Fluctuations," *American Economic Review*, Vol. 79, No. 1, pp. 14–31.

Bernanke, Ben S., Mark L. Gertler and Simon Gilchrist (1996) "The Financial Accelerator and the Flight to Quality," *Review of Economics and Statistics*, Vol. 78, No. 1, pp. 1–15.

Bernanke, Ben S. and Cara S. Lown (1991) "The Credit Crunch," *Brookings Papers on Economic Activity*, Vol. 22, pp. 205–248.

Bernanke, Ben S. and Alan S. Blinder (1992) "The Federal Funds Rate and the Channels of Monetary Policy Transmission," *American Economic Review*, Vol. 82, No. 4, pp. 901–921.

Bliss, Richard T. and Richard J. Rosen (2001) "CEO Compensation and Bank Mergers," *Journal of Financial Economics*, Vol. 61, No. 1, pp. 107–138.

Bohn, Henning (1998) "The Behavior of U.S. Public Debt and Deficits," *Quarterly Journal of Economics*, Vol. 113, pp. 949–963.

Boot, Arnoud W.A. and Anjan V. Thakor (2000) "Can Relationship Banking Survive Competition," *Journal of Finance*, Vol. 55, No. 2, pp. 679–

713.
Boot, Arnoud W.A. (2000) "Relationship Banking: What Do We Know?" *Journal of Financial Intermediation*, Vol. 9, No. 1, pp. 7-25.
Bordo, Michael, Barry Eichengreen, Daniela Klingebiel and Maria Soledad Martinez-Peria (2000) "Is the Crisis Problem Growing More Severe?" *Economic Policy*, Vol. 16, No. 32, pp. 51-82.
Bremer, Marc and Richard H. Pettway (2002) "Information and the market perceptions of Japanese bank risk: Regulation, environment, and disclosure," *Pacific-Basin Finance Journal*, Vol. 10, No. 2, pp. 119-139.
Brewer III, Elijah, Hesna Genay, William C. Hunter, and George G. Kaufman (2003a) "Does the Japanese Stock Market Price Bank-Risk? Evidence from Financial Firm Failures," *Journal of Money, Credit, and Banking*, Vol. 35, No. 4, pp. 507-543.
Brewer III, Elijah, Hesna Genay, William C. Hunter, and George G. Kaufman (2003b) "The Value of Banking Relationships during a Financial Crisis: Evidence from Failures of Japanese Banks," *Journal of the Japanese and International Economies*, Vol. 17, No. 3, pp. 233-262.
Brock, William A. and Blake LeBaron (1990) "Liquidity Constraints in Production-Based Asset Pricing Models," in Hubbard, R. Glenn eds., *Asymmetric information, corporate finance, and investment*, Chicago: University of Chicago Press, pp. 231-255.
Brunnermeier, Markus K. (2009) "Deciphering the Liquidity and Credit Crunch 2007-2008," *Journal of Economic Perspectives*, Vol. 23, No. 1, pp. 77-100.
Brunnermeier, Markus K., Andrew Crockett, Charles Goodhart, Avi Persaud and Hyn Song Shin (2009) "The Fundamental Principles of Financial Regulation," *Genova Report on the World Economy*, Vol. 11.
Caballero, Ricardo J., Emmanuel Farhi and Pierre-Olivier Gourinchas (2008) "Financial Crash, Commodity Prices and Global Imbalances," *NBER Working Paper*, No. 14521.
Caballero, Ricardo J. and Mohamad L. Hammour (2000) "Creative Destruction and Development: Institutions, Crises, and Restructuring," *Annual World Bank Conference on Development Economics, 2000*, pp. 213-241.
Caballero, Ricardo J. and Mohamad L. Hammour (2005) "The Cost of Re-

cessions Revisited: A Reverse-Liquidationist View," *Review of Economic Studies*, Vol. 72, No. 2, pp. 313–341.

Caballero, Ricardo J., Takeo Hoshi and Anil K. Kashyap (2008) "Zombie Lending and Depressed Restructuring in Japan," *American Economic Review*, Vol. 98, No. 5, pp. 1943–1977.

Cabral, Luís M. B. and José Mata (2003) "On the Evolution of the Firm Size Distribution: Facts and Theory," *American Economic Review*, Vol. 93, No. 4, pp. 1075–1090.

Calomiris, Charles W. and Gary Gorton (1991) "The Origins of Banking Panics: Models, Facts, and Bank Regulation," in Hubbard, Glenn ed. Financial Markets and Financial Crises, Chicago: University of Chicago Press, pp. 109–173.

Carlstrom, Charles T. and Timothy S. Fuerst (1997) "Agency Costs, Net Worth, and Business Fluctuations: A Computable General Equilibrium Analysis," *American Economic Review*, Vol. 87, No. 5, pp. 893–910.

Carlstrom, Charles T., Timothy S. Fuerst and Matthias Paustian (2009) "Optimal Monetary Policy in a Model with Agency Costs," Mimeographed, http://www.federalreserve.gov/events/conferences/fmmp2009/papers/Carlstrom-Fuerst-Paustian.pdf.

Casselli, Francesco and Nicola Gennaioli (2003) "Dynastic Management," *NBER Working Paper*, No. 2442.

Chari, V. V. and Ravi Jagannathan (1988) "Banking Panics, Information, and Rational Expectations Equilibrium," *Journal of Finance*, Vol. 43, No. 3, pp. 749–761.

Chen, Yehning (1999) "Banking Panics: The Role of the First-Come, First-Served Rule and Information Externalities," *Journal of Political Economy*, Vol. 107, No. 5, pp. 946–968.

Christiano, Laurence J., Cosmin Ilut, Roberto Motto and Massimo Rostagno (2008) "Monetary Policy and Stock Market Boom-Bust Cycles," *European Central Bank Working Paper Series*, No. 955.

Clementi, Gian Luca and Hugo A. Hopenhayn (2006) "A Theory of Financing Constraints and Firm Dynamics," *Quarterly Journal of Economics*, Vol. 12, No. 1, pp. 229–265.

Cole, Rebel A. (1998), "The Importance of Relationships to the Availability of Credit", *Journal of Banking and Finance* Vol. 22 No. 6-8, pp. 959-977.

Cooley, Thomas F. and Vincenzo Quadrini (2001) "Financial Markets and Firm Dynamics," *American Economic Review*, Vol. 91, No. 5, pp. 1286-1310.

Cooper, Russell W. and John C. Haltiwanger (2006) "On the Nature of Capital Adjustment Costs," *Review of Economic Studies*, Vol. 73, No. 3, pp. 611-633.

Cooper, Russell W., John C. Haltiwanger and Laura Power (1999) "Machine Replacement and the Business Cycle: Lumps and Bumps," *American Economic Review*, Vol. 89, No. 4, pp. 921-946.

Cúrdia, Vasco and Michael Woodford (2009) "Credit Spreads and Monetary Policy," *NBER Working Paper*, No. 15289.

Dekle, Robert and Kenneth Kletzer (2003) "The Japanese Banking Crisis and Economic Growth: Theoretical and Empirical Implications of Deposit Guarantees and Weak Financial Regulation," *Journal of the Japanese and International Economies*, Vol. 17, No. 3, pp. 305-335.

Delong, Gayle and Robert Deyoung (2007) "Learning by Observing: Information Spillovers in the Execution and Valuation of Commercial Bank M&As," *Journal of Finance*, Vol. 62, No. 1, pp. 181-216.

Demirgüç-Kunt, Asli and Enrica Detragiache (1998) "Financial Liberalization and Financial Fragility," *World Bank Policy Research Working Paper* No. 1917.

Den Haan, Wouter, Steven Sumner and Guy Yamashiro (2004) "Banks' Loan Portfolio and the Monetary Transmission Mechanism" *CEPR Working Paper*, No. 4725.

Detragiache, Enrica, Paolo Giorgio Garellia and Luigi Guiso (2000) "Multiple versus Single Banking Relationships: Theory and Evidence," *Journal of Finance*, Vol. 55, No. 3, pp. 1133-1161.

Dewatripont, Mathias and Jean Tirole (1994) *The Prudential Regulation of Banks*, Cambridge, Massachusetts: The MIT Press.

De Young, Robert, Mark J. Flannery, William W. Lang and Myron L. Kwast (2001) "The Information Content of Bank Exam Ratings and Subordinated Debt Prices," *Journal of Money, Credit, and Banking*, Vol. 33, No. 4, pp. 900-925.

Diamond, Douglas W. (1984) "Financial Intermediation and Delegated Monitoring," *Review of Economic Studies*, Vol. 51, No. 3, pp. 393–414.

Diamond, Douglas W. and Philip H. Dybvig (1983), "Bank Runs, Deposit Insurance, and Liquidity," *Journal of Political Economy*, Vol. 91, No. 3, pp. 401–419.

Diamond, Douglas W. and Raghuram G. Rajan (2000), "A Theory of Bank Capital," *Journal of Finance*, Vol. 55, No. 6, pp. 2431–2465.

Diamond, Douglas W. and Raghuram Rajan (2009a) "The Credit Crisis: Conjectures about Causes and Remedies," *NBER Working Papers*, No. 14739, National Bureau of Economic Research, Inc.

Diamond, Douglas W. and Raghuram Rajan (2009b) "Fear of Fire sales and the Credit Squeeze," *NBER Working Papers*, No. 14925, National Bureau of Economic Research, Inc.

Doornik, Jurgen A., Manuel Arellano and Stephen Bond (2002) "Panel Data Estimation Using DPD for OX,". http://www.doornik.com/download/dpd.pdf.

Erickson, Timothy and Toni M. Whited (2000) "Measurement Error and the Relationship between Investment and q," *Journal of Political Economy*, Vol. 108, No. 5, pp. 1027–1057.

Favero, Carlo, Francesco Giavazzi and Luca Flabbi (1999) "The Transmission Mechanism of Monetary Policy in Europe: Evidence from Banks' Balance Sheets," *NBER Working Paper*, No. 7231.

Fazzari, Steven M., R. Glenn Hubbard and Bruce C. Petersen (1988) "Financing Constraints and Corporate Investment," *Brookings Papers of Economic Activity*, Vol. 19, 1988-1, pp. 14–31.

Flannery, Mark J. (2001) "The faces of "market discipline,"" *Journal of Financial Services Research*, Vol. 20, No. 2–3, pp. 107–119.

Flannery, Mark J. and Sorin M. Sorescu (1996) "Evidence of Bank Market Discipline in Subordinated Debenture Yields: 1983–1991," *Journal of Finance*, Vol. 51, No. 4, pp. 1347–1377.

Focarelli, Dario and Fabio Panetta (2003) "Are Mergers Beneficial to Consumers? Evidence from the Market for Bank Deposits," *American Economic Review*, Vol. 93, No. 4, pp. 1152–1172.

Focarelli, Dario and Alberto Franco Pozzolo (2005) "Where Do Banks Expand Abroad? An Empirical Analysis," *Journal of Business*, Vol. 78, No. 6, pp. 2435–2463.

Fukao, Kyoji and Kwon Hyeog Ug (2006) "Why Did Japan's TFP Growth Slow Down in the Lost Decade? An Empirical Analysis Based on Firm-Level Data of Manufacturing Firms," *Japanese Economic Review*, Vol. 57, No. 2, pp. 195–227.

Fukao, Mitsuhiro (2003) "Financial Sector Profitability and Double Gearing," in Blomstrom, M., J. Corbett, F. Hayashi, and A. Kashyap eds., *Structural Impediments to Growth in Japan*, Chicago: University of Chicago Press, pp. 9–35.

Fukuda, Shinichi, Munehisa Kasuya and Jouchi Nakajima (2006) "Deteriorating Bank Health and Lending in Japan: Evidence from Unlisted Firms under Financial Distress," *Journal of the Asia Pacific Economy*, Vol. 11, No. 4, pp. 482–501.

Gan, Jie (2004) "Banking Market Structure and Financial Stability: Evidence from the Texas Real Estate Crisis in the 1980s," *Journal of Financial Economics*, Vol. 73, No. 3, pp. 567–601.

Gan, Jie (2007) "The Real Effects of Asset Market Bubbles: Loan- and Firm-Level Evidence of a Lending Channel," *Review of Financial Studies*, Vol. 20, No. 6, pp. 1941–1973.

Gertler, Mark L. and Simon Gilchrist (1993) "The Cyclical Behavior of Short-Term Business Lending," *European Economic Review*, Vol. 37, pp. 623–631.

Gertler, Mark L. and Simon Gilchrist (1994) "Monetary Policy, Business Cycles, and the Behavior of Small Manufacturing Firms," *Quarterly Journal of Economics*, Vol. 109, No. 2, pp. 309–340.

Gertler, Mark L. and Robert Glenn Hubbard (1988) "Financial Factors in Business Fluctuations," Federal Reserve Bank of Kansas City, *Financial Market Volatility*, Kansas City, pp. 33–71.

Gibson, Michael S. (1995) "Can Bank Health Affect Investment? Evidence from Japan," *Journal of Business*, Vol. 68, No. 3, pp. 281–308.

Gibson, Michael S. (1997) "More Evidence on the Link Between Bank Health and Investment in Japan," *Journal of the Japanese and International Economies*, Vol. 11, No. 3, pp. 296–310.

Goldstein, Itay and Ady Pauzner (2005) "Demand Deposit Contracts and the Probability of Bank Runs," *Journal of Finance*, Vol. 60, No. 3, pp. 1293–1327.

Gomes, João F. (2001) "Financing Investment," *American Economic Review*, Vol. 91, No. 5, pp. 1263–1285.

Gomes, João F. (2002) "Financing Investment: Technical Appendix", http://finance.wharton.upenn.edu/~gomesj/

Gorton, Gary (1988) "Banking Panics and Business Cycles," *Oxford Economic Papers*, Vol. 40, pp. 750–781.

Gorton, Gary and Andrew Winton (2002) "Financial Intermediation," *Wharton Financial Institutions Center Discussion Paper*, No. 02–28.

Greenlaw, David, Jan Hatzius, Anil K. Kashyap and Hyun Song Shin (2008) "Leveraged Losses: Lessons from the Mortgage Market Meltdown," *US Monetary Policy Forum Report 2*, http://www.chicagobooth.edu/usmpf/docs/usmpf2008confdraft.pdf

Griliches, Zvi and Haim Regev (1995) "Firm Productivity in Israeli Industry 1979–1988," *Journal of Econometrics*, Vol. 65, No. 1, pp. 175–203.

Guner, Nezih, Gustavo Ventura and Xu Yi (2008) "Macroeconomic Implications of Size-Dependent Policies," *Review of Economic Dynamics*, Vol. 11, No. 4, pp. 721–744.

Hall, Brian J. (1993) "How Has the Basle Accord Affected Bank Portfolios?," *Journal of the Japanese and International Economies*, Vol. 7, No. 4, pp. 408–440.

Hancock, Diana and James A. Wilcox (1998), "The 'Credit Crunch' and the Availability of Credit to Small Business," *Journal of Banking and Finance*, Vol. 22, No. 6–8, pp. 983–1014.

Hansen, Gary D. (1985) "Indivisible Labor and the Business Cycle," *Journal of Monetary Economics*, Vol. 16, No. 3, pp. 309–327.

Harford, Jarrad (2005) "What Drives Merger Waves?" *Journal of Financial Economics*, Vol. 77, pp. 529–560.

Harhoff, Dietmar and Timm Körting (1998) "Lending Relationships in Germany—Empirical Evidence from Survey Data," *Journal of Banking and Finance*, Vol. 22, No. 6–8, pp. 1317–1353.

Hatakeda, Takashi (2000) "Bank Lending Behavior under a Liquidity Constraint," *Japan World Economy*, Vol. 12, No. 2, pp. 127-141.

Hayashi, Fumio and Tohru Inoue (1991) "The Relation between Firm Growth and Q with Multiple Capital Goods: Theory and Evidence from Panel Data on Japanese Firms," *Econometrica*, Vol. 59, No. 3, pp. 731-753.

Hayashi, Fumio and Edward C. Prescott (2002) "The 1990s in Japan: A Lost Decade," *Review of Economic Dynamics*, Vol. 5, No. 1, pp. 206-235.

Hellmann, Thomas F., Kevin C. Murdock and Joseph E. Stiglitz (2000) "Liberalization, Moral Hazard in Banking, and Prudential Regulation: Are Capital Requirements Enough?," *American Economic Review*, Vol. 90, No. 1, pp. 147-165.

Hellwig, Martin (1994) "Liquidity Provision, Banking, and the Allocation of Interest Rate Risk." *European Economic Review*, Vol. 38, No. 7, pp. 1363-1389.

Holmstrom, Bengt and Jean Tirole (1997) "Financial Intermediation, Loanable Funds, and the Real Sector," *Quarterly Journal of Economics*, Vol. 112, No. 3, pp. 663-691.

Holmstrom, Bengt and Jean Tirole (1998) "Private and Public Supply of Liquidity," *Journal of Political Economy*, Vol. 106, No. 1, pp. 1-40.

Hopenhayn, Hugo A. (1992) "Entry, Exit and Firm Dynamics in Long Run Equilibrium," *Econometrica*, Vol. 60, No. 5, pp. 1127-1150.

Hopenhayn, Hugo A. and Richard Rogerson (1993) "Job Turnover and Policy Evaluation: A General Equilibrium Analysis," *Journal of Political Economy*, Vol. 101, No. 5, pp. 915-938.

Hori, Masahiro (2005) "Does Bank Liquidation Affect Client Firm Performance? Evidence from a Bank Failure in Japan," *Economics Letters*, Vol. 88, pp. 415-420.

Hori, Keiichi and Hiroshi Osano (2002) "Financial Relations between Banks and Firms: New Evidence from Japanese Data," *Kyoto Institute of Economic Research Discussion Paper*, No. 546.

Horiuchi, Akiyoshi and Katsutoshi Shimizu (1998) "The Deterioration of Bank Balance Sheets in Japan: Risk-Taking and Recapitalization," *Pacific-Basin Finance Journal*, Vol. 6, pp. 1-26.

Hoshi, Takeo and Anil K. Kashyap (1990) "Evidence on q and Investment for Japanese Firms," *Journal of the Japanese and International Economies*, Vol. 4, No. 4, pp. 371-400.

Hoshi, Takeo, and Anil K. Kashyap (2001) *Corporate Financing and Governance in Japan: The Road to the Future*, Cambridge, Mass.: MIT Press.

Hoshi, Takeo, Anil K. Kashyap and David Scharfstein (1991) "Corporate Structure, Liquidity, and Investment: Evidence from Japanese Industrial Groups," *Quarterly Journal of Economics*, Vol. 106, No. 1, pp. 309-327.

Hoshi, Takeo, Anil K. Kashyap and David Scharfstein (1993) "The Choice between Public and Private Debt: An Analysis of Post-Deregulation Corporate Financing in Japan," *NBER Working Paper*, No. 4421.

Hoshi, Takeo and Anil K. Kashyap (2004) "Japan's Financial Crisis and Economic Stagnation," *Journal of Economic Perspective*, Vol. 18, No. 1, pp. 3-26.

Hoshi, Takeo, David Scharfstein and Kenneth J. Singleton (1993) "Japanese corporate investment and Bank of Japan guidance of commercial bank lending," in Kenneth Singleton eds., *Japanese Monetary Policy*, Chicago:, University of Chicago Press, pp. 63-94.

Hosono, Kaoru (2004) "Depositor Discipline during the Banking Crisis in Japan," *Gakushuin University Discussion Paper Series*, 04-1.

Hosono, Kaoru (2005) "Debt Overhang, Soft Budget, and Corporate Investment," *The Economic Review*, Kyoto University Economic Society, Vol. 176, No. 3, pp. 25-50.

Hosono, Kaoru (2009) "Deposit Insurance Reform, Market Discipline, and Bank Performance in Japan," Mimeographed.

Hosono, Kaoru and Akane Masuda (2005) "Bank Health and Small Business Investment," *RIETI Discussion Paper*, 05-E-030.

Hosono, Kaoru, Hideaki Murase and Ikuko Samikawa (2009) "Ownership Structure and the Risk-Return Profiles of Japanese Stocks," *Corporate Ownership and Control*, Vol. 7, No. 1, pp. 9-17.

Hosono, Kaoru and Masaya Sakuragawa (2003) "Soft Budget Problems in the Japanese Credit Markets," *Nagoya City University Discussion Papers in Economics*, No. 345.

Hosono, Kaoru and Masaya Sakuragawa (2008) "Bad Loans and Accounting Descretion," Mimeographed.

Hosono, Kaoru, Miho Takizawa and Kotaro Tsuru (2009) "Mergers, Innovation, and Productivity: Evidence from Japanese Manufacturing Firms," *RIETI Discussion Paper,* 09-E-016.

Hosono, Kaoru and Peng Xu (2009) "Do Banks Have Private Information? Bank Screening and Ex-post Performance," *RIETI Discussion Paper*, 09-E-016.

Hubbard, Robert G. (2001) *Money, the financial system, and the economy, fourth editio*n, Boston: Addison Wesley.

Hubbard, Robert G. and Kenneth N. Kuttner and Darius N. Palia (2002) "Are There Bank Effects in the Borrowers' Costs of Funds? Evidence from a Matched Sample of Borrowers and Banks," *Journal of Business*, Vol. 75, No. 4, pp. 559-581.

Hutchison, Michael and Kathleen McDill (1999) "Are All Banking Crises Alike? The Japanese Experience in International Comparison," *Journal of the Japanese and International Economies*, Vol. 13, No. 3, pp. 155-180.

Imai, Masami (2006) "Market Discipline and Deposit Insurance Reform in Japan," *Wesleyan Economics Working Papers*, 2006-007.

Inaba, Masaru (2007) "Business Cycle Accounting for the Japanese Economy Using the Parameterized Expectations Algorithm," *RIETI Discussion Paper*, 07-E-061.

International Monetary Fund (2009) *Global Financial Stability Report*, April 21, 2009.

Ito, Takatoshi and Yuri Nagataki-Sasaki (2002) "Impacts of the Basel Capital Standards on Japanese Banks' Behavior," *Journal of the Japanese International Economies*, Vol. 16, No. 3, pp. 372-397.

Jacklin, Charles J. and Sudipto Bhattacharya (1988) "Distinguishing Panics and Information-Based Bank Runs: Welfare and Policy Implications," *Journal of Political Economy*, Vol. 96, No. 3, pp. 568-592.

Jagtiani, Julapa, George Kaufman and Catharine G. Lemieux (1999) "Do Markets Discipline Banks and Bank Holding Companies ? Evidence from Debt Pricing," *Emerging Issues Series*, Supervision and Regulation Department Federal Reserve Bank of Chicago, S&R-99-3R.

Jayaratne, Jith and Donald P. Morgan (2000) "Capital Market Frictions and Deposit Constraints at Banks," *Journal of Money, Credit, and Bank-*

ing, Vol. 32, No. 1, pp. 74–92.

Jeong, Hyeok and Robert M. Townsend (2007) "Sources of TFP Growth: Occupational Choice and Financing Deepening," *Economic Theory*, No. 32, Vol. 1, pp. 179–221.

Jiangli, Wenying, Haluk Unal, and Chiwon Yom (2008), "Relationship Lending, Accounting Disclosure, and Credit Availability during the Asian Financial Crisis," *Journal of Money, Credit, and Banking*, Vol. 40, No. 1, pp. 25–55.

Jovanovic, Boyan (1982) "Selection and the Evolution of Industry," *Econometrica*, Vol. 50, No. 3, pp. 649–670.

Kaminsky, Graciela and Carmen Reinhart (1999), "The Twin Crises: The Causes of Banking and Balance of Payments Crises," *American Economic Review*, Vol. 89, pp. 473–500.

Kashyap, Anil K. and Jermy C. Stein (1994) "Monetary policy and bank lending," in Mankiw, N.G. eds., *Monetary Policy*, Chicago and London: University of Chicago, pp. 221–256.

Kashyap, Anil K. and Jermy C. Stein (2000) "What Do a Million Observations on Banks Say about the Transmission of Monetary Policy?," *American Economic Review*, Vol. 90, No. 3, pp. 407–428.

Kashyap, Anil K. and Jermy C. Stein and David W. Wilcox (1993) "Monetary Policy and Credit Conditions: Evidence from the Composition of External Finance," *American Economic Review*, Vol. 83, No. 1, pp. 407–428.

Kawamoto, Takuji (2004) "What Do the Purified Solow Residuals Tell Us about Japan's Lost Decade?," *IMES Discussion Paper*, Bank of Japan, 2004-E-5.

Kelly, Morgan and Cormac Ó Gráda (2000) "Market Contagion: Evidence from the Panics of 1854 and 1857," *American Economic Review*, Vol. 90, No. 5, pp. 1110–1124.

Khwaja, Asim I. and Atif R. Mian (2008) "Tracing the Impact of Bank Liquidity Shocks: Evidence from an Emerging Market," *American Economic Review*, Vol. 98, No. 4, pp. 1413–1442.

Kim, Woojin and Michael S. Weisbach (2008) "Motivations for Public Equity Offers: An International Perspective," *Journal of Financial Econom-*

ics, Vol. 87, No. 2, pp. 281–307.

Kiyota, Kozo and Miho Takizawa (2006) "The Shadow of Death: Pre-exit Performance of Firms in Japan," *RIETI Discussion Paper*, 06–E–033.

Kiyotaki, Nobuhiro and John Moore (1997) "Credit Cycles," *Journal of Political Economy*, Vol. 105, No. 2, pp. 211–248.

Kobayashi, Keiichiro and Masaru Inaba (2006) "Business Cycle Accounting for the Japanese Economy," *Japan and the World Economy*, Vol. 18, No. 4, pp. 418–440.

Kobayashi, Keiichiro and Nobuyuki Yanagawa (2008) "Banking Crisis and Borrower Productivity," *RIETI Discussion Paper*, 08–E–003.

Kobayashi, Keiichiro, Yumi Saita and Toshitaka Sekine (2002) "Forbearance Lending: A Case for Japanese Firms," *Bank of Japan Working Paper*, 02-2.

Krugman, Paul R. (1998) "It's Baaack; Japan's Slump and the Return of the Liquidity Trap," *Brookings Papers on Economic Activity*. Vol. 29, pp. 137–205.

Kwon, Eunkyung (1998) "Monetary Policy, Land Prices, and Collateral Effects on Economic Fluctuations: Evidence from Japan," *Journal of the Japanese International Economies*" Vol. 12, No. 3, pp. 175–203.

Litchenberg, Frank R. and Donald Siegel (1987) "Productivity and Changes in Ownership in Manufacturing Plants." *Brookings Papers in Economic Activity*, pp. 643–673.

Maksimovic, Vojislav and Gordon Phillips (2001) "The Market for Corporate Assets: Who Engages in Mergers and Asset Sales and Are There Efficiency Gains?" *Journal of Finance*, Vol. 56, No. 6, pp. 2019–2065.

Matsuura, Toshiyuki and Kazuyuki Motonishi (2005) "Market Dynamics and Productivity in Japanese Retail Industry in the Late 1990s," *RIETI Discussion Paper*, 05–E–001.

McGuckin, Robert H., and Sang V. Nguyen (1995) "On Productivity and Plant Ownership Change: New Evidence from the LRD." *RAND Journal of Economics*, Vol. 26, pp. 257–276.

Melitz, Marc J. (2003) "The Impact of Trade on Intra-Industry Reallocations and Aggregate Industry Productivity," *Econometrica*, Vol. 71, No. 6, pp. 1695–1725.

Mendoza, Enrique G., and Jonathan D. Ostry (2008) "International Evidence on Fiscal Solvency: Is Fiscal Policy Responsible?" *Journal of Monetary Economics*, Vol. 55, No. 6, pp. 1081–1093.

Mendoza, Enrique G., Vincenzo Quadrini, José-Victor Rios-Rull (2009), "Financial Integration, Financial Development, and Global Imbalances," *Journal of Political Economy*, Vol. 117, No. 3, pp. 371–416.

Miller, Marcus, Paul Weller and Lei Zhang (2002) "Moral Hazard and the US Stock Market: Analysing the 'Greenspan Put'," *Economic Journal*, Vol. 112, No. 478, pp. C171–C186.

Mitchell, Janet (2001) "Bad Debts and the Cleaning of Banks' Balance Sheets: An Application to Transition Economies," *Journal of Financial Intermediation*, Vol. 10, No. 1, pp. 1–27.

Mitchell, Mark L. and Mulherin J. Harold (1996) "The Impact of Industry Shocks on Takeover and Restructuring Activity," *Journal of Financial Economics*, Vol. 41, No. 2, pp. 193–229.

Miyagawa, Tsutomu, Yukie Sakuragawa and Miho Takizawa (2006) "Productivity and Business Cycles in Japan: Evidence from Japanese Industry Data," *Japanese Economic Review*, Vol. 57, No. 2, pp. 161–186.

Montgomery, Heather (2005) "The Effect of the Basle Accord on Bank Portfolios in Japan," *Journal of the Japanese and International Economics*, Vol. 19, No. 1, pp. 24–36.

Morris, Stephen and Hyun Song Shin (2000) "Global Games: Theory and Applications," Paper Prepared for the Eighth World Congress of the Econometric Society.

Morris, Stephen and Hyun Song Shin (2008) "Financial Regulation in a System Context," *Brookings Papers on Economic Activity*, Fall 2008, pp. 220–274.

Murata, Keiko and Masahiro Hori (2006) "Do Small Depositors Exit from Bad Banks? Evidence from Small Financial Institutions in Japan," *Japanese Economic Review*, Vol. 57, No. 2, pp. 257–278.

Myers, Stewart C. and Nicholas S. Majluf (1984) "Corporate Financing and Investment Decisions When Firms Have Information that Investors Do Not Have," *Journal of Financial Economics*, Vol. 13, No. 2, pp. 187–221.

Nagahata, Takashi and Toshitaka Sekine (2005) "Firm Investment, Monetary Transmission and Balance-Sheet Problems in Japan: An Investigation Using Micro Data," *Japan and the World Economy*, Vol. 17, No. 3, pp. 345-369.

Nishimura, Kiyohiko G., Takanobu Nakajima and Kozo Kiyota (2005) "Does the Natural Selection Mechanism Still Work in Severe Recessions? Examination of the Japanese Economy in the 1990s," *Journal of Economic Behavior and Organization*, Vol. 58, No. 1, pp. 53-78.

Ogawa, Kazuo (2000) "Monetary Policy, Credit, and Real Activity: Evidence from the Balance Sheet of Japanese Firms," *Journal of the Japanese and International Economies*, Vol. 14, No. 4, pp. 385-407.

Ogawa, Kazuo (2003) "Financial Distress and Corporate Investment: The Japanese Case in the 90s," *Discussion Paper*, No. 584, Institute of Social and Economic Research, Osaka University, June 2003.

Ogawa, Kazuo (2007) "Debt, R&D Investment and Technological Progress: A Panel Study of Japanese Manufacturing Firms' Behavior during the 1990s," *Journal of the Japanese and International Economies*, Vol. 21, No. 4, pp. 403-423.

Ogawa, Kazuo and Shinichi Kitasaka (2000) "Bank Lending in Japan: The Determinants and Macroeconomic Implications," *Discussion Paper*, The Institute of Social and Economic Research Osaka University, No. 505.

Ogawa, Kazuo and Kazuyuki Suzuki (1998) "Land Value and Corporate Investment: Evidence from Japanese Panel Data," *Journal of the Japanese and International Economies*, Vol. 12, No. 3, pp. 232-249.

Oliner, Steven D. and Glenn D. Rudebusch (1996) "Is There a Broad Credit Channel for Monetary Policy?" *Economic Review*, Federal Reserve Bank of San Francisco, pp. 3-13.

Ongena, Steven, David C. Smith (2000), "What Determines the Number of Bank Relationships? Cross-Country Evidence," *Journal of Financial Intermediation,* Vol. 9, pp. 26-56.

Ongena, Steven, David C. Smith and Dag Michalsen (2003) "Firms and Their Distressed Banks: Lessons from the Norwegian Banking Crisis," *Journal of Financial Economics*, Vol. 67, No. 1, pp. 81-112.

Peek, Joe and Eric S. Rosengren (1995) "The Capital Crunch: Neither a Borrower nor a Lender be," *Journal of Money, Credit, and Banking*, Vol. 27,

No. 3, pp. 625–638.
Peek, Joe and Eric S. Rosengren (1997) "The International Transmission of Financial Shocks: The Case of Japan," *American Economic Review*, Vol. 87, No. 4, pp. 495–505.
Peek, Joe and Eric S. Rosengren (2001) "Determinants of the Japan Premium: Actions Speak Louder than Words," *Journal of International Economics*, Vol. 53, No. 2, pp. 285–305.
Peek, Joe and Eric S. Rosengren (2005) "Unnatural Selection: Perverse Incentives and the Misallocation of Credit in Japan," *American Economic Review*, Vol. 95, No. 4, pp. 1144–1166.
Petersen, Mitchell A. and Raghuram G. Rajan (1994) "The Benefits of Lending Relationships: Evidence from Small Business Data," *Journal of Finance*, Vol. 49, No. 1, pp. 3–37.
Rajan, Raghuram G. (1992) "Insiders and Outsiders: The Choice between Informed and Arm's Length Debt," *Journal of Finance*, Vol. 47, No. 4, pp. 1367–1400.
Rajan, Raghuram G. (1994) "Why Bank Credit Policies Fluctuate: A Theory and Some Evidence," *Quarterly Journal of Economics*, Vol. 109, No. 2, pp. 399–441.
Ramey, Valeria A. (1993) "How Important is the Credit Channel in the Transmission of Monetary Policy," *NBER Working Paper*, No. 4285.
Rhoades, Stephen A. (1998) "The Efficiency Effects of Bank Mergers: An Overview of Case Studies of Nine Mergers," *Journal of Banking and Finance*, Vol. 22, No. 3, pp. 273–291.
Romer, Christina D. and David H. Romer (1990) "New Evidence on the Monetary Transmission Mechanism," *Brookings Papers on Economic Activity*. Vol. 1, pp. 149–198.
Rosenbaum, Paul R. and Donald B. Rubin (1983) "The Central Role of the Propensity Score in Observational Studies for Causal Effects," *Biometrika*, vol.70, no.1, pp. 41–55.
Saito, Makoto and Shigenori Shiratsuka (2001) "Financial Crises as the Failure of Arbitrage: Implications for Monetary Policy," *Monetary and Economic Studies*, Vol. 19, pp. 239–270.
Sakuragawa, Masaya and Kaoru Hosono (2010) "Fiscal Sustainability of

Japan: A Dynamic Stochastic General Equilibrium Approach," *Japanese Economic Review*, forthcoming.

Sakuragawa, Masaya and Yoshitsugu Watanabe (2009) "Did the Japanese Stock Market Appropriately Price the Takenaka Financial Reform?," in Takatoshi Ito and Andrew K. Rose eds., *Financial Sector Development in the Pacific Rim*, NBER East Asian Seminar on Economics, Vol. 18, Chicago: the University of Chicago Press, pp. 317–340.

Schoar, Antoinette (2002) "Effects of Corporate Diversification on Productivity," *Journal of Finance*, Vol. 52, No. 6, pp. 2379–2403.

Sekine, Toshitaka, Keiichiro Kobayashi and Yumi Saita (2003) "Forbearance Lending: The Case of Japanese Firms," *Monetary and Economic Studies*, Vol. 21, No. 2, pp. 69–91.

Sharpe, Steven A. (1990) "Asymmetric Information, Bank Lending and Implicit Contracts: A Stylized Model of Customer Relationships," *Journal of Finance*, Vol. 45, No. 4, pp. 1069–1087.

Shleifer, Andrei and Robert W. Vishny (1986) "Large Shareholders and Corporate Control," *Journal of Political Economy*, Vol. 95, pp. 461–488.

Shleifer, Andrei and Robert W. Vishny (1992) "Liquidation Values and Debt Capacity: A Market Equilibrium Approach," *Journal of Finance*, Vol. 57, No. 4, pp. 1343–1366.

Shleifer, Andrei and Robert W. Vishny (2003) "Stock Market Driven Acquisitions," *Journal of Financial Economics*, Vol. 70, No. 3, pp. 298–311.

Shrieves, Ronald E. and Drew Dahl (2003) "Discretionary Accounting and the Behavior of Japanese Banks under Financial Duress," *Journal of Banking and Finance*, Vol. 27, No. 7, pp. 1219–1243.

Sironi, Andrea (2003) "Testing for Market Discipline in the European Banking Industry: Evidence from Subordinated Debt Issue," *Journal of Money, Credit, and Banking*, Vol. 35, No. 3, pp. 443–472.

Skinner, Douglas J. (2005) "The Rise of Deferred Tax Assets in Japan: The Case of the Major Japanese Banks," *Journal of Accounting Economics*, Vol. 46, pp. 218–239.

Sloving, Myron B., Marie E. Sushka and John A. Polonchek (1993) "The Value of Bank Durability: Borrowers as Bank Stakeholders," *Journal of Finance*, Vol. 48, No. 1, pp. 247–266.

Smith, Clifford W. Jr. (1977) "Alternative Methods for Raising Capital: Rights versus Underwritten Offerings," *Journal of Financial Economics*, Vol. 5, No. 3, pp. 273-307.

Smith, David C. (2003) "Loans to Japanese borrowers," *Journal of the Japanese and International Economics*, Vol. 17, No. 3, pp. 283-304.

Stein, Jeremy C. (1998) "An Adverse Selection Model of Bank Asset and Liability Management with Implications for the Transmission of Monetary Policy," *RAND Journal of Economics*. Vol. 29, No. 3, pp. 466-486.

Tauchen, George and Robert Hussy (1991) "Quadrature-Based Methods for Obtaining Approximate Solutions to Nonlinear Asset Pricing Models," *Econometrica*, Vol. 59, No. 2, pp. 371-396.

Taylor, John B. (2008) "Monetary Policy and the State of the Economy," testimony before the Committee of Financial Services, US House of Representatives, February 26, 2008.

Thakor, Anjan V. (1996) "Capital Requirements, Monetary Policy, and Aggregate Bank Lending: Theory and Empirical Evidence," *Journal of Finance*, Vol. 51, No. 1, pp. 279-324.

Tirole, Jean (1985) "Asset Bubbles and Overlapping Generations," *Econometrica*, Vol. 53, No. 6, pp. 1499-1528.

Tomura, Hajime (2007) "Firms Dynamics, Bankruptcy Laws and Total Factor Productivity," *Bank of Canada Working Paper*, 07-17.

Ueda, Kazuo (1993) "A Comparative Perspective on Japanese Monetary Policy: Short-Run Monetary Control and the Transmission Mechanism," in Kenneth J. Singleton eds., *Japanese Monetary Policy*, Chicago: the University of Chicago Press, pp. 7-29.

Uesugi, Iichiro, Koji Sakai and Guy M. Yamashiro (2008) "The Effectiveness of Public Credit Guarantees in the Japanese Loan Market," *PIE/CIS Discussion Paper*, No. 400.

Watanabe, Wako (2007) "Prudential Regulation and the "Credit Crunch": Evidence from Japan," *Journal of Money, Credit, and Banking*, Vol. 39, No. 2-3, pp. 639-665.

Whited, Toni M. (1992) "Debt, Liquidity Constraints, and Corporate Investment: Evidence from Panel Data," *Journal of Finance*, Vol. 47, No. 4, pp. 1425-1460.

Williamson, Stephen D. (1987) "Costly Monitoring, Loan Contracts, and Equilibrium Credit Rationing," *Quarterly Journal of Economics*, Vol. 102, No. 1, pp. 135-145.

Woo, David (2003), "In Search for "Capital Crunch": Supply Factors Behind the Credit Slowdown in Japan," *Journal of Money, Credit and Banking*, Vol. 35, No. 6, pp. 1019-1038.

Wooldridge, Jefferey M. (2001) *Econometric Analysis of Cross Section and Panel Data*, Cambridge: MIT Press.

Yafeh, Yishay and Oved Yosha (2003) "Large Shareholders and Banks: Who Monitors and How?," *Economic Journal*, Vol. 113, No. 484, pp. 128-146.

Yamori, Nobuyuki (1999) "Stock Market Reaction to the Bank Liquidation in Japan: A Case for the Information Effect Hypothesis," *Journal of Financial Service Research*, Vol. 15, No. 1, pp. 57-68.

Yamori, Nobuyuki and Akinobu Murakami (1999) "Does Bank Relationship Have an Economic Value? The Effect of Main Bank Failure on Client Firms," *Economics Letters*, Vol. 64, No. 1, pp. 115-120.

Yamori, Nobuyoshi, Kozo Harimaya, and Kazumine Kondo (2003) "Are Banks Affiliated with Holding Companies More Efficient than Independent Banks? The Recent Experience regarding Japanese Regional BHCs," *Asia Pacific Financial Markets*, Vol. 10, No. 4, pp. 359-376.

謝　辞

　本書は，これまで著者が金融危機をテーマに研究してきた論文をベースに，一貫性のある書物に仕立てたものである．本書のもととなった論文の多くは，共同執筆者との共同研究の成果であり，まずは共同執筆者に，本書での掲載を承諾していただいたことを，御礼申し上げたい．第1章は櫻川昌哉氏（慶應義塾大学），第3章は坂井功治氏（一橋大学），鶴光太郎氏（経済産業研究所），第4章は増田あかね氏，第7章は渡辺努氏（一橋大学）との共同執筆者である．

　また，本書の元原稿は学位論文として一橋大学に提出したが，その際，審査委員の労をとっていただいた浅子和美（一橋大学），渡辺努（一橋大学），寺西重郎（日本大学）の各先生方からは，貴重なコメントをいただき，本書を改善させることができた．この場を借りて感謝したい．

　著者が経済学と出会ったのは，京都大学で本山美彦先生とお会いしてからである．本山先生のゼミでは，ケインズの「貨幣論」や「一般理論」を読み進めた．当時の私にはほとんど理解できなかったが，本山先生の姿を見て，経済学に真摯に取り組む姿勢を学ばせていただいた．また，大学時代には江上雅彦氏（京都大学）という学友に出会うこともできた．経済企画庁（現内閣府）に就職してからは，鶴光太郎氏と出会い，それ以来，共同研究をさせていただいている．留学先のノースウエスタン大学では，その後の研究の基礎となる知識を教わった．とりわけ，松山公紀先生からは，本書のベースにある，非対称情報による資本市場の不完全性の理論とそのマクロ経済学への応用について教えていただいた．また，先輩の渡邉修士氏（日本政策投資銀行）にも公私にわたりお世話になった．帰国後勤務した一橋大学経済研究所では，浅子和美先生をはじめとして，多くの諸先輩から，経済分析，とりわけ実証分析を進める心構えを学ぶことができた．名古屋市立大学は，同僚の方々と活発に議論する雰囲気に満ちており，特に櫻川昌哉，村瀬英彰（名古屋市立大学）の両氏とは，現在に至るまで，金融やマクロ経済に関する議論をさせていただいており，本書の多くは，両氏との議論に負っている．現在勤務す

る学習院大学経済学部では，研究環境にも恵まれ，多くの優秀な同僚の方々と，優秀なスタッフに支えられて，仕事をさせていただいている．これら多くの人々との出会いと支えがなければ，本書は完成しなかった．

　本書の元となる論文は，多くの研究会やセミナーで報告し，貴重なコメントを受けて出来上がったものである．とりわけ，浅子和美，石原秀彦（専修大学），伊藤隆敏（東京大学），伊藤宏之（ポートランド州立大学），植杉威一郎（一橋大学），大垣昌夫（慶應義塾大学），大津敬介（上智大学），小川英治（一橋大学），小川一夫（大阪大学），奥村洋彦（学習院大学），北坂真一（同志社大学），小林慶一郎（経済産業研究所），齊藤誠（一橋大学），櫻川昌哉，櫻川幸恵（跡見学園女子大学），佐々木百合（明治学院大学），塩路悦朗（一橋大学），白塚重典（日本銀行），胥鵬（法政大学），地主敏樹（神戸大学），竹田陽介（上智大学），寺西重郎，林文夫（一橋大学），福田慎一（東京大学），星岳雄（カリフォルニア大学サンディエゴ校），堀雅博（内閣府），宮尾龍蔵（神戸大学），宮川努（学習院大学），三井清（学習院大学），三平剛（東洋大学），山田知明（明治大学），吉田二郎（東京大学），渡辺努，渡部和孝（慶應義塾大学），家森信善（名古屋大学），Allen N. Berger（Federal Reserve Board），R. Anton Braun（東京大学），Julen Esteban-Pretel（東京大学），George G. Kaufman（Loyola University），Andrew K. Rose（University of California, Berkeley），Gregory F. Udell（Indiana University），Barry Williams（Bond University）の各氏，その他経済産業研究所の金融・産業構造の変化に関する研究会，統計研究会金融班，慶応義塾大学マクロ経済学研究会，マクロコンファレンスの参加者から多くの有益なアドバイスをいただいた．

　金融危機への対応や防止策を考える上では，金融監督政策研究会（Shadow Financial Regulatory Committee）での議論が大変役立った．櫻川昌哉，星岳雄，伊藤隆敏，深尾光洋（慶應義塾大学），原田喜美枝（中央大学），寺西重郎，福田慎一（東京大学），George G. Kaufman，Herald Benink（Erasmus University），S. Ghon Rhee（University of Hawaii）の各氏にはとりわけ感謝している．

　また，本書では取り上げられなかったものの，江上雅彦，左三川（笛田）郁子（日本経済新聞社），澤田充（日本大学），胥鵬，杉原茂（内閣府），高橋陽子（日本学術振興会），滝澤美帆（東洋大学），徳井丞次（信州大学），外谷英樹（名古屋市立大学），村瀬英彰，藤澤昌利（岐阜県），牧野達治（一橋大学），三平

剛，宮川努の各氏をはじめ多くの研究者から，共同研究等を通じて知的刺激を与えていただいている．

　本書の出版に際しては，平成21年度学習院大学研究成果刊行助成金を受けた．記して感謝したい．助成を申請する際に過分な推薦状を書いていただいた宮川努氏にも謝意を表したい．本書のもととなる研究に対しては，文部科学省科学研究費，財団法人郵便資金研究協会，学習院大学経済経営研究所，慶応大学グローバルセキュリティー研究所から研究助成をいただいた．また，経済産業研究所，慶応大学グローバルセキュリティー研究所では，それぞれのプロジェクトの一環として研究をする機会をいただいた．記して感謝する．澤田充，渡辺努，胥鵬の各氏からは，一部データの提供をいただいた．滝澤美帆，横手麻理子の両氏にはデータ整備等で助力を得た．また，本書をまとめるにあたっては，川上淳之（学習院大学），増田あかねの両氏にお世話になった．

　東京大学出版会の大矢宗樹氏には，本書の編集にあたって貴重なアドバイスをいただき，また，お骨折りいただいたこと，お礼を申し上げたい．

　最後に，本書の作成にあたり，これまで支えてくれた両親（弘，満子）と家族（佳子，皐月，真斗香）に，感謝の意を表して，本書を捧げたい．

2010年2月

細野　薫

索　引

あ　行

アジア通貨危機　13
安全資産　142
アンバランスト・パネル　130
一時国有化　267
一様分布　144, 164
一般貸倒引当金　36, 40
一般均衡モデル　6, 151
イベント・スタディー　54
因果関係（因果性）　125, 129
インセンティブ　2
インターバンク貸出　193
インターバンク市場　162, 269, 287
失われた10年　149
エージェンシーコスト　276
追い貸し　49, 64
大きすぎてつぶせない（TBTF：too-big-to-fail）政策　4, 38, 67, 83, 85, 112, 197, 293
オーバー・バンキング（過大な銀行部門）　3, 4, 49, 60, 66, 69, 77

か　行

会計慣行　14
会計基準　45, 53, 77
会計操作　15, 44, 45, 49, 122, 175
会社更生法　64
回収率　141
回収率（参入・退出率）　149, 151
外部資金調達コスト　151, 228
外部資金調達プレミアム（external finance premium）　223, 224, 275
外部不経済　271
カウンターパーティー・リスク　269
格付け　59, 164
影の銀行システム　262, 286
貸し渋り　64
貸倒損失　14, 278
貸倒引当金　14, 26, 31
貸出供給　189-191
貸出金償却　76
貸出金利　111, 113
貸出経路（lending channel）　6, 7, 189, 190, 192, 193, 213, 215
貸出需要　190
過剰識別制約　207
過小投資　152
過剰投資　152
加速度効果　134
価値関数　158, 185
合併　81-90, 92, 93, 95-97, 104-107, 111-114
　　──行（acquirer）　82, 93
　　──に関する「行動主義的」仮説　89
　　──に関する「新古典派的」仮説　89
　　──の波　83, 88
合併・買収（M&A）　9, 64, 81, 112
　　同一市場内──　92, 111
株価指数　104
株式含み益　14, 53
株主還元策　286
カリブレート／カリブレーション　2, 153, 162
為替レートチャネル　225
企業再生ファンド　64
企業ダイナミクス　1, 6, 151, 153, 154, 177, 276
危険回避的　191
規制緩和　78
規制のコスト　121, 141, 142
規制上の自己資本（比率）　3, 15, 32, 36, 40, 45, 53
規制の裁定取引（regulatory arbitrage）　271, 273

基礎的財政収支（プライマリーバランス）　281
規模に対する収穫　163
──逓減　156
逆選択　191, 197, 216, 282
キャッシュフロー　128, 129, 132, 141, 160, 168, 222, 227, 234
協調の失敗　262, 288
共同組織金融機関　92
業務純益　38
規律付け　18, 19
銀行監督　119, 126, 140
銀行業株価指数　89, 90, 95, 96
銀行債務の全額保護　59
均衡信用割り当て　124
銀行の（による）株式保有　16, 277, 285
銀行の流動性　190, 197, 199, 203, 206-211, 213, 215
金融安定化政策　96, 97, 104
金融環境実態調査　126, 129, 170-172, 176, 180-182
金融監督庁　78, 88
金融機関組織再編促進特別措置法　58, 88
金融機能安定化緊急措置法　58
金融機能強化法　58
金融機能早期健全化法　58, 66
金融経済安定化法　288
金融検査マニュアル　54
金融再生計画　112
金融再生プログラム　45, 51, 54, 57, 88, 122, 139, 267
金融再生法開示債権　59
金融市場
──安定化政策　89
──の不完全性　175
──の摩擦　153, 178
金融システム安定化政策　85, 95, 104, 112, 113
金融自由化　257
金融政策の波及経路　189, 190
金融仲介コスト　151, 154, 158, 160, 164-166, 177, 178
金融庁　78, 88, 274

金融持ち株会社　83, 92, 95
金利スプレッド　278
金利チャネル　224, 225
金利平準化行動　278
金利マージン　170, 171
グラム・リーチ・ブライリー法　83
グリーンスパン・プット　258, 263, 275
繰延税金資産　4, 16, 54, 57, 65, 69, 72, 74, 77
グローバルゲーム　262, 291
経営者の自信過剰　86
経済厚生　178
系列　164
限界効果　96
健全化計画　58, 59, 66
健全経営規制　51
健全性　82, 83, 95
──審査（ストレステスト）　288
コア Tier1　272
公定歩合　229, 266, 287
公的債務残高　281
公的資金注入　58, 66, 72, 78, 79, 85, 267, 280
公的資本増強　4, 77
効率性　81, 84, 105, 112
コーポレート・ガバナンス　23, 86
コールマネー　196
コールレート　200, 202, 203, 206, 207, 209, 210, 211, 213, 215, 217, 218, 229
──（オーバーナイト物）　200
コールローン　193, 209
コスト効率性　82-84, 93
護送船団方式　58, 85-87
コブ・ダグラス型生産関数　156
個別貸倒引当金　200, 219
個別リスク（idiosyncratic risk）　270
コミットメントライン　260

さ　行

債権売却　64
債権放棄　64
最後の貸し手　268
再取得価格　146
最適金融政策　276

債務不履行確率 51
最尤法 74
サバイバル・バイアス 69
サブプライム・ローン問題（危機） 1, 45, 257, 260, 287
産業再生機構 64, 78
サンスポット 289
参入・退出 6, 152, 163, 177
時価会計（mark-to-market） 24, 273
識別 2, 190
資金援助 63
資金制約 162, 164, 168, 170, 171, 174, 183, 185
資金（調達）コスト 7, 141, 142, 157, 174, 178
資金のアヴェイラビリティー 121, 124, 126, 133, 134, 141, 142, 279
資金の配分 191
時系列分析 2
自己査定 54
自己資本 7, 8, 145, 272
自己資本比率 13-18, 24-34, 36-38, 40, 41, 44, 45, 47, 112, 126, 191, 197, 199, 203, 206-211, 213, 215, 218
　　――規制 13, 31, 49, 51, 53, 119, 121, 141, 142, 171, 191, 260, 292
　　――マージン 128, 136, 137, 139
資産価格 221, 222, 228, 275
資産査定（ストレステスト） 4, 45, 51, 57
　　――の厳格化 78, 79
資産担保コマーシャルペーパー（ABCP：asset-backed commercial paper） 262
市場価値評価の自己資本 3, 14, 15, 32, 36, 40, 45, 53, 57, 65, 69, 73, 75, 76, 199, 202, 219
市場規律 3, 49, 59, 67, 69, 77-79, 274
　　間接的な―― 274
市場シェア 83
市場支配力 81, 83, 84, 89, 104, 105, 111, 112, 114
市場集中度 91, 104, 112, 113
市場の流動性 273
システミックリスク 8, 85, 96, 260,
268-271
実質賃金 174, 178
私的情報 121, 123, 124, 139
私的整理ガイドライン 64
私的便益 4, 24, 28, 86, 89, 95, 105
シナジー効果 285
支払能力（solvency） 261, 263
支払い不能（insolvent） 44, 60, 236
資本弾力性 163
資本比率 90, 104
ジャパン・プレミアム 261
収益性 82, 83
収益率／利益率（ROA） 63, 66, 69, 72, 74, 93
州際銀行法 83
自由参入 159, 161, 174, 185
中小企業向け融資 278
住専問題 87
取得価格（historic cost） 24
取得原価主義 199
純資産 133, 145, 151
準備規制 190, 192
準備預金 189, 190
商業・産業貸出（C&I loans） 213
証券化（商品） 259, 260, 263, 273, 277, 288
証券取引等監視委員会 274
情報開示 140
情報共有 140
情報生産 141
情報占有／情報独占 5, 119, 123, 126, 140
情報の非対称性（非対称情報） 3, 22, 124, 192, 193, 197, 213, 223, 239
正味資産 7, 221-225, 228, 232, 234, 235, 241, 246, 247, 276
所要準備率 194
新規株式公開（IPO） 9, 282
新規参入 152, 175
新興市場 285
審査能力 141
信念（belief） 291
信用収縮（credit crunch） 5, 8, 119, 123, 124, 126, 127, 140, 152, 163, 171, 189, 263, 265, 273, 277-282

信用スプレッド　275, 276
信用保証　279
　　特別——　279
スイッチング・コスト　122, 126
推定デフォルト確率　278
数値的解法　185
スクリーニング（選別）　158
清算価値　26, 27
清算機関（クリアリングハウス）　269
生産性　1, 177
　　——ショック　154, 156, 159, 167
政府系金融機関　9, 78, 134, 278, 285
政府系住宅金融機関（GSE：government-sponsored enterprise）　287
セーフティーネット　59
先着順ルール（first-come-first-served rule or sequential service）　289
全要素生産性（TFP）　5, 149, 152, 160, 170, 179, 285
早期是正措置　54, 88, 142
操作変数法　204, 205, 207
総需要刺激策　281
総量規制　204
ソフトな予算制約　27
ソルベンシー・マージン規制　16
ソルベンシーリスク　269
ゾンビ　152, 183
　　——貸出　175

た 行

ダイナミック・パネル GMM 法（一般化積率法）　34
代表仮説　8, 268
ダウンサイジング　86, 112
担保
　　——価値　51, 178
　　——資産　221
　　——制約　152, 175, 178
　　——の掛け目　261
　　土地——　31
地価上昇率　38, 68, 69
知識資産　282
中核的自己資本　45, 272, 288
中小企業基本法　130
中小企業向け貸出　105, 111, 113, 122
帝国建設　4, 86, 95, 105, 112, 114
定常（競争）均衡　158, 161, 163, 165
ディスカウント・キャッシュ・フロー（DCF）法　54
ディスクロージャー　59, 60, 78
抵当権の侵害　64
テイラー・ルール　275, 276
敵対的買収　285
　　——防衛策　285
デフォルト　141, 143, 162, 269, 271, 287
　　——確率　83, 141
　　——・リスク　19, 269
デフレーション　151
手元流動性　236, 280
デリバティブ　273, 287
動学的（確率的）一般均衡モデル　2, 154, 281
倒産処理法制　64
投資の加速度効果（モデル）　127, 128, 132
トービンの Q　15, 127, 166, 169, 225, 226, 229, 230, 238, 252
独占禁止法　92
土地の評価益（含み益）　16, 53

な 行

内生性　74, 129, 204, 208
内生的成長モデル　153
内部格付け手法　293
投げ売りの外部性（fire-sale externality）　8, 266
日本政策金融公庫　279
日本政策投資銀行　279, 280
ニューケインジアンモデル　276
ネットワーク　129

は 行

バーゼル銀行監督委員会　292, 294
バーゼル合意　13, 15, 53, 121, 200
バーゼル II　293
ハーフィンダール指数　89–91, 95, 97, 104, 111

破綻／破産
　　——確率　281
　　——先債権　219
　　——処理法制（制度）　78, 274
　　——リスク　18
バブル　275, 286
バランスシート　178, 189
　　——チャネル　7, 221, 222, 224-228, 239, 246, 247
　　——問題　232, 241, 266
バンクラン（資金の一斉引き揚げ）　8, 258, 261-263, 268, 269, 271, 288, 290
　　自己実現的な——　289
　　情報に基づく——　290
　　ランダムな——　289
被合併行（target）　82, 93
ピグー税　271
費用効率性　83
プールOLS（最小2乗法）　90
プールドデータ　203
フェデラルファンドレート　222, 266, 287
複数均衡　289
含み益　16
負債依存型金融機関（leveraged financial institutions）　260
普通株　272, 288
不動産関連融資　20, 35
不動産信用　258
不動産バブル　258
不良貸出　3, 14, 15, 20, 22, 23, 26-38, 40-42, 44-46, 127
不良債権（リスク管理債権）　1-6, 13, 44, 45, 49, 51, 53, 54, 57, 59, 60, 63-69, 72-74, 76-78, 149, 162, 175, 182, 200, 203, 219, 241, 259, 273
　　——買い取りファンド（官民投資プログラム）　267, 288
　　——処分（処理）損　6, 151, 162, 171, 267
　　——比率　128
プロシクリカリティー（景気増幅効果）　8, 51, 270, 271, 273, 277
プロビット推計　181
ペイオフ解禁　60, 77

米国証券取引委員会（SEC）　263
ベルマン方程式　185
ベンチャーキャピタル　282
骨太の方針2009　281
ボラティリティー（変動率）　275, 281

ま 行

マーシャルのk　200, 202, 203, 218
マクロ経済分析　2
マクロ（共通の）ショック（aggregate shock/aggregate risk）　2, 270
マクロプルーデンス政策　269
マチュリティー　262
マルチノミナルロジットモデル　93, 98, 102, 100
ミクロデータ　2
ミス・アロケーション（非効率な配分）
　　資本の——　6, 151, 153, 265
　　信用の——　8, 15, 20, 35, 42, 152, 263, 265
見せかけの相関　236
民事再生法　64
メインバンク　5, 15, 63, 119, 125, 126, 129, 130, 132, 134-140, 170, 181-183, 280
メガバンク　88
モジリアーニ・ミラーの定理　124
モニタリング（監視）　158, 270, 279
　　——コスト　141, 142
モラル・ハザード　24, 44, 191, 197, 206, 216, 269

や 行

有価証券含み益　36, 272
優先権の侵害　64
猶予政策　3, 24, 27, 33, 45, 122, 277
要求払い預金　289
要素価格　175
預金機関規制緩和および通貨制御法（Depository Institutions Deregulation and Monetary Control Act of 1980）　192
預金者規律　77

330　索引

預金の全額保護　3, 25, 79
預金の部分保護　4, 59
預金保険　141, 190, 194, 197, 262
　　──機構　63
　　──制度　4
　　──制度改革　66, 78
　　──法　58, 85

ら 行

利益効率性　83
利ざや　63, 66, 74, 278
リスク・ウェイト　272
リスク・アセット　272
リスク管理債権　59
リスクシェアリング　289, 291
リスク選好　57
リスク中立的　142
リスク調整済自己資本比率　15
リスクテイク行動　141
リスクプレミアム　9, 261, 275, 276
リスク分散　38, 83, 105
リストラクチャリング　86, 153
立証コスト　142
流動性　8, 128, 191
　　──危機　8, 261, 263, 280, 288
　　──供給　266, 289, 291
　　──資産　7, 190, 228–230, 240, 279
　　──需要　286, 290
　　──制約　221, 223, 247
　　──の枯渇　260, 277
　　──リスク　271
量的緩和政策　216
リレーションシップ・バンキング　124–126, 278
累積超過株式収益率　83
劣後債　3, 14, 16, 18, 19, 28–32, 34, 36, 40, 45, 47, 53, 54, 65, 69, 76, 272
レバレッジ　8, 261, 263, 265, 269–271, 287, 292
　　──規制　269, 293
レポ市場　287
レポ取引（債券の買い戻し条件付き売却）263, 268
レモン　260

労働市場のウェッジ（wedge）　178
労働弾力性　163
労働の限界生産性　174

アルファベット

ABCP（Asset-Backed Commercial Paper）　263, 268
aggregate risk　270
aggregate shock　286
BIS 自己資本比率　57, 75, 76, 93, 122
　　──規制　33, 87, 88
CDS（credit default swap）　287
Commercial Paper Funding Facility　266, 287
Conduit（導管）　260, 262, 272, 274, 287
CoVar　270
cross-exposure　287
fire-sale externality　269, 270
GDP ギャップ　9, 275, 276
GMM（一般化最小2乗法）　40–44, 204, 205, 207, 210, 211, 215, 217, 237, 238
haircut　261
lending view　189
lumpy な投資（lumpiness）　158, 168, 173
M＆A（合併・買収）　88–90, 282, 285
MBS（mortgage backed security）　260, 262, 266
NSSBF（National Survey of Small Business Finances）　180
OLS（最小二乗法）　34, 40–42, 44
Primary Dealer Credit Facility　266, 287
Propensity Score Matching　106
R&D 投資　152
ROA　77, 89, 90, 93, 97, 111, 113
SIV（structured investment vehicle）　260, 262, 272, 274, 287
take-it-or-leave-it offer　143
TBTF（too-big-to-fail）政策　85, 89, 90, 95–97, 104, 113, 274
Term Auction Facility　266, 287

TFP（Total Factor Productivity：全要素生産性） 6, 152, 153, 169, 174, 175, 177, 178
Tier1（中核的自己資本） 16, 36, 272, 277
Tier2（補完的自己資本） 16, 36, 272
Treatment Effects モデル 74
VaR（バリューアットリスク） 197, 260, 270
X 非効率性 83

著者略歴
1961 年　京都府生まれ
1984 年　京都大学経済学部卒業
1990 年　ノースウェスタン大学経済学修士
　　　　経済企画庁（現内閣府），大蔵省（現財務省），一橋大
　　　　学経済研究所，名古屋市立大学経済学部などを経て
現　在　学習院大学経済学部教授
　　　　博士（経済学）（一橋大学）

主要著書
『金融政策の有効性と限界――90 年代日本の実証分析』（共
　著，東洋経済新報社，2001 年）
『いまこそ学ぼう　マクロ経済学』（日本評論社，2008 年）
『グラフィック金融論』（共著，新世社，2009 年）
"The Transmission Mechanism of Monetary Policy in Japan: Evidence from Banks' Balance Sheets," *Journal of the Japanese and International Economies* 20, 2006.
"Fiscal Sustainability of Japan: A Dynamic General Equilibrium Approach," *Japanese Economic Review*, 2010, forthcoming（共著）.

　　　　　　金融危機のミクロ経済分析
　　　　　　2010 年 3 月 17 日　初　版

　　　　　　　　　［検印廃止］

　　　　　　　　　　　ほそ　の　かおる
著　者　　細　野　　薫

発行所　　財団法人　東京大学出版会

代表者　　長谷川寿一
　　　　113-8654 東京都文京区本郷 7-3-1 東大構内
　　　　http://www.utp.or.jp/
　　　　電話 03-3811-8814　Fax 03-3812-6958
　　　　振替 00160-6-59964

印刷所　　株式会社理想社
製本所　　牧製本印刷株式会社

Ⓒ 2010 Kaoru HOSONO
ISBN 978-4-13-046101-6　Printed in Japan

Ⓡ〈日本複写権センター委託出版物〉
本書の全部または一部を無断で複写複製（コピー）することは，著作権法上での例外を除き，禁じられています．本書からの複写を希望される場合は，日本複写権センター（03-3401-2382）にご連絡ください．

櫻川昌哉著	金融危機の経済分析	A5	4600円
福田慎一／堀内昭義／岩田一政 編	マクロ経済と金融システム	A5	4000円
吉川洋／大瀧雅之 編	循環と成長のマクロ経済学	A5	4500円
浅子和美／福田慎一 編	景気循環と景気予測	A5	5400円
浅子和美／宮川努 編	日本経済の構造変化と景気循環	A5	5400円
福田慎一／粕谷宗久 編	日本経済の構造変化と経済予測――経済変動のダイナミズムを読む	A5	5800円
宮川努著	長期停滞の経済学――グローバル化と産業構造の変容	A5	5400円
花崎正晴著	企業金融とコーポレート・ガバナンス――情報と制度からのアプローチ	A5	4800円
宇沢弘文／武田晴人 編	日本の政策金融 I――高成長経済と日本開発銀行	A5	8000円
宇沢弘文／武田晴人 編	日本の政策金融 II――石油危機後の日本開発銀行	A5	9500円
スティグリッツ／グリーンワールド 著　内藤純一／家森信善 訳	新しい金融論――信用と情報の経済学	菊判	3200円

ここに表示された価格は本体価格です．御購入の際には消費税が加算されますのでご了承下さい．